1930년대 예술문화운동

한국민족운동사학회

국학자료원

국립중앙도서관 출판시도서목록(CIP)

(1930년대)예술문화운동 / 한국민족운동사학회 지음. -- 서울 : 국학
자료원, 2003
  p. ;   cm. -- (한국민족운동사연구 ; 35)

ISBN 89-541-0063-5 93900 : ₩21000

911.066-KDC4
951.903-DDC21   CIP2003000591

발간사

한국민족운동사는 양적, 질적으로 많이 연구된 상태지만 여전히 공백기로 남아 있는 부분들이 많다. 그 중에서도 연구가 가장 미진한 부분이 1930년대 연구일 것이다. 1930년대는 일제의 식민정책이 바뀌고 민족운동의 성격과 모습이 크게 달라졌던 시기이다.

이 시기 민족운동은 비밀결사운동 혹은 문화예술운동의 형태를 띠는 것이 대부분이었다. 이 가운데에서 비밀결사운동에 대해서는 어느 정도 연구가 이루어지고 있으나 문화예술운동에 대한 연구는 거의 불모지와 가깝다고 할 수 있다.

한국민족운동사학회에서는 이러한 일제강점기 민족운동사연구의 공백을 메우기 위해 이번 35집에서는 1930년대 예술문화운동을 특집으로 다루었다. 우선 「1930년대 재일조선인 연극운동과 학생예술좌」는 1930년대 조선어연극운동을 다룸으로써 재일 조선인의 민족운동적 특성을 살펴보려 한 논문이다. 지금까지 관심 영역의 밖에 있던 재일조선인의 문화예술운동을 다룸으로써 한국민족운동의 다양성을 이해하려 했다는 점에서 연구의 지평을 크게 확대한 귀한 논고라 할 수 있다.

「1930년대 말 강원도 고성지역 문예비밀결사운동」의 경우는 1930년대 후반 강원도 고성에서 문예활동을 통해 민족운동을 전개하려 했던 프로문예연구회, 민족문학연구회, 조선문예부흥사 등의 결성과정과 활동 등에 대해 고찰한 논문이다. 이 연구에서는 1930년대 후반에 전개된 문예운동을 민족운동적 시각에서 다시 조명해 봄으로써 이 시기 민족운동은 모두 전멸되었다는 기존의 시각을 교정한 매우 의미 있는 논고라 할 수 있다.

마지막으로 「1930년대 전반 적극 신앙운동에 관한 연구」는 1930년대 기독교인들이 조직한 적극신앙단을 기독교 민족운동의 다양성 속에서 이해한 주목할만한 논문이다. 저자는 기존의 연구가 적극신앙운동을 '적극신앙단 조직' 또는 '적극신앙단 사건'이란 현상적인 문제에만 집착하고 있다는 점에 문제의식을 느끼고 이를 운동적 차원으로 이해하면서 적극신앙운동의 배경, 참여인물, 운동의 전개 등에 대해 꼼꼼히 살펴보고 있다. 이 연구는 1930년대 기독교인들의 민족운동에 관한 다양한 칼라의 이해를 통해 지금까지 편협된 민족운동사를 바라보는 시각을 교정했다는 점에서 학술적 의의가 큰 연구성과라 할 수 있다.

일반논문으로 게재된 「한용운의 민족의식과 '조선불교유신론'」은 기존의 연구와는 다른 새로운 각도에서 한용운을 고찰함으로써 한용운 연구의 지평을 크게 확장시킨 큰 의미가 있는 논고이며, 「위싱턴회의(1921-22)와 한국민족운동」에서는 위싱턴회의의 개최 배경과 그 이후 민족운동에 대해 새로운 자료를 통해 보완함으로써 그동안 관심은 많았지만 제대로 밝혀지지 않았던 부분을 실증적으로 채운 학술적 의의가 깊은 연구성과이다.

또한 「일제말기 조선총독부의 중소기업육성정책의 전개와 그 성격」은 일제의 침략전쟁 시기 조선인 중소기업의 증가 원인에 대해 규명한 논문이다. 이 논문은 일제말 조선인 자본의 팽창 원인에 대해 일제 당국의 직접적인 조장이나 육성보다는 내재적 시장이나 틈새 등에 의해 증가했다는 기존의 연구에 대해 의문을 제기하면서 전시체제 이후 조선총독부의 중소기업 육성대책의 실상과 허상을 밝힌 주목할만한 연구성과이다. 「'만주사변' 이전 일본과 재만한인의 아편·마약 밀매문제」에서는 지금까지 연구가 부족했던 아편·마약문제와 관련된 재만한인에 대해 꼼꼼하게 사료를 분석함으로써 이를 실증적으로 밝힌 학술적 공헌도가 높은 연구성과이다.

　마지막으로 아나키즘과 관련된 두 편의 논문을 실었다. 「일제강점기 재중국 한국인 아나키스트들의 민족해방운동」에서는 재중국 한국인 아나키스트들의 민족해방운동사와 그들이 민족해방운동사에서 어떠한 위치에 있었는지 이 두 가지 점을 천착해서 연구한 주목할만한 논문이다. 두 번째로 「중국 아나키즘에 나타난 '서양' 이미지」에서는 중국 아나키스트들이 서양의 근대와 서양의 이미지를 받아들일 때 어떠한 의도를 가지고 선택적으로 수용하는지 등에 물음을 던짐으로써 이를 실증적으로 밝힌 논문이다. 이 두 편의 연구성과는 민족운동사에서 제자리 찾기에 열심인 한국 무정부주의운동의 연구에 큰 공헌을 할 것으로 기대된다. 그리고

「21차 유럽 한국학대회 참관기」는 한국사연구에서 가장 기초가 되는 해외 한국학 연구의 동향을 살펴보는데 큰 도움을 줄 것이다.

한국민족운동사학회 월례발표회에서 발표하고 이를 정리해 원고를 제출해 준 발표자와 논찬자, 그리고 옥고를 제출해준 여러 선생님과 이를 꼼꼼하게 심사해주신 심사위원들, 본서의 제작에 노력을 다해준 편집위원들과 간사들에게 특별한 사의를 표한다. 그리고 한국민족운동사학회의 질적인 발전에 항상 도움을 주시는 회원 여러분들에게 무엇보다도 깊은 감사를 드린다.

한국민족운동사학회

회장 유영렬

목 차

1930년대 재일조선인 연극운동과 학생예술좌

정 혜 경[*]

머리말

일제시대 일본에 거주하던 조선인이 전개한 운동이 국내학계에서 민족운동 반열에 올라선 것은 최근의 일이다. 민족운동의 범주와 성격에 대한 학문적 고민이 계속되면서 민족운동의 다양성에 대한 이해가 넓어졌다. 그 결과 격문 살포, 기념일 투쟁, 사회운동 등 재일조선인 민족운동이 갖는 성격과 영향력에 대해 눈을 돌리면서 비로소 재일조선인 민족운동은 한국사 속에서 말석이나마 차지하게 되었다.[1]

---

* 한국정신문화연구원 특별연구원
1) 1920년대 재일조선인운동의 특성과 민족운동적 성격에 대해서는 정혜경, 「1920년대 재일조
   선인과 민족운동」, 『한국근현대사연구』20, 2000년을 통해 정리되었다. 그러나 여전히 민족

1931년 만주사변과 1937년 중일전쟁으로 이어지는 일본의 시대적 상황과 재일조선인운동 지형의 변화 속에서 1930년대 재일조선인 민족운동은 다양성을 띠게 되었다. 이는 민족운동에 대한 재일조선인의 인식과 필요성이 심화되었고, 이와 함께 운동을 이끌어갈 만한 역량이 수반된 결과이다. 그러므로 지역별, 성격별로 다양한 운동의 전개가 가능하게 되었다. 대표적인 예가 각종 협동조합운동과 언론활동, 소규모 그룹활동을 통한 조선인 대중의 역량 강화 및 민족적 아이덴티티의 고취이다.[2]

1930년대 조선어연극운동은 재일조선인운동이 지하화, 비합법화의 길을 걷게 되는 1930년대 중반에 조선인대중을 대상으로 조선어연극상연을 통한 대중운동을 목표로 전개되었다. 이 운동은 조선예술좌사건과 학생예술좌사건[3] 등 조선극단에 대한 탄압의 결과 활동이 중단되었다. 1930년대 조선어연극운동에 관한 자료는 일본프롤레타리아문화운동관련 기관지와 심문조서(국사편찬위원회 소장 서울지검 자료 MF 07770-07772, 昭和 14년 刑第5381号, 치안유지법 위반 주영섭 외 30명, 4책, 총 1260쪽. 일명 '東京학생예술좌사건'), 신문보도기사가 남아 있다.[4] 그러나 왜곡된 부분

운동사를 포함한 재일조선인운동사연구는 풍부한 연구성과를 산출하는 분야가 아닐 뿐만 아니라 소수의 연구나마 균형 있는 연구라고 평가하기 어려운 점이 있다. 연구대상시기가 1920년대에 치우쳐 있고, 전국적 규모의 단체나 몇몇 사조가 중심이 된 운동사로 일관하고 있다. 1930년대를 대상으로 한 연구도 공산당 조직이나 사회운동단체와 조직적 활동에 치중되어 있다. 이는 재일조선인운동사에 대한 다각적인 이해와 연구자세가 부족한 결과이기도 하다. 그러나 현실적인 문제로는 자료의 한계가 중요한 몫을 차지한다. 특정한 단체나 사조에 대해서는 단체가 생산한 각종 팜플렛과 기관지가 다수 남아 있고, 일본공안당국의 자료가 일정부분 남아 있다. 그에 비해 다양성을 확인할 수 있는 자료는 편린이라고 할 정도이다.

2) 이에 대해서는 정혜경, 「1930년대 초반 오사카협동조합과 조선인운동」, 『한일민족문제연구』 1, 2001년, 참조.

3) 학생예술좌가 정식 명칭인데, 검거 당시 당국이 국내의 단체와 구별하기 위해 동경학생예술좌라 지칭했다. 학생예술좌사건은 국내 신극단과의 연계성을 빌미로 검거된 사건이므로 극예술연구회나 劇硏座 등 국내에서 활동하던 신극단체와 관련성이 깊다. 이에 비해 일본내 조선인극단과는 인적유대나 관련성이 희박한 편이다.

4) 자료상 한계로 인해 1930년대 대표적인 조선극단인 조선예술좌와 학생예술좌에 대한 본격적인 연구는 발표되지 않았고, 朴慶植의 『在日朝鮮人運動史-解放前』(三一書房, 1976년)과 仁

이 많고, 신극운동에 비중을 두고 있어서 민족운동과 관련된 내용을 파악하기에는 충분하지 않다.

본고는 1930년대 재일조선인운동이 갖는 민족운동의 다양성의 한 예를 살펴보는데 목적을 두고 1930년대 재일조선인운동의 지형 속에서 식민지체제와 일본당국의 조선인정책에 대항한 재일조선인운동의 시각으로 조선어연극운동을 이해하려는 논문이다. 그 가운데에서 특히 조선어연극을 상연하던 조선어극단의 하나인 학생예술좌사건을 중심으로 조선어연극운동을 살펴보고자 한다.

I. 1930년대 재일조선인 민족운동의 지형

재일조선인 민족운동은 시기별 변화 양상을 보인다. 1930년대 재일조선인 민족운동에 영향을 미치는 조건은 일본 내 사회운동의 상황변화와 아울러 일본당국의 재일조선인에 대한 통제정책의 변화이다. 1910년대부터 시작되어 1920년대에 들어서 본격화하기 시작한 재일조선인에 대한 통제정책5) 은 조선인들의 활동영역에 외압으로 작용하기도 했으나 이를 통해 운동이 다변화하는 결과로 이어지기도 했다.

1) 일본당국의 통제정책

재일조선인에 대한 당국의 통제정책은 1930년대에 들어서 더욱 강화되었는데, 이는 상대적으로 조선인에 대한 통제정책의 필요성이 이전 시기에 비해 증대되었기 때문이다. 얼마 안 있어 침략전쟁을 수행해야 하는

木愛子, 「1920-30年代在日朝鮮人の演劇運動」(『在日朝鮮人史研究』12, 1983년)에서 간략히 언급하고 있을 뿐이다. 본고 역시 개별적인 조선극단에 대해 집중적으로 규명한 연구는 아니다.

5) 1910-1920년대 일본당국의 조선인 통제정책에 대해서는 樋口雄一, 『協和會』, 社會評論社, 1986년, 12-13면 참조.

당국으로서 바로 자신들의 본거지인 식민본국에 다수의 재일조선인이 여전히 불온한 상태로 남아 있다는 것은 불안감을 느끼기에 충분했다.

일본당국이 재일조선인에 대해 통제정책을 강화하고자 하는 궁극적인 목적은 조선인이 일본 내에서 피식민지 종속민으로 굴종하고 일본사회 및 정부에 협력하면서 살아가도록 하는 것이다. 그러나 이러한 목적은 조선인이 민족적 아이덴티티를 유지하고 있는 한 이루기 어렵다. 그러므로 당국은 조선촌의 결속력을 약화시키고 조선인의 일본화를 촉진하고자 했다. 구체적으로는 조선인의 전통적인 풍속을 저속한 것으로 규정하여 기피하도록 하고 조선인아동들에게 교육을 통해 일본화의 선봉이 되도록 하고자 하는 방법을 택했다.

그러나 1900년대 초부터 일본의 각지에 세워진 조선촌(일명 조선부락)은 일본당국의 통제정책이 성과를 거두는데 가장 큰 장해였다. 조선촌은 문자 그대로 '조선인의 마을', 즉 '조선인의 해방구'였다. 일본어도 제대로 모르는 채 낮 동안의 노동에 시달린 조선인이 밤이 되어 돌아왔을 때 아무 거리낌없이 쉴 수 있는 곳은 바로 조선촌이었다. 조선촌에 일본인이 거주하는 일은 거의 없었으므로, 조선인과 조선어·조선풍습·조선어 야학이 활개를 치는 장소였다. 조선촌에서는 지연과 혈연적 상호부조가 잘 이루어졌으므로 취직 등 생활상의 편의를 쉽게 얻을 수 있었으며, 가난하기는 하지만 굶지 않는 곳이었다. 일본사회 그 자체가 조선인에 대해 적대적 차별 구조를 가지고 있는 가운데 조선촌은 조선인에게 자위와 안식의 장소였다.[6] 아울러 사고나 질병으로 어려움에 처한 조선인을 치료해주고 여비를 마련해 고국으로 보내주는 곳도 조선촌이었다.[7] 조선촌은 주거문

---

6) 崔碩義,「私の原體驗 大阪小林町朝鮮部落の思い出」,『在日朝鮮人史研究』20, 1990년, 51면,
   53면 ; 尹健次, 하종문·이애숙 옮김,『일본 - 그 국가, 민족, 국민』, 일월서각, 1997년, 259면,
   261면.
7) 조선촌이 갖는 이러한 부조적인 기능은 1920년대 후반 각종 협동조합 결성으로 발전하게
   되었다. 樋口雄一,「在日朝鮮人部落の積極的役割について」,『在日朝鮮人史研究』1, 1977

제를 해결한다는 의미만 있었던 것이 아니다. 물론 자체 내에 조직체계를 갖춘 것은 아니었지만, 몇몇의 리더를 중심으로 조선인의 일본 정착을 돕고 나아가 조선인으로서 민족의식을 공고히 하는 데에도 노력을 기울였다. 또한 조선촌은 아동들이 우리말과 우리 역사를 자연스럽게 익히는 교육의 장이기도 했다. 조선촌을 순회하는 상인을 통해 구한 조선어 소설과 고전소설을 돌려가며 읽는 것은 단순한 오락거리로 끝나지 않았고, 고국 가수의 순회공연이나 조선어 연극 공연도 이들에게는 좋은 교육수단이었다. 모든 지역에서 나타난 현상은 아니지만 조선촌이 자체적인 교육기관을 운영하는 경우도 있었고, 증가하는 학령대상아동을 위해 1920년대에 조선촌의 아동을 대상으로 노동조합이 학교를 세워 운영하기도 하였다. 간혹 일본학교에 아동을 취학시키는 경우도 있었으나 경제난으로 미취학아동이 늘어나자 조선촌 부근에 야학과 학원을 설립하여 교육을 담당했다.[8] 조선촌에서 조선인들이 조선어를 상용하고, 조선의 전통관습을 지키며 생활을 하는 한, 그리고 아동들에게 자체적인 민족교육을 제공하는 한, 조선인을 대상으로 하는 정신교육은 실효를 거두기 어렵다.

일본당국은 大阪府 內鮮協和會(1924년), 大阪府內鮮融和事業調査會・矯風會(1934년), 중앙협화회(1936년) 등 거듭 강화된 조직을 통해 조선인을 통제하고자 했으나 당국의 통제정책은 기대한 성과를 거두지 못했다. 당시 재일조선인들은 1930년대에 더욱 열악해진 경제상황 속에서도 결속력을 유지했다. 거듭되는 경제공황을 거치면서 줄어든 일자리와 임금

년, 28-29면.

8) 조선촌을 중심으로 한 조선인 교육기관(야학이나 학원)은 조선인이 다수 거주하는 지역에 세워졌다. 『조선일보』와 『조선중앙일보』, 『민중시보』 등 언론기사를 통해 오사카지역의 대표적인 조선인 교육기관을 확인하면 다음과 같다. 1928년 浪速區에 설립된 浪華야학, 1931년에 세워진 東成區 中本町 소재 關西共鳴학원, 1930년에 세워진 공제학원, 1934년에 설립된 야간간이학교, 東曠야학정(東成區 中濱町 소재) 등. 이에 대한 자세한 내용은 정혜경, 「일제하 在日한국인 민족운동의 연구-大阪지방을 중심으로-」, 한국정신문화연구원 한국학대학원 박사논문, 1999년 참조.

저하는 조선인에게 생존의 고통을 강요하였다. 조선인노동자의 평균임금은 1일 기준 30전 정도 낮아졌고, 실업자는 30% 정도 증가했다. 조선인이 전담하던 하층노동시장마저 일본인노동자에 의해 대체되어 갔다. 여기에 그치지 않고 당국은 통제정책을 통해 조선인으로서 살아가는 것 마저 포기할 것을 요구했다. 그러나 재일조선인들은 이 정책에 따를 의지를 갖고 있지 않았으므로 당국의 통제정책은 강화될 수밖에 없었다. 통제정책의 강화 속에서 조선인들의 활동영역은 제약을 받게 되고 운동은 다양성을 띠게 되었다.

2) 1930년대 민족운동의 지형

1930년대 재일조선인 민족운동에 영향을 미친 또 다른 중심 축은 1920년대 운동의 성과이다. 1920년대 운동의 많은 부분이 1930년대로 이어지면서 심화하는 양상을 보였다. 그러나 1930년대는 민족운동을 둘러싼 환경이 크게 변화한 시기였다. 변화는 두 가지로 나타났다. 하나는 1929년에 각종 재일조선인 단체(재일본조선노동총동맹, 재일본조선청년총동맹 등)가 해산한 일이었고, 다른 하나는 일본사회운동의 쇠퇴·소멸이었다.[9] 일제는 만주사변 이후 대륙침략정책을 본격적으로 추진하면서 본국과 식민지 내 저항세력을 억압하고자 총력을 기울였다. 계속되는 검거와 전향정책으로 일본공산당은 세력을 잃었고, 일본노동운동계는 '파업절멸선언'을 통해 파쇼정책에 전폭적인 지원을 맹세하였다.[10] 이러한 상황 속에서 재일조선인에 대한 통제와 억압은 더욱 강화되었다. 재일조선인단체의

---

9) 조선인단체의 해산에 대해서는 정혜경, 『일제시대 재일조선인민족운동』, 국학자료원, 2001년 참조.
10) 1933년 일본공산당 최고중앙위원을 역임한 사노 마나부(佐野學)와 나베야마 사다치카(鍋山貞親)의 전향에서 시작된 일본공산당원의 대량전향은 1936년에 75%의 전향율을 보였고, 1943년에는 기소된 공산주의자 가운데 37명만이 전향을 하지 않을 정도였다. 정혜선, 『일본공산주의운동과 천황제』, 국학자료원, 2001년, 177-178면.

해산은 재일조선인운동이 조직적 구심점을 잃는 결과를 낳았다. 이제 조선인들은 일본인단체에 가입하여 반제운동을 전개하면서 아울러 민족문제해결도 도모해야 하는 어려운 상황에 놓였다. 그럼에도 조선인들은 파쇼정책지원을 맹세하는 대신, 노동운동을 강화하고 조선인의 역량을 바탕으로 다양한 방법의 민족운동을 전개하였다.

특히 재일조선인 노동운동사에서 볼 때 1930년대는 조선인노동운동이 가장 활발히 전개된 시기이다. 1929년에 256건(참가자 7,661명)이었던 조선인노동자 파업건수는 1931년에 483건(75,079명)으로 급증했고, 1940년에는 687건(41,732명)으로 일본인 노동자파업건수 732건(55,003명)에 육박했다.11) 이 시기에 조선인노동자들은 일본노동조합과 독자적인 노동조합에서 각각 활동하면서 조선인노동운동의 특성을 확립해 나갔다. 특히 이 시기에는 지역 운동이 급 성장한 모습을 보인다. 비록 전국적 규모의 조선인노동단체는 해산되었으나 이를 계기로 조선인노동운동은 내실을 기할 수 있게 되었다. 이 시기에 일제의 탄압이 극심하여 대부분의 조선인 노동운동가가 피검되고 노동조합이 해산되었음을 볼 때 조선인노동운동의 생명력은 높이 평가할만하다.

1930년대에 민족운동의 내용이 변화하게 된 데에는 1920년대 후반부터 재일조선인의 定住化가 강화된 점에도 원인이 있었으나, 조선인들이 민족운동의 장기화에 대응해 나갔다는 점도 간과할 수 없다. 대중집회나 격문 살포, 파출소 습격만으로 독립이 이루어지지 않는다는 인식이 확산되었고, 재일조선인의 경제 문제도 현안으로 대두되었다. 조선인의 경제 기반이 취약한 상태에서는 어떠한 형태의 민족운동도 전개하기 어려웠다. 따라서 1930년대 이후 조선인민족운동은 소비조합이나 노동조합을 통해 이루어졌다. 소비조합이나 교육기관·민족언론은 재일조선인의 정주권

---

11) 일본내무성,『특고월보』·『사회운동상황』각 해당연도 참조.

확보와 경제적 이익을 도모하는 활동에 그치지 않고 민족운동의 근거지로 역할을 담당했다. 또한 1930년대부터 강화된 일제의 통제정책 속에서 朝鮮村을 중심으로 민족적 정체성을 지키는 일은 조선인들의 민족의식을 보존하고, 민족운동의 토대를 제공한다는 점에서 민족운동의 한 요소로 자리하였다.

방향전환을 통해 새로운 지형에서 민족운동을 전개한 1930년대 이후의 재일 조선인 민족해방운동은 두 가지 방식으로 전개되었다. 하나는 조선공산당재건운동이고, 다른 하나는 일본사회운동 참여를 통한 운동의 전개이다. 즉 후자가 일본 사회운동 속에서 이중적 임무를 띤 형태라면, 전자는 일본사회운동과 조직적으로 분리되어 민족주의적 경향을 노정하며 진행된 경우이다.

1931년 노동계급사 설립운동에서 시작된 1930년대 조선공산당 재건운동은 1932년 노동계급사가 해체되면서 막을 내리게 되었다. 일본 공산당의 주도 아래 운동전선을 단일화하려는 과정 속에서 일본 공산당은 조선공산당 재건운동을 수용하기 어려웠기 때문이다.[12]

일본공산당 및 사회운동 속에서 활동은 일본공산당과 전협, 반제동맹이 대표적이다. 1931년 조선공산당 일본총국과 고려공산청년회 일본부를 해체하고 난 뒤, 조선인들은 일국일당주의에 따라 조직적으로는 일본공산당 세포에 속하여 일본공산당원의 당적을 갖게 되었다. 조선인 공산주의자들은 당 중앙과 지구당 조직의 말단 행동원으로 東京, 京都, 大阪, 神戶, 愛知, 福岡, 山口, 廣島 등지에서 광범위하게 활동했다.

그러나 실천운동에서는 전협을 빼 놓을 수 없다. 전협은 일본노동운동에 있어 일본공산당의 지도 아래 투쟁을 선도했던 조직이다. 그러나 전협

---

12) 1930년대 당재건운동 및 1930년대 일본공산당과 재일조선인운동의 관계에 대해서는 김인덕, 『식민지시대 재일조선인민족해방운동연구』, 국학자료원, 1996년 ; 김인덕, 「1930년대 조선공산당재건투쟁협의회 일본출판부」, 『한일민족문제연구』3, 2002년 참조.

은 재일본조선노동총동맹의 해산에 따라 재일조선인 노동자들이 다수 가
맹했음에도 불구하고 조선인 조합원에 대한 인식이 희박했다. 1931년 전
협은 일본혁명운동에 조선인을 동원할 필요성에 대해 인식하였으나, 조선
인의 민족문제에 대해서는 아무런 대책도 세우지 않았고, 도리어 조선인
의 민족의식이 계급의식 저해에 영향을 미친다고 비판하는 입장까지 있었
다. 그 결과 공장을 대상으로 한 조선인조직화를 위한 민족부의 설치[13]
등 전협 중앙이 노력한 결과 전협 내에서 조선인 조합원의 수는 증가했다.
1931년에 일본 전국의 전협 조합원은 10,700명이었는데, 그 가운데 4,100
명이 조선인이었다. 전협에 가입한 조선인은 숫적인 비중 외에도 전국
각지에서 전개된 조선인노동자파업에서 주도적인 역할을 담당했다. 당시
일본 노동계가 파업전멸선언을 한데 비해 조선인의 노동자파업은 질적으
로나 양적으로 한층 발전하고 있었는데, 그 중심에 전협과 전협 소속 조선
인 활동가의 활약상은 두드러진다.[14]

  그러나 1930년대 재일조선인의 운동이 일본공산당이나 일본단체 등 전
국단위 조직에서만 이루어진 것은 아니었다. 조직적 활동을 전개한 조선
인은 비록 조직 내에서 숫적으로는 높은 비중을 차지했지만, 전체 조선인
의 수와 비교해볼 때 여전히 소수의 운동이었다. 그 보다 많은 조선인들은
자신의 현실을 바탕으로 다양한 운동을 전개했다. 이들이 다양한 운동을

---

13) 정혜경, 「일제하 在日한국인 민족운동의 연구-大阪지방을 중심으로-」, 한국정신문화연구원
    한국학대학원 박사논문, 1999년 참조.
14) 오사카 지역의 경우를 보면, 전협일본토목건축노동조합, 전협일본화학노동조합, 전협일본
    금속노동조합, 전협일본섬유노동조합, 전협일본출판노동조합, 전협일본일반사용인노동조
    합 등 전협 산하 산별노동조합의 간부는 조선인이 다수였고, 1932년과 1933년에 검거로
    인해 조직이 무너진 이후 조직 재건을 주도한 인물도 모두 조선인일 정도였다. 노동자파업
    에서도 전협 소속 조선인 활동가의 역할은 중요했는데, 1932년 5월 岩手縣 氣仙郡 소재
    국철작업장인 大船渡線공사장에서 일어난 자유노동자의 노동자파업현장을 지도한 사람은
    康有鴻, 具順岩, 鄭順玉 등 조선인 3인이었다. 전협일본토목건축노동조합 본부위원인 강유
    홍과 임원 등 3인은 1932년 5월 4일, 일본경찰·소방대·폭력단 등의 습격으로 참혹하게
    학살되었다.

전개할 수 있었던 것은 민족운동에 대한 재일조선인의 인식과 필요성이 심화되었고, 이와 함께 운동을 이끌어갈 만한 역량이 수반되었기 때문이다. 그러므로 지역별, 성격별로 다양한 운동의 전개가 가능하게 되었다.

1930년대에 일본사회운동 속에서 전개된 재일 조선인의 민족해방운동과 함께 민족주의적 경향을 띠며 독자적인 형태로 전개한 활동은 협동조합이나 언론활동(민중시보, 조선신문 등), 교육운동, 선거투쟁 등 대중투쟁과 1932년 이봉창 의거와 같은 의혈투쟁, 소규모 그룹활동 등이다. 이 가운데 의혈투쟁은 조선인들이 갖고 있던 민족의식을 확인하는데 폭발적인 영향을 미쳤고, 대중투쟁과 그룹활동은 지속성이라는 특성으로 인해 재일조선인운동을 이끌어가는 견인차로서 역할을 담당했다.

1920년대 후반부터 시작되어 재일조선인 사회의 역량을 바탕으로 전개된 운동은 협동조합운동이다.[15] 조선인이 협동조합에 관심을 갖게 된 것은 노동자의 생활향상을 위한 수단으로써 소비조합에 대한 지식을 접하게 되면서부터이다. 1910년대 이후 일본유학생과 일부 노동운동가들 사이에서 소비조합이 소개되고 필요성이 언급되었다. 조선촌의 성장과 함께 공동구매가 중시되면서 일본지역의 조선인 소비조합은 점차 결성되어 활발히 운영되었다. 조선인 협동조합은 소비조합과 생산조합, 구매 조합에 국한하지 않고 선박협동조합(동아통항조합)과 의료조합(조선무산자 진료소) 까지 범주가 넓었다.

조선인 협동조합이 가장 활발하게 조직·운영된 지역은 오사카이다. 1930년대 최대의 재일조선인 거주지였던 오사카는 조선촌을 중심으로 각종 협동조합을 조직 운영함은 물론, 선박협동조합과 의료조합까지 운영한 지역이다. 1929년에 설립된 조선인소비조합을 비롯하여 1930년대에는 13개소의 소비조합이 활동하고 있었는데, 소비조합운동을 이끈 주체는

---

15) 일본지역 조선인의 협동조합운동에 대해서 정혜경, 「1930년대 오사카지역 협동조합과 조선인운동」을 참조.

1920년대 오사카의 사회운동을 주도했던 조선인운동가들이었다. 이들 소비조합의 활동은 일차적으로 조합원의 경제적 이익 보존이었으나 이에 그치지 않고 대대적인 국내수해지원활동 전개와 사회운동 참가(메이데이 행사 등), 민족의식 고취에도 역점을 두었다.[16]

1930년대 재일조선인의 협동조합운동은 경제적 이익 확보라는 목적에 그치지 않는다. 1929년 각종 조선인운동단체의 해산으로 인해 일시 유보된 조선인운동의 방향을 되찾는 방법의 일환이었다. 재일조선인들은 식민지 시대 지배자의 땅인 일본에서 조선인이 결속하여 단체를 운영하고 경제력을 향상시키며, 아동을 교육시키는 행위가 조국의 해방과 무관하다고 여기지 않았다. 이들은 조합이라는 합법적인 운동수단을 통해 재일조선인들이 목적하는 바를 이루어내고자 했다. 그러므로 협동조합은 1930년대 조선인들이 전개한 재일조선인운동에서 중요한 역할을 담당하고 있었던 것으로 자리 매김할 수 있다.

언론활동은 오사카와 도쿄에서 전개되었는데, 재일조선인 대중의 전폭적인 지지를 받은 운동이다. 재일조선인 언론으로서 가장 대표적인 신문은 조선어신문 『민중시보』와 『조선신문』이다. 1935년 6월 15일, 오사카에서 김문준이 창간·운영한 민중시보는 합법성을 무기 삼아 재일조선인의 권익은 물론이고, 민족적 아이덴티티 고취에 주력했다. 특히 민중시보는 조선인의 단체활동이 실질적으로 봉쇄되고, 일본당국의 통제정책이 강화되는 시기에 조선인을 대상으로 민족공동체 의식을 강화하고 결속을 돈독히 하고자 하였다는 점에서 의미가 크다. 大阪지역에서 조선인노동자들과 함께 노동자 파업을 주도하고 노동조합운동을 전개한 김문준은 東成區지역의 고무공총파업을 주도하다가 검거되어 투옥생활을 한 이후 합법운

---

16) 大阪소비조합은 소비조합유지를 위해 노력함은 물론이고 '유지회원의 기능을 통해 일반민중의 사회적 신념을 집중'하는 데에도 역할을 담당하고자 했다. 『민중시보』13호, 1936년 1월 1일자.

동의 한계를 절감하고 민족운동의 방법으로 언론활동을 택했다.

민중시보는 첫째, 정주 조선인의 생활권 확보, 둘째, 반봉건적 유습 철폐, 셋째, 조선인의 대동단결 도모, 넷째, 고국 소식과 재일조선인에 대한 일본당국의 탄압을 고발하는 내용 등을 담았다. 이러한 기사의 근저에는 민족의식을 깔고 있었고, 민중시보의 활동으로 인해 재일조선인의 단결이 공고화되는 결과를 낳았으므로 일본당국의 탄압을 피하기 어려웠다. 또한 한글신문인 민중시보가 어린이들에게 조선어 학습 효과를 가져왔으므로 민중시보의 발간은 내선융화를 지향하는 일본당국에게는 제거의 대상이었다.17) 그 결과 1936년 9월 25일 '좌익조선인의 지원 아래 운영되며, 민족운동의 지도적 역할을 담당하고, 민족운동의 주체를 결성하는데 광분'한다는 이유로 민중시보의 주간인 이신행과 韓辰燮, 李眠鎬를 비롯한 기자들이 모두 검거되고 9월 21일자(제27호)로 폐간 처분되었다.18) 당국은 이신행이 주간이 되면서 활동이 더욱 노골화되어 각 친목단체나 노동단체 등의 대동단결을 기도하고 민족운동의 주체를 결성하고자 노력했다고 판단했다. 또한 도항문제·차가문제·기타 내선교풍회의 동화정책의 폭로·민족주의단체를 결성함과 동시에 阪神소비조합·노농구원회를 통해 공산주의운동에 의해 대중획득을 하고 이를 민족운동에 결집하고자 노력했다고 파악하고 폐간했다.19) 일본당국이 주장한 내용의 많은 부분이

---

17) 민중시보는 당시 당국의 동화정책을 주도하는 융화단체의 비리를 고발하고 일본당국이 강조하는 동화정책에 직접적으로 위배되는 기사를 실었다. 즉 1936년 1월 1일자에서는 「각계인사의 연두소감」이라는 지면을 통해 우리 말 교육을 강조했다. 글을 기고한 李民善과 金善孃는 「한글을 직히자」와 「자녀에게는 조선문과 조선어를」이라는 글에서 조선어 교육의 필요성을 지적하고 실천을 촉구했다. 『민중시보』6호, 1935년 9월 15일자 ; 8호, 10월 15일자 ; 1936년 1월 1일자.

18) 일본당국이 폐간 조치한 이유는 민중시보가 '좌익조선인의 지원 아래에 있는 전국적 민족운동의 기관지로서 지도적 역할을 담당하고자 기도하고 가장 교묘한 전술을 채용하여 신문기사에 의해 선전활동을 하고 이면으로는 조직활동을 통해 조선인 각층을 장악하고자 했다'는 것이다.

19) 『特高月報』1936년, 11월분 553면.

『민중시보』를 발간 금지하고자 하는 명목이라 하더라도 당시 조선인사회에서 민중시보가 담당한 역할을 가늠할 수 있다.

　소규모 그룹활동은 주로 유학생을 중심으로 전개되었는데, 1930년대는 물론이고, 1940년대에 들어서 더욱 강화된다. 일본의 침략전쟁수행기간 중에 전국적 조직을 통한 운동이나 합법운동이 불가능해지는 상황에서 독자적인 소그룹별 운동에 의존도가 커지게 되기 때문이다. 재일유학생운동의 역사는 1919년 2.8독립선언 이후 학우회를 중심으로 계속되었다. 특히 1930년대 유학생의 운동에는 1936년 明治大學의 조선유학생연구회사건·名古屋의　민족부흥회사건·東京의　평안그룹사건들이　있었다. 1940년대의 소그룹별 운동은 四高조선청년맑스주의연구회·早大유학생그룹·名古屋의　민족주의그룹사건·東京의 우리독립운동그룹사건·大阪과 神戸 등지의 계림동지회·조선인민족주의사건·전진회사건·민족주의집단충성회사건·조선학생민족주의집단사건·조선인직공민족주의집단사건 등을 들 수 있다. 바로 이러한 1930년대 재일조선인운동의 지형 속에 조선어연극운동이 자리하고 있다.

Ⅱ. 1930년대 재일조선인 프롤레타리아 연극운동과 조선어 연극운동

1) 1930년대 재일조선인 프롤레타리아 연극운동[20)]

　1930년대 조선어연극운동은 프롤레타리아연극운동(이하 프로연극운

---

20) 재일조선인 프롤레타리아 문화운동에 관한 자세한 내용은 「思想硏究資料」(特輯71號)(朝鮮人の共産主義運動),『朝鮮人の共産主義運動』, 東洋文庫, 1973년 ; 田駿, 『朝總聯硏究』, 고대아세아문제연구소, 1972년 ; 朴慶植,『在日朝鮮人運動史 - 解放前』, 三一書房, 1976년 ; 김준엽·김창순,『한국공산주의운동사』3·5권, 청계연구소, 1986년 ; 고준석 지음, 김영철 옮김,『조선공산당과 코민테른』, 공동체, 1989년 참조.

동)의 전개 속에서 자리했다.[21] 프로연극은 원칙적으로 공연의 주체와
대상이 프롤레타리아인 연극을 말하며 프롤레타리아문화의 일부분을 구
성한다.[22] 조선의 프로연극계는 조선프롤레타리아예술동맹(KAPF)과 밀
접한 관련 속에 놓여 있었다.[23] 1922년에 만든 한국최초의 예술운동단체
焰群社에 劇部가 마련되면서 시작된 프로연극운동은 카프 결성으로 이어
졌으나 1930년까지는 기록문학(시, 소설 등) 중심이어서 카프東京지부와
김동환·김기진·박영희·김복진·안석주 등이 중심이 된 불개미극단
(1927년 활동)이 운영될 정도였다. 카프東京지부는 1929년 7월에 이동부
대(연출가 : 안막, 이병찬)를 국내에 파견하여 경성을 비롯해 전국을 대상
으로 하는 순회공연을 계획할 정도로 활발한 모습을 보였다.[24] 1930년
카프의 제2차 방향전환 이후 카프 내에 연극부가 설립됨으로써 연극운동
이 조직적으로 전개되는 근거가 마련되었다.

　재일조선인 프롤레타리아문화운동에 대해 간략히 살펴보면 다음과 같
다. 재일조선인 프롤레타리아문화운동은 1927년 3월에 재일유학생인 홍
효민, 조중랑, 한식, 고경흠, 이북만 등이 제삼전선사를 조직하면서 시작되

---

21) 재일조선인 연극운동에 대해서는 국내 연극운동사의 연구 속에서 찾을 수 있으나 최근에
　재일조선인을 대상으로 한 연구성과도 발표되고 있다. 박영정, 「일제 강점기 재일본 조선인
　연극운동 연구」, 『한국극예술연구』3, 1993년 ; 박영정, 「극단 조선연극협회 연구」, 『한국극
　예술연구』5, 1995년 ; 민영욱, 『일제 강점기 재일한국인의 연극운동』, 연극과인간, 2000년.
22) 역사문제연구소 문학사연구모임, 『카프문학운동연구』, 역사비평사, 1989년, 199면.
23) 카프가 서울에서 결성된 것은 1925년 7월이었다.(朴英熙, 李赤曉, 李浩, 朴容大, 金基鎭
　등) 카프는 명칭에서도 알 수 있듯이 프롤레타리아문예사조를 대표하는 단체였다. 즉 계급
　문예운동의 기수였다. 특히 카프의 활동은 1927년 3월 도쿄에서 조직된 제삼전선사와 제휴
　하면서 성격을 분명히 하게 되었다. 조선총독부 경무국 자료(『조선에 있어서 조선치안상황』,
　1933년)와 동아일보 기사(1935년 10월 28일자)에 따르면, 카프는 1927년에 볼셰비키적 의식
　을 가진 분자들로 새로운 카프를 조직하고 "우리들은 무산계급운동에서 마르크스주의의
　역사적 필연성을 인식하기 때문에 무산계급운동의 일부분인 무산계급예술운동에 의하여
　봉건적, 자본주의적 이데올로기를 철저히 배격하고 전제적 세력과의 항쟁 및 의식층 조성운
　동의 수행을 기함"이라는 내용의 강령을 결정했다고 한다.
24) 『동아일보』 1929년 7월 16일자. 그러나 이 순회공연은 각본이 허가받지 못하여 이루어지지
　못했다. 역사문제연구소 문학사연구모임, 앞의 책, 204면.

었다. 이 조직은 그 해 10월에 카프東京지부가 결성되자 여기로 해소되었
다가 다시 1929년 11월에 해체되어 무산자사로 합류했다. 이 가운데 무산
자사에서 활동하다가 검거를 피한 김두용, 박정석, 이북만 등은 1931년
11월 카프東京지부 구성원, 東京조선프롤레타리아연극연구회원(후신 東
京조선어극단)25) 및 토쿄의 조선인 유학생들과 함께 '일본프롤레타리아
문화연맹(KOPF 코프)과 카프를 적극적으로 지원, 지지하고 확대 강화를
위해 투쟁한다'는 강령 아래 同志社를 결성했다.26) 동지사는 조직의 강화
가 도모되고 활발하게 사업이 진행되는 가운데 일본에서 전개된 조선과
일본 예술의 공동전선 수립의 원칙에 따라 조직을 해산하고 코프에 가입
하기로 했다. 그 결의에 따라 동지사는 해체선언을 발표했고, 그 구성원들
은 일본프롤레타리아 연극동맹·미술가동맹·작가동맹·과학연구소·
영화동맹·사진동맹·무신론자동맹 등에 가입했다.

1929년 일본지역 조선인운동단체의 해소는 프롤레타리아문화운동 분
야에서도 예외가 아니었다. 일국일당주의 원칙은 문화분야에도 적용되었
기 때문이다. 1930년 10월 프로핀테른 제5회 대회 宣傳煽動部협의회가
'프롤레타리아문화·교육조직의 역할과 임무에 관한 테제'를 발표함에
따라 전일본무산자예술단체협의회(NAPF 나프)는 통합과정을 주도하게
된다. 그 후 '반동문화와의 투쟁, 근로자의 정치적 경제적 임무의 계통적
계몽, 근로자의 일상 문화적 생활적 요구에 충족을 전체적으로 통일·지
도하고 그 활동을 좌익노동조합의 운동과 결부짓는 것'을 중요한 임무로
제시하고, 예술(문화)운동을 노동자를 중심으로 한 대중적 기초를 쌓기

---

25) 카프東京지부의 모든 연극인들이 무산자사에 가입한 것은 아니어서, 崔丙漢은 李化三 등과
　　함께 東京조선프롤레타리아연극연구회를 조직하고 활동했다. 이들은 이후 3.1극단결성에
　　모태가 된다.
26) 무산자사는 산하 전문극단으로 무산자극장을 설치하였으나 별다른 성과 없이 무산자사의
　　해산과 함께 해산된다. 신고송, 「재일본 조선노동자 연극운동」, 『연극운동』1, 1932년 5월호
　　(민영욱, 앞의 책, 34면 재인용).

위해 11월에 코프 창립이 결정되었다.[27] 코프는 강령으로 '식민지 속령에서 제국주의의 문화지배 반대, 민족문화의 자유'를 내걸었다. 조선인문화인들은 코프 산하의 일본프롤레타리아예술동맹(프로토), 일본프롤레타리아미술가동맹(야프), 일본프롤레타리아작가동맹(나르프), 일본프롤레타리아영화동맹(프로키노)에 가입하여 활동하였다.[28]

코프 중앙협의회 서기국은 1932년 2월 조선협의회 설치를 결정했고, 조선협의회는 다음과 같은 세 가지 목적 아래 활동을 전개했다. 첫째 재일조선인 노동자를 문화를 통하여 획득하여 전 동맹의 활동을 통일시키는 것, 두 번째 카프의 확대 강화에 따라 카프확립을 위한 조선 내 문화단체·클럽 원조, 세 번째 조선 민족의 문화 연구이다. 조선협의회는 코프 중앙협의회 산하의 청년·소년·부인·농민 등의 협의회와 동등한 지위를 가졌다.(협의원 이홍종, 박영근, 김용제, 유정식, 은무암, 윤기청, 정운상) 조선협의회는 반파시즘의 문화투쟁을 통해 재일 조선인 노동자를 조직하고 일본인 노동자에게 조선문제를 소개하여 관심을 고양시키며 조·일프롤레타리아의 혁명적 제휴를 강화하는 방침을 세우고 구체적인 투쟁을 전개했다.

2) 조선어연극운동의 전통

재일조선인 프로연극운동은 프롤레타리아문화운동조직 속에서 전개되었다. 그러나 프로문화운동이 태동하기 이전부터 재일조선인연극운동은

---

27) 코프의 결성은 나프가 1931년 6월 기관지『나프』에 실린 논문「프롤레타리아예술운동의 조직문제」를 통해 문화·예술운동의 방향전환과 재조직문제를 제기하면서 촉발되었다. 그러나 코프의 결성은 나프의 쇠퇴와도 관련이 깊다. 나프는 1930년의 대대적인 검거선풍과 뒤이은 전향사태로 1932년 후반기부터는 완전한 쇠퇴기에 접어들었다. 박명용,『한국프롤레타리아문학연구』, 글벗사, 1992년, 233면.

28) 또한 이 시기는 국내에서 카프가 두 번에 걸친 검거선풍(1931년과 1934년)으로 해산과정에 들어간 상황이었으므로 국내 조직과 조직적 연대나 관련을 갖기는 힘든 상황이었다.

사회적인 역할을 담당하고 있었다. 1920년 봄에 東京유학생 20여명이 조직한 최초의 재일연극단체인 극예술연구회(1938년에 일본의 강요에 의해 劇硏座로 개명)는 고학생동우회관 건립기금 마련과 국내에서 노동운동을 촉진할 목적으로 국내순회공연을 가졌고, 이후 일본지역에서 활동하는 조선인연극단체는 노동자위안공연과 이동공연으로 특징지을 정도가 되었다.29) 공연작품 가운데 하나인 유치진의 작품 「토막」은 1920년대 토막을 짓고 사는 빈민지대를 무대로 한 작품이었는데, 항일독립투사의 가족을 주인공으로 설정하고 있다. 이 작품을 통해 당시 현실적 생태와 입장이 강조됨은 물론이고 짓눌리고 가련한 토막민들의 모습을 통해 피압박민족의 입장을 잘 그려냈다.30) 그러므로 이들의 활동은 '민중운동의 중요한 방법이 되어 뜻 있는 민족·사회운동자들이 극단을 만들어 벽촌을 순회공연하고 있는데, 불온한 대본과 대사로 인해 해산된 것이 한 두 번이 아니었다'.31) 이러한 활동은 1927년 9월 10일 카프東京지부 결성 이후에도 계속되어, 1927년 카프東京지부 연극부의 활동내용은 재일본조선노동총동맹 산하 노동조합이 주최하는 노동자위안회 출연이 주류를 이루고 있었다.32) 東京조선어극단도 1931년 11월부터 이동극장 형식의 연극운동을

---

29) 극예술연구회는 1931년 서울에서 '진정한 의미의 우리 신극을 수립'한다는 취지 아래 창단된 연극단체로서 1938년 3월 일제에 의해 강제 해산되었다. 東京유학생 출신인 서항석·유치진을 비롯한 12명의 동인으로 구성했다. 1934년까지 기반구축작업에 주력하여 연구생을 모집하고 신인연기자를 확보한 후 공연활동과 비평활동, 『극예술』간행(1934년 창간) 등을 했다. 그러나 일제의 작품검열에서 여러 차례 공연이 좌절되다가 일종의 사상단체로 지목받아 결국 1938년 3월 해체하게 되었다. 극예술연구회는 동인 가운데 서항석과 유치진·장기제가 다시 극연좌로 재출발했다. 당국은 '**연구회'라는 명칭을 사용하는 것을 반대하였기 때문에 이후부터 극단은 일본의 직업극단과 마찬가지로 '**좌'라는 명칭으로 활동하게 되었다. 유민영, 『우리시대 연극운동사』, 단국대학교출판부, 1990년, 147-166면.
30) 이상일, 「극예술연구회와 怡山 김광섭(1904-1977)」, 한국민족운동사학회 월례발표회 발표문, 200년 11월 16일, 3면.
31) 조지훈, 『한국민족운동사』, 1975년, 203면.
32) 카프기관지, 『藝術運動』1호(仁木愛子, 앞의 글, 32-33면 재인용)

시작하여 단막극 '荷車' '도적놈' '森林' 등을 상연했다. 1932년 1월에는 토목노동자집회에서 이동공연을 하는 등 도쿄 인근의 조선인 밀집지역을 찾아다니며 소공연을 했다.[33]

이 전통은 프로토 가맹 이후에도 계속되었다. 코프 산하 프로토 가맹 각 동맹지부 가운데 가장 활발한 활동을 보인 조선인 지부는 東京지부였고, 여기에 속한 조선인 극단은 3.1극단(극장)과 스코프 극단이었다. 기타 지역에서는 名古屋혁신극장, 京都조선어극단준비회가 활동하고 있었다. 이들 극단의 특징은 조선인거주지역을 찾아다니며 조선어연극을 상연하는 이동극단형식을 취하고 있다는 점이다. 이들의 활동으로 인해 1932년과 1933년에 東京·大阪·九州·京都·名古屋 등 조선인밀집지역에서는 조선협의회가 주최하는 조선어연극이 상연되었고, 1932년 국제노동자연극데이에서도 조선어연극 '짐차'가 상연되었다.[34]

3.1극단은 1930년대에 결성된 東京프롤레타리아예술연구회, 東京조선어극단(동경조선프롤레타리아연극연구회의 후신)의 후신으로 1931년 2월 코프의 산하단체인 프로토에 가입하면서 3.1극단으로 개칭했다. 李洪鍾, 김파우 등 20여명이 조직한 3.1극단은 재일본민족연극의 수립을 위해 각종 공연과 이동 아지프로(선전)공연, 기업경영 내에서 혁명적 조직운동 등을 전개했다. 대표적인 공연은 1934년 2월 15일 芝浦회관에서 상연한 '재경조선인위안의 밤' '飼豚' '万頃村'과 5월 25일·26일 築地소극장[35]에서 공연한 '빈민가' '아편전쟁' 등이 있다. 3.1극단은 1933년 5월 프로토 제5회 전국대회의 운동방침인 '국제혁명연극동맹 극동서기국의 확립, 동양 제민족의 혁명적 연극운동발전, 기업 내 아지프로대 활동'에 따라 활동

---

33) 민영욱, 앞의 책, 36면.
34) 『プロレタリア文化』1932년 2월호 ; 『働く婦人』, 1932년 4월(仁木愛子, 앞의 글, 35면 재인용)
35) 築地소극장은 小山內薰이 주도한 상설관으로 민중의 작은 공간이라는 목적아래 만들어졌는데, 일본 근대극장사에서 첫 연극전용상설관이다. 민영욱, 앞의 책, 26면.

을 전개하다가 위원장 이홍종 등 책임자가 검거되자 조직을 재편하고
이동공연을 계속했다.36) 3.1극단은 1934년 9월 프로토가 해산하게 되자
「프로토의 해산 후 우리 3.1극장의 새로운 출발에 즈음하여」를 발표하고
순수한 연극예술자 집단으로서, 또한 재일조선민족연극의 선두부대로서
'고려극단'으로 재출발했다.37) 이 때 3.1극단은 "재일본 조선민족연극의
독자성과 장래의 발전 방향을 확정하고 순연한 예술가 집단으로서 갱신하
여 일본에 있는 조선민족연극의 선두부대가 될 것을 기약"하며 재출발한
것이다. 그러나 1935년 1월 경제적 기반의 부재와 지도적 문학가의 부재,
좌익편중주의의 잔존 등 문제로 인해 해산했다.38)

　3.1극단 구성원 가운데 최병한과 金善洪은 일부 단원을 규합하여 1935
년 2월, '과거 조선민족문화의 재검토와 신연극예술의 창조수립을 기할'
목적으로 '東京신연극연구회'를 결성했다. 아울러 "우리들은 민족고전연
극예술의 국제적 소개와 신연극운동의 올바른 이론적 연구를 임무로 한
다. 지금까지 일본에서 연극운동은 모두 정치주의적 편중, 희곡에 대한
이데올로기 과중 평가, 거기에서 나타난 희곡의 고정화는 그 예술적 가치
를 말살하고 신연극의 매력을 손실시켜온 경향이었다. 우리는 그러한 태
도를 버리고 올바른 예술 분야를 쫓아 조선민족의 고유문화를 재연구하고
신연극의 확고 수립을 기한다"고 천명하고 활동을 시작했다. 그러나 예술
적인 기술자의 부족으로 어려움을 겪었다.

　東京신연극연구회에 참여하지 않았던 金寶鉉(金波宇) 등은 金斗鎔, 許
源 등과 함께 '프로토의 영향에서 벗어나 조선민족의 오랜 연극의 전통
을 계승하고 새로운 연극의 창조수립'을 목표로 예술적인 기술자를 중심
으로 순수한 흥행극단의 창립을 준비했다. 준비과정으로 5회에 걸쳐 '울

36) 김정명, 『조선독립운동』4, 1046면.
37) 姜徹, 『在日朝鮮人史年表』, 웅산각, 1986년, 102면.
38) 김정명, 『조선독립운동』4, 501-503면.

룽도' '보통학교선생' '선술집' '빈민가' 등을 상연하고 1935년 5월 조선
예술좌라는 조선어극단을 결성했다. 조선예술좌는 동아일보 기사에 나
타난 바와 같이 "재 東京 조선인 대중의 연극적 위안과 욕구에 충실히
성찬하여 온 3.1극장과 고려극장의 전통을 계승한 연극인과 새로운 연극
기술자층의 결합단체였다.39) 조선예술좌는 기관지로『우리 무대』를 발간
하고 '성화' '토곽성' 등 가을 공연을 흥행에 성공하는 등 활발한 활동을
전개했다.

　조선예술좌는 '연극활동을 통해 조선의 미조직 대중의 계몽과 전선통일
의 역할을 담당하도록 함' '현재에 객관적인 여러 정세는 비합법적 활동에
의한 피압박계급의 해방은 불가능하므로 합법적 범위 내에서 조선연극을
통해 민족적 계급적 의식의 고양에 노력함과 동시에 전선통일을 도모하여
조선인해방운동의 목적을 달성하는데 역할을 담당함' '공산주의사상을
기조로 진보적 민족연극을 통해 재일본조선민중으로서 비판적 정신을 지
도고양하고 자본주의에 의한 착취와 억압을 여실히 이해시켜 그들을 해방
전선에 유도함' 등을 목표로 각종 활동을 전개했다.

　이러한 목표를 달성하기 위해 1935년 5월 4일 조선예술좌는 나카노(中
野)조선인친목회의 후원 아래 臺灣지진구제의 밤에 출연하여 「빈민가」
외 2막을 상연했다. 이어서 6월 10일에는 기관지『우리무대』를 창간하였
고, 11월 25일과 26일에는 쓰키지(築地) 소극장에서 추계공연을 가졌다.40)

　당시 국내 신문기사를 통해 조선예술좌의 공연 내용을 보면 다음과
같다.

---

39)『동아일보』1936년 1월 1일자
40)『김사량 평전』, 103면.

〈표 1〉 조선예술좌의 공연 내용

일시	종류	상연작	장소
1935년 3월 3-4	울릉도(허원 작)	울릉도(허원작) 보통학교선생(村山知義 작, 오정민 각색) 조정재판	芝浦회관
1935년 3월 18일	제2회 준비공연 (玉川소비조합 총회 기념)	울릉도(허원 작) 보통학교선생(村山知義 작, 오정민 각색) 선술집(이운방 작)	
1935년 3월23-24일	제3회 준비공연	선술집(이운방 작) 보통학교선생(村山知義 작, 오정민 각색) 빈민가(유치진 작)	宮仲구락부
1935년 4월 26일	제4회 준비공연	빈민가(유치진 작)	
1935년 5월 4일	제5회 준비공연	빈민가(유치진 작)	中野園회관
1935년 11월25-26일	창립공연	서화(이기영 작) 서낭당(한태천 작)	築地소극장

상연작품 가운데 '빈민가'는 3.1극단에서 최초로 상연한 국내 창작극인데, 재일조선인들에게 조선의 현실을 보여주고자 하는 목적에서 여러 차례 상연되었다.[41]

3.1극단의 일원이었던 朱永涉과 朴東根, 馬完英, 韓德宣, 李眞淳, 李海浪, 金永壽 등 東京조선인유학생 15명은 3.1극단의 해산 이후 1934년 6월 24일, 김영수의 방에서 "우리는 조선에 순정한 예술좌의 수립을 기하고 그것을 위해 회원 상호간 종합적 예술적 연구와 조선방문공연 및 일본에서 조선향토예술을 소개한다"는 등 총 15개항의 규약을 정하고 학생예술좌를 결성했다.[42]

학생예술좌 창설에 주도적인 역할을 담당한 주영섭은 "세계 연극 수준에 달한 동경극단에서 이런 그룹(*학생예술좌)을 통해서 적극적으로 연극을 배워 가지고 …동경 각 극단의 공연연구소 등에 접촉하여 연구를 쌓고

---

41) 김파우, 「우리는 빈민가를 어떻게 상연하였나」, 『예술』1, 1935년 1월
42) 결성일에 대해 김정명과 강철 등 일본에서 발간된 문헌에는 6월 30일로 기재된 데 비해, 심문조서 및 국내문헌에서는 24일로 기재되어 있다. 「동경학생예술좌사건」, MF자료, 3면 ; 김정명, 『조선독립운동』3, 634면 ; 姜徹, 『在日朝鮮人史年表』, 102면 ; 이두현, 『한국신극사연구』, 서울대출판부, 1966년

座(*학생예술좌) 내부에서 그것을 종합하여 좀 더 새로운 것을 만들고자" 창립했다.43) 이때 마련한 조직은 문예부·연기부·미술부·음악부·계획부이고, 운영을 위해 상무위원제도를 두었다.44) 1936년에는 영화부도 신설했다. 학생예술좌는 극단이라기 보다는 연구단체로서 출발했다. 즉 '극단의 지도이론과 조직'문제는 과제로 남겨두고 '창작극을 통한 극작가의 양성과 신극의 건설, 세계연극문화의 흡수, 번역극의 현대적·조선적 해석'을 목표로 했다. 그러므로 창립 이후의 실천사업으로 연극공연의 참가와 일본극단 연구소 참가 활동, 각본낭독회에 치중했다.

학생예술좌는 가입대상이 학생이었고, 구성원의 대부분은 早稻田대학과 日本대학, 法政대학 재학생들이었다. 학생예술좌 구성원들은 극단을 창립한 직후 약 1년간 일본신극훈련을 받게 된다. 그 이유는 '세계 연극 수준에 달한 동경극단에서 적극적으로 연극을 배우기 위한' 것이었는데, 연극공연의 참가와 연구소 활동이 주 내용이다.45) 이러한 신극훈련을 바탕으로 1935년 6월 4일에는 '조선의 신극 수립은 창작극에서' 라는 슬로건 아래 제1회 창립공연(주영섭 작 '나루', 유치진 작 '소')을 하고 본격적인 극단으로 출발했다.

이상과 같이 1935년 1월 3.1극단의 해산 이후 조선인연극예술집단은 세 그룹으로 나누어졌다.

3) 조선어극단의 통합운동과 조선예술좌 사건

1930년대 중반에 3.1극단의 해산 이후 각각 결성된 세 그룹의 연극예술 그룹은 공통적으로 '조선민족의 연극 전통'을 바탕으로 한 '조선어극단'을 지향했다. 또한 정치성이나 이데올로기와 무관한 순수예술운동을 표방

---

43) 「학생예술좌부감도」, 『막』1, 1936년 12월, 6면(민영욱, 앞의 책, 30면 재인용)
44) 「동경학생예술좌사건」, MF자료, 9-10면.
45) 이해랑, 『허상의 진실』, 새문사, 1991년, 260-261면.

했다. 이는 과거 코프를 중심으로 한 좌익적 정치주의적 경향에서 독립을
의미하는 것이라기 보다 민족적 · 계급적 극단으로서 합법적인 연극활동
을 통해 재일조선인 대중에게 사회주의 리얼리즘을 보급하자는 의미가
강했다.[46]

그러나 1930년대 중반에 이르면서 3분화한 연극운동은 전체적인 면에
서 볼 때 장기적인 활동을 보이기는 어려운 상황이었다. 당시 일본에서
조선어극단운동에 종사할만한 연기자나 연출자의 수는 제한적이었고, 재
정적인 면에서 어려움은 더욱 컸다. 이들은 조선어연극을 상연했으므로
재정적인 배경은 재일조선인 대중들의 주머니에 의존할 수밖에 없었는데,
그 한계는 오래지 않아 드러나게 되기 때문이다. 여기에서 바로 통합운동
의 필요성이 대두되게 된다.

통합운동에 나선 사람은 연극잡지사인 테아트르사의 무라야마 도모요
시(村山知義)이다.[47] 東京신연극연구회가 합동에 대한 강화책을 도모하
는 상황에서 무라야마가 주선을 하자 이에 조선예술좌가 조응하여 통합이
이루어지게 된 것이다.[48] 1936년 1월 5일 우메고시 구락부에서 합동을
선언하고 "재일본조선민족의 연극운동을 수행하고 재일조선인의 문화적
(연극) 요구를 충족함과 동시에 조선의 진보적 연극의 수립을 기한다"는
목적 아래 합동을 실현하고 '(통합)조선예술좌'라는 명칭으로 새롭게 출발

---

46) 1930년대 조선인극단이 한결같이 정치성을 지향함을 내세운 점에 대해 仁木愛子는 합법적
연극상연을 목적으로 한 것이지, 프로연극을 폐기한 것은 아니라고 평가했다. 仁木愛子,
앞의 글, 36면.
47) 坪江仙二, 『조선민족독립운동비사』(안우식 저, 심원섭 역, 『김사량 평전』, 문학과지성사,
2000년, 101면 재인용).
48) 박경식은 경무국 자료인 「사회운동의 상황」에 근거하여 세 단체가 모두 조선예술좌라는
이름으로 통합된 것으로 이해하였으나 仁木愛子는 학생예술좌는 통합운동에 참여하지 않
은 것으로 파악했다. 필자는 구성원의 성격을 근거로, 조선예술좌를 두 단체의 통합산물로
이해한다. 학생예술좌는 조선어연극운동을 했지만 앞의 두 단체와 달리 유학생극단으로서
성격이 강하고, 구성원상 인적 교류도 없었다.

하게 되었다. 조선예술좌는 위원장에 김두용, 위원에 韓弘奎, 吳禎民, 金宇鉉, 安禎浩, 尹北洋, 최병한 등을 선임했다.

1936년 1월과 2월에는 浦田·玉川·芝浦 등 도쿄 외곽의 조선촌을 중심으로 '토성랑'(김사량 작) '鼠花' '소(유치진 작, 김두용 연출)' 등을 상연하고, 비판회와 연구회 등을 개최하여 연극의 이론적 연구·연기기술의 연구 등에 주력했다.49) 연구회 활동은 1936년 중순에 16-17회 정도 열렸는데, 문예부는 극작품의 분석을 중심으로 한 연극이론을, 연기부는 무대실기를 중심으로 연극기술을 내용으로 했다.

그러나 같은 해 8월 중순 이후 김두용과 김삼규, 金鳳元이 피체되고 이어서 10월 29일에는 한홍규와 안정호, 이홍종, 김용제, 김사량 등 간부 전원이 치안유지법위반으로 검거되어 조선예술좌는 문을 닫게 되었다.

조선일보 기사에 따르면, 이들은 '예술운동을 빙자하여 사상운동을 하였다는 혐의'로 피검되었는데, 기사를 근거로 피검자를 살펴보면 다음과 같다. 한홍규(26세, 韓弘台로 오기)50), 金倉福(23세, 金相福의 오기), 金彌培(31세), 김삼규(39세), 金時昌(23세, 김사량의 본명), 金高殊(21세), 朴贊鳳(24세), 안정호(23세, 安英一), 統明泳(27세, 黃明淳의 오기), 朴達模(24세)51), 安基錫(25세), 金龍濟(28세), 김봉원(26세), 이홍종(19세).52) 이 가운데 송국된 인물은 김두용, 김삼규, 이홍종으로 추정된다. 김용제를 비롯한 다른 인물들은 명목상의 일원인 경우가 대부분으로 실제적인 활동상은

---

49) 『조선신문』, 1936년 3월 11일자.
50) 『조선독립운동비사』에는 韓遠來로 기록되어 있다.
51) 『조선독립운동비사』에는 朴遠煥으로 기록되어 있다.
52) 『조선일보』 1936년 10월 30일자. 그러나 김광열과 高柳俊男은 1936년 8월 피검자를 9명으로 파악하고 있고, 피검자 12명 가운데 다수가 석방된 것으로 보아 조선일보의 기사내용은 송국되어 재판을 받은 인원과 일치하지 않는다. 당시 동경제국대학 문학부에 재학 중이던 작가 김사량도 조선예술좌 단원은 아니었지만 이 사건으로 10월 28일에 검거되어 2개월간 구류되기도 했다. 이런 점을 볼 때 피검자의 대상은 매우 넓었을 것으로 보인다. 김사량, 『노마만리』, 2002년, 실천문학사, 312면.

보이지 않고 있었다.[53] 조선예술좌의 주요 구성원에 대한 약력을 바탕으로 조선예술좌의 성격을 규명해보도록 하겠다.

〈표 2〉 조선예술좌 주요 구성원의 약력

성 명	최종 학력	활동 단체	기 타
김두용	東京제대 중퇴	신인회, 반제동맹, 카프東京지부, 재일본조선노동총동맹, 무산자사, 동지사, 조선예술좌	피검, 송국, 전향, 월북
김삼규	東京제대 졸업	무산자사, 카프서울지부, 조선예술좌	피검, 송국, 전향
김선홍		3.1극단, 東京신연극연구회, 조선예술좌	
김용제	中央대 중퇴	프롤레타리아시인회, 일본프롤레타리아작가동맹, 일본공산당 청년동맹, 조선예술좌	피검, 전향
김파우		東京メザマシ隊, 東京프로연극단, 동지사, 일본공산당, 코프조선협의회, 프로토동경지부장, 조선예술좌	
안정호		3.1극단, 조선예술좌	피검
이홍종		코프조선협의회, 3.1극단, 조선예술좌	피검, 송국
최병한		新築地극단, 카프東京지부, 東京프로연극단, 3.1극단, 동지사, 코프조선협의회, 고려극단, 東京신연극연구회, 조선예술좌	
한홍규		카프東京지부, 東京조선프롤레타리아연극연구회, 동지사, 코프조선협의회, 3.1극단, 고려극단, 조선예술좌	

첫째 특징은 조선예술좌 활동가 가운데 다수가 극단 활동 이전이나 이후에 사회운동이나 정치활동을 한 경험이 있다는 점이다. 대표적인 인물이 김두용이다. 김두용은 재일본조선노동총동맹을 비롯해 무산자사와 동지사에서 활동을 했던 대표적인 사회주의 운동가이다. 김용제와 김파우는 일본공산당 소속이었고, 김삼규도 무산자사에서 활동한 경력을 가지고 있다. 또한 구성원들은 모두가 카프나 코프조선협의회 소속이었다. 즉 조선예술좌는 맑시스트 극단이었던 것이다.

---

53) 비록 1936년 피검 이후 1940년 까지도 단원들 가운데 일부가 '동경학생예술좌'와 신협극단에서 활동하였으나 중요한 활동상은 찾을 수 없고, 조선예술좌의 활동방향을 주도하는 주요 활동가가 수감된 상황이었으므로 1936년 이후에는 조선예술좌 활동이 종식된 것으로 보아야 한다.

둘째, 활동지역을 보면, 대부분이 장기간 동안 일본을 활동무대로 하고 있었다. 1937년에 강제로 귀국조치 당한 김용제를 제외하면 대부분이 극단의 해산 이후에도 일본지역에 남아서 활동했다.

셋째, 순수연극인들의 극단으로서 전문성이 높다는 점이다. 구성원 가운데 김두용과 김용제, 김삼규 등은 도쿄에서 학창시절을 보낸 인텔리로서 사회운동경험이 많았으나 순수 연극인이 다수를 차지하고 있었다. 연극인으로서 전문성은 구성원들의 활동 경력에서도 찾을 수 있다. 김두용을 제외하면, 모두 전문적인 예술가(연기자, 문필가)로서 일생을 지낸 인물이다. 김두용의 경우에도 1929년에 무산자사와 재일본조선노동총동맹 활동 기간을 제외하면 활동의 대부분이 예술분야에 집중하고 있다. 특히 그는 연출자로서도 두각을 나타냈지만 문예운동에 대해서도 활발한 저술 활동을 벌였다.54) 김두용이 남긴 저술활동을 보면, 「정치적 시각에서 본 예술투쟁-운동 곤란에 대한 의견」(『무산자』3-1, 1929년), 「사회주의적 리얼리즘이 ***리얼리즘인가」(『문학평론』207, 1935년), 「문화·문학 제문제를 둘러싼 우익적 좌익적 편향에 대하여」(『生きた新聞』, 1935년 4월), 「문화전선의 침투를 비판한다」(『生きた新聞』, 1935년 3월), 「창작방법의 문제 - 리얼리즘과 로맨티시즘」(『동아일보』1935년, 8월 24일자), 「프로문학의 전도 - 근로민중의 이익을 목표로」(『동아일보』 1936년 1월 7일자), 「창작방법문제에 대하여 재론함」(『동아일보』1935년 11월 6일~12월 10일), 「조선문학의 평론 확립의 제문제」(『신동아』6-4, 1936년 4월), 「사회

---

54) 김두용은 재일조선인 프롤레타리아문화운동 뿐만 아니라 1920년대 후반부터 재일조선인운동사에서 중요한 역할을 담당했던 인물이다. 그러나 그의 활동내용에 대해서는 긍정적인 평가를 내리기 어려운 점이 많다. 코민테른의 지시에 따라 재일본조선노동총동맹을 해소하는 과정에서 김두용이 담당한 역할도 정당하게 평가받기 어려운 점이지만, 1936년에 검거되어 수형생활을 하던 중 전향함으로써 민족운동선상에서 오점을 남겼다. 김두용에 관해서는 김인덕, 「식민지시대 재일조선인운동과 김두용」; 「김두용의 친일파인식에 대한 시론」, 이상 『일제시대 민족해방운동가연구』, 국학자료원, 2002년 참조.

주의 리얼리즘 재검토」(『조선문학』7, 1936년 6월), 「조선예술좌의 근황」
(『테아토르』, 1936년 5월), 「문화옹호-프로 져널리즘의 문제」(『시국신문』
1935년 12월 16일자) 등을 찾을 수 있다.

　이상의 약력만으로 보면, 조선예술좌를 주도한 인물들은 인텔리 출신의
순수 예술인으로서 손색이 없다. 그러나 이들은 모두 프로예술운동의 입
장에 선 예술가들이다. 프로예술운동은 현실생활에 입각한 실천운동적
성격을 갖는다. 또한 프로연극운동은 일제의 세밀한 규찰 속에서도 제국
주의를 과학적으로 부정하고자 하는 지향을 견지했던 비합법운동에 가깝
다.55) 그러므로 연극상연을 통해 대중들에게 즐거움과 위안을 주는데 만
족하지 않고, 사회적 메시지를 전달하고, 나아가 사회개혁에 이르는 것을
목적으로 활동했다.

　조선예술좌는 사회주의 예술활동을 목적으로 한 문화운동단체이다. 비
록 프로토의 가맹단체로 활동했던 3.1극단에서 활동하던 인물들이 프로토
의 해산과 더불어 '순수한 연극예술자집단으로서, 또한 재일조선민족연
극의 선두부대'로서 '고려극단'으로 재출발했지만, 이들이 사회주의문화
운동과 결별한 것은 아니었다. 프로토와 같은 좌익정치주의적 문화운동을
거부했을 뿐이다. 이들은 3.1극단을 떠난 이후에 조선연극전통에 기초한
조선어연극활동을 내세웠지만, 이는 사회주의로부터 결별이 아니라 조선
인대중을 사회주의의 성원으로 견인한다는 목적에서 변함이 없었다. 조선
적인 정서를 바탕으로 한 조선어 연극활동은 바로 재일조선인대중을 사회
주의의 성원을 견인하는데 중요한 수단이었던 것이다.56)

　조선예술좌 활동이 갖는 의미는 계급문화운동을 지향한 점에 그치지
않는다. 일본당국이 재일조선인을 대상으로 펼쳤던 통제정책의 핵심인

---

55) 역사문제연구소 문학사연구모임, 앞의 책, 200면.
56) 『김사량 평전』에서는 조선예술좌 검거사건을 일본 공산당 勞農派 탄압의 전주곡으로 평가
　　했다.

'조선어와 조선교육 포기요구'에 정면으로 대응하는 활동을 전개했다는 점을 주목할 수 있다. 재일조선인을 상대로 조선어연극을 상연함으로써 조선적 정서의 유지 및 민족교육의 일익을 담당하였다.[57] 또한 사회의 구조적 모순을 드러내는 연극내용은 민족적 아이덴티티 및 사회의식 고취에도 중요하게 작용했다. 조선인들이 조선어연극을 통해 당국이 원하는 방향대로 조선적인 관습과 문화를 천시하고 배타시하는 것이 아니라 도리어 공유한다는 것은 당국의 통제정책과는 정면으로 위배되는 것이었다. 또한 조선어 연극은 재일조선인 노동자계급의 정치 문화적 훈련방법론 가운데 하나였다. '민중을 감정상으로 쉽게 인도'하는 것이 연극이었으므로 노동자집회나 위안회에서 상연되는 조선어 연극은 조선인 노동자의 실천성을 강화시키는데 기여를 했다.[58] 그러므로 당국은 이들의 활동에 주목을 하게 된 것이다. 이 점은 조선예술좌 핵심인물의 피체되는 과정에서도 드러난다. 김삼규는 관서지방에서 활동을 하던 중 피체된다. 이는 조선예술좌의 활동이 다수의 조선인이 거주하면서 조선촌을 중심으로 재일조선인운동을 전개하던 관서지역으로 확대하는 것에 대한 당국의 우려와 무관할 수 없다.[59]

Ⅲ. 학생예술좌 사건

1936년 조선예술좌의 검거로 인해 조선인의 연극활동이 종식된 것은

---

57) 조선예술좌의 구성원이었던 김사량 자신도 "때로 견딜 수 없을 정도로 심한 향수에 사로잡히게 되는 때에는 …조선가요의 밤이라든지 야담이나 무용제 등을 보러간다"(「고향을 생각한다」로 표현하여 조선예술좌의 공연을 통해 알게된 동포들의 따뜻함이 의식 속에 들어있음을 토로하고 있다. 『김사량 평전』, 107면. 이를 통해서도 비록 단편이나마 조선어연극이 재일조선인들의 민족적 정서 유지에 영향을 미치는 정도를 확인할 수 있다.

58) 민영욱, 앞의 책, 16면.

59) 이로 인해 조선예술좌가 東京과 관서에서 활동을 하는 단체로 오인된 기사가 실리기도 하였다.

아니어서 그 맥은 학생예술좌(일명 동경학생예술좌)로 이어졌다. "東京극
단에서 이 구룹을 통해서 적극적으로 연극수업의 길을 밟아 장차 한국으
로 돌아가 연극을 통한 민족의 얼을 復興시켜야겠다"[60]는 의지로 결성된
학생예술좌는 1934년 라디오방송극으로 첫 공연활동을 한 이후 1935년
6월에는 쓰키지(築地)소극장에서 '건너는 곳(주영섭 작)' '소(유치진 작)'
등을 상연했다. '소'는 유치진이 1934년에 동아일보에 발표한 식민지 치하
의 궁핍한 농촌을 묘사한 장막극인데, 학생예술좌가 도쿄 쓰키지 극장에
서 공연하여 각광을 받았다. 그러나 이 공연은 일제에 의해 사상이 불온하
다는 이유로 작자인 유치진은 물론, 참가자들인 박동근과 김동원 등도
구속하여 3개월 이상씩 옥고를 치르게 했다.[61]

학생예술좌의 공연과 각본낭독회 등 활동 내용을 살펴보기로 하자.

〈표 3〉 학생예술좌의 공연

공연일시	공연내용	비고
1935.6.4	'나루'(주영섭 작)	상연
	'소'(유치진 작)	상연
1935.1	'예술광사 사원과 오월'(이무영 작)	각본낭독회
1936.1.29-31	'소'(유치진 작)	상연, 이동극장
1936.2.4	'소'(유치진 작)	상연, 이동극장
1936.6.4	'소'(유치진 작)	상연
1936.여름	'백조의 노래'(체홉 작)	각본낭독회
1937.6.22-23	'춘향전'(유치진 작)	상연
1938.6.4-5	'벌판'(주영섭 작)	상연
	'지평선'(유진 오닐 작)	상연
1939.6	'문'(이서향 작)	각본불허, 공연취소
	'유명'(함세덕 작)	공연취소

60) 박동근, 「동경학생예술좌약사」, 실험극장 제15회 공연프로그램, 1965년 4월 14일자(이두현,
　　『한국연극사』, 민중서관, 1973년, 254면 재인용)
61) 이상일, 앞의 글, 3면.

1937년과 1938년에도 '춘향전(유치진 작)' '광야(주영섭 작)' '지평선(오닐 작)' 등을 상연하고, 기관지『幕』(총 3호)을 발간했다.[62] 1939년 6월에 4회 공연으로 '문'과 '幽明'을 준비하였으나 조선어연극을 금지당하여 상연이 취소되자 구성원 가운데 일부(주영섭, 한적선, 임호권, 마완영, 이해랑, 김동혁, 이진순, 장규원, 홍성인, 박용구, 신영, 박의원, 허남실)가 귀국을 한다. 이들은 귀국 이전에도 국내를 왕래하며 개별적으로 각 극단공연에 참가하기도 하였으나 1939년 6월에 완전 귀국을 한 것이다.[63]

그러나 이들 학생예술좌 구성원들은 1939년 8월 검거된다. 박동근, 주영섭, 마완영, 李榮秀, 金東爀, 尹澄錬, 林虎雄, 李海郎, 金永壽 등 9명이 '연극을 통해 좌익사상을 고취했다'는 이유로 관계자가 검거되었으나 이 중 박동근과 주영섭, 마완영, 이영수만이 송국되고, 나머지는 풀려나 1940년 9월에 해산될 때까지 명맥을 유지했다.[64] 이 때 주영섭과 박동근이 실형을 선고받았으나 주영섭은 집행유예로 풀려나고, 대표인 박동근만이 8개월간 감옥살이를 한 후 풀려났다. 그러나 학생예술좌는 해체의 길을 걸어야 했다.

종로경찰서에서 검사국에 송치할 때 보낸 의견서에 의하면, 이들의 검거사유는 '일본 유학 시절에 좌익서적을 탐독하고 선배에게 감화되어 공산주의를 신봉하였으며, 이를 통해 國體변혁과 사유재산제도 부인을 목적으로 실행운동을 간절히 희망하여 신극단을 조직하여 활동했다'는 것이다. 특히 신극단은 유학 중에 일본에서 가능한 합법부문이고, 조선으로 돌아가서도 계속 할 수 있는 용이함이 있었으므로 택하게 되었다는 것이

---

62) 「춘향전」 역시 유치진이 항일작품을 발표할 수 없게 되자 대안으로 무대에 올린 작품이었으나 탐관오리인 변사또를 매도한 것이 계급의식에 입각했다는 이유로 피검되는 일을 겪게 된다. 앞의 주.

63) 『막』3, 1939년 6월, 57면(민영욱, 앞의 책, 31쪽 재인용)

64) 「동경학생예술좌사건」, MF기록. 강철의 『조선인연표』에 의하면, 1940년 12월 1일에 강제 해산되었다.

다. 구체적인 혐의는 비판회 개최와 좌익적 성격의 공연 상연이다.[65]

검거를 피한 학생예술좌 단원들은 일본대학예술과 학생들과 함께 形象座를 결성하여 활동하다가 1940년 12월에 신극인 총검거로 역시 문을 닫았다.[66] 이 때 12월 6일과 12일에 조선예술좌에서 활동하다가 1936년 피검되었으나 검사국으로 송치되지 않고 석방되었던 조선인 안정호와 趙文硯, 李康福(新協劇團소속)도 치안유지법위반혐의로 피체되었다.[67]

이들 극단 가운데 학생예술좌는 1938년까지 조선어연극을 상연했다. 학생예술좌는 일본에 조선의 향토예술을 소개하는 목적을 내세우고 있었으나 "조선의 신극수립을 창작극에서"라는 표어 아래 '지평선(오닐 작)'을 제외하고는 조선인에 의해 창작된 창작극을 내걸었고, 조선어연극 상연도 멈추지 않았다. 형상좌도 비록 일본인 학생들과 보조를 갖추기로 했고, 표면적으로는 합법장면을 이용하기로 하였으나 이면으로는 민족의식과 공산주의사상을 앙양하고 연기는 모두 조선어로 할 것을 협의했다. 그러나 형상좌가 대중을 상대로 공연을 한 자료는 보이지 않는다. 결성 이후 단원들의 하숙이나 다방, 교내 등지에서 30여 회 비밀회합을 갖고 프로연극연구를 한 것으로 나타날 뿐이다.[68] 안정호과 조문현, 이강복 등도 신협극단에 소속되어 있었는데, 신협극단이 1938년 8월에 국내 순회공연('춘향전')을 한 것으로 보면, 조선어연극에 관한 지향성은 유지되었다고 생각

---

65) 「동경학생예술좌사건」, MF자료, 2-3면, 19-25면.
66) 이들은 대본독해와 연기연출 연구회 등을 통해 공연을 준비하던 중 검거되었다. 許南鉉, 「극단 '형상좌' 회상」, 『藝協』1호, 1946년 6월호(朴慶植, 『在日朝鮮人關係資料集成-戰後編』10권, 不二出版, 2002년, 428면 所收).
67) 姜徹, 『在日朝鮮人史年表』, 174면.
68) 형상좌는 일본대학 예술과에 재학중인 徐萬一과 許軼 등의 주창으로 1939년 7월 3일 일본예술대학 강당에서 동지 10여명이 회합을 한 후, 동지를 20여명으로 확보하여 9월 중순에 '예술과 제2부'라는 이름으로 결성한 후 10월 3일에 형상좌로 개칭했다. 지도자는 강사 鈴木英輔·책임자 李秀若·문예부 서만일·연출부 허집·연기부 金鐘玉·회계 成久洙 등이다. 김정명, 『조선독립운동』3, 762면.

된다.[69] 그러나 1938년을 전후한 시기에 일본에서 조선어연극을 상연했
는지에 대해서는 확인이 어렵다. 결국 1930년대 일본의 조선어연극운동
은 1930년대 말로 막을 내린 것으로 판단된다. 학생예술좌 검거사건이
갖는 운동사적 의미를 파악하기 위해서는 구성원에 대한 이해가 필요할
것이다.

〈표 4〉 학생예술좌 주요 구성원들의 약력

성 명	최종 학력	활 동 단 체	기 타
김동혁	일본대 중퇴	東京松竹大船영화촬영소, 劇硏座	피검
김영수	早稻田대 졸업	학생예술좌, 조선일보, 동양극장	
마완영	法政대 졸업	좌익극단, 학생예술좌	피검, 송국
박동근	일본대	학생예술좌(검거 당시 대표)	피검, 송국, 8개월 수형
윤형련	明治대 졸업	학생예술좌, 劇硏座	피검
이영수	일본대 졸업	3.1극단, 학생예술좌	피검, 송국
이진순	日本대 졸업	학생예술좌, 劇硏座	
이해랑	일본대	학생예술좌, 劇硏座	피검
임호웅	일본대 졸업	학생예술좌	피검
주영섭	法政대 졸업	극단 신건설, 학생예술좌, 현대극장 및 부설 국민연극연구소	피검, 송국, 월북

〈표 4〉를 통해 극단의 성격을 살펴보면 다음과 같다.

첫째, 맑시스트 극단이던 조선예술좌와 달리 학생예술좌는 유학생으로
구성된 극단이었다. 이들은 다른 유학생의 경우와 마찬가지로 도일 직후
에 사회주의사상을 수용했다.

둘째, 활동지역이 국내 중심이다. 학생예술좌는 귀국하여 활동하던 중
피검된 경우가 많고, 검거사건 이후에도 주요 구성원들이 국내에서 활동
하였다. 〈부록〉에서 알 수 있듯이 학생예술좌의 구성원 가운데 많은

---

69) 김사량은 이 때 신협극단의 선발대를 안내하여 귀향하게 된다. 김사량, 『노마만리』, 2002년,
   실천문학사, 312면.

수는 국내에서 재학중에 민족운동이나 동맹휴학 등과 관련되어 퇴학처분을 받은 후 도일한 경우가 적지 않다. 박동근의 회고에서도 알 수 있듯이 학생예술좌의 경우에는 귀국하여 국내에서 활동할 것을 목표로 한 아마추어극단이었다. 국내 신극단체인 극연좌와의 관련성은 김동혁과 윤형련, 이영수, 이진순 등 단원의 인적 연관성에서 찾을 수 있다.

셋째, 이들 극단 결성의 목적은 순수 연극운동에 비중을 두고 있었다. 구성원의 사회 경제적 배경을 보면, 사회에 불만을 가진 소외세력과는 거리가 멀었다.[70] 그러므로 극단 운영을 통해 정치적인 메시지를 전달하고자 하는 의도는 갖고 있지 않았다.

학생예술좌는 예술운동에 더 큰 비중을 둔 극단이다. 이들은 정치성을 배격한 순수연극운동을 지향하고 있었으므로 신극발전에 기여도는 매우 컸으나 사회계몽 차원에 머물렀다.[71] 심문조서에는 이들이 공산주의 사상을 신봉하여 비판회와 공연을 통해 조직적인 좌익운동을 하려고 도모한 것으로 나와 있으나 이는 탄압의 구실로 보인다. 박동근은 심문조서에서 '좌익극을 선전하여 관객에게 현대의 모순을 의식시켜 사회를 계몽하고자 했다'고 진술하였다.[72] 그러나 이는 조직적인 좌익운동과는 일정하게 거리가 있다.

위에서 언급한 세 가지 특징은 조선예술좌의 성격과 구별되는 학생예술좌의 성격을 보여준다. 그럼에도 불구하고 학생예술좌가 갖는 의미는 조선예술좌와 크게 다르지 않다. 그 이유는 이들의 활동이 재일조선인 대중에게 미친 영향 때문이다. 학생예술좌도 조선예술좌와 마찬가지로 다른

---

70) 종로경찰서에서 검사국에 보낸 의견서에 의하면, 이들은 모두 '생활의 지장이 없고 부형으로부터 學資를 받아 內地에 유학을 온 자들로써 가장 혜택을 받는 환경'에 놓여 있었다. 「동경학생예술좌사건」, MF 3면.
71) 70여명의 단원들은 귀국하여 국내의 각 신극단체에서 중심적인 역할을 담당했다. 이두현, 앞의 책, 254면.
72) 「동경학생예술좌사건」, MF자료, 299-300면.

흥행극단과 달리 창작극을 중심으로 공연하며 조선어연극을 고수하고자 했다. 대본과 신극에 대한 이론적 연구를 통해 한국적인 신극을 만들고자 하는 목적의식도 투철했다. 비판회나 공연활동에 중심을 두고 있었으나 재일조선인 대중에게 미친 영향은 조선예술좌와 크게 다르지 않았다. 이들은 연극을 통해 대중이 사회 개혁의 주체로 성장하도록 하고자 했다. 아울러 귀국 이후 국내 신극계에 신선한 자극과 영향을 주었다는 점도 평가할 수 있는 부분이다.

조선예술좌 사건이나 학생예술좌 사건은 당국이 내세운 것처럼 구체적으로 연극활동 이외에 계급운동이나 사상운동을 전개한 사실을 확인하기 어렵다. 조선예술좌의 경우에는 극단이 지향하던 '계급운동을 위한 구체적인 활동'에 들어서기 직전에 지도층이 모두 검속되었기 때문이다. 학생예술좌의 경우에도 유학생이 중심이 된 아마추어 극단으로서 정치성을 띠지는 않았으나 당국은 국내의 劇研座와 관련성을 주목하고, "연극을 통한 좌익사상고취"라는 명목으로 검거했다. 그러나 이들 극단이 당국의 탄압을 받았던 명백한 이유는 통치체제에 저해 요인을 생산하는 기능을 했기 때문이다. 당국이 국내 신극 단체를 해산시킨 이유는 이들의 활동이 문화운동(연극을 문화의 중추로 격상시키고, 본격적인 근대극의 기틀을 마련)에 그치지 않고, 대중들에게 투쟁의지를 불어넣는 역할을 담당했기 때문이다.[73]

심문조서에 의하면, 1939년 8월, 경성부 창신정에서 마완영·김동혁·임호웅 외 9명은 회합을 갖고 '극연좌와 합류하여 경성에서 신극을 조직하여 좌익적 연극 상연을 도모하기로 합의한 후 계획 중에 검거되어 그

---

73) 극예술연구회의 공연 '목격자'(유치진 각색)에서 사회의 불의와 타락에 저항하다가 죽은 유대청년의 아버지가 자식의 시체를 앞에 놓고 한 독백 "무슨 일에도 굴하지 않고 일어서서 끝까지 싸워서 당당히 패한다는 것, 그것이야말로 대지에 태어난 인간의 영광이란 말이다"는 관객들에게 큰 감동을 안겨주어 막이 내린 뒤에도 귀가할 줄 모를 정도였다. 유민영, 앞의 책, 165면.

목적을 달성하지 못한 것'으로 나타난다.[74] 극연좌는 일제의 탄압으로
해산된 극예술연구회가 계승된 극단이었으므로 당국에 의해 해산되는 것
은 당연한 과정일 것이다. 그러므로 당국의 입장에서 볼 때, 이러한 위험
한 존재인 극연좌와 합류할 가능성이 있는 학생예술좌에 대한 검거는
더 이상 언급할 가치조차 없는 조처였다고 평가된다.

맺음말

1920년대 재일조선인 민족운동은 전국적 규모의 단체를 통해 맹위를
떨칠 수 있었다. 일본이 파쇼체제로 들어가기 이전이었고, 大正데모크라
시의 사회분위기가 남아 있었으므로 운동의 환경도 어느 정도 조성되어
있었다. 또한 재일조선인 대중들은 대규모 단체 활동을 통해 대중운동이
가져다주는 성취감을 맛볼 수 있었다. 재일조선인 개인이 처한 어려운
상황을 식민지의 구조적 모순으로 인식하고 민족적 이익을 도모할 수
있는 방안에 동참하여 결실을 거둔다는 공감대도 타향살이에 큰 힘이
되었다.

그러나 1930년대는 운동의 지형이 큰 변화를 가져온 시기이다. 1929년
에 전국적 규모의 재일조선인운동단체가 '해소'라는 명분 아래 해산한
이후, 조선인들은 일본사회운동계에서 실질적인 실천력을 제공하면서도
조선인의 민족문제를 마음놓고 내세울 수 없는 현실에 봉착하게 되었다.
여기에 開戰을 앞두고 본국 내 이질세력인 재일조선인에 대한 당국의
통제는 더욱 강화되었다. 1930년대 운동지형의 변화는 이에 그치지 않았
다. 정주조선인의 수가 늘어나면서 조선인사회의 역량도 변화되었다. 그
러므로 1930년대 운동은 다양성을 띠지 않을 수 없었다. 1930년대 재일조

---

74) 「동경학생예술좌사건」, MF자료, 25면.

선인의 운동이 일본공산당이나 전협 등 전국적 조직에서만 이루어지지 않게 된 배경은 바로 여기에 있다. 조직적 활동을 전개한 조선인의 수는 비록 조직 내에서는 높은 비중을 차지했지만 전체 조선인의 수와 비교해 볼 때 여전히 소수의 운동이었다. 그 보다 많은 조선인들은 자신의 현실을 바탕으로 다양한 운동을 전개했다. 이들이 다양한 운동을 전개할 수 있었던 배경에는 민족운동에 대한 재일조선인의 인식과 필요성의 심화와 아울러 운동을 이끌어갈 만한 역량이 수반되었기 때문이다.

1930년대 조선어연극운동은 들불처럼 일어나 일본 전역을 휩쓸 정도의 영향력을 발휘한 대중운동이 아니다. 실상은 몇몇 극단이 조선인이 밀집한 지역을 찾아다니며 상연한 몇 차례의 순회공연이 전부이다. 주머니 돈을 털어 공연을 관람한 조선인들도 민족의식으로 똘똘 뭉친 열혈 운동가는 아니었다. 하루 벌어 사는 불안한 생활 속에서 강한 생존의지를 보이는 서민대중이었고, '국가'나 '민족'보다는 개인의 일상이 더욱 소중한 민중이었다. 그러나 자신의 의지와는 상관없이 이질적인 존재로서 늘 통제와 감시의 대상인 소수자이기도 했다. '一視同仁' '內鮮一體' 구호와 달리 철저한 일본사회의 민족차별을 절감하던 약자였다. 조선어연극은 식민본국에서 조선인으로 살아가는 이들에게 조선인임을 확인시켜주고 식민지의 구조적인 모순을 인식시켜주는 자극제인데 비해, 조선인의 일본인화를 촉진해야 하는 당국의 입장에서는 '불온한 행동'이었다. 그러므로 이들 극단이 탄압을 당하는 것은 불가피했다.

조선어연극운동은 1930년대 재일조선인들이 일본당국의 통제정책에 맞선 재일조선인운동의 전개과정에서 자리한 하나의 작은 운동사례로서 의미를 갖는다. 극단의 구성원들은 유학생이든 전문연극인이든 불문하고 연극이라는 문화적 수단을 통해 자신들이 지향하는 국권회복과 사회주의 사회건설을 도모하고자 했다. 이를 위해 조선어사용이 억제되는 상황에서 조선어연극을 상연하고, 그 내용도 조선의 농촌현실과 식민지의 구조적 모순을 드러내는 것이었다. 이러한 활동은 직접적인 민족운동의 양상을 나타낸 것은 아니었으나 일본당국의 조선인 통치 방향을 거스르는 것이었다. 이 사건과 같이 재일조선인들이 식민지 지배정책에 맞서 가능한 방법으로 다양하게 전개한 운동사례가 모여 1930년대 재일조선인 민족운동사를 이루게 되었다고 평가할 수 있다.

투고일 2003년 3월 20일 / 심사완료일 2003년 5월 7일

주제어 : 조선어연극운동, 조선예술좌사건, 학생예술좌사건, 재일
　　　　조선인 민족운동

〈부록〉

식민지 시대 재일조선인 연극운동 관련 주요인물의 연보 (가나다순)[75]

김동혁

1916년 경성 출생

1934년 배재중학 졸업, 도일하여 日本大学 예술과 입학, 1935년 퇴학, 東京松竹大船영화배우학교 입학

1936년 東京松竹大船영화배우학교 졸업, 東京松竹大船촬영소에서 배우 생활

1938년 귀국, 극연좌 입단

1939년 학생예술좌 사건으로 피검

김두용

1903년 함경남도 함흥에서 출생

동경제대 미학과 중퇴, 신인회 가입, 반제동맹 참가

1927년 조선프롤레타리아예술동맹 東京지부 결성에 참가, 『예술운동』 창간

1929년 무산자사 조직, 위원장, 『무산자』 창간

1929년 11월 재일본조선노동총동맹 해소를 주도

1930년 4월 치안유지법 검거, 출옥 이후 일본프롤레타리아문화연맹(코프) 조선협의회 위원장 역임

1931년 동지사 결성

1932년 조선협의회 기관지 『우리동무』 편집장

1933년 12월 검거, 1934년 4월 출옥

1936년 1월 조선예술좌 창립에 참가, 위원장

1936년 7월 검거, 1939년 1월 징역 1년 8개월 판결받음

태평양전쟁 기간 중 전향

---

75) 인물의 연보는 「동경학생예술좌사건」(국편 소장 MF 07770-07772) ; 한국정신문화연구원, 『민족문화대백과사전』 ; 강만길 · 성대경편, 『한국사회주의운동인명사전』, 창작과비평사, 1996년 ; 近代日本社會運動史人物大事典 編輯委員會, 『近代日本社會運動史人物大事典』, 日外アソシエ-ツ주식회사, 1997년을 참고하였다.

김삼규

1908년 전남영암 출생

영암공립보통학교 수학

1920년 4월 東京의 海城중학 입학

1921년 東京고등학교 심상과로 이적

1928년 4월 東京제국대학 독문과 입학(1931년 3월 졸업)

1930년 3월 이후 무산자사 책임자로서『무산자』,『인터내쇼날』등 팜플렛 발간

1931년 8월 카프서울지부 책임자로 활동 중 피검

1934년 8월 집행유예 선고받음

1935년 조선예술좌 설립, 1936년 12월 관서지방에서 활동 중 피검

일제 말기에 전향

김선홍

3.1극단 활동

1935년 東京신연극연구회 창립

1936년 조선예술좌에 참가하여 문예부 맹원으로 활동

김영수

1911년 서울 출신

배재고등보통학교와 중동학교에서 수학

도일하여 早稻田대학 제2고등학원 수료, 早稻田대학 영문과 입학

1934년『조선일보』와『동아일보』신춘문예 당선(단막극), 학생예술좌 창립 동인

귀국 이후 문학수업 전념, 조선일보사 기자, 동양극장 전속극작가

1939년 학생예술좌 사건으로 피검(조선일보 기사 시절)

김용제

1909년 2월 충북 음성 출생

1925년 4월 청주중학교 입학, 중퇴

1927년 도일(東京)

1929년 中央대학 전문부 법과에 입학, 퇴학처분, 신문배달과 우유배달로 생활
1930년 9월 프롤레타리아시인회 창립에 참여, 간사
1931년 8월 일본프롤레타리아작가동맹 가입, 서기
1932년 일본공산당 청년동맹에 가입
1932년 6월 13일 피검
1936년 3월 출옥, 조선예술좌 문예부 고문으로 위촉, 10월 피검되었다가 불기
소처분을 받음
1937년 7월 강제 송환되어 왕십리에서 거주
1938년 5월 고아를 위한 야학 '경성소년갱생원'을 기획하던 중 전향을 강요받
음, 전향 이후 친일시 집필

김파우
경남 출신
1928년 도일
1931년 6월 東京프로연극단원
1932년 東京프로연극단 집행위원과 문예부책임자 역임
1931년 동지사 가입
1932년 코프 내 조선협의회 일원, 일본공산당 입당
1932년 11월 프로토조선대만위원회 책임자, 프로토東京지부위원장 역임, 3.1
극단에 입단하여 이동부 책임자로 활동
1933년 3월 피검, 7월 기소유보처분
1935년 1월 조선예술좌 창립책임자로 활동, 6월에 조선예술좌에서 제명처분
(재정문제에 관한 내분으로)

마완영
1911년 평남 출신
1927년 춘천공립고등보통학교 입학, 1929년 광주학생사건 관계자로 퇴학
처분
1930년 도일, 目白중학교 입학
1931년 좌익극단활동 시작
1932년 法政대학 입학, 1938년 졸업
1934년 학생예술좌 가입

1938년 귀국
1939년 학생예술좌로 피검

박동근
1913년 경성 출신
1933년 휘문중학교 입학, 1935년 9월 중도 퇴학하고 도일
日本대학 문학부 3학년에 편입학
1935년 학생예술좌 가입
1939년 학생예술좌로 피검

안정호(安英一)
1918년 경기도 출생
1931년 프로토 소속 3.1극단 간부
1933년 8월 1일 피검, 12월 교육부장으로 피선
1935년 조선예술좌 일원으로 활동
1940년 8월 19일 피검

윤형련
1913년 황해도 출생
1927년 평양공립고등보통학교 입학, 1931년 동맹휴교를 주도한 혐의로 퇴학
처분
1932년 名古屋 도착, 동해상업학교 5학년 편입, 1933년 졸업
1933년 日本대학 입학, 1936년 중도퇴학
1935년 학생예술좌 가입
1936년 인민전선운동사건으로 피검
1937년 明治대학 입학, 1938년 졸업
1938년 귀국하여 극연좌 가입
1939년 학생예술좌로 피검

이영수
1915년 함남 출생

1928년 원산중학교 입학, 1930년 중도 퇴학
1932년 東京 도착, 日本대학 예술과 입학
1932년 9월 3.1극단 가입
1933년 3월 선상에서 피검(좌익극단일제검거. 29일간 구류)
1933년 東京동해상업학교 신학부 입학
1934년 日本대학 국문과 입학, 1938년 3월 졸업
1938년 11월 학생예술좌의 의뢰를 받고 각본 제공
1939년 학생예술좌로 피검

이진순
1916년 평북 신의주 출생
학생예술좌를 조직하여 활동
1938년 日本대학 예술과 졸업, 귀국하여 劇硏座 활동
1940년 극연좌의 해산과 함께 중국에서 생활

이해랑
1916년 경성 출신
1929년 배재중학 입학, 1931년 중도 퇴학, 도일하여 正則예비학교 입학
1932년 岡山현 소재 金川중등학교 4학년 편입
1934년 上海 滬江대학 하기대학 입학
1936년 日本대학 예술과 입학
1937년 학생예술좌 공연에 참가
1939년 학생예술좌사건으로 피검

이홍종
1932년 조선협의회 협의원
3.1극단 활동
1933년 6월 피검
1936년 조선예술좌 참가, 8월 피검(총 9명)

임호웅
1916년 경남 출생
1931년 휘문중학 입학, 퇴학
1932년 경성중앙기독교청년학교상업전수과 입학, 1934년 졸업
1936년 도일, 日本대학 전문부 입학, 1939년 졸업
1936년 학생예술좌 활동 시작
1939년 학생예술좌사건으로 피검

주영섭
1913년 평양 출생
보성전문학교시절 연극부 활동
1934년 보성전문학교 졸업
1934년 일본 法政대학 문학부 입학, 극단 신건설(카프 관련 극단) 1회 공연
출연
1934년 학생예술좌 창단, 기관지 『막』 발간
1937년 졸업, 東宝영화京都촬영소 조감독
1939 귀국, 학생예술좌사건으로 피검, 집행유예로 석방
현대극장 가입, 현대극장 부설 국민연극연구소 활동, 연극 시나리오 및 평론
활동
해방 직후 월북

최병한
1927년 9월 카프東京지부 연극부장
1931년 6월 東京프로연극단 결성, 10월 3.1극장 문예부책임자, 11월 동지사
조직부원
1932년 2월 조선협의회 프로토 東京지부조선위원회 소속
1934년 10월 고려극단 창립
1935년 2월 東京신연극연구회 창립(1월 고려극단 해산), 문예부장으로 자택
을 사무실로 사용
1936년 조선예술좌 합동으로 위원으로 선임, 그 이후 활동중단

한홍규(韓遠來, 神田稔)
1927년 카프 東京지부 참가
1931년 6월 東京조선프롤레타리아연극연구회 조직, 11월 동지사 조직
1932년 2월 코프조선협의회 조선위원회 소속 東京지부서기장, 3.1극장 활동
1934년 10월 고려극단 입단, 간사
1936년 1월 조선예술좌 참여, 문예부 책임자

A drama movement by Korean in Japan throughout the 1930's and Students' Arts Troupe

Chung, Hye Kyung

I think that drama movements were the Korean minority in Japanese' national movement against Japanese authority's korean policy, and I'm purposed to investigate an example of various racial movement in 1930's.

The Korea language drama movement in 1930's meant as a specific case to the Korean minority in Japanese' national movement within Japan. The members of dramatic company, included not only students but also players, had schemed to build the Communist society and to restore national rights. So they staged korea language dramas, those themes revealed to essential contradiction of colonial policy and rural problem in Korea. Those performance were not positive racial movement, but violation of Japanese colonial policy.

The Korea language drama movements were evolved in the purpose of appealing to the masses in the middle of 1930's, that period's the Korean minority in Japanese' national movement within Japan was illegalized and changed underground activities. But those movements were interrupted by oppressive measures included Chosun Arts Troupe conspiracy(in 1936) and Students' Arts Troupe conspiracy(in 1939).

These conspiracy were example of the Korean minority in Japanese' national movement within Japan by possible means, and intended to rebel against Japanese colonial policy. I wish to be appraised those movements as a basis of Korea racial movement history in 1930's.

Key Words : Korea language drama movement, Students` Arts Troupe,
Chosun Arts Troupe, The Korean minority in Japanese`
national movement

1930년대 말 강원도 고성지역 문예비밀결사운동

성 주 현[*]

목 차

머리말
Ⅰ. 문예비밀결사의 결성
　1) 프로문예연구회
　2) 민족문학연구회
　3) 조선문예부흥사
Ⅱ. 문예활동과 그 성격
맺음말

머리말

1930년대 이후 일제의 식민정책은 소위 문화통치에서 강제동원과 전시체제로 전환되었다. 일제는 1931년 9월 만주사변을 일으켜 중국 동북 지역 점령하는 한편 1937년에는 대륙침략전쟁을 위해 한국 국내외의 항일운동에 대해 대처하지 않을 수 없었다. 식민지 한반도의 안정을 도모할 필요성이 제기됨에 따라 군사독재적 탄압통치를 자행하였으며, 이 탄압통치는 전쟁이 확대되면서 점점 강화되었다. 이 시기 일제는 종전의 무단통치와 문화통치를 교묘하게 결합시켜 보다 심화된 탄압방식의 통치로써[1] 경찰, 헌병, 군대, 검찰, 사법 및 비밀정보 등 모든 방법을 동원 지배기구를 한층 강화할 뿐만 아니라 각종 식민지 법령을 개악, 한민족을 말살시키기

---

* 한양대 박사과정

1) 김운태, 『(개정판)일본제국주의의 한국통치』, 박영사, 1998, 424면.

위한 수단으로 이용하였다. 더욱이 이러한 식민통치는 전쟁수행이라는 과제에 초점을 두었다. 전쟁의 물적 자원을 생산하고 인적자원을 공급하는 병참기지로서의 역할과 이를 위한 수단으로써 그 본질은 수탈과 민족 말살이라 할 수 있다. 일제는 이러한 바탕 위에 전시체제를 강조하면서 전쟁수행을 위한 정책들을 추진해 나갔다.

이와 같은 전시체제 하에서 국내의 민족운동은 비밀결사를 통해 다양하게 전개되었다. 이는 1920년대 농민운동을 비롯하여 노동운동, 학생운동, 청년운동, 문예운동 등을 계승 발전된 것이지만 조선공산당 설립과 해체, 광주학생운동, 신간회 등의 영향도 적지 않았다. 특히 1928년 해체된 조선 공산당의 재건운동은 대중운동을 확대 발전시키는 계기가 되었다. 이들은 운동방향을 전환하여 인텔리 중심에서 농민·노동자 등 대중을 기초로 전위당을 건설한다는 것이었고, 그 방법으로는 농민·노동자·학생들 속으로 들어가 이들을 흡수하였다. 그러나 이들의 조직형태는 합법적 단체가 아닌 비밀지하조직 또는 결사체로 결성되었으며 운동노선도 일반적인 소작쟁의나 노동쟁의, 동맹휴학 등 종전의 투쟁방식에서 벗어나 주로 식민지 통치기관에 직접 대항하는 정치투쟁을 전개하기도 하였다. 농민운동은 혁명적 농민조합, 노동운동은 혁명적 노동조합, 청년 학생운동은 독서회나 반제동맹 등으로 나타났다. 그리고 문예운동의 경우 일제의 식민지 문화정책의 모순을 극복하고 민족문화에 대한 자기 각성을 강조하였다.

일제는 식민지 교육을 통하여 한국 민족의 자기전통을 부정하고 민족사를 왜곡시켜 민족자존의 의지를 말살하고자 하였다. 그러나 3.1운동을 통해 각성된 민족의식을 바탕으로 한 민족운동이 각 분야에서 크게 확산되었다. 이러한 모습은 문학의 영역에서도 그대로 보여주고 있다.[2] 1920년대 초기의 문학은 자아발견이라는 근대의식의 발현에서 출발하여 민족적 자기발견과 현실인식이라는 구체적인 주체의식으로 확대되었으며, 20

---

2) 권영민, 『한국계급문학운동사』, 문예출판사, 1998, 16-20면.

년대 중반은 사회주의와 결합, 계급문학운동이 성립되면서 식민지 현실을
계급적으로 인식하고 조선프롤레타리아예술동맹을 결성하는 한편 조직
적인 예술운동과 이론투쟁을 대중적으로 전개하였다. 이러한 측면에 대항
하여 민족주의 문학이 대두되기도 하였다.

그러나 전시체제 하에서는 일반 대중운동과 마찬가지로 문학에서도 일
제의 강압으로 기성문인들은 식민지 체제에 순응할 수밖에 없었다. 이에
비해 문학에 관심이 많은 학생 청년들은 좌익문학 또는 민족문학을 연구
창작하면서 민족의식을 고취시키는 한편 비밀결사를 조직 체제에 저항하
였다. 당시 이러한 성격의 秘密結社로는 프로文藝硏究會를 비롯하여 民
族文學硏究會, 대구사범대학교의 輪讀會 및 文藝部, 茶革黨, 鐵血團, 춘
천공립중학교 讀書會 등이 대표적이라 할 수 있다.

그 동안 1930년대 전시체제 하에서는 讀書會를 중심으로 한 學生運動,[3]
民族運動과 秘密結社[4]에 관한 연구성과는 적지 않지만 문예활동을 통해
민족운동을 전개한 비밀결사에 관한 연구성과는 전무하다 해도 과언이
아니다. 본고에서 규명하려는 강원도 고성지역의 문예비밀결사운동은 다

---

3) 朴性植,「1930年代 大邱地方 學生運動의 展開」,『嶠南史學』창간호-東峰 金成俊先生 停年
紀念 史學論叢, 영남대학교 국사학회, 1985; 金鎬逸,「1930年代 抗日學生運動의 硏究」,
『한국독립운동사연구』3, 한국독립운동사연구소, 1989; 변은진,「日帝末 戰時파쇼체제하
學生民族運動의 전개와 民族主義的 性格」,『國史館論叢』67, 國史編纂委員會, 1996;李鐘
哲,「日帝時代 江陵地方 抗日運動 硏究」,『嶺東文化』5, 江陵 關東大學校 嶺東文化硏究所,
1994; 박한용,「1931年 京城帝國大學 反帝同盟事件 硏究」, 고려대 대학원 사학과 석사학위
논문, 1991; 정승배,「1920-30년대 춘천지역의 청년·학생운동」, 한림대 대학원 사학과 석사
학위논문, 1995; 이상섭,「1930년대 항일학생운동에 대한 일고찰 : 독서회 운동을 중심으로」,
동국대 대학원 사학과 석사학위논문, 1993; 鄭世鉉,「日帝末期의 抗日學生運動」,『淑大史
論』8, 숙명여자대학 사학회, 1974; 김점숙,「1920년~1930년대 영동지역 사회운동」,『역사
와 현실』9, 역사비평사, 1993.
4) 卞恩眞,『日帝 戰時파시즘期(1937~45) 朝鮮民衆의 現實認識과 抵抗』, 高麗大學校 大學院
史學科 博士學位論文, 1999; 변은진,「일제 말 비밀결사운동의 전개와 성격」,『한국민족운
동사연구』28, 한국민족운동사학회, 2001; 변은진,「전시파시즘하 국내 민족해방운동의 변
화」,『통일지향 우리민족해방운동사(姜萬吉敎授停年紀念)』, 역사비평사, 2000.

양한 성격을 지니고 있다. 사건 발생 당시 신문보도에 의하면 '高城郡讀書會事件'[5)]으로, 판결문에는 '小學校訓導 等 左翼運動事件', 그리고 신문과정에서는 '프로文藝硏究會, 民族文學硏究會, 朝鮮文藝復興社 사건' 등으로 불리웠다. 이처럼 고성지역 문예비밀결사운동이 다양한 성격을 내포하고 있는 것은 1936년 9월 공산주의 사회 실현을 목적으로 하명식과 김종희의 프로문예연구회의 결성에서 시작되어 1938년 김종희와 천성환, 황동연이 민족문학을 표방 조선독립을 목적으로 한 민족문학연구회의 결성으로 이어졌으며, 이후 김종희와 김동가, 박용덕을 중심으로 조선의 전통과 조선문예의 부흥을 목적으로 하는 조선문예부흥사를 설립하고자 하는 일련의 과정을 거치고 있기 때문이다.

본고에서는 이러한 1930년대 후반 전시체제 하에서의 강원도 고성에서 문예활동을 통해 비밀결사를 조직하여 민족운동을 전개하고자 하였던 프로문예연구회, 민족문학연구회, 조선문예부흥사의 결성과정과 이들의 문예활동 및 그 성격에 대해 고찰하고자 한다. 그리고 이를 규명하기 위해서 자료의 미흡한 점이 없지 않지만 『신문조서』[6)]와 『판결문』[7)] 및 『사상휘보』[8)] 등을 활용하고자 한다.

Ⅰ. 문예비밀결사의 결성

1) 프로문예연구회

1930년대 이후 국내의 민족운동은 합법적 민족주의보다는 비합법적의 사회주의가 주류를 이루었다. 즉 1930년대 중반까지는 대체로 사회주의

---

5) 『조선일보』 1939년 12월 16일자.
6) 「비밀결사 프로문예연구회, 민족문학연구회 및 조선문예부흥사사건」(形弟 6,505號), 경성용산경찰서, 1939.(국사편찬위원회, MF 128 이하 신문조서)
7) 『판결문』(形公 2148號), 경성지방법원, 1940.(정부기록보존소 소장)
8) 「소학교훈도 등 좌익운동사건」, 『사상휘보』24, 조선총독부, 1940.

자들의 지도에 의해 당재건운동과 혁명적 노동운동이 민족운동의 중심을 이루었다. 민족주의자들의 경우 1931년 신간회 해소 이후 민족운동의 대안을 찾지 못하고 개량화 내지 점차 친일화되어 갔으며, 일부에서는 국학진흥운동 또는 브나로드운동으로 방향을 전환하고 꾸준히 민족운동을 전개하였다. 그리고 사회주의자들 또한 중일전쟁을 전후하여 일제의 탄압과 각종 사상통제정책으로 대부분 검거되거나 전향되어 활동을 지속하는데 어려움이 적지 않았다. 이러한 상황은 중일전쟁 이후 민족주의나 사회주의나 조직적으로 민족운동을 전개하는데 한계를 가질 수밖에 없었다. 뿐만 아니라 농민, 노동자, 학생 등을 기반으로 하는 대중운동 역시 존립할 수 없었다. 따라서 이 시기 민족운동은 소규모의 비밀결사의 조직 또는 저항으로 전환되었다. 이러한 반면에 일제에 의해 전개된 전쟁이 장기화되고 점차 전선이 확대됨에 따라 일제에게 불리하게 작용하여 결국 일제의 패망하는 시기가 조선의 독립을 쟁취할 수 있다는 기대감이 확산되었다. 이에 따라 민족운동의 전략은 민족통일전선운동 내지 인민전선운동이 형성될 수 있는 분위기가 자연스럽게 마련되었다.[9]

이와 같은 전시체제 하에서도 일제에 대한 민족운동은 다양한 경로와 계기를 통해서 꾸준히 전개되었다. 그러나 전시체제 하의 민족운동은 일제의 통제 또는 수탈정책을 겪으면서 누적되었던 불만이 反日 또는 侮日的 감정에서 표출되었다. 이를테면 학교나 직장에서 받은 민족적 모멸감, 차별대우 등에 불만이 쌓이면서 직접 저항한다거나 민족을 구원하는 영웅 또는 민족문학 작품을 통해 민족의식을 고취시켰다.

당시 청년 학생들에게 크게 영향을 미친 것은 대부분 한글 소설 또는 한글로 발행되는 잡지들이었다. 대표적인 것이 이광수의 『흙』이나 『無情』, 심훈의 『상록수』, 박계주의 『순애보』 등을 들 수 있다. 이러한 소설들

---

9) 변은진, 앞의 책, 91-97면.

은 식민지 농촌의 현실을 그대로 반영하고 일반민중을 계몽을 표현하였기 때문에 민족의식 형성에 적지 않은 영향을 주었다. 이외에도 이광수의 역사소설『마의태자』·『단종애사』·『이순신』·『이차돈의 죽음』·『원효대사』, 박종화의『금삼의 피』등도 민족의식을 고취시키는데 중요한 역할을 하였다.10) 이와 같은 모습은 조선문예부흥사 설립과정에서 자금의 일부를 맡기로 했던 김동가에게서도 볼 수 있다. 그도 역시 이광수의『흙』과 『마의태자』를 비롯하여 한글 잡지『개벽』·『비판』·『조광』·『삼천리』·『신동아』, 이외에도『카프 7인 시집』과 고리끼의『어머니』등을 읽고 영향을 받았다고 신문과정에서 밝히고 있다.11)

이러한 한글 소설과 한글 잡지는 민족적 정체성을 유지하는데 매우 중요한 매체들이었다. 더욱이 한글말살정책과 일본어의 확대는 적지 않은 반일감정을 불러 일으켰다. 또 한글문학이 민중의 의식화와 계몽에서 갖는 역할을 중시하면서 스스로 문학도가 되어 소설 또는 시를 창작하여 일반민중들로 하여금 민족의식을 고취시키고자 하였다. 이와 같은 상황에서 프로문예연구회 및 민족문학연구회가 결성되었다.

프로문예연구회는 하명식·김종희·咸在淳·金起環 등의 공산주의 이념을 가진 청년들에 의해 1936년 9월 상순에 강원도 고성군에서 결성되었다. 이중 프로문예연구회를 실질적으로 이끌었던 하명식은 부농출신으로 1930년 3월 강원도 고성군 고성면 고성공립보통학교를 졸업하고 이해 4월 경성 중앙고등보통학교에 입학하였다. 그러나 재학중이던 1933년 동맹휴학을 주도하다가 12월에 퇴학처분을 받아12) 학업을 중도에서 포기한

---

10) 변은진, 앞의 책, 107-108면.
11) 『신문조서-김동가』.
12) 중앙고등보통학교의 동맹휴학은 1930년 11월, 1933년 10월 4일, 1935년 2월에 각각 전개되었다. 하명식이 참여하였던 1933년 10월 4일의 동맹휴학은 3학년생 韓東正 등 수명이 주도하여 중앙반제동맹을 조직하여 교내외에서 항일투쟁을 벌였다. 하명식은 이 사건과 관련되어 퇴학당한 것으로 보인다.

후 고향에 돌아온 후1936년 6월부터 12월까지 고성군청에서 臨時雇員으로 근무하기도 하였다.[13] 그가 고성군청에 근무한 것은 조부의 엄명과 결혼을 위해서였다.[14] 그리고 1937년 8월 20일부터 이듬해 1938년 12월 26일까지 咸南 新興郡 永興面 松興里 私設 松興學術講習所에서 강사로 활동하였으며 그후 한때 材木商의 점원으로 일하기도 하였다.

하명식이 공산주의 사상에 심취한 것은 중앙고등보통학교 시절로 보인다. 보통학교 3학년이던 1932년부터 공산주의 문학을 탐독하면서 공산주의에 심취했던 하명식은 그 영향으로 이후 소설 등 작품을 창작하기도 하였다. 그리고 이듬해 동맹휴학을 주도하다가 퇴학을 당하였다. 이후 고향으로 돌아와서 공산주의 사상 선전에 주력하였다. 우선 고성면 東里의 자기집 또는 烽燧里 해안, 함재순의 집에서 평소 친교가 있는 함재순을 5, 6 차례 만나 공산주의 이념을 전달하는 한편 이를 건설하기 위해 우선 고성읍내의 청소년에게 공산주의 사상을 선전 주입시키기로 협의하였다. 그리고 1934년 3월부터 이듬해 6월말까지 고성면 동리에 있는 時代洋服店의 직공 朴文鎬도 수십 차례를 만나 공산주의 사상을 전달하고 좌익문학을 탐독할 것을 권유하기도 하였다.[15]

이밖에도 하명식은 송흥사범강습소 강사 시절 자신이 담임으로 맡고 있는 2학년생 약 25명과 3학년생 약 15명, 야학부 학생 40여 명에게도 기회있을 때마다 어려운 가정과 무산자의 불평등한 생활을 예를 들거나 공산주의 내용을 담고 있는 동화집을 읽어주면서 공산주의 의식을 전파하였다.[16]

한편 김종희 역시 부유한 가정의 출신으로 1932년 고성공립보통학교를

---

13) 「小學校訓導 等의 左翼運動事件」, 『思想彙報』24, 조선총독부, 1940, 180면.
14) 「신문조서-하명식」.
15) 『思想彙報』 24, 182면.
16) 『사상휘보』 24, 183면.

졸업하고 경성 培材高等普通學校에 입학하였으나 가정사정으로 1935년 부득이 중퇴하였다. 고향으로 돌아온 김종희는 1936년 중반 하명식을 만나면서부터 공산주의 사상을 수용하였다.[17] 그는 하명식으로부터 공산주의의 지도를 받고 左翼書籍을 탐독하기 시작했다. 이로부터 문학에 대한 인식을 가지게 되었고 공산주의 사회 실현을 추구하는 소설을 쓰기도 하였다.[18]

김종희, 함재훈, 박문호 등 동지를 확보한 하명식은 '좌익문예를 연구하고 창작활동을 통해 대중을 적화시키고 조선의 공산화'라는 목적을 달성하기 위해 1936년 9월 하순 비밀결사조직으로 프로문예연구회를 결성하였다. 프로문예연구회를 조직한 이들은 좌익문학 작품을 습작 또는 출판을 통해 공산주의를 보급시키고자 하였다. 이들은 프로문예연구회를 조직하면서 기념작품집을 만들기도 하였는데 이 작품집에는 붉은 별, 두 사람, 망치와 낫 등을 그린 표지가 있었다. 이는 프로문예연구회의 취지를 밝히는 것으로 하명식은 다음과 같이 설명하고 있다.

> 文豪에 야심이 있어 多讀, 多作, 多思를 말하는 것은 프롤레타리아 인문학의 창작자가 되기 위해 많이 읽어 프로문학을 다작하고 수 차례 그 문학을 연구하며 비판 등을 듣고자 하는 것으로써 프로 지식을 양성하려는 취지이다.
>
> 붉은 연필과 파랑 잉크로 작성, 靑線과 赤線을 그은 것은 러시아와 같은 공산주의 제도를 나타낸 것이며, 망치와 낫은 이를 가지고 자본주의 국가를 넘어뜨려 공산주의 제도의 국가가 된다는 것, 즉 우리들이 공산주의를 선동 선전하는 것은 점차 자본주의 국가를 공산주의 국가로 만들게 하고자 하는 취지다.[19]

---

17) 『사상휘보』 24, 181면.
18) 「신문조서-김종희」
19) 「신문조서-하명식」.

그리고 '붉은 별'은 '러시아', '두 사람'은 '하명식과 김종희'를, 두 사람이 어깨를 나란히 한 것은 공산주의 제도를 보급시키기 위해 언제나 어깨를 나란히 할 것이며, 또 붉은 별을 바라보는 것은 언젠가 세계인류가 우리들의 감화를 받아 공산주의 국가가 될 것을 표현하고 있다. 그 외에도 이 작품집에는 김종희의 「血波」, 하명식의 「赤星」이 실려있다.[20] 즉 이들의 프로문예연구회의 조직은 문학작품을 통하여 일반민중을 계몽하고 공산주의 사회를 실현하고자 한 것이라 할 수 있다.

2) 민족문학연구회

민족문학연구회는 金宗熙, 千成煥, 黃東淵, 朴龍德 등이 중심이 되어 1938년 6월에 조직되었으며 민족주의 문학을 표방하고 있다. 이 조직의 핵심구성원인 천성환은 경기도 용인군 모현면 오산리 중농 출신으로 1931년 4월 경성사범학교 보통과에 입학, 1937년 3월 동교 연습과를 졸업하고 이해 4월 조선공립보통학교 訓導 임명과 동시에 고성공립보통학교로 발령되었다. 그리고 1938년 4월 1일 조선공립소학교 훈도로 임명되었다.[21] 한편 1936년 하명식으로부터 공산주의 사상을 받아들이고 프로문예연구회에 참여하였던 김종희는 1938년 천성환을 만나 프로문학의 비예술성의 지적과 순수문학의 영향으로 민족주의로 전환하였다.[22] 황동연은 부농 출신으로 1935년 고성공립보통학교를 졸업하고 이듬해 고성공립심상소학교 고등과 1년을 마친 후 1937년 경성전기학교에 입학하였다. 그러나 가정상 이유로 중퇴하고 1939년 1월 9일부터 고성공립심상소학교 대강간이학교 교사를 역임하였다.[23] 박용덕은 빈농 출신으로 1931년 고성공립

---

20) 「신문조서-하명식」.
21) 『思想彙報』24, 181면.
22) 「신문조서-김종희」.
23) 『思想彙報』 24, 181면.

보통학교를 졸업한 후 3년간 한학을 수학하였다. 이후 1938년 경성 중앙 불교전문학교를 입학하였으나 학비 부족으로 이듬해 중퇴하고 이해 9월 부터 고성군농회 임시고원으로 채용되었다.[24)]

이들의 민족주의 의식의 형성은 매우 다양하다. 천성환은 사범학교 재 학중이던 1934년 경부터 朝鮮文學에 홍미를 갖고 연구하던 바 점차 민족 주의 사상을 갖게 되었으며,[25)] 김종희는 1935년 배재고등보통학교 개교 50주년 기념일에 여운형의 강연 중 '우리 조선인은 조선을 위해 일을 해야 한다'라는 말에 민족주의 성향의 정신적 지반을 갖게 되었다.[26)] 그리고 황동연은 1935년 경성공립제1고등보통학교 입학시험에 불합격한 후 조 선인 교육의 차별과 민족적 편견으로,[27)] 박용덕은 김종희의 영향과 민족 주의 문학 탐독으로 형성되었다.[28)]

3) 조선문예부흥사

한편 고성공립보통학교 훈도로 재직 중 조선인 관리의 차별대우에 불만 이 적지 않았던 천성환은 朝鮮敎育令의 개정과 志願兵制度[29)]가 실시되자 이는 조선민족을 멸망시키려는 것으로 판단하고 일제로부터 반드시 독립 해야 한다는 확신을 갖게 되었다. 이를 위한 방법으로 당시 상황에서 '조 선독립 목적을 달성하기 위해서는 한글문학을 多讀多作하고 이를 일반에 게 발표하여 민족의식을 앙양시키는 것이 우선'이라고 생각하였다.[30)] 이

---

24) 『思想彙報』 24, 181-182면.
25) 「판결문」.
26) 「신문조서-김종희」.
27) 『思想彙報』 24, 181면.
28) 『思想彙報』 24, 182면.
29) 조선의 志願兵制度는 1938년 2월 22일 칙령 95호 '육군특별지원병령'의 공포와 더불어 시행되었다. 그리고 조선교육령의 3차 개정은 1938년 3월 4일 이루어졌으며, 3월 8일 미나미 총독이 교육명징・내선일체・인고단련의 3대 교육방침을 선포했다. 이에 대해서는 宮田節 子저 李熒娘역, 『朝鮮民衆과 皇民化政策』, 일조각, 1997, 29-124면 참조.

는 사범학교 시절 조선문학 연구를 통해 축적된 민족의식에서 비롯되었다. 이를 실현하기 위해서 1938년 6월 26일 김종희, 황동연 등과 고성면 율대리 자신의 하숙집에서 민족문학연구회를 조직하고[31] 다음의 두 가지의 활동방안을 합의했다.

> 1. 이후 매일 요일마다 집합하여 한글문학을 연구함과 동시에 각자의
>   작품을 비평할 것
> 2. 민족의식을 앙양할 수 있는 소설 또는 시를 지어 신문, 기타에 발표할
>   것[32]

이들은 민족문학연구회 결성 이후 1939년 8월 10일까지 매주 일요일 또는 휴일에 김종희 방, 천성환의 하숙집 맞은편 金奉起의 집, 東里 장동혁의 집, 고성면 大康里 황동연의 집에 모여 排日 또는 侮日적 견지에서 기록한 자신들의 일기를 輪讀하고, 또 민족주의 문헌을 섭렵하여 서로 이를 비판 연구하며 민족의식을 고취시켰다. 그리고 김종희의 창작소설로 조선독립운동을 표현한 한글 소설『進路』,[33]『1年과 記錄』,『生活과 憧憬』,『紋』과 황동연의 창작소설『그의 過去』등을 윤독하고 이를 일반에 발표하였을 경우 민족의식 앙양에 효과가 있는가를 검토하기도 했다.[34] 김종희는 자신의 창작소설『生命』,『楊口令監』을『文章』지를 통해 발표하려고 하였으나 '문체가 아직 유치하다'는 이유로 게재되지 못하였다.[35] 그러나 민족문학연구회 구성원 중 교사로 있던 천성환과 황동연은 한글

---

30) 「판결문」,『독립운동사자료집』12-문화투쟁사 자료집, 독립운동사편찬위원회, 1977, 1115면.
31) 『思想彙報』, 23, 50면.
32) 「판결문」.
33) 이 작품은 1936년 프로문학의 영향을 받아 사유재산제도를 부인하고 공산주의 사회실현을
    예상하고 탈고한 작품이었던 것을 1938년 천성환으로부터 순수문학의 영향을 받아 개작한
    것으로 보인다.
34) 『思想彙報』24, 184면.
35) 「訊問調書-李泰俊」,

문학을 기반으로 민족의식을 고취시키는 것 외에 조선어 교육을 통해 학생들에게 민족의식과 민족문화의 우수성을 가르치기도 했다.

천성환은 1938년 6월말 경부터 이듬해 1939년 3월까지 고성남공립소학교에서 자신이 담임으로 있는 2학년 吳敬云 외 77명에게 '朝鮮語는 朝鮮人의 生命이다'라는 내용을 강조하고 1주일에 1시간으로 정해져있는 조선어 수업을 1주일 4시간 또는 5시간씩 가르쳤다. 또한 일본어 작문시간에는 '황국신민'을 주제로 하는 작문을 고의적으로 기피하고 구름, 내, 눈 등을 주제로 선정 한글로 작문토록하였다. 뿐만 아니라 이를 독립사상을 함양하는 방법으로 활용하였다.36)

황동연도 고성남공립심상소학교 부속 대강간이학교 야학부 강사로 있던 1938년 11월부터 이듬해 1939년 2월 초순까지 야학부 학생 元龍澤 외 30명에게 조선어를 사용하여 교육을 하는 한편『동아일보』에 게재되고 있는 한글동화 및 동요, 기타 한글 문학을 읽어보도록 하여 '朝鮮語는 朝鮮人의 生命'이라고 하여 역시 민족의식을 고양시켰다.37) 또한 황동연은 1939년 1월에도 대강간이학교 1학년생 朴燦東 외 35명을 가르칠 때도 천성환과 마찬가지로 일본어 작문시간에 '황국신민'을 주제로 하는 작문을 고의적으로 기피하고 비, 달, 초목, 어머니 등을 주제를 출제하여 한글로 작문토록 하였다.38)

프로문예연구회와 민족문학연구회에 참여하였던 김종희는 그 동안 전개해왔던 단순히 한글문학의 다독, 다작, 윤독에서 벗어나 1938년 9월 상순 고성면 西里의 朴龍德과 같이 조선독립의 준비와 조선인의 민족의식의 앙양을 위해 民族文學雜誌社를 경영할 것을 논의하기도 했다.39) 이

---

36) 『思想彙報』24, 184면 및 「판결문」.
37) 『사상휘보』24, 184-185면.
38) 『사상휘보』24, 185면.
39) 『사상휘보』24, 185면.

는 자신들의 작품을 출판하기 위한 것으로 보인다. 그리고 잡지사의 이름
을 조선문예사, 조선문예, 유년세계신문, 新思潮, 백의부인 등을 거론하였
다.[40)]

이들 두 사람은 1939년 7월 하순 고성면 東龜岩 정상에서 지난번에
논의하였던 민족문학잡지사 설립을 결의하고 잡지사 경영은 김종회가,
자금출자는 박용덕이 각각 책임지기로 했다. 그리고 이해 8월 21일 京城
府 社稷町에서 雜誌社 이름을 '民族文藝復興社'로 확정하는 한편 다음
4개항의 활동방침을 정하였다.

> 1. 朝鮮의 傳統을 昂揚
> 1. 朝鮮語의 아름다움을 發揮
> 1. 朝鮮 文士의 生活保障
> 1. 世代와 文藝와의 積極的 交涉을 促進할 것[41)]

이를 좀더 구체적으로 살펴보면, 조선전통의 앙양은 '조선 고래의 정
신·윤리·도덕·풍속 등을 지킨다', 조선어 아름다움의 발휘는 '조선 민
족의 감정표현에는 조선어가 가장 요긴하다', 조선문사 생활보장은 '조선
문인은 언제든지 경제적으로 불우한 처지에 있기 때문에 원고료를 높여
일반문인의 생활을 풍부하게 한다', 세대와 문예와의 적극적 교섭 촉진은
'세대와 문예는 지극히 밀접한 관계에 있음으로 이것을 이상적으로 구체
화시킨다'는 의미를 담고 있다.[42)] 그리고 조선 재래의 풍속을 지킨다는
것은 조선을 독립시킨다는 의미도 포함하고 있다.

한편 조선문예부흥사의 자금을 맡기로 한 박용덕은 자본금을 마련하기
위해 일찍이 文學硏究會의 비밀결사를 조직, 운영한 바 있는 金東嘉과

---

40) 「신문조서-김종회」.
41) 「신문조서-박태원」 및 『사상휘보』 24, 185-186면.
42) 「신문조서-박태원」.

잡화상을 하고 있는 李長元을 출자자로 끌어들였다.

김동가는 1933년 10월 하순 權泰岳과 民族文學會라는 비밀결사를 조직하여 이광수 등의 소설을 윤독하고 조선민족의식의 앙양과 조선독립을 목적으로 1935년 5월까지 활동하였으나 김동가의 귀향과 권태악이 만주로 건너가면서 해체되었다.[43] 평소 문학의 뜻이 있던 김동가는 박용덕이 민족문학을 표방하는 잡지사 운영계획을 들려주자 즉시 찬동하고 1,400원을 출자할 것을 약속했다. 김동가는 출자금을 선천군의 숙부 金廣淳으로부터 빌리고자 하였다. 그리고 이장원은 박용덕으로부터 '조선독립과 민족의식 앙양을 위해 잡지사 경영과 그 이익을 조선독립에 기여할 것, 그리고 조선문예부흥사의 활동방침'을 듣고 자신의 상점을 매각 3만원을 출자키로 하였다.[44] 그 외 부족한 자금은 박용덕이 책임지기로 했다.

한편 조선문예부흥사의 경영을 담당하기로 한 김종희는 기성의 문인들에게 잡지사 경영에 대한 자문을 구하기도 하였다. 그는 1939년 8월 하순경 學藝社에서 玄德[45]의 소개로 朴泰遠, 林和 등을 만났으며, 임화에게 의뢰 조선문예부흥사의 경영계획서를 작성하는 한편, 박태원으로부터 수지계산서 4통을 받았다.[46] 이때 작성한 수지계산서에 의하면 잡지 3천부를 발행하면 3백원 적자, 4천부 발행하면 2백원 정도 이익이 있다고 밝히고 있다. 그리고 김종희와 박용덕은 조선문예부흥사 설립을 준비하면서도

---

43) 「신문조서-김동가」.
44) 『사상휘보』 24, 186면.
45) 玄德은 1938년 『조선일보』를 통해 문단에 등단했다. 그는 이해 현상공모 소설부문에서 「남생이」로 1등으로 입상하였으며, 1938년 1월 1일부터 25일까지 연재되었다. 그리고 이 「남생이」에 대해 박태원이 「우리는 한껏 부끄럽다-본보당선 작품 '남생이' 독후감」(『조선일보』 2월 8일), 안회남이 「현문단의 최고수준-본보당선작품 '남생이' 독후감(『조선일보』 2월 6일)을 각각 논평하고 있다. 그 외에도 『조선일보』에 1938년 4월 10일부터 23일까지 「경칩」, 6월 16일부터 19일까지 「춤」, 『朝光』 7월보에 「두꺼비가 먹은 돈」, 『조광』 1939년 3월호에 「골목」, 『여성』 1939년 4월호에 「잣을 까는 집」, 『조선일보』 1939년 6월 16일부터 7월 26일까지 「녹성좌」를 각각 발표하였다.
46) 「신문조서-박태원」.

잡지사 설립 후 간행할 자신들의 작품을 창작하기도 하였다. 이들은 각각 소설 『1年과 그 記錄』과 『追憶』을 창작, 발표하였을 경우 민족의식을 고취시키는데 그만한 가치가 있는지를 비판 검토하였다.[47]

그러나 이처럼 준비하였던 조선문예부흥사 설립은 1939년 9월 24일 용산경찰서 고등계 岡村이 형사대를 급파 검거됨으로써 뜻을 이루지 못하였다. 당시 검거된 사람은 천성환을 비롯하여 하명식, 김종희, 함재순, 김기환, 황동연, 박용덕, 이장원, 김동가 등 9명이다.[48] 이들은 이 사건으로 천성환이 징역 2년, 하명식과 김종희, 황동연은 징역 1년 6개월, 박용덕은 징역 1년의 실형을 선고받았다.[49]

II. 文藝活動과 그 성격

앞서 살펴보았듯이 프로문예연구회를 결성한 하명식과 김종희, 민족문학연구회를 결성하였던 김종희, 천성환, 황동연, 그리고 조선문예부흥사를 설립하고자 하였던 김동가 등 이들 비밀결사의 구성원들은 시 또는 단편소설을 창작하는 등 문예활동을 통해 공산주의 사회구현 또는 민족의식을 고취시키고자 하였다. 즉 프로문예연구회의 하명식과 김종희는 사유재산제도의 부정과 공산주의 국가 건설을, 민족문학연구회의 천성환, 김종희, 황동연, 그리고 조선문예부흥사의 김동가는 조선독립의 준비와 조선인 민족의식의 앙양을 문학작품을 통해 표현하고 있다. 이들이 창작한 작품을 좀더 구체적으로 살펴보면 다음과 같다.

하명식은 프로문예연구회를 조직한 후 「탈출한 철희」, 「여명」, 「종교란 무엇인가」, 「황혼」 등 많은 작품을 창작하였다. 그는 자신이 창작한 작품

---

47) 『사상휘보』 24, 185면.
48) 「조선일보」, 1939년 12월 16일자.
49) 「판결문」 및 『사상휘보』 24, 187면.

을 돌려보면서 공산주의 의식을 고양시키고자 하였는데 구체적인 내용을
보면 <표 1>과 같다.

〈표 1〉 하명식의 창작 활동 내역

작품명	취지 및 내용	저작시기
온정주의란 무엇인가	무산자와 노동자가 자본가로부터 압박을 받으며 하등의 불평없이 지내는 실정을 보고 동지 또는 일반 공산주의자와 노동자에게 공산주의 선전자료로 활용	1936. 12
황혼	자본주의 국가의 빠른 멸망과 러시아과 같은 빈부의 차가 없는 자유평등한 국가 건설 몽상	1937. 9. 3
과거 1년	이기영의 소설『인간수업』의 영향을 받아 전기공의 체험을 바탕으로 하여 함남북의 강한 인간처럼 공산주의자가 되려고	1937. 12. 31
보고만 있을 것인가	과학문명이 오히려 무산자에 대한 착취, 일제의 기만정책과 자본주의 파괴, 공산주의 사회 건설, 청소년에게 공산주의 사회실현을 위해 매진할 것을 격려와 선전 목적	1938.
시집가는 형에게	송흥학술강습소 졸업생에게 현대모순인 자본주의 사회를 파괴하고 러시아와 같은 공산사회 건설에 활약 당부	1938. 3. 22
졸업생에게 보내는 글	송흥학술강습소 졸업생에게 공산주의 사상 선전	1938. 3
탈출한 철희	자신의 경력을 바탕으로 노동자에게 자본주의 국가와 현대사회제도를 파괴시키는 의욕 고취	1938. 7. 27
여명	가난한 가정 출신 혜경이 부모가 중풍중이지만 자본가 대신 공산주의 사상을 가지고 있는 철희에게 시집감, 친구 또는 청소년에게 보여 동지획득을 위해 창작	1938. 7. 29
종교란 무엇인가	자본주의 사회를 유지하고 무산자의 민중종교를 선전하는 기만정책을 비판	1938. 11. 20
아버지, 처음으로 소자 역시 기뻐했습니다	현대 자본주의 사회에 있어서 계급있는 국가의 관리를 반대함	1939. 8. 중순

출전 : 「신문조서 -하명식」

<표 1>에서 보는 바와 같이 하명식의 수필, 감상, 단편소설 등의 문예
작품은 본질적으로 자본주의 사회 또는 국가를 파괴하거나 무너뜨리고
공산주의 국가의 모델인 러시아와 같은 사회 내지 국가를 건설하고자
하는 내용을 담고 있다. 이는 하명식이 밝힌 창작의 목적에도 잘 나타나고
있다.

그것은 프로 문학을 연구함과 동시에 내가 신념으로 하는 공산주의의
노골적인 발표, 즉『현대풍경』,『고향』등을 창작한 이기영과 같이 내 자신
의 소설에 의해 발표하고 이것을 친구들에게 탐독시켜 동지를 획득하고자
한 것이다.[50]

그리고 김종희도 하명식과 프로문학의 영향을 받아 초기에는 사유재산
제도를 부인하고 공산주의 사회를 실현을 목적으로 하는 내용을 담은
단편소설『血波』와『承繼』, 그리고「봄의 찬가」를 창작하였다.[51] 이들
작품의 취지와 저작시기를 살펴보면 <표 2>와 같다.

〈표 2〉김종희의 프로문예연구회 활동시기 작품내역

작품명	취지 및 내용	저작시기
血波	창세라는 공산주의 지도자를 통해 촌민의 프롤레타리아적 의식을 주입시키고 전형적인 부르조아지의 한 사람인 지주 이진사에게 항거하는 농촌적화운동을 단적으로 표현	1936. 12. 10
봄의 찬가	하루빨리 포악한 자본주의 제도를 타파하고 사유재산제도를 부인하는 공산주의 사회를 실현, 즉 무리한 자본주의 제도는 겨울과 같이 사라지고 공산주의 제도는 봄과 같이 온다는 내용	1937. 2. 10
繼承	가까운 장래에 프롤레타리아의 사회혁명을 위하여 자신이 이루지 못한 대업을 나의 자식에게, 후대에게 계승시켜 그 혁명의 완전한 달성을 기한다는 의도	1938. 2. 24

출전 :「신문조서-김종희」

이상에서 살펴본 바와 같이 프로문예연구회는 하명식과 김종희가 중심
이 되어 프로 문학을 통해 친구 또는 노동자, 농민 등을 계몽하여 공산주
의 사회를 실현하고자 하였다고 본다.

한편 민족문학연구회의 성격은 구성원들의 창작품을 통해서도 드러나
듯이 민족주의적 성향을 보이고 있다. 본고에서 자료상의 한계로 김종희
를 대표적으로 살펴보고자 한다.

---

50)「신문조서-하명식」.
51)「신문조서-김종희」.

김종희는 초기에는 하명식과 프로문예연구회를 조직, 사유재산제도 부
인과 공산주의 사회건설을 내용으로 하는 단편소설을 쓰기도 하였으나
1938년 천성환, 황동연 등과 민족문학연구회를 결성하면서 민족의식 의
식을 앙양하거나 민족주의를 선전하는데 주력하고 있다. 그런데 김종희가
공산주의에서 민족주의로 전환하게 된 것은 민족주의자 천성환과의 교류
와 인민전선의 영향으로 보인다. 김종희는 자신의 일기에 천성환을 만남
으로써 민족주의로 전환하였음과 서반아의 인민전선을 긍정적으로 받아
들이고 있음을 밝히고 있다.[52] 그는 민족문학연구회의 활동기간 중 창작
한 것은『進路』·『1년과 그 기록』,『생활과 동경』,『문』등이 있다. 이들
작품의 내용을 구체적으로 살펴보면 <표 3>와 같다.

〈표 3〉 민족문학연구회 결성 이후 김종희의 작품 활동

작품명	내용 및 취지	저작시기
進路	조선의 전통은 금일과 같은 일본제국의 종주국적 통치하에서는 소멸할 뿐이다. 더욱이 조선인은 그 몰락해 가는 전통의 그림자를 방관할 뿐 아니라 심지어는 그 정체가 무엇인지도 모른다. 이런 상태에서 이것을 지키고 앙양하려면 먼저 그 전통의 진상을 밝히고 그 아름다움를 선양하지 않으면 안된다는 취지	1938년 8월 19일
1 年 과 그 記 錄	아무리 고생이 되어도 조선 민족을 위해서는 특히 조선 민족 미래의 운명을 양 어깨에 지고 있는 제2세 교육을 위해 어떠한 고난도 극복하여 내 생명이 존재하는 한 몸이 가루가 될 때까지 그들을 위해서 打捧한다는 취지	1938년 11월 28일
生活과 憧憬	문화와 민족과 민족문학을 위하여 몸을 바치기로 서약한 1년도 평범하게 지나버리고 한해를 반성하고 새해에는 더 한층 문화와 민족, 민족문학을 위해 분발할 것을 다짐하며, 문학을 통하여 조선민족에게 무너져 가는 민족정신을 더욱 고취시켜 조선민족의 영원한 평안과 자유, 독립을 동경한다는 내용	1938년 12월 30일
紋	민족을 사랑하기 위해서는 현재와 같은 일제의 통치하에서 어떠한 행동도 할 수 없다는 것을 비분하고 최소한의 가족애를 통해 민족의식을 강화하기 위해 창작	1939년 6월 19일

김종희의 작품은 <표 3>에서 보는 바와 같이『진로』는 '조선 전통의

---

52)「신문조서-김종희」및「신문조서-황동연」. 김종희는 일기에 인민전선에 관해 '인류와 문화
를 위해 유린자 파시즘에 항전하는 정의와 양심의 사도, 서반아 인민전선은 어쨌든 광휘있
는 민족인데'라고 기술하고 있다. 그리고 이에 대해 '우리는 인류애의 인민전선을 좋아할
뿐 아니라 인민 조선민족을 위하여 일본의 지배권을 제거하고 싶다'라고 설명하고 있다.

본질을 밝히고 그 아름다움을 선양'을, 『1년과 그 기록』은 '조선민족의 미래를 위한 2세 교육의 중요성'을, 『생활과 동경』은 '조선민족의 영원한 평안과 자유, 독립을 동경', 그리고 『紋』은 '가족애를 통한 민족의식의 고양'을 각각 주제로 하고 있음을 알 수 있다.

또한 황동연도 『고불통』을 창작한 바 있는데 '조선독립의 근본은 가족애'라는 취지를 담고 있다.[53] 즉 個人愛보다 家庭愛, 家庭愛보다 國家愛로, 國家愛에서 朝鮮愛로 되는 것, 이는 우리가 朝鮮을 獨立시켜 처음으로 참다운 朝鮮愛로 된다는 것이다.

이처럼 김종희와 황동연의 작품을 살펴볼 때 민족문학연구회는 적어도 문학, 그 중에서도 소설을 통해 민족의식 고취, 민족주의 선양, 조선독립을 추구하였다고 볼 수 있다. 이러한 민족주의적 성격은 김종희의 일기에도 잘 드러나고 있다. 그는 일기 곳곳에 '최후까지 저항하여 조선독립을 이루어야 한다'고 밝히고 있다. 또한 천성환, 김종희, 황동연 등은 각자의 일기를 돌려가면서 윤독을 하기도 하였는데 그 이유를 다음과 같이 밝히고 있다.

> 조선 독립의 목적을 갖고 민족문학연구회를 조직한 이상 그 목적 수행을 위하여 또는 혁명운동을 촉진하기 위해 서로가 일기를 써서 윤독할 것을 협의하였다.[54]

한편 조선문예부흥사의 활동도 민족주의적인 성향을 보이고 있다. 조선문예부흥사의 경우 비밀결사조직은 아니지만 참여하고 있는 김종희나 박용덕 등은 앞서 살펴보았듯이 민족의식을 고취하는 문예활동을 전개한 바 있다. 그리고 조선문예부흥사에 자금을 출자하기로 한 김동가는 민족주의적인 입장을 견지하고 있다. 김동가의 경우 민족주의 의식을 갖게

---

53) 「신문조서-김종희」 및 「신문조서-황동연」.
54) 「신문조서-황동연」.

된 것은 일제의 조선인 차별정책에서 비롯되었는데 신문과정에서 그 이유
를 다음과 같이 밝히고 있다.

> 일본인과 조선인의 차별이 심하고 내가 당시 경성중동학교 2학년을
> 통학하고 있었지만 내지인의 아이들은 입학이 어디든지 되지만 조선인의
> 아이들은 슬프게도 배우고 싶어도 갈 학교가 적었다. 학교을 졸업해도 일
> 본인은 취직이 어디든지 자유자재로 되지만 조선인은 일을 하고 싶어도
> 고용해 줄 데가 없고 간은 일을 해도 일급, 월급 등이 일본인의 반도 되지
> 않는다. 이는 결국 조선이라는 나라가 없음으로 우리 조선 민족이 이와
> 같은 압박을 받고 있는 처지이기에 반감을 품은 결과이다.[55]

김동가는 앞서 언급하였지만 1933년 경성중동학교 3학년 때 이광수의
소설『흙』,『마의태자』, 그리고 한글로 발행하는『개벽』,『비판』,『조광』,
『삼천리』,『신동아』와『카프 7인 시집』, 고리끼의『어머니』 등을 읽고
이들의 영향을 받아 시를 창작하는 한편 권태악과 이해 10월 하순경 民族
文學會라는 비밀결사를 조직하였다. 이때 권태악은『고향』,『희망』,『孤
島』,『海』,『인생』,『친구여』,『島』 등을 창작하였는데 이 작품 역시 '조선
민족의식을 앙양하여 조선독립을 목적'으로 하고 있다.[56]
김동가는 주로 시를 통해 민족의식을 표현하고 있다. 그리고 이 시를
하명식과 하종락에게 보여주기도 하였는데 이는 자신이 민족주의자임을
확인시키기 위해서였다. 그의 작품 성격을 구체적으로 살펴보면 <표 4>
과 같다.
<표 4>에서 보는 바와 같이 김동가 역시 대부분의 작품에서 '조선의
독립과 일제의 패망'을 기원하고 있다. 이상의 김종희와 김동가의 작품활
동으로 보면 민족문학연구회와 조선문예부흥사의 성격은 '조선 민족의식

---

55) 서울지검, 「피의자 신문조서 - 김동가」.
56) 「피의자신문조서-김동가」.

의 앙양과 조선독립'을 목적으로 한 비밀결사 및 잡지사임을 밝혀주고
있다.

<표 4> 김동가의 작품 내용분석

작 품 명	취지 및 내용	저작시기
無題	조선민족이 정신을 일치단결하여 조선독립혁명을 일으켜 목적수행에 매진한다면 독립을 이룬다	1931. 9. 15
이 땅의 청춘에게	조선인 청년들이 조선인이 조선독립을 목적으로 하여 운동하지 않으면 안된다	1932. 11. 9
사랑하는 친구에게	친구들과 함께 굳은 서약을 하고 조선독립의 성취를 이루자	1933. 1. 30
노래부르며 춤추자	조선의 노래를 부르고 춤추며 조선독립을 위한 희생자가 되자	1933. 11. 30
나는 영원으로 간다	조선 독립을 목적으로 한 나는 이 세상이 얼른 독립하지 않고 언제까지나 일제의 통치하에 있는 것이 싫어서 빨리 죽는 것이 더 좋다	1933. 1. 1
낙원을 건설하려면	조선을 독립시킬 운동자가 된다면 나는 죽어도 좋다고 결심	1932. 3. 27
땅을 파라	민족의 지도자가 되어 일생을 혁명운동의 목적수행을 위해 활약한다면 결국 목적을 달성한다	1932. 7. 10
이 땅의 자고 있는 인생들아	아무것도 모르는 조선민족에게 눈을 크게 뜨고 광명이 빛나는 태양을 본다면 왜 우리의 조선이 국력이 없을 것인가	1933. 3. 19
즐거운 웃음을 만들어보자	과거 조선을 돌아보고 실천운동을 한다면 언젠가 조선이 독립될 수 있다.	1931
행복한 날은 언제인가	조선이 倭奴의 착취를 당한 역사는 길지만 언제 조선의 독립을 이룰 수 있는 날은 언제 올 것인가	1933. 5. 8
이 세상이 번민스럽다	조선이 독립되지 않음을 비관하고 시베리아와 같이 넓고 넓은 땅에 가서 살고 싶다	1933. 5. 8
친구여	우리의 敵 일본과 싸워서 원수를 모두 죽여버리면 조선은 독립된다	1933. 5. 12
失題	노아의 방주처럼 많은 비가 와서 일본인을 손상시켜 행복한 조선이 다시 돌아오기를 기원	1933. 9. 5
無題	일제의 기만정책에 반항하여 전쟁해서 독립을 이루자	1934. 1. 27
봄	파괴주의 선전을 위해서 책임을 다하고 일본을 타도하여 조선을 독립시킬 조선의 봄을 노래	1934.
친구여	친구 권태악이 민족주의 사상을 선전하지 않고 공부한 하는 것을 질책	1934. 10. 31
英籍	조선이 일본에 약탈당했다	1934. 12. 30
탄식	우리는 나라도 갖지 못하는 실로 눈물겨운 탄식뿐인 슬프고 비참한 민족임을 표현	1935. 11. 7
희망	내가 민족주의자가 된 이상 어떠한 고난과 고통을 극복하고 조선독립을 목적으로 활약하고자 한다	1935. 1. 7
친구여	청소년들이 일제를 타도하고 억눌린 민족을 빨리 자각케 하여 조선독립을 위해 활약하자	1935. 1. 7

그러나 이와 같이 프로문예연구회, 민족문학연구회에 참여하였던 하명식, 김종희, 김동가, 황동연, 박용덕 등의 작품들은 자신들이 바라던 것처럼 신문이나 당시 문학잡지에 게재되지 못하였다. 이는 그들이 표방하고 있는 일반 대중 또는 일부 지도자들에게 공산주의나 민족주의를 선전 또는 실현시키고자 한 활동목적을 달성하지 못하였음으로 의미한다. 그리고 이를 위한 방편으로 조선문예부흥사를 설립하고자 하였으나 역시 자금조달의 미성숙과 비밀결사의 발각으로 실현을 보지 못하였다.

맺음말

1930년대 중반 이후 전시체제하의 식민통치는 강제동원과 수탈통치로 전쟁수행이라는 과제에 초점을 두고 있다. 즉 전쟁의 물적 자원을 생산하고 인적자원을 공급하는 병참기지로서의 역할과 이를 위한 수단으로써 그 본질은 수탈과 민족말살이라 할 수 있다. 조선총독부는 이러한 바탕 위에 전시체제를 강조하면서 전쟁수행을 위한 정책들을 추진해 나갔다.

이러한 상황에서 국내의 민족운동은 합법적 단체가 아닌 비밀지하조직 또는 결사체를 통해서 전개되었으며. 운동노선도 일반적인 소작쟁의나 노동쟁의, 동맹휴학 등 종래의 방식에서 벗어나 주로 식민지 통치기관에 직접 대항하는 정치투쟁을 전개하였다. 농민운동은 혁명적 농민조합, 노동운동은 혁명적 노동조합, 학생운동은 독서회나 반제동맹 등으로 나타났는데 이들 투쟁은 공산당 재건운동과도 밀접한 관계를 가지고 있다.

그리고 문예운동의 경우 일제의 식민지 문화정책의 모순을 극복하고 민족문화에 대한 자기 각성을 강조하였다. 본고에서 고찰한 프로문예연구회와 민족문학연구회, 그리고 조선문예부흥사도 그 범주에 속한다고 할 수 있다.

프로문예연구회는 하명식 · 김종희 · 咸在淳 · 金起環 등의 공산주의 이념을 가진 청년들이 1936년 9월 상순에 강원도 고성군에서 결성되었다. 이들 구성원 중 하명식과 김종희는 부농 출신으로 공산주의 문학을 탐독하는 한편 단편소설 등을 창작하여 민중을 계몽, 공산주의 사회를 실현하고자 하였다. 즉 이들 작품은 자본주의 사회 또는 국가를 파괴 또는 무너뜨리고 공산주의 국가의 모델인 러시아와 같은 사회 내지 국가를 건설하고자 하는 내용을 담고 있다. 그러나 프로문예연구회는 하명식이 신흥군 송흥학술강습소 강사로 이직함으로써 활동의 한계를 맞게 되었다.

민족문학연구회는 金宗熙, 千成煥, 黃東淵, 朴龍德 등이 중심이 되어 1938년 6월에 결성되었으며 이들은 민족주의 문학을 표방하고 있다. 이들 구성원 역시 부농 또는 중농 출신으로 朝鮮敎育令의 개정과 志願兵制度가 실시되자 이는 조선 민족을 멸망시키려는 것으로 판단하고 일제로부터 반드시 독립해야 한다는 확신하게 되었다. 천성환은 당시 조선독립 목적을 달성하기 위해서는 한글 문학을 多讀多作하고 이를 일반에게 발표하여 민족의식을 앙양시키는 것이 우선이라고 생각하고 김종희, 황동연, 박용덕 등과 민족문학연구회를 결성하였다. 이들은 단편소설 등 다양한 창작활동을 통해 조선독립운동을 표현하고 있다. 또한 창작활동 외에도 조선어 교육을 통해서도 민족의식과 민족문화의 전통성을 고취시키고 있다.

하명식과 김종희로부터 비롯된 프로문예연구회는 천성환, 김종희를 매개고리로 하여 민족문학연구회로 발전하였다. 이러한 양상은 1936년 이후 국내 사회주의 운동과정에서 수용되었던 인민전술의 영향으로 인식된다. 당시 청년 학생들은 사회주의 사상을 받아들이면서 무의식중에 인민전선을 모색하거나 낮은 차원에서 적용하고자 하였다. 이러한 모습은 김종희로부터 찾을 수 있다. 김종희는 1938년 9월 당시의 시대적 상황을 '사회적 민족적 전환기'로 인식하였는데 이는 서반아의 인민전선의 영향을 받고 있다.

프로문예연구회, 민족문학연구회에 참여하였던 하명식, 김종희, 김동가, 황동연, 박용덕 등의 작품들은 자신들이 바라던 것처럼 신문이나 당시 문학잡지에 게재되지 못하였다. 이는 그들이 표방하고 있는 일반 대중 또는 일부 지도자들에게 공산주의나 민족주의를 선전 또는 실현시키고자 한 활동목적을 달성하지 못하였음으로 의미한다. 그리고 이를 위한 방편으로 조선문예부흥사를 설립하고자 하였으나 역시 자금조달의 미성숙과 비밀결사의 발각으로 성공하지 못했다. 그렇지만 1930년대 전시체제 하에서 문예운동을 통해 민족의식을 고취시키고 일제 식민지 지배정책에 항거하고자 하였던 프로문예연구회와 민족문학연구회 활동, 그리고 조선문예부흥사의 설립운동은 이 시기 민족운동을 이해하는데 적지 않은 의의를 지니고 있다.

투고일 2003년 4월 25일 / 심사완료일 2003년 5월 11일
주제어 : 비밀결사, 프로문예연구회, 민족문학연구회, 조선문예부흥사,
        김종희, 천성환, 황동연,

Secret Society for Art and Literature in Goseong, Gangwon-do in the late 1930's

Sung, Ju Hyeon

Colonial regime of the Japanese government in wartime after the mid-1930s mainly emphasized on carrying out the war with the help of forceful mobilization and exploitation. The regime served as a means to produce material resources as well as to supply human resources that were in need during the war. The regime was founded upon exploitation and the idea of wiping out of Koreans. With this backdrop, movements among the locals were carried out in secret led by illegal secret society. The movement was also in the form of political struggle against the colonial regime instead of conventional tenant or labor disputes and students strike. The movement based on art and literature tried to do away absurd policy on Korean culture set by the Japanese regime, and it also focused on self-awareness on its own culture. Proletariat Movement of Art and Literature, National Literature Movement, and Joseon (Korea) Art and Literature Restoration discussed in the paper were carried out in the same context.

Proletariat Movement of Art and Literature was formed by Jong-Hee Kim, Jae-Sun Ham, Gi-Hwan Kim, Myeong-Shik Ha and other young men, who were deeply immersed in communism, in Goseong-gun, Gangwon-do in the early September of 1936. Among them, Myeong-Shik Ha and Jong-Hee Kim came from wealthy farming family, and they indulged on communist literary works. They went as far as to write their own short stories in order to enlighten the public and build ideal communist society. National Literature Movement was formed in June of 1938 by Jong-Hee Kim, Seong-Hwan

Cheon, Dong-Yeon Hwang, Yong-Deok Park and others. This group focused on the revival of national literature. The members of this group also came from farming families. They were convinced that independence from Japanese regime was necessary when the law on Joseon Education was revised and forceful enlistment had begun. They were certain that such events were carried out in order to wipe out Koreans. However, those literary works by the members of those groups like Jong-Hee Kim, Dong-Ga Kim Dong-Yeon Hwang, Yong-Deok Park were not printed in the newspaper nor literary magazines. This meant that they had failed to spread communism or nationalism among the public and leaders. They tried to form Joseon Art and Literature Restoration instead, but they were again failed due to same reasons as the former ones: difficulty in fund-raising and disclosure of their secret society. However, such movements bear great significance to the understanding of national movements of the time since activities of Proletariat Movement of Art and Literature and National Literature Movement, and founding of Joseon Art and Literature Restoration were the proofs of their spirits to bring self-awareness and struggle against the oppressive Japanese regime in the 1930s.

Key Words : secret society, Proletariat Movement of Art and Literature, National Literature Movement, Joseon Art and Literature Restoration, Myeong-Shik Ha, Jong-Hee Kim, Seong-Hwan Cheon

1930년대 전반 적극신앙운동에 관한 연구

김 권 정[*]

머리말

1920년대 이후 국내 민족운동은 일제 식민통치의 변화와 사회주의 사상의 수용, 그리고 사회경제적 상황이 겹치면서 크게 민족주의운동과 사회주의운동으로 나뉘어졌다. 3·1운동에서 다른 민족운동세력과 연대 투쟁에 나섰던 기독교세력은 3·1운동 이후 기호지역을 중심으로 하는 '흥업구락부계열'과 서북지역을 중심으로 하는 '동우회계열'로 크게 재편되었으며, 1920년대 중반 이후에는 기독교세력의 큰 갈래가 되었다. 이들은 일제의

───────────

* 숭실대 강사

회유 정책에 맞서는 동시에 당시 정세인식과 민족주의세력에 대한 대응에 따라 기독교에 대한 공세의 강약을 조절하는 사회주의세력의 도전에 직면하면서 '사회복음'이라는 사회참여 논리를 바탕으로 정치사회 차원에서 여러 운동들을 펼쳐 나갔다.

이 과정에서 1930년대 전반에는 운동의 주객관적인 정세의 열악함과 기독교계의 복잡한 시대상이 맞물리면서 이런 현실을 타개할 새 운동이 모색되었다. 더 이상 민족적 활동이나 이념을 표방하는 것이 어려워지는 상황에서, 기독교세력은 정치사회세력의 근거지로서 기독교계를 개혁함과 동시에 새로운 실력양성운동이란 이중의 과제를 해결하기 위해 기독교계의 종교성을 전면에 내세운 운동을 전개하기 시작했다. 그것이 바로 기호지역 출신의 기독교세력을 중심으로 전개된 '적극신앙운동'(積極信仰運動)이었다.

이 글에서 적극신앙운동을 주목하는 이유는 1930년대 전반 기독교세력의 모습과 그 이념의 변천, 기독교세력 내의 긴장관계 등을 보다 분명하게 살펴볼 수 있으며, 나아가 이를 통해 1930년대 전반 국내 정치사회세력의 다양한 운동 양상을 파악할 수 있기 때문이다.

적극신앙운동에 대한 선행 연구는 다음과 같다. 먼저 이 단체에 대해 민족주의 색채를 띤 초교파적 기독교 정신의 신앙운동단체로, '조선적' 기독교 수립을 지향했다는 점에서 높이 평가받기도 했지만,[1] 그 건설 의도와 달리 지역주의에 기초한 독선적 운동형태로 인해 실패했다는 연구가 있다.[2] 또 최근 민족주의세력의 동향 및 정세인식을 이해하는 차원에서 이루어진 연구는 적극신앙단이 기존의 운동이 현실적 한계에 부딪히고

---

1) 金良善,「韓國基督敎史:改新敎史」,『韓國文化史大系』IV, 高麗大學校 民族文化研究所, 1962; 전택부,『人間 申興雨』, 기독교서회, 1971; 閔庚培,「積極信仰團이 韓國民族敎會 形成過程에서 끼친 影響範圍에 關한 研究」,『基督敎思想』, 1971년 12월호.
2) 金承台,「積極信仰團事件」,『韓國基督敎史研究』20, 1988년 6월호.

자본주의의 위기 속에서 전체주의라는 파시즘을 수용[3]하거나 또는 대공황기를 거치며 고전적인 자유주의 국가론에 대한 수정 속에 파시즘에 경사되어 등장한 것으로 보았다.[4] 반면에 다른 연구는 적극신앙단이 단순히 기독교 개혁운동 차원에 그치지 않고 홍업구락부의 정신을 계승함과 동시에 민족의식을 고취하고 단결정신을 함양하며 독립 일꾼을 양성하고자 했다는 점을 밝히고 있다.[5]

그런데 기존의 연구들이 주로 적극신앙운동이란 전체적 차원 보다 '적극신앙단 조직' 또는 '적극신앙단 사건'이란 '현상 문제'에 집중하거나 적극신앙운동을 '지역 감정'의 틀 안에서만 이해하고 있는데, 이는 일제 식민지 지배 상황 속에서 변화무쌍하게 펼쳐지는 역사적 상황들 속에서 기독교세력이 어떤 논리와 실천을 통해 이를 대응 또는 타개하고자 했는가를 설명하는데 부족하다. 또 적극신앙운동가들이 당시 파시즘을 비판하고 있었음에도 불구하고 이에 대한 구체적 근거와 설명이 결여된 채 적극신앙운동의 이념이 '파시즘'이었다고 평가하는 것은 실제 운동 모습과 이들의 이념적 지향을 제대로 밝히는데 미흡하다.

이런 문제의식을 바탕으로 본 연구에서는 적극신앙단의 '결성'과 그 '사건'이란 의미의 외연을 넓혀 당시 '운동'의 전체적 틀 안에서 단순히 지역주의란 틀을 넘어 이들이 추구한 이념적 스펙트럼과 그 모습 등을 중심으로 1930년대 적극신앙운동의 시작 배경, 적극신앙운동의 조직 결성과 참여인물, 적극신앙운동의 이념과 활동, 그리고 적극신앙운동을 둘러싼 기독교계의 동향 등을 고찰하며, 이를 통해 1930년대 전반의 기독교

---

3) 김상태, 「일제하 신흥우의 '사회복음주의'와 민족운동론」, 『역사문제연구』 창간호, 1996; 崔炳澤, 「1925~1935년 서울지역 基督敎 勢力의 社會運動과 그 歸結」, 서울대 대학원 국사학과 석사학위논문, 2000.
4) 장규식, 『일제하 한국 기독교민족주의 연구』, 혜안, 2001, 211~217면, 248~255면.
5) 김권정, 「1920~30年代 申興雨의 基督敎 民族運動」, 『한국민족운동사연구』 21, 한국민족운동사연구회, 1999. 3.

세력의 움직임을 살펴보고, 이들 운동의 성격을 검토해 보고자 한다.[6]

Ⅰ. 적극신앙운동의 배경

1930년대 전반 기호 지역 출신의 기독교세력의 적극신앙운동은 다음과 같은 배경에서 전개되었다.

첫째, 적극신앙운동이 1930년대 전반 기독교 성격을 강하게 띠고 있는 것으로 세계 기독교 흐름에 부합되고 현실에 맞는 기독교 정신·신앙운동의 필요성에서 비롯되었다는 점이다.

3·1운동 이후 기독교계에는 일제 식민정책의 변화와 맞물려 선교사들의 친일화 경향과 꼬리를 무는 선교사들의 추문, 초월적 신비주의 부흥운동의 유행, 기독교 지도자들의 비정치적 태도, 그리고 기독청년의 사회주의 경도현상이 현저하게 나타났다.[7] 여기에 설상가상으로 사회주의세력의 기독교에 대한 공격이 이어지자, 기독교계에서는 이에 대한 대안으로 사회에 대한 책임을 강조하는 '사회개조론'이 대두하였고, 기독교 세력은 기독교 사회단체를 발판으로 정치사회적 참여에 적극 나섬으로써 기독교가 민족의 현실을 외면하지 않는 전통을 다시 한번 확인시켰다.[8]

그러나 이것도 잠시 1920년대 후반 세계대공황의 영향과 농업공황까지 겹친 한국 농민의 절대 빈곤 상태가 극한 상황에까지 처했고, 1930년대 초 만주침략과 농촌진흥운동 추진의 일환으로 일제가 기존의 운동들에 대한 대대적인 탄압을 가함에 따라 기존의 운동들은 합법적 실력양성운동

---

6) 여기에서는 기존의 연구에서 별로 다루지 않았던 『尹致昊 日記(이하 日記)』를 적극 활용하고자 한다. 『日記』에는 적극신앙단의 결성배경, 주도인물, 이들에 대한 기독교계의 반응 등이 자세하게 언급되어 있다.

7) 김권정, 「1920~30년대 기독교인들의 사회주의 인식」, 『한국기독교와 역사』 5, 1996, 81~85면.

8) 김권정, 「1920년대 전반 기독교 민족운동세력의 동향과 성격」, 『崇實史學』 14, 2001 참조.

조차 힘들어지는 상황에 놓이게 되었다.

그런데 1930년대 전반 한국 기독교계는 직면한 현실문제를 해결할 엄두를 못 낼 정도로 큰 동요에 휩싸여 시대적 요구에 전혀 부응하지 못하고 있었다.9) 그것은 그 동안 잠복되어 있던 서북과 기호의 지역 감정이 폭발하고, 신학의 진보와 보수의 갈등이 심화되며, 심지어는 사회 참여적인 기독교인들의 활동과 이념에 대해 곱지 않은 시선을 던지는 사람들이 늘어가면서 식민지적 현실에 안주하는 보수주의적 분위기가 팽배해 갔기 때문이다.10) 물론 1920년대 후반 장로교와 감리교가 농촌문제에 교단 차원에서 직접 뛰어들기는 했지만, 1930년대 초 일제의 농촌진흥운동의 시작으로 방해를 받고 사회 참여에 대한 교단 내부의 비판 등으로 인해 농촌운동이 사실상 유명무실해지고 있었다.

특히 서북지방을 중심으로 한국 교세의 과반수를 차지하던 장로교회에서는 선교사들에 의해 보수주의 신학 분위기가 정착되어 있었는데, 외국 유학을 하고 돌아온 신진 한국인 신학자들을 통해 소개된 진보주의적 신학을 배척하는 사건이 일어났다.11) 즉 이 사건들은 1930년대 전반 한국 교회가 신학적으로나 사상적으로 대단히 경직되어 있었음을 단적으로 보여주는 증거로, 시대의 요구에 민첩하게 부응하며 현실에 부합하는 기독교의 모습을 향해 변화하기에는 너무나 폐쇄적이고 현실과 유리되어 있었음을 단적으로 보여준다.

당시 기독교계의 분위기 속에서 신흥우는 기독교가 '개인구원관'을 벗

---

9) 李萬珪는 「基督敎會의 功과 過」, 『開闢』, 1934년 11월호, 27~32면에서 기독교회의 잘못으로 思想의 沈衰, 都市中心主義, 暗鬪와 紛爭, 迷信의 信條 등을 들고 있다.

10) 閔庚培, 「韓國敎會와 民族主義運動, 그 系譜의 相關性-1930年代를 中心으로」, 『敎會와 民族』, 大韓基督敎出版社, 1981;

11) 한국기독교사연구회, 『한국 기독교의 역사 Ⅱ』, 기독교문사, 1990, 154~161면. 1934년 '여권문제사건'과 '창세기 모세저작 부인사건', 그리고 이듬해 '아빙돈성경주석사건' 등이 대표적인 사건이었다.

어나지 못하고 소극적인 신앙으로 일관하고 있으며, 이것이 역동적인 기독교를 형식화하고 비실제화시키고 있다고 비판하면서 기독교 개혁의 필요성을 강조했고,[12] 또 전필순 역시 기독교가 '개인적이면서 과도한 정적이고 보수적이면서도 협의적이며, 형식적이면서 소극적'이라고 지적하고, '개인복음주의'에서 '사회복음주의'로 전환되어야 한다고 주장했는데,[13] 이는 모두 한국기독교가 세계 기독교의 사조에 부합하고 현실문제에 실천적으로 대응해야 한다는 당시 기독교계의 개혁 목소리를 대변하는 것이었다.

둘째, 적극신앙운동은 민족실력양성운동 일환에서 기호지역 출신이 주도한 홍업구락부운동과 기독교 청년운동의 개조운동 일환으로 제기되고 있었다는 점이다.

1920년대 중반 기독교세력은 크게 서북계의 동우회계열과 기호계의 홍업구락부계열로 나뉘어 자리잡기 시작했다. 이들 가운데 3·1운동 이후 기독교 세력으로 정치사회운동을 주도했던 것은 한말이래 기독교 상층부를 장악해 왔던 기호계 기독교 인물들이었고 이들이 포진했던 중앙 YMCA를 중심으로 하는 홍업구락부계열이었다. 이들은 1920년대 중반이래 민족실력양성운동과 신간회 참여를 주도하기도 했다.[14]

그러나 기독교계의 절반 이상의 교세를 토대로 1930년대 들어 기독교세력의 주도권은 완전히 서북계 기독교세력이 장악해 나갔던 것이다.[15] 이들 세력은 동아일보사와 조선일보사 등의 일반 언론계와 조선물산장려

---

12) 申興雨, 「朝鮮敎會의 今後進出(一)」, 『基督申報』, 1934년 7월 18일자; 「朝鮮敎會의 今後進出(二)」, 『基督申報』, 1934년 7월 25일자.

13) 全弼順, 「四十年前의 朝鮮基督敎」, 『眞生』, 1929년 4월호.

14) 김권정, 「기독교세력의 신간회 참여와 활동」, 『한국민족운동사연구』 25, 한국민족운동사학회, 2000, 146~155면 참조.

15) 1932년 당시 기독교 주요 교파별 지방 교세 현황을 보면, 장로교와 감리교를 합쳐서 서북지역의 기독교는 다른 지역과 비교해 볼 때, 전체 교회·교인·목회자 수에 있어서 50%이상의 교세를 차지하고 있었다.(한국기독교사연구회, 『한국기독교의 역사II』, 161~163면 참조.)

회·전조선절제운동연합회·기독청년면려회조선연합회 등 기독교계 주요
사회단체에 포진하고 확대된 조직 역량을 기반으로 기독교세력의 정치사
회 참여를 주도하기 시작했던 것이다.[16]

이같은 현상은 1930년대에 이르러 기호계 흥업구락부계열이 거의 와해
상태에 이르게 되었던 것이 큰 원인이었다. 결성된 이래 경제운동을 통해
민족관념을 보급하고 조선독립을 도모한다는 목적을 추구하던 흥업구락
부는 1931년 일제가 만주사변을 일으켜 국제적 비난을 당하게 된 것으로
기회로[17] '산업부' 설치를 추진하지만, 거액 출자자들의 비협조로 실패하
고 말았다.[18] 또 흥업구락부계열이 1920년대 중반부터 민족실력양성운동
의 일환으로 주도적으로 추진하던 YMCA의 농촌사업이 재정감소[19]와 일
제의 탄압으로[20] 거의 막을 내리게 되었던 것이다.

이와 함께 1930년대 초 청년층을 대상으로 하는 새로운 기독교 청년운
동이 크게 요구되고 있었다. 1930년대 전반 기독교계에는 시대적 요구에
외면하는 한국교회의 보수적이고 형식화된 태도에 실망한 청년들이 급진
적인 사회변혁을 선전하는 사회주의 사상에 동조하는 일이 속출하고 있었
고, 교회 안에 '기도로 병을 고치고 재앙을 면하겠다는 일들이 성행'함으
로써 과학교육을 받은 청년들에게 '기독교가 미움'을 받고, 심지어 '종교
박멸의 목소리'가 나오고 있었다.[21] 또 교회 안에 남아 예배에 출석하는
기독청년들 가운데는 목사의 설교를 비평하고 심지어 조롱거리고 듣는
경우가 허다하며, '야료'를 일으킬 정도의 상황에 이르렀던 것이다.[22]

---

16) 金權汀, 「1920·30年代 韓國基督敎人의 民族運動 硏究」, 崇實大 史學科 博士學位論文,
    2001, 152~155면.
17) 구대열, 『한국 국제관계사연구』 1, 역사비평사, 1995, 338~340면.
18) 『日記』 11, 1938년 8월 16일(국사편찬위원회, 1989).
19) 전택부, 『한국기독교청년회운동사』, 정음사, 1978, 398~399면.
20) 지수걸, 「1932-1935년간의 조선농촌진흥운동」, 『한국사연구』 46, 1984; 金容燮, 『韓國近現
    代農業史硏究』, 一潮閣 1992.
21) 田榮澤, 「現代敎會 朝鮮을 救할 수 있는가(三), 『基督申報』, 1931년 1월 28일자.

그러나 기존의 청년운동이 이에 대해 제대로 대응하지 못하는 한계를 드러냈다. 당시 기독교 청년운동은 한말에 결성된 YMCA와 감리교 엡윗청년회, 그리고 3.1운동 이후 결성되기 시작한 장로교 면려청년회, YWCA 등이 있었는데, 이들 기독교 청년회들이 의욕적으로 전개하던 농촌사업이 일제의 방해로 좌절되고, 이들 단체 내에는 사회참여적인 사회복음주의 노선을 비판하는 목소리가 대두하였으며, 지역감정이 표출되어 주도권 경쟁이 격화되었다.[23] 이에 1930년대 전반 기존 청년운동의 한계를 극복하고 '기독교 개혁'을 내세우는 새로운 운동으로서 기독교 청년운동이 모색되게 되었다.

셋째, 적극신앙운동은 1920년대 천도교와 함께 민족주의세력의 하나로 자리매김했던 기독교세력이 사회주의세력의 농촌지역에 대한 공세적 확산과 민족주의세력의 배척이란 차원에서 1920년대 말부터 재개된 반종교운동에 대한 조직적이고 사상적인 대응의 방향 속에서 표출되었다는 점이다.

1920년대 후반부터 대규모 대중투쟁이 격렬하게 일어나고, 사회주의와 연계된 소작쟁의, 농민항쟁은 기독교 농촌운동을 압도하기 시작했다.[24] 이와 함께 국내의 사회주의자들에게 계급노선이 대두되는 가운데 신간회의 해소론이 등장하는 상황이 복잡하게 맞물리면서 사회주의자들의 반기독교운동도 재개되었다. 이는 종교자체를 사회과학적인 논리를 통해 근본적으로 부정하고, 이를 현실적으로 박멸하자는 '전투적 무신론'에 입각한 것이었다.[25]

---

22) 田榮澤, 「現代敎會 朝鮮을 救할 수 있는가(五), 『基督申報』, 1931년 11월 11일자.
23) 기독청년운동에 대해서는 다음을 참고할 것. 전택부,『한국기독교청년회 운동사, 1899년~1945년』, 정음사, 1978; 조이제,『한국 감리교청년회 100년사』, 감리교청년회 100주년 기념사업회, 1997; 김 덕, 「1920~30년대 기독청년면려연구」,『한국기독교와 역사』18, 한국기독교역사연구소, 2003.
24) 金容燮, 위의 책, 428~453면.

이런 상황에서 운동의 방향을 모색하던 기호계 기독교세력은 "적어도 뮈움에 힘만큼은 힘을 내여 꾀있게 조직적으로 나가야만 뮈움의 힘을 제어할 것이다"26)라고 하면서, "좀더 투철한 인식을 요하며 좀더 통일된 이름을 요하는 동시에 조직화한, 훈련된 실제적 활동을 요한다"고 역설했다.27) 이는 사회주의세력의 공세에 대한 기독교 세력의 조직화를 강조하고, 기독교계의 개혁을 주도하며 사회주의자들의 반기독교운동에 맞설 수 있는 새로운 단체의 결성을 의미했다.

1920년대 중반이래 사회참여적인 기독교인들 가운데는 사회주의세력의 반기독교운동과 세속적 사회주의에 맞서 소개되기 시작한 '기독교사회주의','사회복음주의'를 새로운 기독교 사회사상으로 수용하고 기독교 정치사회운동의 논리적 근거로 삼고 있었다. 이같은 사상적 흐름은 1929년 6월에 결성된 <기독신우회>(基督信友會)를 통해 더욱 고조되었다.28)

그러나 기독신우회가 한국사회와 기독교계의 전폭적인 환영을 받으면서 결성되었음에도 불구하고, 1930년대에 들어 이렇다할 만한 활동을 하지 못하고 쇠퇴버리게 되자, 이에 많은 기독교인들에게 큰 실망감을 안겨주었다. 따라서 1930년을 전후로 하여 민족운동의 주도권을 놓고 민족주의세력과 사회주의세력 간의 심각한 전면적인 이념 대립이 전개되는 상황 속에서 1920년대 이래 '기독교사회사회주의''사회복음주의'의 적극적인 실천을 강조하는 흐름들이 대두하기 시작했고, 이것이 '적극신앙운동'이란 새로운 운동의 이념적 기반으로 작용하게 되었던 것이다.

넷째, 1930년대 전반 기독교 정치사회세력은 일제의 탄압과 감시가 심화됨에 따라 기존의 합법적이고 대규모 대중동원적인 운동방식에서 소규

25) 김권정, 「일제하 사회주의자들의 반기독교운동에 관한 연구」, 215~226면.
26) 申興雨, 「뮈움의 힘」, 『靑年』, 1932년 4월호, 3면.
27) 全弼淳, 「相衝되는 二大勢力」, 『基督申報』1932년 7월 27일자.
28) 김권정, 「1920~30년대 기독교인들의 사회주의 인식」, 95~105면.

모이지만 이론적으로 심화되고 이를 구체적으로 실천할 수 있는 운동 방식을 모색하게 되었다.

1930년대에 들어서면서 일제가 군국주의를 강화하면서 신사참배를 정책 차원에서 본격적으로 강요하기 시작했는데, 이는 1931년 만주사변을 일으켜 대륙침략을 재개하면서 이를 뒷받침할 사상 통일을 이룩하기 위해 각종 행사를 개최하고 신사참배를 강요한 것이었다.29) 즉 1932년 1월 전남 광주지역에서 '만주사변에 대한 기원제'를 개최하고 학생들을 참석하도록 했으나 기독교계 학교가 이를 거부했고,30) 그 해 9월에는 평양에서 '만주사변 1주년 기념 전몰자 위령제'를 개최하고 기독교계 학교도 참석토록 했으나 이를 거부하는31) 등 신사참배와 관련된 일제의 요구를 거부함으로써 기독교계 학교에 대한 사찰과 탄압을 강화시켰다.

이같이 한국교회에 대한 일제의 본격적인 탄압이 시작되자, 일반 사회에서의 기독교세력 활동범위도 축소될 수밖에 없었다. 이에 따라 기독교세력은 이제 기독교 외부보다 내부에서의 활동이 크게 커졌고, 이 과정에서 기독교 가치를 전면에 내세우면서도 다른 면으로는 민족운동의 진로를 모색하고 이를 추진하게 되었던 것이다. 이것은 기독교 세력이 열악한 운동 조건 속에서 대규모의 방식이 아닌 소규모이지만 구체적인 실천을 현실화시킬 수 있는 새로운 운동 단체를 모색하게 되는 배경이 되었던 것이다.32)

---

29) 일제의 신사참배문제와 한국교회를 살펴보려면 김승태 엮음, 『한국기독교와 신사참배문제』, 한국기독교역사연구소, 1991을 참조할 것.
30) 『木浦新聞』, 1932년 1월 14일자.
31) 『每日申報』, 1932년 11월 11일자.
32) 金權汀, 「1920·30年代 韓國基督敎人들의 民族運動 硏究」, 178～181면 참조.
기독교세력은 독특한 '현실참여전술'을 적용하고 있었는데, 그것은 종교조직인 '교회'를 활용하기보다 별도의 또 다른 조직을 결성하거나 '인적 관계'를 활용하여 정치사회단체에 참여하는 방식이었다.

Ⅱ. 적극신앙운동의 주도인물과 논리

1) 적극신앙운동의 주도인물

적극신앙단에 참여하여 운동을 주도적으로 전개한 인물들을 살펴보면, 다음과 같다.[33]

이름	생년	출신지	교육경력 및 활동상황
권영식		서울	장로교 목사, 평양신학교
김기연	1897	경기	감리교 목사, 협성신학교, 기독신우회, 조선엡윗청년회 초대총무, 감리교 교육간사
김수철	1895	충남 공주	감리교 목사, 3.1운동, 日青山학원, YMCA, 기독신우회, 日오사카 한인교회
김영섭	1888	경기 강화	감리교 목사, 일 와세다대, 日 青山학원, YMCA, 홍업구락부, 기독신우회
김인영	1893	서울	감리교 목사 및 신학자, 피어선성서학원, 협성신학교, 美 애모리대 구약학전공, YMCA, 협성신학교수, 기독신우회, 이화여전 교수
김종우	1889	경기 강화	감리교 목사, 배재학당, 협성신학교, 정동제일교회 시무
박연서	1893	경기고양	감리교 목사 보성소학교, 日 관서파송선교사, 협성신학교, 기독신우회, 『기독신보』 후원회장
박용희	1893	경기안성	장로교 목사, 日 동경경서학원, 3.1운동, 기독교창문사, 신간회, 전조선청년면려회, 기독신우회, 조선예수교연합공의회 회장
신흥우	1883	충북 청원	배재학당, 美 남가주대학교, 배재학당 교장, YMCA총무, 태평양문제연구회 조선지회, 조선체육회, 홍업구락부, 기독교연구회
심명섭	1898	충남 당진	감리교 목사, 선린상고, 日 青山학원, 기독신우회, 『기독신보』 기자
엄재희	1898	강원 철원	감리교 목사, 협성신학교, 중앙교회 시무
이동욱	1897	서울	감리교 목사, YMCA, 신간회, 기독신우회, 조선물산장려회
정춘수	1874	충북 청주	감리교 목사, 3.1운동, 조선민흥회, 신간회, 기독신우회, 물산장려회, 홍업구락부
전필순	1897	경기 용인	장로교 목사, YMCA 소년부간사, 3.1운동, 기독교창문사, 日 神戸신학교, 전조선청년면려회, 기독신우회, 기독신보 사장
정성채	1888	서울	황성 YMCA, YMCA 소년부 간사, 조선소년척후대, 신간회, 조선소년척후단
이건춘		서울	YMCA 회원부 간사, 조선기독교대표협의회, 홍업구락부, 신간회
최거덕	1907	서울	장로교 목사, 일본대학 종교학과, 평양신학교
최석주	1901	서울	장로교 목사, 日 青山학원, 전조선청년면려회, 기독신우회, 『기독신보』 편집국장
함태영	1873	함북 무산	장로교 목사, 대한제국법관양성소, 평양신학교, 3·1운동 장로교 총회장, 조선예수교연합공의회 회장
홍병덕		서울	YMCA 교육부 간사, 홍업구락부, 기독교 연구회, 기독신우회

33) 全弼淳, 『牧會餘韻』, 대한예수교장로회 총회 교육부, 1965; 崔錫柱, 『恩寵은 江물같이』, 大韓; 基督敎書會, 1975; 전택부, 『인간 신흥우』, 기독교서회, 1971; 최거덕, 『나의 인생행로』, 덕수교회, 1987; 『기독교대백과사전』, 기독교문사,; 역사위원회 엮음, 『한국 감리교 인물사전』, 기독교대감리회, 2002.

먼저 적극신앙단에 참여한 기독교인들의 연령층을 살펴보면, 함태영과
정춘수를 제외하고 대개 30대 초에서 50년대 초에 분포하고 있었으나,
그 중심은 40대였다. 이들은 10대 혹은 20대에 일제의 식민지화를 경험했
고, 주로 1900년대부터 1910년대 전반에 걸쳐 국내 교육과정이나 교육활
동을 거쳐 3·1운동을 경험한 세대들로 1910년대 후반이나 1920년대에
신학교를 졸업하고 기독교 교계와 민족운동, 사회운동, 그리고 문화운동
등에서 지도적 자리를 확실하게 잡고 의욕적으로 그 일들을 추진할 위치
에 있는 사람들이었다.

이들의 교육경력을 살펴보면, 주로 국내에서 공부한 사람과 국외에서
공부한 사람들이 거의 비슷한 비율로 구성되어 있었다. 이들 대부분은
신학교를 졸업했으며, 목사 안수를 받았다. 장로교와 감리교 중 감리교가
많다.

여기서 주목되는 점은 국외에서 공부한 사람들 가운데 신흥우나 김인영
을 제외하고는 주로 일본의 아오야마(靑山) 학원과 코오베(神戸) 신학교에
서 공부를 했다는 점이다. 이들 신학교들은 1920년대 일본 내에서도 자유
스러운 학풍과 '기독교사회주의''사회복음주의'와 같은 기독교 사회사상
의 분위기가 강했던 곳이었는데, 이 곳에서 공부한 이들은 한국에서보다
자유스러운 공부환경에서 현대신학과 사회복음에 대해 보다 심층적으로
접촉할 수 있었을 것이고, 이에 따라 사회문제에 대해 깊은 이해를 갖게
되었던 것이다.[34]

특히 전필순과 최석주는 일본 유학 중 만났는데, 코오베 신학교에서
다니던 전필순은 당시 노동자로 일본에 온 최석주를 만나 그와 함께 자신
이 운영하던 한인교포를 위해 만들었던 <노우회>(勞友會)란 모임을 더
욱 발전시키기도 했다.[35] 이 때 일본의 대표적인 기독교사회주자인 가가

---

34) 金春培,『筆苑半百年』, 聖文學舍, 1977, 55~66면.
35) 全弼淳,『牧會餘韻』, 대한예수교장로회 총회 교육부, 1965, 62~69면.

와(賀川豊彦)의 삶과 사상에 큰 영향을 받는데, 특히 최석주는 그가 운영하던 야학교에 나가 공부도 하고 교회에 참석해 예배를 드리기도 하면서 그처럼 살 것을 다짐하기도 했다고 한다.[36] 한국에 와서 그는 기독교사회주의에 대해 소개하는 글을 신문과 잡지에 게재했다. 그리하여 한국에 들어온 이들은 1920년대 중반 이후 『기독신보』(基督申報)를 중심으로 의기투합하며 '기독교 개혁'을 주장하는 분명한 노선을 형성하게 된 것이다.

또한 이들과 함께 빼놓을 수 없는 인물이 신흥우이다. 그는 3·1운동 이후 국내 기독교 사회운동의 대표한다고 해도 과언이 아닌데, 적극신앙운동의 밑그림을 그리고 이 단체를 실질적으로 이끌었던 인물이었다. 구한말 배재학당을 다니면서 협성회와 독립협회에도 참여했던 그는 정치사건에 연루되어 한성감옥에 투옥되었다가 석방된 뒤, 곧 미국으로 건너가 남캘리포니아대학교에 입학하여, 1911년 석사학위를 받고 귀국 하였다. 그 후 그는 배재학당의 학감과 학당장으로 활동하면서 각종 기독교 국제대회에 참석하였으며, 3·1운동이후에는 YMCA의 총무에 취임하여 YMCA운동에 적극 투신하며 기독교 사회운동을 이끌었고, 다른 한편으로는 해외 이승만세력과 연계하여 국내 민족실력양성운동의 일환으로 흥업구락부운동이란 정치운동을 전개하기도 했다.[37]

한편, 이들의 출신지역은 서울, 경기도, 충청도 지역으로 이른바 기호지역 출신이 대부분이었는데, 이는 지역주의에 기반으로 결성된 단체임을 보여준다. 이들 대부분 안수를 받은 목사들로 장로교에 비해 감리교측 인물들이 압도적으로 많았음에도 불구하고 이들이 교파를 초월해 이들이 인간관계를 맺고 있었음을 알 수 있다.

감리교 목사인 김수철은 전필순, 최석주의 일본 유학 중 교분을 갖기 시작했으며, 박연서와 박용희는 일본 유학 중인 전필순의 개인적 후원자

---

36) 崔錫柱, 『恩寵은 江물같이』, 大韓基督敎書會, 1975, 118~136면.
37) 김권정, 「1920~30年代 申興雨의 基督敎 民族運動」 참조.

였고, 심명섭은 최석주와 거의 같은 시기에 아오야마 학원(靑山學院)을 같이 다녔고 귀국 후에 『기독신보』에 입사하여 활동했다. 이외에도 정춘수와 김영섭, 그리고 홍병덕은 신흥우와 홍업구락부에서 같이 활동했으며, 정성채와 이건춘은 1920년대 초부터 YMCA 간사로 신흥우와 깊은 인간관계를 맺고 있던 인물들이었다. 함태영은 이들 모임의 가장 나이가 많은 연장자로 3·1운동의 참여와 이후 각종 사회운동에 적극 참여하는 실천적 모습을 보여왔고, 이로 인해 당시 젊은 기독교인들로부터 큰 존경을 받아온 인물이었다.[38]

그런데 여기서 주목되는 점은 YMCA와 홍업구락부에 참여했던 인물들이 별로 없다는 것이다. 한말이래 기호지역은 중앙YMCA를 중심으로 정치사회적인 기독교인들이 기독교 민족운동에서 주도적인 위치를 차지하고 있었고 이것이 1920년대 중반에는 홍업구락부로 그 중심이 모아져 있었다. 그러나 1930년대 전반 적극신앙단에는 이들 단체의 중심인물들이 대거 빠져 있고 신흥우를 제외하고는 거의 관련이 없으며 관련이 있다 하더라도 주도적 위치에 있던 사람들은 아니었다. 이는 신흥우와 YMCA와 홍업구락부에서 주도적 역할을 했던 인물들이 1930년대 들어 신흥우와의 운동이념이나 운동방법론의 갈등이 가장 큰 이유였다.

또한 1929년 6월 서북지역 기독교인들을 주도로 조직된 <기독신우회>(基督信友會)에 전필순,최석주, 함태영, 박용희, 홍병덕 등이 참여했다는 사실이다. 이는 기독교의 민중화와 실제화를 통해 개인의 생명과 전조선민족의 구원을 선언했던 이 단체의 이념에 동의한 결과였다. 그러나 기독신우회는 서북지역 기독교인들의 독주와 조직화의 실패로 얼마 못가서 침체되고 말았는데, 이것은 여기에 참여한 많은 사람들에게 실망을 안겨다 주었을 뿐이었다.[39]

---

38) 최거덕, 『나의 인생행로』, 93~95면.
39) 서북기독교계의 대표적인 원로인 남강 이승훈은 기독신우회에 대해 큰 기대를 걸고 평의원

따라서 적극신앙운동을 주도한 기호계 기독교세력은 기존의 기호지역 기독교 세력 기반과 확연히 구별되는 것이었다. 이것은 1930년대 전반에 기호지역 출신을 중심으로 새로운 기독교의 '이념적' 세력이 형성되었음을 의미하는 것으로, 기존의 세력인 소수의 신흥우 그룹과 다수의 전필순, 최석주 그룹의 연대를 통해 이루어졌음을 알 수 있다. 즉 적극신앙운동세력은 1930년대에 들어 '지역주의'와 '이념'의 갈등과 대립이 격화되는 속에서 기호지역을 기반으로 하면서도 동시에 '기독교 개혁'이란 이념에 동의하는 기독교세력의 협동을 통해 이루어진 것이었다.

이처럼 이들 적극신앙운동세력이 단순히 기호계라는 지역주의에 위치해 있는 것이 아니라 이를 넘어 이념적 지향이나 운동 방식 등에 대한 공통분모를 갖고 형성되었음을 상징적으로 보여준다. 이것은 다음의 적극신앙운동의 논리를 살펴볼 때 더욱 분명해질 것이다.

2) 적극신앙운동의 논리

1930년대 전반 펼쳐진 적극신앙운동의 논리는 다음과 같다.

첫째, 적극신앙운동에서는 '조선적 기독교'(朝鮮的 基督敎)의 수립을 주장했다.[40] 이것은 적극신앙단의 리더격이었던 신흥우와 전필순의 인식에서 분명하게 드러났다.

19세기말 한국사회에 기독교와 함께 근대문명을 소개하는데 큰 역할을 담당했던 외국 선교사들은 한국기독교의 기초를 닦고 한국인들의 영혼을 깨우는 일에 기여한 바가 컸다. 그러나 이들은 기독교 초기부터 정교분리 원칙 하에 순수 영적 신앙을 강조하고 목회자나 교인들의 현실참여를

으로 참여했으나 기대와 달리 이 단체가 유명무실해지자 크게 실망하였다.(이찬갑, 「남강은 신앙의 사람이다」, 『聖書朝鮮』 64, 1934년 5월호, 14면.)

40) 金良善, 「한국 기독교사 ; 改新敎史」, 『한국문화사대계』 제6권, 고려대학교 민족문화연구소, 1971, pp. 666-668.

제한했는데, 1930전반에 이르기까지 독점한 '종교권력'을 활용하여 극단
적인 보수주의 신앙을 유포하고 고착시키는 과정에서 기독교 내 반일적
정치사회세력을 축출하고 선교사들로부터 기독교에 대한 주도권을 빼앗
으려는 일제의 기독교 분열정책에 대해 반발하기 보다 오히려 일제로부터
선교활동을 보장받는 대가로 한국 기독교인들의 정치사회 참여를 '불순
한 행위'로 규정하며 교회의 비정치화를 더욱 강력하게 추구하고 있었
다.[41]

이에 대해 기호계 기독교세력은 이것이 가능하게 된 것이 선교사들로부
터 의식(意識)과 재정(財政) 분야에서 독립하지 못한 결과임을 지적하고
교회가 시대의 목소리에 응답하고 진정한 개혁을 위해 선교사들로부터
벗어나 주체적인 '조선적 기독교'의 건설에 나설 것을 주장하기 시작했다.

이미 1920년대 초부터 한국기독교의 사명으로서 '조선화'를 주장한 바
가 있던 신흥우는 한국교회의 신학적 독립이 매우 중요한 문제임을 지적
하고,[42] 외국선교사들의 영향력이 재정(財政)과 성경(聖經)의 해석에 있
어서 절대적인 영향력을 발휘하고 있는 상황에서 한국인의 신학적 속박
과 이에 비롯된 여러 신조나 교리들은 정신이 활발한 청년들에게 신앙을
피하게 만들고, 인습과 같이 제정된 교회의 규정이 모든 것을 얽매이게
만든다고 강력하게 비판했다.[43] 그래서 진리가 영원불변하지만 진리의

---

41) 일제는 3·1운동 이후 종교단체가 대중결사의 매개체로 큰 역할을 했다는 사실을 깨닫고
   종교단체에 대한 회유정책을 실시하여 어용화하려는 시도를 계속한다. 그런데 일제의 이같
   은 정책의 궁극적 목적은 종교단체 속에 거하는 민족주의세력을 몰아내려는 데 있었던
   것이며, 종교 자체의 약화에 있는 것은 아니었다. 바로 이점이 3·1운동 이후 일제와 관계개선
   에 나섰던 선교사들의 이해관계가 맞아 떨어지는 것이었고, 또한 선교사들의 일련의 행동들
   은 일제의 이런 정책에 부합하는 것이었다.(姜渭祚, 『日帝 統治下 韓國의 宗敎와 政治』,
   大韓基督敎書會, 1977, 48~55면; 姜東鎭, 『日帝의 韓國侵略政策史』, 한길사, 1980, 388~
   399면.)
42) 신흥우, 「朝鮮敎會의 今後進出(二)」, 『基督申報』 1934년 7월 25일자.
43) 申興雨, 「信仰과 自由」, 『靑年』, 1932년 3월호, 3면.

실현이 시대의 요구에 따라 변하는 것임에도 불구하고[44], 한국교회는 스스로 대외의존적 자세를 극복하지 못하고 외국선교사들이 전해다 준 현실과 분리된 '개인구원관'에 벗어나지 못하며 오히려 그것을 강요하는 소극적인 신앙으로 일관하고 있다고 판단한 그는 이것이 살아 있는 기독교 신앙을 형식화하고 비실제화시키는 중요한 원인이라고 날카롭게 지적했다.

또 "조선의 교회는 조선사람에게 적합한 조선적 그리스도교회가 되어야 조선의 민중을 구원하고 지도할 것"[45]이라고 주장하던 전필순도 1933년 7월 『기독신보』의 사장이 된 이후 선교사들이 장악하고 있던 조선예수교로부터 신문의 독립을 추구하면서 사설을 통해 "선교부가 主가 되고 본토 교회가 되는 것은 먼 과거의 일로 이제는 본토교회가 主가 되고 선교부가 그 목적에 합 한대로 수종들게 되는 때"[46]라고 하면서, 신흥우의 '조선적 기독교' 건설에 화답하였던 것이다.

이렇게 적극신앙운동가들은 제국주의적 선교자세와 문화적 우월주의를 기초로 하고 있는 선교사업이 한국교회의 맹목적인 서양숭배 자세와 신앙에 대한 소극적 자세를 형성하는데 결정적 계기가 되었다고 보았고, 외국선교사들에 속박되어 있는 상황에서 한국인의 신조나 교리들은 정신이 활발한 청년들에게 신앙을 피하게 만들고, 인습과 같이 제정된 교회의 규정이 모든 것을 얽매이게 만들고 있다고 비판했던 것이다. 그런 의미에서 적극신앙운동은 서구 선교사들에 의해 타자화된 한국기독교의 자기정체성을 스스로 찾아가는 작업의 일환이기도 했던 것이다.

그런데 적극신앙운동가들의 선교사 비판과 조선적 기독교 건설 주장은 단순히 선교사들에게만 국한 된 것이 아니라 선교사들의 뒤에서 정치사회

---

44) 申興雨, "靑年 使役의 新傾向", 『靑年』, 1931년 11월호, 3면.
45) 全弼淳, 「敎會의 新展望(下)」, 『基督申報』, 1932년 1월 20일자.
46) 사설, 「本報贊助會 組織을 接하고」, 『基督申報』 1933년 8월 23일자.

적으로 이들을 지원하고 이들로 하여금 한국기독교인들의 적극적인 정치
사회참여를 막으려고 하는 일제의 지배정책에 대한 저항이 담겨 있음을
주목해야 한다. 즉 '조선적 기독교 건설론'은 외국선교사들을 통해 한국기
독교계를 통제하려고 하는 일제의 식민정책을 정면으로 비판하는 논리가
내재되어 있었던 것으로, 그것은 외국 선교사들뿐만 아니라 일제의 식민
통치정책으로부터도 벗어나려고 하는 민족의식의 발로였던 것이다.

둘째로, 적극신앙운동에서는 개인주의하고 형식화된 기독교 개혁을 위
해 '적극적인 사회복음주의'을 제시하고, 궁극적으로 이 땅 위에 하나님
나라를 건설하자는 '지상천국건설론'을 주장하였다.

3·1운동 이후 일제의 기독교에 대한 회유분열정책과 사회주의자들의
반기독교운동, 그리고 사회경제적 피폐화 속에서 이에 대한 기독교적 대
안으로 '기독교사회주의'와 '사회복음주의'가 한국교회에 소개되고 수용
되었다.47) 그러나 1920년대 후반까지만 해도 이들 이념들은 구체적 방법
이나 목표가 결여된 채 하나의 이론적 수준에 머무르는 측면이 강했다.
결국 이런 이념들이 1930년대 전반 적극신앙운동의 틀 안에서 '적극적
사회복음의 실천'이라는 방향에서 하나로 결합되고 보다 구체적 방법과
목표를 갖게 되었고, 그것이 채택된 '적극신앙선언'과 '생활개조의 21개
조'48)를 통해 개념화되었다.

---

47) '기독교사회주의'와 '사회복음주의'는 18·19세기 산업혁명 이후 서구사회에 등장한 기독교
   사회사상으로, 공산주의를 비판하면서 종교로부터 소외된 노동자에게 복음을 전도하기 위
   해 형성되었다. 기독교사회주의는 서구유럽을 중심으로 형성되었는데, 주로 개인주의와
   세속 사회주의를 반대하고, 인격주의와 자의(自意)주의, 그리고 결사주의와 협동체제를 지
   향했다. 사회복음주의 미국을 중심으로 형성된 사회사상으로 노사문제의 해결과 협동사회
   의 구현을 위한 민주주의의 정착 등을 강조하여 개인구원에만 머무르지 말고 사회전체가
   형제 가족과 같은 협동체제가 될 때 사회구원이 이뤄질 수 있다고 보았다. 이 사상들은
   해외 유학파들을 통해 한국에 소개되고 수용되었다.(김권정, 「1920~30년대 기독교인들의
   사회주의 인식」, 95~105면.)
48) 전택부, 『人間 申興雨』, 기독교서회, 1971, 373~374면. 적극신앙단의 선언과 강령은 이외
   에도 「積極信仰團에 대하야」, 『基督申報』 1935년 2월 20일자와 「21개조를 선언한 "적극신

이들의 논리는 민족의 현실 문제를 기독교적 이념 속에서 해결하고자 하는 방향에서 제기된 것으로, 기독교 '실제화'와 '사회화'의 적극적 실천을 주장하는 운동의 이념을 구체적으로 표현했다. 이들은 이 선언을 통해 기독교의 전통적인 초자연주의나 초월적, '저 세상적'인 것을 지양하고, 구체적인 삶의 역사 속에 계시하는 하나님에 대한 신앙을 강조했다. 이들은 복음의 정신에 입각하여 사회성이 결여된 기독교와 싸우고 또 비기독교 사회주의와 싸우면서 근대적 합리주의에 기초하여 자본주의 사회를 기독교적 가치로 개혁하고자 부르짖었던 것이다.

그리하여 이들은 하나님의 사랑과 정의가 이 땅에 실현되기 위해서 기독교인들이 책임감을 갖고 악의 세력, 즉 경제적 이기주의, 사회적 불평등, 문화적 폐습, 정신적 황폐 등을 적극적으로 타파해 나갈 것을 주장했다. 이들은 이것을 기독교의 평등, 형제애, 권리와 책임, 사회적 민주주의, 그리고 단체 결사를 통해 달성해야 한다고 역설했던 것이다.

셋째, 적극신앙운동에서는 이 땅 위에 하나님 나라를 건설하기 위해서 적극적으로 투쟁하고 이를 쟁취해야 한다는 '전투적' 기독교운동론을 주

앙단"」, 『三千里』, 1935년 3월호, 52~57면에 실려 있다. 다음은 『기독신보』에 실린 것이다.

積極信仰의 宣言

一. (宇宙觀) 자연과 역사와 예수와 경험에서 나타나는 하나님을 믿음/二. (人生觀) 하나님과 하나이 되어 악을 싸워 선으로 정복케 함이 인생의 첫째 원칙임을 믿음/三. (個人解放) 사람의 권리와 의무, 행동에는 남녀가 없이 완전의 동등이오 타인에게 침해가 없는데는 원만의 자유임을 믿음/四. (個人對社會) 개인 소득욕보다 인류 공헌욕으로써 새사회 건설함을 믿/五. (社會對 個人) 사회무리의 경제, 문화, 정신생활에 승등적(升動的) 형평(衡平)과 안전을 보장하기로 믿음

生活改造의 二十一個條(第一段階)

一. 신체성결 二. 심사정결 三. 업무성심 四. 토지애착 五. 협동경제 六. 고리배척 七. 주초절제 八. 혼상절약 九. 조혼폐지 十. 자유결혼 十一. 단일표준 (남녀도덕에 표준을 하나로)十二. 동등대우 (가정과 사회에서 男女山等) 十三. 보수동등 (같은 일에 같은 보수를) 十四. 공동활동 十五. 단체충성 十六. 단체부호(약자를 단체가 도움) 十七. 단체발전 十八. 폐습파괴 十九. 도덕합리(道德合理) 二十. 충의복종(참과 의에 절대복종) 二十一.정신보급(산 정신과 성과 있는 사상을 보급)

장했다.[49] 하나님 나라의 이 땅 위의 건설은 저절로 주어지는 것이 아니라 스스로 개척하고 일체의 악과 대결하여 쟁취해야 할 목적이었던 것이다.

이런 논리의 배경에는 1930년을 전후하여 민족운동의 주도권 장악을 둘러싸고 민족주의세력과 사회주의세력간의 전면적 대립이 전개가 영향을 미치고 있었다. 민족주의세력의 우경화가 대두하고, 사회주의세력이 계급주의 노선에서 신간회 해소를 주장하는 등 민족운동진영에는 심각한 이념적 사상적 대립이 진행되었다.[50]

이 상황 속에서 기독교 민족운동진영에는 반유물론적 '사회복음'을 기초로 '사회주의세력' 및 일체의 사회적 악에 대항하여 투쟁하는 '전투적' 기독교운동론이 등장했던 것이다. 이는 당시 기독교계가 거대한 집단임에도 불구하고 일제 식민지 상황 속에서 모든 것을 신앙의 힘으로 합리화하거나, 기독교의 사회화와 실제화는 거리가 멀게 초월적 신비주의운동이 유행한다는 '자기성찰적' 인식을 그 배경으로 하고 있었다.[51]

그리하여 적극신앙운동에서는 사회주의자들의 반기독교운동을 비롯한 일체의 사회적 악과 불의에 대한 적극적인 투쟁을 강조했다. 신흥우는 '미움의 세력을 제어'[52]하고 '선을 위하여 악을 싸워 정복시켜 나가기 위해'[53]고 "뮈움을 조직화시켜 위대한 세력을 만드는 것처럼 사랑을 그대로 내버리고 등한시하지 말고 사랑, 그것을 조직화시켜 세력을 만들자"[54]고 주장했다. 또 최석주는, 당시를 "민족적 고난, 사회적, 경제적, 사상적, 온갖 직면하여 있는 고난과 싸우지 않으면 안 되는 시대"[55]로 인식하고,

---

49) 金權汀, 「1920·30年代 韓國基督敎人의 民族運動 研究」, 138~142면.
50) 지수걸, 「1930년대 초반기(1930~33) 사회주의자들의 민족개량주의운동 비판」, 『80년대 한국인문사회과학의 현단계와 전망』, 역사비평사, 1988 참조.
51) 宋昌根, 「오늘 朝鮮敎會의 使命」, 『神學指南』, 1933년 11월호, 127~132면: 李萬珪, 「基督敎會의 功과 過」, 『開闢』, 1934년 11월호, 29~32면.
52) 申興雨, 「뮈움의 힘」, 『靑年』, 1932년 4월호, 3면.
53) 申興雨, 「信仰과 自由」, 『靑年』, 1932년 3월호, 3면.
54) 申興雨, 「新思潮의 批判」, 『新生』, 1932년 5월호, 7~8면.

이 시대가 "기독교신사보다 기독교투사"를 요구하고 있다고 주장하면서, '기독교투사는 적극적·구체적으로 사회와 교회를 위하여 불의와 불법을 멸절하기 위하여 싸우지 아니하면 아니 될 것인데, 정의와 천부의 뜻을 위하여 싸워야만 할 것이다'[56]라고 하여, '사회정의'라는 차원에서 기독교인들은 하나님의 정의를 이 땅에 실현하여 천국을 이루기 위해 적극적이고 구체적인 투쟁이 필요하다고 강조했다.

이런 논리는 1930년대 초 종교민족주의세력에 대한 사회주의세력의 극단적 좌경화 현상과 일제의 감시와 탄압이 첨예화되는 속에서 기독교인들의 운동적 논리 또한 투쟁적으로 변화하지 않을 수 없었음을 보여준다. 이렇게 투쟁을 강조하는 태도가 나중에 적극신앙단을 극단적이고 파쇼적이라는 비판을 낳게 하는 또 하나의 원인이 되었던 것으로 보인다. 이들은 논리의 연장 선상에서 '하나님의 나라'에 대한 관념을 구체적으로 확립하고 이것을 운동의 지향점으로 설정하고 있었던 것이다.

적극신앙운동가들은 보수적 신앙에서 말하듯 '하나님 나라'가 그저 인간의 개인적 마음 속 또는 사후에만 경험하고 초월적 관념의 대상으로서가 아니라[57], 일제 식민통치의 수탈체제와 자본주의 체제의 폐해 등으로 고통 당하는 민족의 현실 속에 기존의 '하나님 나라'의 속성이 존재하고 바로 이 땅 위에 그것을 건설하자는 것을 주장한 것이었다. 즉 하나님 나라의 이 땅위 건설, 즉 사회정의가 구현되는 '지상천국건설론'은 결국 1930년대 초 식민지적 수탈과 탄압, 민중의 빈곤 심화, 그리고 반기독교적

---

55) 崔錫柱, 「苦難의 意義」, 『靑年』, 1932년 9월호, 9면.
56) 崔錫柱, 「基督敎紳士보다 基督敎鬪士를」, 『靑年』, 1933년 1월호, 10~11면.
57) 길선주 목사는 1907년 평양 대부흥운동을 이끌었던 인물로서 1919년 3·1운동과 직접 관련되어 옥고를 치렀던 인물이다. 그런데 그가 옥중에서 '계시록 7백독'을 하면서 말세 신앙을 정립하고 현실 속에서의 인간 능력의 한계를 지적하고 하나님의 직접적인 역사간섭을 통해 평화와 정의가 이뤄진다고 주장했다.(길선주, 「平和의 曙」, 『宗敎界諸名士講演集』, 活文社書店, 1921, 42면.)

정서가 팽배한 사회적 분위기 속에서 기독교가 지향해야 할 운동의 분명한 목표로 구체화되었던 것이다.

적극신앙운동의 궁극적 방향은 단순히 기독교 개혁운동에 그치는 것이 아니었다. 이 운동은 표면적으로 기독교 운동을 띠고 있었으나, 그 이면에는 궁극적으로 '독립'의 기반을 건설하고 이를 지향한다는 민족적 성격이 강하게 내포되어 있었다.[58] 즉 민족·사회문제를 기독교적 가치 속에서 풀어내고 있었던 것이다.

이것은 적극신앙운동이 기독교운동을 통해 궁극적으로 종교의 이름아래 동지를 모으고 독립사상을 갖게 하여 장래 조선독립의 투사를 양성하며,[59] "민족 의식의 양성", "민족 체위(體位)의 향상", "단결 정신의 함양과 훈련","산업의 발전과 경제의 독립"이란 단체의 목적에서도 보인다. 즉 이 단체의 성격은 경제운동을 통한 민족독립을 도모한다는 흥업구락부의 정신을 계승하고, 이를 기초로 하여 기독교운동을 통해 민족운동을 전개하고자 했다는 데서도 분명히 알 수 있다.[60]

물론 일제가 적극신앙단의 궁극적 목적을 "폭력혁명을 통한 봉기"이라고 본 것은 다소 과장된 추론이다. 하지만 그만큼 단체의 민족주의적 성격이 일제에게는 위협적인 것이었음을 단적으로 보여준다. 그래서 "기독교를 통해 조선독립운동의 실천에 착수한 것"으로 파악하는 일제의 인식은 단체의 민족적 성격을 그대로 보여준다고 생각된다.[61]

따라서 적극신앙운동은 1920년대 중반 한국기독교계에 형성된 기독교 사회주의와 사회복음주의 흐름이 적극 결합하면서, 1930년대 전반 시대

---

58) 당시 한국교계의 보수적 언론도 적극신앙단을 민족주의단체로 규정하고 이를 비판하고 있었다. 金麟瑞,「興士團及同志會와 朝鮮敎會와의 關係 其一」,『信仰生活』, 1934년 10월호 참조할 것.
59)「興業俱樂部事件關聯 申興雨 訊問調書」, 139면.
60) 金良善, 앞의 책, 171~172면.
61)『最近における朝鮮の治安狀況』, 1938, 385~386면.

적 상황 속에서 기독교 개혁문제, 민족문제, 사회문제 등을 적극적 사회복음이란 틀 속에서 이론화하고 이를 실천하려는 노력의 산물이었음을 알 수 있다.

Ⅲ. 적극신앙운동의 전개

1) 적극신앙단의 결성 과정

적극신앙운동은 기호지역 출신을 중심으로 하는 기독교세력의 연대를 통해 시작되었는데, 이들의 움직임은 신간회 해소 직후 적극신앙단의 조직화를 통해 구체화되었다. 그 하나가 3·1운동 이후 1920년대 YMCA와 흥업구락부에서의 활동을 통해 신흥우와 깊은 유대감을 가졌던 그룹이고, 또 다른 하나는 서울지역 장로교 출신으로 1920년대 일본유학을 통해 형성된 전필순, 최석주를 중심으로 하는 그룹이었다.

먼저 이를 구체적으로 조직화하고 나선 쪽은 신흥우 그룹이었다. 신흥우는 '積極信仰'이란 것을 구체적으로 실천할 수 있는 조직을 생각하고 이를 현실화를 위한 구체적으로 계획한 것은 1928년 '예루살렘 국제선교대회'를 다녀온 직후의 일이었으나, 이미 그는 1920년대 중반부터 이 일을 위해 구체적으로 활동하고 있었다.

그의 활동은 1925년 12월 국제선교협의회(IMC)회장 모트(J.R.Mott) 박사의 내한을 계기로 열린 '조선기독교봉역자회의'에서 구체적으로 나타나기 시작했다.[62] 신흥우의 주도하에 YMCA가 중심이 되어 개최된 이 모임에서는 시대변화와 우리 실정에 맞는 선교방법의 모색, 그리고 선교사와 한국인 교역자간의 관계의 재설정 등에 대해 논의되었다.

이 모임 이후 신흥우는 1926년 2월 김활란, 박동완, 박희도, 유각경,

---

62) 『朝鮮基督敎奉役者會議』, 조선호텔, 1925. 12. 28.

홍병덕, 홍종숙 등과 함께 <기독교연구회>(基督教硏究會)를 조직하고, <조선기독교봉역자회의>에서 제기된 내용들을 구체적으로 추진하기 위해 조선기독교의 민중적 표준, 실제생활을 간이화, 산업기관의 시설, 조선적 교회 등이 연구목표를 정했다.[63] 이어 두 달 뒤, 중앙 YMCA회관에서 모인 자리에서는 이에 대한 보다 구체적인 4대 활동 목표를 정하기도 했다.[64]

이 과정에서 1928년 '예루살렘 국제선교대회'는 1930년대 전반 적극신앙단이 결성되는 결정적 계기를 제공해 주었다.[65] 이 대회에서는 기독교가 "개인구원을 위한 복음뿐 아니라 일반사회를 구원하는 복음"으로 기독교의 실제화와 사회화야말로 사회구원을 이루는 첩경이 된다는 '사회복음'이 선언되고 강조되었다.[66] 한국대표로 참석했던 신홍우는 민족, 사회문제에 대한 적극적인 기독교의 수립이야말로 한국교회에 무엇보다 필요하다는 것을 더욱 확인하고, 대회를 같이 다녀온 장로교의 정인과에게 '積極信仰'을 지향하는 새로운 기독교 단체를 설립하자는 의견을 제시했다.[67]

그러나 신홍우의 제의는 급진적이며 현실에 맞지 않는 '시기상조'라는 이유에서 정인과로부터 일언지하에 거절당했다.[68] 그런데 여기서 주목되

---

63) 『基督申報』1926년 3월 3일.
64) 『基督申報』1926년 4월 28일.
65) 1928년 3월24일부터 4월8일까지 2주간 예루살렘의 감람산에서 개최되었다. 총 50개국에서 231명의 대표가 참석한 이 대회에는 피선교지국에서도 대표들이 함께 처음으로 동참할 수 있었다. 이 대회에서는 사회복음주의 입장에서 기독교의 사명, 타종교와의 대화, 선교국과 기성교회와 피선교국간의 관계, 종교교육, 산업문제, 인종문제, 농촌문제 등에 관한 다양한 안건이 논의되었다.
66) 鄭仁果,「예루살넴大會에 參席하고(三)」,『基督申報』, 1928년 6월 20일자; 梁柱三,「예루살렘의 特色」,『基督申報』, 1928년 7월 11일자; 金活蘭,「예루살넴大會와 今後 基督教」,『靑年』8-8, 1928년 11월, 2∼5면.
67) 陸鴻山,「積極信仰團을 싸고도는 朝鮮基督教會의 暗流(續篇)」,『四海公論』, 1936. 8, 213면.
68) 陸鴻山,「朝鮮基督教는 어대로?」,『四海公論』, 1936년 8월호, 212∼213면.

는 점은 정인과가 신흥우의 제의를 거부하고 난 뒤, 얼마 안 있어 조병옥
과 함께 서북지역을 기반으로 하는 동우회계열의 주도하에 신흥우가 제안
한 단체와 성격이 같은 「기독신우회」(基督信友會)를 결성했다는 점이다.
이는 그가 신흥우의 제안 당시에 이미 동우회계열을 중심으로 신흥우
그룹을 배제한 채 새로운 '혁신단체'를 조직적으로 준비하고 있었음을
의미한다. 따라서 이를 먼저 제안했던 신흥우 그룹이 서북계 기독교세력
이 자신들을 배제하면서 결성한 이 단체에 참여할 수는 없었을 것이다.
이에 따라 신흥우의 혁신단체 결성 계획은 일단 유보될 수밖에 없었던
것이다.

한편, 기호계 장로교 출신인 전필순과 최석주는 1920년대 초 일본 유학
당시 일본의 유명한 기독교사회주의자 가가와 토요히코(賀川豊彦)의 직
간접적인 영향을 받고 기독교의 사회적 사명과 실천을 강조하는 태도를
갖고 있었다.[69] 이들은 1928년부터 장로교 청년 연합단체인 「기독청년면
려회 조선연합회」 임원으로 참여했으며, 이때 이들 외에도 홍병덕, 박용희
등도 함께 참여하면서 적극신앙단에 참여하는 기호지역 장로교 그룹이
구체적으로 형성되기 시작했다.[70]

이어 이들은 서북계 기독교세력의 주도로 1929년 5월 기독교계 협동운
동으로 조직된 「기독신우회」에도 참여했다.[71] 그러나 화려하게 출발했던
기독신우회가 일반사회와 기독교계의 기대와 다르게 이렇다 할 활동도
못하고 침체해 버림에 따라 의욕적으로 참여했던 이들은 이에 실망하게
되었고, 설상가상으로 장로교 내부에서 서북계 기독교세력을 중심으로
기호계 출신으로 기독신보와 장로교단에서 중요 임원을 맡기 시작하는

---

69) 全弼淳, 『牧會餘韻』, 65～69면; 崔錫柱, 『恩寵은 江물같이』, 123～129면.
70) 김 덕, 「1920～30년대 기독청년면려회 연구」, 『한국기독교와 역사』 18, 한국기독교역사학
    회. 2003, 219～226면.
71) 「基督信友會」에 대해서는 장규식, 앞의 책, 195～205면과 김권정, 「1920·30년대 한국기독
    교인의 민족운동 연구」, 2장과 3장을 참고 할 것.

이들에 대한 경계와 견제의 목소리가 흘러나오자,[72] 이들은 자신들의 입지가 줄어들 수밖에 없는 현실을 직감하기 시작했다.[73] 즉, 전필순·최석주를 중심으로 하는 기독교세력은 『기독신보』를 매체로 해서 1930년대 초 급변하는 시대상황 속에서 새로운 운동을 모색하기 시작했던 것이다.

그리하여 1932년 6월경부터 적극신앙을 전면에 내세우는 조직 결성이 본격화하기 시작했다. 이는 신흥우가 미국에 다녀온 직후의 일로 청년층을 대상으로 새로운 운동을 추진하고자 하는 구체적인 계획을 가지고 돌아왔던 무렵의 일이었다. [74]

1932년 4월 미국에 건너갈 때, 배 안에 있는 도서실에서 신흥우는 『히틀러전』을 읽다가 '히틀러가 적극기독교를 주장하여 기독교운동을 통해 게르만 민족의 대동단결을 꾀하고 기독교 청소년을 히틀러 청소년단으로 개편하여 민족 국가주의적 훈육 단련을 하여 독일 민족국가운동에 기여하게 했다'고 기록된 한 구절에서 힌트를 얻고, 홍업구락부의 운동을 전환하고 기독교계 각종 문화단체의 주도권을 획득하여 '民族的 獨立'을 지향한다는 생각에서 적극신앙단의 결성을 추진하게 되었던 것이다.[75]

즉 신흥우는 히틀러가 청년층을 대상으로 전개했던 기독교운동 방식을 새로운 운동의 실천방식으로 채택했던 것이다. 그러나 이것이 곧 전체주의·독재주의인 파시즘의 논리를 수용한 결과는 아니었다. 이는 1930년대 전반 적극신앙운동가들이 결코 자유민주주의의 원칙을 포기하지 않았으며, 오히려 독재주의와 파시즘 및 히틀러체제를 비판하고 있었다는 점에서도 분명하다.[76]

---

72) 김덕, 「1920~30년대 기독청년면려회 연구」, 236~237면.
73) 이들은 적극신앙단에 참여할 무렵인 1933년부터 「기독청년면려회 조선연합회」임원과 『眞生』의 필진, 그리고 장로교 농촌부 임원 등에서 완전히 제외되었다.
74) 『日記』 10, 1932년 6월 17일. 1932년 5월 6일날 출국했던 신흥우는 5월 29일날에 귀국했다.
75) 「興業俱樂部事件關聯 申興雨 訊問調書」, 137면.
76) 신흥우의 전체주의에 대한 비판은 Hugh Heung-wu Cynn, "Laymen and the Church", Within

바로 이 무렵 『기독신보』를 중심으로 기독교 세력을 형성하고 있던 전
필순·최석주 그룹은 기독교 개혁을 위한 새로운 기독교세력의 결성을 주
장하고 있었다. 이들은 이 시대를 "새것을 준비하는 시대"로 지적하고,
"새로운 시대 건설을 위해 "단결하고 이를 준비하자"고 주장하면서,[77]
새로운 운동을 위한 협동의 전제로 "순교적 정신"이 필요하고, 협동의
목적이 "하나님 나라를 임하게 하는 것"임을 밝힘으로써,[78] 새로운 기독
교세력의 결성이라는 신흥우 그룹 쪽의 움직임에 호응하고 나섰던 것이
다.

이같은 기독교계 동향 속에서 1932년 6월 중순 경부터 신흥우는 YMCA
와 「기독신보」, 그리고 장로교와 감리교 지도자로 기독교 개혁에 동의하
는 인사들과 구체적으로 접촉하기 시작했다. 그리하여 이 무렵부터 기독
교 청년회관에서 그는 김종우, 함태영, 전필순, 최석주, 박연서, 김영섭,
홍병선, 김응집, 현동완 등 이외에도 7~8명과 만나 '積極信仰'의 취지와
실천방식에 동의하는 기독교계 인물들과 함께 합법적으로 적극신앙단을
조직해 나갔다.[79]

그리하여 1932년 6월 중순 경부터 1933년 여름 사이에 '적극신앙'(積極
信仰)을 표방하는 '적극신앙단'(積極信仰團)이 결성되었다.[80] '적극신앙'

the Gate, 1934, 119면을 참조; 히틀러 체제의 기독교 탄압과 정책에 대한 비판은『基督申報』,
1933년 9월 27일자, 10월4일자, 1934년 2월 7일자, 2월 14일자, 2월 28일자, 4월 25일자,
8월 22일자, 9월 5일자 등 참조.
77)『靑年』 1932년 1월호, 9~10면.
78)『靑年』 1932년 3월호, 5면.
79)「興業俱樂部事件關聯 申興雨 訊問調書」, 137~138면.
80) 적극신앙단의 결성시기에 관해서는 의견이 있는데, 주로 1932년 6월경에서 1933년 9월로
추정하고 있다. 적극신앙단을 배척했던「在京基督教有志會」에서는 1933년 1월에 결성되었
다고 보았으나, 필자가 보기에는 그보다는 1932년 6월 경부터 적극신앙선언과 생활개조
항목을 준비하고 이를 갖고 상당기간 준비기간을 거쳐 1933년 9월경에 정식으로 결성된
것으로 보인다. 여기에서 신흥우 자신이 검찰 신문에서 진술한 1933년 9월경으로 보고자
한다. 이처럼 적극신앙단의 결성시기가 분명하지 않은 것은 적극신앙단이 갖고 단체적 성격
이 기존의 일반 단체와는 차이가 있다는 것을 의미하기도 한다.

(積極信仰)이란 주제에 호응하는 기독교세력은 신홍우가 마련한 5개항의
적극신앙선언과 21개조의 생활실천강령을 채택하고, 단체의 명칭을 전필
순의 제안에 따라 '적극(積極)'이란 말을 붙여 '적극신앙단'으로 결정했
다.[81)

그런데 적극신앙단이 처음부터 일반 사회단체처럼 일사분란하게 조직
적으로 탄생한 것은 아니었다. 1928년 예루살렘대회에서 제기되었던 기
독교의 민중화와 실제화를 통해 개인과 민족을 구원의 사회복음주의 이념
을 더욱 이론화하고 어떻게 이것을 실천할 것인가라는 문제의식을 지닌
연구모임 형태로 출발했던 것이 여기에 동조하는 인물들이 모이면서 조직
화 된 것이었다.[82)

2) 적극신앙운동의 전개과정

적극신앙단이 결성되면서 적극신앙운동이 본격적으로 전개되기 시작
했다. 적극신앙운동은 신홍우의 5개조 적극 신앙 선언과 21개조의 생활실
천 강령을 채택하면서 시작되었다고 해도 과언이 아닌데, 그것은 이 속에
서 적극신앙운동의 방향과 이념이 그대로 정리되어 있기 때문이다.

이 때 채택되었던 적극신앙선언 5개항은 2년 전 내한한 세계YMCA 부
총무 에디 박사의 강연 내용에서 제시한 원칙을 거의 그대로 채택하고
있음을 알 수 있다. 제1~2항을 제외한 나머지 3~5개항은 에디 박사가
강연에서 제시한 "근본적으로 경제적 공평, 평등적 형제주의, 남녀간의
옳바른 관계, 계급·민족·나라·남녀 사이의 올바른 관계, 하나님과 사람 사

---

81) 김승태, 「積極信仰團事件」, 17면.
82) 「積極信仰에 對하야‐申興雨氏와의 問答」, 『基督申報』, 1935년 2월 20일자; 崔錫柱, 『恩寵
　　은 江물같이』, 大韓基督敎書會, 1975, 280~281면. 그러나 이 준비과정에서 기존의 적극신
　　앙선언의 실천을 놓고 YMCA와 홍업구락부의 핵심멤버들이었던 유억겸, 홍병선, 구자옥,
　　신공숙, 김활란 등과 결별하게 된 것으로 보인다.

이의 관계"[83]라는 원칙과 거의 흡사하다. 이는 신흥우가 에디 박사와 상당한 교감을 갖고 적극신앙선언을 준비했다는 것을 보여주는 간접적인 증거이다.

'적극신앙선언'는 종교를 반대하고 달리하는 청년 또는 처음 신자되는 청년들에게 기독교의 인생관, 우주관 등을 설명하고 실생활에 개인과 사회와의 관계를 알게 하여 기독교 전도의 문을 열고 생활의 표준을 세워주기 위해 제정된 것이었고, '생활개조 21개조'는 농촌 불신자 청년을 대상으로 그들의 생활 개선을 목적으로 하고 건강, 경제, 도덕상의 실제문제를 해결하는데 참고하기 위해 작성된 것이었다.[84]

이렇게 운동의 이념적 방향을 구체적으로 설정한 적극신앙운동가들은 사상적 차원에서 한국기독교계의 대표적인 언론매체인『基督申報』와 『靑年』을 통해 적극신앙운동을 펼쳐 나갔다.

당시 기독교계가 "이 시대에 적합한 新生이 없이 과거의 것만을 고집"하고 있음을 비판한 이들은 "우리의 사상이 소극적인 동시에 우리의 생활이 소극적이었다면 우리의 강산이 착 가라앉았다거나 우리의 지대가 온대인 까닭이 아니라 우리가 가졌던 종교 그것이 우리의 생각을 가라앉게 하였고 우리의 생활을 미지근하게 한 것"이라고 파악하고, "우리는 범사에 적극이어야 하며, 사상에 있어서 행위에 있어서 그래야 한다"고 주장하여,[85] 침체적 현실을 설명하는 지리적 결정론이나 운명론과 같은 태도를 정당화하는 종교적 태도를 비판하고 적극적 태도와 사상, 그리고 실천이 곧 적극신앙운동의 지향임을 강조하였다.

또 적극신앙운동이 청년층을 대상으로 직면한 민족·사회문제를 돌파할 역량을 준비하는 운동임을 주장했는데, "구년을 앓는 병에 삼년 묵은 쑥을

---

83)「世界現狀과 우리의 態度」,『基督申報』, 1931년 10월 7일자.
84)「積極信仰에 對하야-申興雨博士와의 對答」,『基督申報』, 1935년 2월 20일자.
85) 社說,「소극에서 적극으로」,『基督申報』, 1935년 1월 9일자.

구한다면 때늦었다고 낙심할 것이 아니라 쑥을 심어 삼년을 묵힌다"는 심정으로, "하나님 나라와 그의 의를 위하여 몸들여 의용병이 되어야 하겠고 지도층은 이를 위하여 청소년을 훈련할 것"을 역설하였다.[86] 이를 위해 "좀더 통일된 이론을 요하는 동시에 조직화한 훈련된 실제적 활동이 무엇보다 필요함"을 지적하고,[87] 이렇게 훈련된 기독청년들이 "민족적 고난, 사회적 경제적, 사회적·사상적, 온갖 직면하에 있는 고난과 싸우며 그 중에서 새로운 의의를 발견"하며, "상부상조와 단결하여 최대 고난, 최대 악과 싸우기를 준비하자"고 주장하였다.[88]

이어 이들은 "정신으로 보아서 외국사람들의 생각을 전통적으로 옮겨 놓음에도 불충분하고 물질적으로 보아 더말할 것도 없이 남의 덕에 살아온 셈이다"라고 하여,[89] 한국교회의 외국선교사들에 대한 의존도를 지적하고, 이제 한국교회가 자치에 머물 것이 아니라 독립의지를 갖고 적극적으로 그 실천에 나서야 할 것을 주장하였다.

이런 일련의 적극신앙단의 사상운동은 단순히 기독교만을 대상으로 하는 것은 아니었다. 이들은 "기독교라는 적은 범위에 국한된 것에만 응하는 태도를 가질 것이 아니라 우리 기독교도 수를 초월해서 우리 전체에 응하여 나가야 할 것"을 밝히고,[90] 준비되고 축적된 힘을 키워서 "사회를 개조하여 실로 이 민족을 구원하여야 하겠다"라고 하여,[91] 이들 적극신앙운동이 발단은 기독교 개혁을 표방하며 시작되었으나, 그 지향은 사회, 민족을 대상으로 하고 있음을 강조하였다.

한편, 적극신앙운동은 사상운동 차원과 함께 적극적인 활동을 통해 더

---

86) 社說,『基督申報』, 1932년 6월 15일자.
87) 社說,『基督申報』, 1932년 7월 27일자.
88) 최석주,「苦難의 意義」,『靑年』, 1932년 10월·11월호, 9면.
89) 社說,「宣傳은 過去」,『基督申報』, 1934년 2월 21일자.
90) 申興雨,「朝鮮敎會의 今後進出(完)」,『基督申報』, 1934년 8월 15일자.
91) 社說,「實力을 養成하자」,『基督申報』, 1933년 9월 20일자.

욱 구체화되기 시작했다. 단원들은 처음에 보수적이지 않은 선교사들과 진보적인 교회 목사와 지도자들, 그리고 교회의 공적 관계가 적은 한국인 지도자들과 만나 자신들의 구상을 설명했으며, 또 신흥우는 당시 YMCA 의 농업간사로 있던 윌버의 주선으로 외국선교사들과 만나 자신의 개혁구 상을 밝히며 협조를 요청하기도 했다.[92]

적극신앙운동의 이념은 해외에서도 큰 관심과 호응을 받았는데, 필리핀 마닐라에서 열린 원동 및 인도YMCA협의회가 채택한 결의안에서 거의 그대로 채택되고 있을 정도로 당시 국내외 사회복음운동의 보편적 원칙으로 받아들여지고 있던 것임을 알 수 있다. 1933년 8월 세계기독청년연합회의 발의로 필리핀 마닐라에서 개최된 이 대회에 한국대표로 참여한 신흥우는 의안작성 위원회의 위원장으로 선출되었고, 그를 중심으로 의안 작성이 준비되었으며, 이 때 적극신앙단이 채택했던 적극신앙선언이 의안의 큰 골격을 이루었고, 본 대회의 결의안으로 채택되었던 것이다.[93]

적극신앙운동은 YMCA를 중심으로 활발히 전개되었다. 적극신앙단원들은 채택한 5개항의 신앙선언을 카드로 만들어 전국 YMCA 회원들에게 배포하는 동시에 YMCA를 통해 '적극신앙운동'을 전국적인 운동으로 추진하기 시작했다.[94] 이와 함께 적극신앙운동의 확대를 위해 기독교계 내의 지부설립을 추진하기도 했다. 在日 YMCA 내에는 적극신앙단 지부가 조직되기도 하고, 감리교 내에서는 적극신앙의 이념을 띤 성경반이 설치·운영되기도 했다.[95]

또 적극신앙단은 먼저 청년남녀로 하여금 천의(天意)에 복종케 하며,

---

92) H.A. Willbur's letter to F.S. Brockman, June.14, 1932; 『人間 申興雨』, 224~225면에서 재인용.
93) 申興雨, 「遠東 及印度基靑協議會를 맞이고(三)」, 『基督申報』, 1933년 10월 11일자.
94) 『人間 申興雨』, 227면; 카드를 작성해서 소지하게 하는 것은 일본 기독교사회주의자 가가와(賀川豊彦)가 전개하고 있던 神國運動에서 하던 방식과 대단히 흡사했다(韓晛相, 「日本의 天國(神國)運動은 실패였는가?」, 『基督申報』, 1933년 9월 13일자.)
95) 「興業俱樂部事件關聯 申興雨 訊問調書」, 137면.

인격을 강렬케 하고 공익을 도모케 할 목적으로 적극신앙단장 밑에 약간 명의 참사(參事)와 10세에서 17세의 소년·소녀적극대, 18세에서 25세 사이의 남녀청년적극대, 그리고 26세 이상의 적극구락부를 설치하고 발기회에서 추대한 단장이 참사와 이들의 각 부장과 대장을 임명하는 권한을 갖는 중앙집권식 조직구조를 갖고 있었다.96) 이는 군대식 규율과 훈련으로 통해 '소극적'인 기독교를 시대에 부합하는 적극적인 기독교로 바꿀 수 있는 핵심 세력을 체계적이고 조직적으로 준비한다는 하는 의도가 강하게 반영된 결과였다.

한편, 적극신앙단은 1933년 7월 전필순이 기독신보 사장을 계기로, 기독신보의 혁신적 조치를 통해, 그동안 장악하고 있던 선교사들로부터 독립을 추진했다. 전필순은 박연서 목사를 회장으로 하는 「基督申報 贊助會」를 조직하고 한국교회로부터 재정적 후원을 얻어 경영자립을 모색했다.97) 여기에 최석주가 편집국장이 되었고, 심명섭,김오봉,김형욱 등 한국인 직원들이 전필순의 사장 취임을 전후로 해서 대거 편집진으로 보강되었다.98)

이는 이제까지 기독신보가 장로교,감리교 연합의 초교파 신문으로 한국사회와 한국교계에 엄청난 영향력을 가졌음에도 불구하고 한국인 사장이 전무했고, 재정의 대부분을 선교사들이 충당하고 있었던 관계로 한국 기독교인들의 주체적인 목소리를 담아내는 데는 그 한계가 있었다는 자기반성의 결과였다.

기독신보는 신문 사설을 통해, "선교부가 주가 되고 본토 교회가 수종들던 시대는 아주 먼 과거에 속하였다"고 선언하고, "본토 교회가 주가 되고

---

96) 陸鴻山, 「積極信仰團을 싸고도는 朝鮮基督敎會의 暗流」, 『四海公論』, 1936년 7월호, 129~131면.
97) 『基督申報』, 1933년 8월 9일자.
98) 「최석주 목사 入社」, 『基督申報』, 1933년 7월 26일자.

선교부가 그 목적에 합한대로 본토 교회에 수종들게 되는 이때이다"라고
하여, 선교사의 영향으로부터 독립하고자 하는 의지를 분명히 했는데,
이는 민족,사회 현실의 요구에 주체적이고 적극적으로 응답할 수 있는
'조선적 기독교' 수립을 추진하겠다는 선언과 같은 것이었다.

　이 밖에도 적극신앙운동은 기존 교단을 중심으로 적극 펼쳐지기 시작했
다. 그것은 자신들이 소속된 장로교와 감리교를 보다 적극적으로 현실문
제에 대해 능동적이고 적극적으로 대처하여 대안을 만드는 조직으로 개혁
하기 위한 주도권 확보 활동이었다.

　신흥우 그룹은 1934년 3월 기독교조선감리회 총회대표 선거와 10월
총회에서 총리사 선거 과정에서 적극적으로 활동하였다. 1930년 12월 미
감리회와 남감리회는 역사적 합동을 단행하여 총회를 조직하였다.[99] 그러
나 그것은 한국감리교의 '독립'이 되지 못하고 '자치'에 그치고 말았는데,
합동 이후에도 재정의 상당 부분을 여전히 선교사의 지원에 의존할 수밖
에 없었고 그에 따라 선교사들의 주도권은 그대로 존속했던 것이다.[100]
이에 선교사에 대한 비판적 자세를 견지하던 신흥우 그룹은 '자치'가 아닌
'독립'을 위해 교단 총회의 주도권 확보가 시급함을 직시하고, 이를 위한
적극적인 활동에 나서게 되었던 것이다.

　또 장로교 안에서는 함태영, 박용희, 전필순, 최석주 등이 자유주의적이
고 개혁적인 기독교의 추구를 비판하는 서북계 기독교세력에 맞서 서북계
기독교세력이 장악하고 있던 총회 교권에 대항하기 시작했다. 1934년 9월
조선예수교장로회 제23회 총회에서 이들이 중심이 된 경성노회는 서북계
의 강력한 영향력 아래 있던 총회와의 단절을 선언하고 호남지방의 전남·
전북·순천 노회와 함께 총회분립운동을 전개하기도 했다.[101]

---

99) 「朝鮮監理敎의 合同과 組織에 대한 聲明書」, 『基督敎朝鮮監理會 第一回總會錄』, 1930,
　　2면.
100) 한국기독교사연구회, 『한국기독교와 역사Ⅱ』, 185~186면.

이처럼 적극신앙운동은 기독교 개혁을 표방하면서 청년층을 대상으로 하여, YMCA · 장로교 · 감리교 등을 중심으로 청년단체와 장감의 교단의 주도권 경쟁을 통해 그들의 이념을 적극적으로 전개해 나갔다.

3) 적극신앙운동과 기독교계 반발

적극신앙단의 운동 전개는 기독교계의 완강한 저항에 부딪혔다. 거기에는 오랫동안 잠복되어 있던 지역주의와 보수주의가 자리잡고 있었다. 공공연히 선교사들로부터 한국기독교의 독립과 기독교의 철저한 사회화를 부르짖는 적극신앙운동은 보수적인 외국선교사들이나 교회 지도자들, 그리고 특히 서북기독교계 인사들의 집중적인 공격을 받았다.

공격의 선두가 되었던 것은 YMCA였다. 이들은 조직적으로 적극신앙단에 대해 배척운동을 전개했다. 여기에 상황을 더욱 악화시킨 것은 윤치호와 양주삼이 적극신앙단을 배척하고 나선 점이었다. 이들은 적극신앙단이 '비밀결사적'이고, '급진적'이며, '분파적' 이유에서 이 단체에 대한 배척을 선언했다.[102] 두 사람은 당시 YMCA와 감리교의 대표적인 지도자로, 신흥우와는 이전부터 밀접한 관계를 맺고 있던 인물들이었다. 이는 적극신앙운동을 주도하던 신흥우에게 엄청난 타격을 주는 것이었다.

특히 신흥우에게 윤치호는 '사부'(師父)이자 YMCA운동의 선배이고 인생의 후원자이기도 했다. 그런 관계가 깨어지기 시작한 것은 1920년대 말부터이었는데, 그 직접적인 원인이 되었던 것은 신흥우가 1930년대에 들어 흥업구락부 내에서 의욕적으로 실시하고자 했던 산업부설치운동에

---

101) 閔庚培,「韓國敎會와 民族主義運動」, 그 系譜와 相關性」, 370~373면.
102) 윤치호와 양주삼은 공동명의로 적극신앙단에 대해 반대한다는 성명서를 발표했는데, 이들을 이것을 영문으로도 저술하여 미국 선교본부와 선교사들에게까지 보냈다.(A Personal Letter Regarding Our Attitude Toward the Positive Faith League"(Korea File, Missionary File Series, United Methodist Church Archives, Madison, NJ, USA.) 이 자료는 『한국기독교와 역사』 18, 한국기독교역사학회, 2003에 번역되어 실려 있다.

윤치호가 거액의 재정을 약속해 놓았다가 나중에 이를 취소한 것 때문이었다. 신흥우는 윤치호가 현실 개혁을 주저하고 급격한 변화를 원치 않는다는 불만을 갖고 있었고,[103] 또 윤치호는 윤치호대로 신흥우가 YMCA를 과격하고 세속적으로, 또 너무 일관성 없이 재정과 계획을 좌지우지한다는 것이 그의 불만이었다.[104] 이것은 적극신앙단의 활동 단계에 와서 신흥우를 완전히 적대시하는 태도로까지 변하게 되었던 것이다.

적극신앙단에 대한 기독교계의 반발은 YMCA 내부에서부터 격렬하게 터져 나왔다. YMCA의 원로 김정식이 주도하여 만든 「在京基督教有志會」에서 신흥우의 YMCA 총무 사임과 적극신앙단을 배격하는 성명서를 발표한 것이었다.[105] 이 일이 있기 얼마 전 김정식은 윤치호를 찾아온 자리에서 적극신앙단의 음모를 폭로하겠다는 사실을 말하고 윤치호의 '암묵적 동의'를 받고 돌아갔었다.[106]

이들은 여기에 그치지 않고 적극신앙단을 반대하는 의견서를 1935년에 감리교와 장로교에 직접 제출했던 것이다. 이 단체를 주도한 YMCA의 원로인 김정식은 평소 YMCA내 경건주의적 신앙태도를 강조하던 인물로, 평소에 신흥우가 YMCA의 사업을 너무 세속적인 방향으로 끌고 있다고 비판하던 인물들 가운데 하나였다.[107]

그런데 이 「在京基督教有志會」에 참여한 인물들을 보면 당시 장로교인으로 서북지역에 기반을 둔 동우회원으로 YMCA와 관련하여 활동하고

---

103) 「興業俱樂部事件關聯 申興雨 訊問調書」, 139면.
104) 『日記』, 1932년 6월 17일, 6월 27일, 1933년 4월 1일, 10월 12일, 1934년 5월 16일, 8월 25일, 1935년 2월 2일, 1935년 4월 6일.
105) 『基督申報』, 1935년 2월 20일자. 여기에 참여한 사람들은 김정식, 원익상, 이재갑, 이주완, 김치명, 유석창, 이대위, 오화영, 김병찬, 차상진, 최봉칙, 이상래, 심상돈, 주윤장, 이성달, 이귀연, 이용설, 이정노, 오건영, 김건, 임창순, 박상래는 정태희, 임병두, 김경호, 주운성, 오천영 등이었다.
106) 『日記』, 1935년 2월 12일.
107) 김천배, 『韓國 YMCA運動史(1895-1985)』, 路出版, 1986, 125~126면.

있던 이대위, 이용설, 김건, 김경호 등이 참여하고 있다는 점이 주목된다. 이들 중 이대위와 이용설은 당시 기독교 사회운동에서 공공연하게 지역주의를 앞세웠던 인물들로 알려져 있었는데, 이것은 지역주의가 첨예화되는 가운데 적극신앙단 배척에 YMCA의 인물들만 참여한 것이 아니라 동우회 계열의 인물도 깊숙히 개입되어 있음을 알 수 있으며, 적극신앙단의 반대에는 바로 이런 지역주의가 크게 작용하고 있음을 알 수 있다.

이처럼 적극신앙운동의 모체 적극신앙단에 대한 한국교회의 배척은 교파내의 잠복하고 있던 여러 갈등적 요소를 한꺼번에 분출시켰다. 감리교의 경우에는 1930년 초대 감리교 총리사를 선출하는 과정에서부터 북감리교의 신흥우계열과 남감리교의 양주삼계열의 있던 갈등이 1934년 2대 총리사 선출과정에서 표면적으로 대립각을 형성했다.[108] 이런 과정에서 교단을 장악한 서북계열의 양주삼 계열은 교단 차원에서 신흥우 그룹에 대해 일정한 거리를 두었고, 1934년 말부터 수세에 처한 적극신앙단의 신흥우를 감싸기 보다 오히려 비난과 배척의 대열에 앞장섰던 것이다.[109]

그리고 장로교의 경우에는 적극신앙운동가들에 대한 공세가 시작되었고, 그것이 바로 경성노회의 분규 사건으로 터져 나왔다.[110] 1932년 10월 적극신앙단원인 함태영 목사를 중심으로 경성노회가 경기노회에서 분립했고, 이 문제를 해결하는 과정에서 총회에서는 적극신앙단원인 박용희 목사만을 징계 처분하는 조치를 취하자, 전필순·함태영·홍병덕 등이 이에 불복하고 총회에 항의서를 제출하게 되었으나 끝내 수리되지 못했던 것이다.[111]

적극신앙운동의 당시 한국교회 최대 교파인 장로교와 감리교를 상대로

---

108) 『日記』, 1934년 8월 25일, 10월 8일, 10월 9일.
109) 舌火子, 「俎上에 올닌 朝鮮基督敎의 全貌(續)」, 『批判』 4-2, 1936년 3월호.
110) 『日記』, 1934년 12월 19일.
111) 『朝鮮예수敎長老會 總會 第二十四回會錄』, 93~94면.

버틴다는 것은 힘에 버거운 일일 수밖에 없었다. 결국 적극신앙단은 최대 교파인 장로교와 감리교부터 '인정불허' '가입금지'라는 조처를 당했다.[112) 특히 장로교 총회에 교역자로서 동지회, 적극신앙단, 홍사단, 기타 사상 단체에 가입함을 금하여 달라는 헌의가 있었으나, 이단이 아니면 간섭하기 어렵다는 이유로 반려되었는데, 주목되는 것은 이에 대한 항의에 대한 답변위원의 답변이었다. 여기에서는 적극신앙단이 교리에 위반되기 때문에 가입해서는 안되지만, 홍사단과 수양동우회는 가입해도 지장이 없다는 것이었다.[113)

그러나 이는 이들 단체의 이념적 내용의 차이라기 보다 기독교계 내부에 홍사단, 동우회계열이 얼마나 확고하게 자리잡고 있었는지, 또 이들이 얼마나 심각한 지역주의에 사로 잡혀 있었음을 입증해 주는 것이었다. 이런 행태에 대해 당시 서북출신으로 보수적 태도를 갖고 있던 김인서마저도 이것은 대단히 잘못된 편파적 행위라고 비판할 정도였다.[114)

이 때 적극신앙단 결성 당시만해도 적극 참여했다가 뒤에 반대편에 섰던 중앙YMCA 부총무인 현동완의 사표문제가 불거졌으며, 여기에 책임을 지고 결국은 신홍우가 1935년 1월 YMCA 총무직을 사퇴하게 되었고,[115) 얼마 안 있어서는 기독교청년연합회 총무자리에서도 물러나게 되었다.[116)

더 이상 지역주의와 보수주의, 그리고 YMCA 내의 적대적 세력 앞에서 견디기 어려웠던 것이다. 이와 동시에 그의 사직이 4월 3일에 YMCA 이사

---

112) 김권정, 「1920~30年代 申興雨의 基督敎 民族運動」, 168면.
113) 『朝鮮예수敎長老會 總會 第二十五回會錄』, 86~87면.
114) 金麟瑞, 「積極團問題를 推하야 黨閥問題를 論함」, 『信仰生活』 1935년 4월호, 9~10면.
115) 신홍우는 적극신앙운동을 둘러싸고 윤치호, YMCA 농촌사업의 실질적 이념가인 홍병선, YMCA 내 행정가인 현동완 등과 결별하게 되었다. 이들과의 대립은 결국 신홍우가 YMCA를 떠나게 된 중요한 원인이 되었다. 舌火子, 「俎上에 올닌 朝鮮基督敎의 全貌」, 『批判』, 1936년 3월호, 50~51면; 陸鴻山, 앞의 글, 200~207면.
116) 「申興雨씨 기청연합회 총무사임 수리」, 『基督申報』, 1935년 3월 20일자.

회에서 수리됨으로써 결국 신흥우는 YMCA를 떠나게 되었다.[117] 이에 적극신앙운동도 급격하에 그 중심을 잃고 흔들리기 시작했다.

이 과정에서『基督申報』의 적극신앙단의 주도인물 가운데 하나인 전필순, 최석주에 대한 서북계의 견제가 더욱 강화되었고, 선교사들과 서북계가 장악하고 있던 「조선예수교서회」 이사회에서는 평소 호감이 없던[118] 전필순 대신에 적극신앙단에 적대적인 유억겸을 오히려 사장으로 임명하고 전필순에게『基督申報』사장직을 사직할 것을 종용했다.[119] 이에 대해 전필순은 이를 거절하고 사무실을 종로 2가 서회 건물에서 수송동으로 옮기고 '재혁신'을 선언하며 독자적인 발행을 시작하게 되었고,[120] 이후『基督申報』를 통한 적극신앙운동은 1930년대 말 일제의 탄압이 가중되면서 약화, 침체되게 되었다.

이처럼 현실적으로 '기독교 개혁'을 표방하며 기독교 내부의 뿐만 아니라 당면한 민족 현실 문제의 타개를 위한 준비 일환으로 추진되었던 적극신앙운동은 기독교계의 강력한 반발 앞에 소기의 성과를 거두지 못하고 쇠퇴해 버리고 말았다. 이 운동에 대한 기독교계 비판 논리는 민족주의 단체인 이승만의 '동지회'계열이라고 하는 당파성을 지녔다는 점과 서울, 경기도, 충청도를 아우르는 진보적인 인물들을 중심으로 하는 기호지역 출신이라는 지역성, 그리고 이들이 진보적인 기독교관을 중심으로 급진적이고 '은밀한' 결사체적 성격을 띠며 전개되었다는 점이 가장 큰 이유였던 것이다.

결국 기호지역의 기독교세력을 중심으로 추진되었던 적극신앙운동도 중심축이 되었던 신흥우의 YMCA 총무의 사퇴와 전필순·최석주의『基督

---

117)『日記』, 1935년 4월 3일.
118)『日記』, 1935년 1월 11일, 1월 16일, 1월 17일.
122)『日記』, 1935년 1월 28일.
120) 全弼淳, 앞의 책, 88면.

申報』독립과정에서 힘을 잃고 그 막을 내리고 말았다.

맺음말

1930년대 전반 적극신앙운동은 기독교세력에 대한 일제의 탄압과 감시가 심화에 따라 대규모의 대중동원방식의 운동이 힘들어지는 상황에서 흥업구락부계열의 산업부 설치운동의 실패와 YMCA농촌사업의 위축, 그리고 교회·교파간 갈등과 신학의 보수화, 선교사의 교권화 현상, 교인들의 신앙 형식화와 현실유리의 현상이 대두하고 기독청년들이 교회를 이탈해가는 상황에서 사회주의자들의 반기독교운동 등에 대한 대응을 배경으로 형성되기 시작했다.

이런 상황 속에서 1920년대 이후 적극적인 사회참여 활동을 벌이던 기호지역 출신의 신흥우 그룹과 전필순·최석주 그룹은 1930년대 전반 '적극신앙'을 표방하면 하나의 기독교세력을 형성하게 되었다. 이들의 협동을 통해 1920년대 중반이래 한국기독교계에 형성된 기독교사회주의와 사회복음주의 흐름이 적극 결합하면서, 1930년대 전반 시대적 상황 속에서 기독교 개혁문제, 민족문제, 사회문제 등을 적극적 사회복음이란 틀 속에서 이론화하고 이를 실천하려는 노력으로 적극신앙운동이 등장하게 되었다.

'積極信仰'의 필요성이 제기된 된 것이 1928년 예루살렘 선교대회 직후의 일이었으나, 그것이 하나의 구체적인 모습을 갖게 된 것은 1932년 6월경의 일이었다. 1920년대 말 서북계 기독교세력의 비협조로 유보되었던 계획이 신흥우가 미국에 가는 배에서, 기존의 운동을 기독교운동으로 전환해 '民族的 獨立'을 지향한다는 생각에서 적극신앙단의 결성을 추진되 면서부터였다. 그를 중심으로 1932년 6월 '積極信仰'의 취지에 동조하는 기독교계 인물들, YMCA, 감리교, 장로교 인물들, 특히『기독신보』그룹이 전격 합류함으로써 적극신앙단이 결성되었다.

적극신앙운동은 '기독교 개혁'을 통해 궁극적으로 민족, 사회 문제 해결을 지향하면서 '적극신앙선언'을 통해 한국기독교 개혁의 방향을 밝히고, '조선기독교의 수립'과 적극적 사회복음주의를 통한 지상천국건설론, 그리고 '전투적 기독교운동론'을 주장했다. 적극신앙운동가들은 보수적이지 않은 선교사들과 진보적인 교회 목사와 지도자들, 그리고 교회의 공적 관계가 적은 한국인 지도자들과 공개적으로 만나 적극신앙운동을 설명했으며, 『기독신보』·『청년』를 통해 적극신앙운동의 기독교 개혁 이념을 설명하고 YMCA를 통한 적극신앙운동의 전국화를 추진하기도 했다.

적극신앙운동의 민족운동적 성격은 보수적 기독교계 뿐만 아니라 일제의 시각에서도 그대로 드러났다. 적극신앙단을 민족운동단체로 인식한 일제는 적극신앙단이 기독교운동을 통해 궁극적으로 종교의 이름아래 동지를 모으고 "민족 의식의 양성", "민족 체위(體位)의 향상", "단결 정신의 함양과 훈련", "산업의 발전과 경제의 독립"을 통해 독립사상을 갖게 하여 장래 조선독립의 투사를 양성하고자 하였다고 보았던 것이다.

그러나 적극신앙운동은 곧 현실적인 벽에 부딪히고 말았다. YMCA의 원로 김정식과 원익상이 주도한 「在京基督敎有志會」는 신흥우의 YMCA 총무 사임과 적극신앙단을 배격하는 성명서를 발표하고, 적극신앙단을 반대하는 의견서를 1935년에 감리교와 장로교에 직접 제출하였다. 여기에 이제까지 신흥우를 지지해 오던 윤치호마저 적극신앙단이 '비밀결사적'이고, '급진적'이라는 이유에서 배척을 선언했으며, 국내 최대 교단인 장로교와 감리교부터 '인정불허' '가입금지'라는 조처가 내려지기도 했다. 그 결과 신흥우가 1935년 초 YMCA 총무직을 사퇴하며 YMCA를 떠나게 되었고, 『기독신보』또한 선교사들의 압박과 견제 속에 힘이 약화되면서, 적극신앙운동도 그 힘을 잃고 그 막을 내리게 되었다.

신흥우가 나중에 회고했듯이, 그 목적과 동기가 훌륭했지만 그 여건이 성숙되지 못한 상황에서 그 추진 방법이 너무 성급했고, 또 기독교계의 보수주의와 지역주의의 갈등의 벽을 넘기에는 그 대중적 조직력을 끌어내지 못하고 끝내 좌초하고 말았다.[121] 여기에는 운동을 전개하기 위해 다양한 세력들과의 연대와 포용보다 배척함으로써 운동의 입지를 스스로 축소시켰다는 점에서 이 운동이 끊임없이 '분파적' 행동으로 비치게 된 것도 실패의 원인이 되기도 했다.

그러나 이같은 한계에도 불구하고 적극신앙운동이 이론적으로 정치사회참여 논리를 더욱 체계화하고, 성숙된 이념과 이를 기초로 하는 개혁을 통해 한국기독교를, 고통에 처한 민족 현실에 대해 주체적이고 능동적이며, 책임있는 태도를 갖도록 만드는 것을 추구했으며, 궁극적으로 이를 통해 민족운동의 기반을 형성하고자 실천을 통해 적극 추진했다는 점에서 그 역사적 의의는 크다고 볼 수 있을 것이다.

투고일 2003년 3월 25일 / 심사완료일 2003년 5월 8일
주제어 : 적극신앙운동, 기호지방, 한국 기독교, 기독교세력, 지역감정, 기독교 개혁, 민족운동, 사회참여, 조선기독교의 수립, 지상천국건설론, 전투적 기독교운동론, 사회복음주의, 독립의식, 보수주의, YMCA

---

121) 전택부, 『人間 申興雨』, 268면.

A Study on the Jeokkeuk Shinang Movement in the Early 1930's

Kim Kwon Jung

The purpose of this study was to delve into the Jeokkeuk Shinang Movement carried out by Christians in the 1930s in Kiho(畿湖) provinces. That movement aimed for bringing reform to Korean Christianity, and at the same time, it's conducted as part of National Movement. It's not rational to see it just as what intended to touch off the regional emotions or to groundlessly view it as a sort of fascism. This study made an attempt to take a comprehensive look at it and its ideology without being bound by regionalism.

The group led by Shin Heung-wu and another one headed by Jeon Pil-sun and Choi Seok-ju, who were all from Kiho(畿湖) provinces, aggressively joined in social activities since the 1920s. In the early '30s, they became influential in the contemporary Christian community, advocating Jeokkeuk Shinang. At that time, there appeared a lot of phenomena that were unfavorable to Christianity, including increasing Japanese suppression, shrinking National Movement by Christians in Kiho(畿湖) provinces, conflicts between churches and between denominations, growing theological conservatism, religious power seized by missionaries, young Christians' turning back against church, and anti-Christian campaign by socialists. The Jeokkeuk Shinang Movement was triggered in an active effort to properly respond to the circumstances, pursue religious reform and tackle national and social problems both in terms of theory and practice.

That movement initially targeted an innovation of Christianity, and its ultimate intention was to bring national and social problems into settlement. The Jeokkeuk Shinang Declaration suggested in which direction Korean Christianity should move ahead, and it tried to establish Chosun Christianity and pursued aggressive social evangelism on the basis of combative Christians movement theory and kingdom of heaven on earth theory. The activists who joined in that movement met non- conservative missionaries, progressive pastors and social leaders in public to elaborate on the innovative ideology of that movement, and attempted to spread it nationwide through YMCA.

The fact that the Jeokkeuk Shinang Movement was a sort of National Movement was supported by the responses from not only conservative Christian community but Japan. Japan viewed the religious activists as ultimately trying to instill independence spirits in people and make them fighters for national independence.

However, they faced a strong pressure from the Korean Christian community, especially from those who were conservative YMCA personnels, the Presbyterian church, the Methodist church and from the northeast regions who competed with them, because of their progressive ideology and strong power to put it in practice. As a result, Shin Heung-wu was forced in early 1935 to leave YMCA, resigning his position as a manager, and the group led by Jeon Pil-sun and Choi Seok-ju lost their power, due to pressure by missionaries. And the Jeokkeuk Shinang Movement was brought to an end.

Even though the activists set their sights high, they rushed into that movement under disadvantageous circumstances, and finally failed to remove conflicts with conservatism and regionalism and win public support. However, that movement was one of the important historical events in that it laid the solid logical foundation for Christianity's social involvement, urged to Korean

Christianity to be more responsible for national sufferings, and eventually attempted to fuel national independence movement.

Key Words : Jeokkeuk Shinang Movement, Kiho(畿湖) provinces, Korean Christianity, Christians, Regional emotions, Innovation of Christianity, National Movement, Social Involvement, To establish Chosun Christianity, Kingdom of heaven on earth Theory, Combative Christians movement, Social Evangelism, Independence Spirits, Conservatism, YMCA

일반논문

韓龍雲의 民族意識과 '朝鮮佛教維新論'

김 광 식*

머리말

일제하 한국 불교를 대표하는 승려인 韓龍雲은 다양한 분야에서 큰 족적을 남겼다. 그는 독립운동, 문학, 민족지성, 불교개혁 등에서 기념비적인 활동을 하였던 것이다. 이에 우리는 그를 민족의식이 투철한 항일지사로 부르고 있다. 그런데 그에 대한 연구는 주로 문학과 독립운동 분야에서 접근한 것이 주종을 이루고 있다. 한용운은 출가한 승려이었고, 그가 활동한 주된 공간은 佛教界였음을 고려하면 이 같은 연구의 불균형은 납득하기 어려운 것이다. 그리고 그에 대한 기존의 불교적인 접근도 주로 佛教改

* 부천대 초빙교수

革이라는 측면에서 전개되었음을 부인하기는 어려운 실정이다. 다만 한용운을 재평가하려는 일련의 시도하에 한용운연구가 새롭게 가시화되고 있음을 유의할 수 있다.1)

한편 위에서 제시한 불교적인 접근에서 중심적인 연구 소재가 되었던 것은 한용운의 저술인『朝鮮佛敎維新論』이었다.2) 이는『조선불교유신론』이 갖고 있는 파격적인 불교 유신의 내용과 그 내용중에서 특히 근현대 불교사상에서 큰 논란을 제공한 승려의 '결혼'문제가 개재되어 있음에서 비롯된 것이다. 그럼에도 불구하고 이제까지의 선학의 연구는 주로『조선불교유신론』의 내용에 대한 해설 수준에 머무르고 있었다.『조선불교유신론』이 갖고 있는 다양한 의미, 한용운의 저술·간행 의도 및 현실인식, 당시 불교계에 끼친 영향 등에 관련된 접근은 희박하였다. 한편 선학의 연구에서3) 한용운이『조선불교유신론』을 집필할 당시의 한용운의 민족의식에 대한 미약성은 간략히 언급되었으나, 그 구체적인 배경과 내용에 대한 검토는 미진하였다. 이에 필자는 이러한 선학의 문제 제기에 힘입으면서, 한용운이『조선불교유신론』을 집필할 당시와 1911년 임제종운동이 본격화된 시기에 한용운의 민족의식이 극명하게 대비되는 연유에 관심을 기울이고자 한다.

본고는 이러한 전제와 배경하에서 한용운의 민족의식과『조선불교유신

---

1) 최근 백담사에 의상·만해연구원이 발족되고, 백담사에서 만해축전이 매년 개최되면서 다양한 만해연구가 구체화 됨을 말한다.
2)『조선불교유신론』에 대한 선학의 연구는 다음과 같다.
　　엄무웅, 「만해 한용운론」,『창작과 비평』통권 25호, 1972.
　　전서암, 「만해의 정신과 불교유신론」,『씨올의 소리』79호, 1978.
　　안병직, 「조선불교유신론의 분석」,『창작과 비평』52호, 1979.
　　서경수, 「만해의 불교유신론」,『한용운사상연구』2, 1981.
　　이영무, 「한국불교사상 한용운의 위치-조선불교유신론을 중심으로」,『인문과학연구』14, 1982.
　　최병헌, 「일제불교의 침투와 한용운의 '조선불교유신론'」,『한국종교사상의 재조명』, 1993.
　　정광호, 「한용운과 조선불교유신론」,『근대한일불교관계사연구』, 1994.
3) 위의 논문중 특히 엄무웅, 최병헌, 안병직의 고찰.

론』과의 상호 관련성을 살펴 보고자 한다. 다시 말하자면 한용운이 『조선
불교유신론』을 저술할 당시에 민족의식이 있었는가 하는 점을 분석의 초
점으로 삼고자 한다. 이러한 접근은 『조선불교유신론』을 집필하기 이전과
집필 당시의 한용운의 현실의식을 보다 구체적으로 이해하고자 함에서
나온 것이다. 이는 『조선불교유신론』 이해에 또 하나의 관점을 제공할
수 있을 것이며, 아울러 한용운의 현실인식의 변질, 나아가서는 민족의식
의 형성과정에 관한 단서를 찾을 수도 있을 것이다.

그런데 이러한 논지를 전개함에서 필자는 두가지 측면의 전제를 제시하
고자 한다. 우선 한용운의 현실인식을 살핌에 있어 당시 불교계의 동향과
연관인바, 요컨대 그의 제반 의식과 행동은 당시 불교계 현실에서 배태되
었을 것이라는 점이다.[4] 다음으로는 한용운의 민족의식은 다양한 계기에
의하여 질적인 변화를 겪었을 것이라는 점이다. 즉 한용운의 민족의식은
우연히 가시화되었으며, 출가 초기부터 자생적으로 제기되었다고 볼 수는
없다는 것이다. 그리고 우리는 민족의식이라는 점을 보다 구체적으로 점
검해야 한다. 민족을 의식한다 함은 민족의 고뇌, 진로, 문제, 현안 사항
등에 대한 구체적이고 치열한 의식을 갖는 것으로 볼 수 있다. 나아가서
민족의식이 배태되었음은 구체적인 발언, 행동, 저술 등에서 찾아져야
한다는 것이다. 이는 한용운이 『조선불교유신론』의 결론에서 "움직이는
마음이 있으면서 겉으로 나타나지 않는 일이 있을 수 있겠는가. 아마도
없을 것이다. 사실로 행하지 않는다면 필시 말로 나타날 것이고, 말로
나타나지 않는 다면 필시 안색에 나타날 것이다 어찌 그 안은 있으면서
그 밖이 없을 수 있겠는가"라는 문맥에서도 시사받을 수 있다. 바로 이러
한 한용운의 발언이 본고찰의 화두인 것이다.

---

4) 김광식, 「근대 불교개혁론의 배경과 성격」, 『근현대불교의 재조명』, 2000.

I. 한용운의 민족의식과 일본불교

한용운이 승려로 출가한 근본 요인은 단순한 종교적인 측면에서 찾을 수 없다. 이는 그가 밝힌 출가의 동기에서 잘 나오고 있다.[5] 그는 그의 고향인 홍성에 밀어닥친 구한말의 뒤숭숭한 분위기, 인생은 무엇인가에 대한 그의 갈망, 그의 도전적이며 모험적인 기질 등이 어우러져 나온 것이다. 이제부터는 이 같은 전제에서 그가 『조선불교유신론』(이하 유신론이라 약칭함)을 집필하기 이전의 현실의식을 점검하면서, 유신론 집필 이전에 민족의식이 있었는가를 살펴보고자 한다. 유신론의 집필은 1910년 12월 8일로 전하고 있지만, 그 집필을 어느 시기로 보아야 하는 것은 단언키 어렵다. 이에 이 집필 시기에 대하여 지금껏 선학의 연구에서도 구체적으로 제시하지 않은 것으로 보인다. 필자가 보기에 그 서술의 시기는 1910년 10월 전후로 볼 수 있지 않을까 한다. 왜냐하면 그가 1910년 3월과 9월에 승려 결혼의 인정을 위해 중추원과 통감부에 건백서를 제출하였는데, 유신론에 그 건백서가 포함되었기 때문이다. 즉 건백서 제출 이후에도 유신론을 저술하였다고 보는 것이 순리일 것이다.[6] 이에 본장에서는 1910년 9월, 즉 통감부에 건백서를 제출하기 까지의 한용운의 현실인식을 조망하고자 한다.

그런데 이 시기 한용운의 현실인식을 구체적으로 전하는 것이 희박하기에 현전하는 자료에서 그 대강을 추출할 수밖에 없다. 우선 그가 정식으로 출가를 단행하기[7] 직전과 출가 이후의 그의 심성을 전하는 「나는 왜 중이

---

5) 한용운, 「남모르는 나의 아들」, 『별건곤』 5권 6호, 1930.
_____, 「나는 왜 중이 되었나」, 『삼천리』 1930.5.
_____, 「시베리아 거쳐 서울로」, 『삼천리』 1933.9.
_____, 「북대륙의 하루밤」, 『조선일보』 1935.3.8~13.
6) 다만 건백서 제출 이전에 유신론의 초반을 이미 집필하였을 가능성도 있다.
7) 그의 출가 시점에 관해서는 지금껏 18세(1896), 19세(1897), 25세(1903) 설이 있다.

되었나」에서 그 편린을 찾을 수 있다. 이 글에 의하면 출가 심정과 동기, 백담사로 오게 된 사정, 탁발승 노릇, 『영환지략』을 읽고 난 소감, 시베리아에서의 경험, 석왕사에서의 참선 등이 자세히 나오고 있다. 이러한 내용은 대략 1903년부터 1907년까지의 한용운의 행적이다. 그런데 그는 1908년 초, 서울에 건립된 불교계 신식학교인 명진학교의 보조과 단기과정을 마치고 4월 하순에는8) 일본으로 건너갔다. 이 즈음의 한용운의 현실인식은 아래의 글에 잘 나와 있다.

그러다가 반도 안에 蹯蹐하여 있는 것이 어쩐지 사내의 본의가 아닌 듯하여 일본으로 뛰어 들어 갔다. 그때는 조선의 새문명이 일본을 통하여 많이 들어오는 때이니까 비단 불교문화 뿐 아니라 새시대 기운이 隆興하다 전하는 일본의 姿態를 보고 싶던 것이다. 그리하여 馬關에 내리어 동경에 가서 曹洞宗의 統治 機關인 宗務院을 찾아 그곳 弘眞雪三이라는 고승과 契合이 되었다. 그래서 그분의 호의로 학비 일푼 없는 몸이나 조동종대학에 입학하여 일어도 배우고 불교도 배웠다. 그럴 때에 조선에서는 崔麟, 高元勳, 蔡基斗 諸氏가 유학생으로 동경에 건너왔더라. 그러다가 나는 다시 귀국하여 동래 범어사로 가 있다가 다시 지리산으로 가서 朴漢永, 全錦坡(고인이 되었으나)의 세사람과 결의까지 하였다. 그럴 때에 서울 동대문의 元興寺에서 全朝鮮佛敎徒들이 모여 불교대회를 연다는 소식이 들리므로, 나는 부랴부랴 상경하였는데 그때는 李晦光氏가 대표가 되어 僧侶解放과 학교 건설 등을 토의하고 있었는데 그것은 대단히 좋으나 未幾에 합병이 되자, 前記 이회광 일파는 무슨 뜻으로 그러하였는지 일본의 曹洞宗과 계약을 맺었는데 이는 조선의 사찰 관리권과 포교권과 재산권을 모두 양도하는 실로 놀라운 것이었다. 이 주착없는 계약을 하자 한 것이 그 때 이회광 일파의 圓宗이므로 우리는 그를 막기 위하여 臨濟宗이란 宗을 창립하여 그의 반대운동을 일으켰는데, 이 운동이 다행히 주효하여 이회광의 계약은 취소되어 조선의 불교는 그냥 살아 있게 된 터이었다.9)

---

8) 고은, 『한용운평전』(고려원, 2000) 181면. 여기에서는 각황사 사미승이었던 최원종의 말을 인용하여 한용운을 일본으로 보낸 인물은 徐震河라고 적고 있다.

9) 한용운, 「나는 왜 중이 되었나」, 『삼천리』 1930.5 ; 전보삼 편, 『푸른 산빛을 깨치고 -만해의

위의 글에서 우리는 다양한 내용을 찾을 수 있다. 한용운이 귀국한 시점은 1908년 10월로 전하고 있으며, 그는 그해 12월 10일에는 명진학교 부설로 3개월 과정의 명진측량강습소를 개설하였다는[10] 것을 유의하여 위의 글을 분석하겠다.

무엇보다도 한용운이 일본으로 건너 간 것에서 그의 도전정신과 문명의 도래지를 확인하고자 하는 열망을 거듭 찾을 수 있다. 이는 그가 출가 초기부터 지속된 특성이라 하겠다. 다음으로는 일본불교의 한 종파인 조동종과 연계되어 그 책임자와[11] 마음이 일치하였을(契合) 뿐만 아니라 조동종대학에서 일어와 불교를 배웠다는 것이다. 당시 그의 나이 30세에 조동종 책임자와 계합할 수 있다는 자신감과 일어와 불교를 적극적으로 배우는 문명의 긍정성은 대단한 것이라 하겠다. 그 밖에 이 일본에서의 최린과의 만남이 후일 3.1운동을 주동할 때의 인연으로 작용한 것은 널리 알려진 바와 같다.

이 같은 내용에서 우리는 거듭 한용운의 도전정신과 강렬한 문명의 수용성을 확인하게 되는 것이다. 그런데 위의 글은 그의 나이 50세 무렵에 인생을 회고하면서 쓴 글이지만, 나타난 문맥에서는 일본에 건너 갈 그 즈음에는 민족의식의 편린이 뚜렷이 보이지 않고 있다. 오히려 일본 및 일본 문명에 대한 갈망이 엿보이는 것이다. 1908년은 일제에 의한 국권강탈이 기승을 부리던 때이었다. 외교권을 박탈한 을사늑약(1905), 고종황제의 강제 퇴위와 군대해산(1907) 등으로 국권이 피탈되기 직전이었다. 그리고 이러한 일제의 국권 강탈에 저항한 수많은 의병이 각처에서 항쟁을 전개하였던 시기였다. 또한 전국에서 일어난 의병전쟁으로 인하여 각처의

불교사상-』(민족사, 1992), 20면에서 재인용.
10) 최동호『한용운』(건국대출판부, 1996), 연보.
11) 한용운과 계합하였다는 弘津說三은 1910년 10월 원종 종정인 이회광과 이른바 조동종맹약을 체결한 당사자였다. 요컨대 일본 조동종의 실세였다.

사찰들도 큰 피해를 입었을 뿐만 아니라, 사찰이 의병의 근거처로 활용됨을 차단키 위한 대책의 하나로 일본군에 의해 사찰이 불질러 지던 시절이었다. 이에 일부 사찰은 그 만행을 피하기 위해 일본 불교의 종단에 사찰 관리권을 맡기는 관리청원이 등장하였던 것이다. 바로 이러한 때에 한용운은 일본에 건너가 일본어와 불교를 배웠다는 것이다.

한편 위의 글에서 이회광이 주동하여 전조선불교도대회를 개최하였기에, 한용운이 서울로 상경한 시점도 언제인지 정확치 않다. 1908년 후반인지, 아니면 1909년 초반인지 알 수 없다. 추측건대 그는 1908년 후반 경으로 보인다. 그 이유는 그가 그해 12월 10일에 명진측량강습소를 열었다면 그 준비를 위해서는 그 이전에 상경하였을 가능성이 크기 때문이다. 그런데 당시 중앙 불교계에서는 한국불교의 종단을 세우기 위한 움직임이 본격적으로 전개되었다. 즉 1908년 3월 6일 전국 승려대표자들 52명이 서울 원흥사에 모여,[12] 불교의 종단을 지향하는 불교종무국을 세우면서 圓宗을 창설하였다.[13] 그러나 이 원종과 종무국을 당시 정치권력에 승인 받아야 할 과제에 직면하였다. 정치권력의 실체는 국권의 대부분이 일제에게 피탈된 지경이었기에 구한국 정부와 일제의 통치조직체인 통감부를 말한다. 이에 원종의 종정으로 추대된 이회광은 원종의 실체를 공인받기 위한 다양한 노력을 기울였는바, 그 과정에서 이른바 친일파인 이용구, 송병준과 그와 연결된 일본불교 조동종 소속 승려인 武田範之의 힘에 의탁하였던 것이다.[14] 무전범지는 당시 조동종 한국포교책임자로 내한하여 활동한 인물인데, 그는 단순한 승려이기보다는 일제의 한국 침략의 선봉에 서 있던 인물이다.[15] 극우적인 성향으로 친일단체인 일진회와도

---

12) 『조선불교통사』 권하, 937면.
13) 『대한매일신보』 1908.3.17, 「광고, 불교종무국 취지서」. 이 취지서에는 원종 종무국 설립을 찬동하는 승려, 즉 발기인이었던 13도 各寺總代 65명의 명단이 나온다. 이들 중 52명이 원흥사 총회에 참석한 것으로 보인다.
14) 이 내용은 川上善兵衛, 『武田範之傳』(일본경제평론사, 1989), 307~379면의 내용을 참조.

연결되어 당시 정계에서는 일정한 영향력을 행사하였던 인물인바, 바로
그는 이용구의 추천에16) 의하여 원종의 고문으로 활약케 되었다. 그는
이회광을 대신하여 당시 내부대신인 송병준에게 원종을 인가해 달라는
청원서를 대필하는 등 원종의 공인을 위해 활동하였다. 그리고 그는 그
활동의 내용과 한국불교계 정황을 조동종 본부에 보고하면서 그 지침을
받았던 것이다. 요컨대 무전범지는 원종의 인가를 위해 활동하면서 궁극
적으로는 원종과 조동종과의 연결 즉 조동종의 한국 진출의 극대화를
위해 암약하였던 것이다. 바로 이러한 움직임이 전개된 시기가 1908년이
었던 것이다.

당시 무전범지는 이회광을 대신하여 1908년 7월 27일, 9월 20일에 각기
원종 인가 청원서를 작성하였다.17) 당시 그 청원의 초점은 신앙의 자유,
승려의 인권, 사찰 재산 및 국보의 보호이었다. 그런데 이런 움직임에
한용운도 관련되었음이 1908년 12월에 나타난다. 즉 무전범지가 동경에
가 있을 적에 이회광이 업무 관련 편지를 11월에 이어서 12월에도 보냈다.
바로 그 2차 편지에 이회광, 김현암, 강대련, 전보륜, 김호응, 한용운, 황하
담, 이혼허 등의 서명이 전하고 있다는 것이다.18) 즉 한용운의 이름이
전한다. 이는 한용운이 귀국하고, 상경한 이후의 일이었을 것이다. 그 편지
의 내용은 요약하건대 업무연락으로서 원흥사에서 승려가 축출된 사정,

---

15) 그는 명성황후 시해 사건에 관련되어 일본에서 구금되었으며, 석방 후에는 이등박문이
   한국에 들어올 때 통감부의 촉탁으로 부임한 흑룡회의 주간의 요구로 다시 내한하였다.
   이에 그는 흑룡회 주간인 내전양평으로 소개로 시천교의 고문이 되었다. 요컨대 그는 단순
   한 승려이기보다는 동양평화를 기하기 위해서는 한국을 일본이 침략, 식민지로 만들어여
   한다는 야심을 갖고 있었던 인물이었다.
16) 그는 이용구가 주도한 시천교의 고문으로 활동하였으며, 1907년에는 이용구에게 한국불교
   재흥에 관한 글을 써주기도 하였다.
17) 이회광은 1908년 봄 일본을 건너가 일본의 여러 종파중에서 조동종의 종지(선 관련), 종단
   기구 등이 한국불교와 유사한 것을 보고 흔쾌히 여기었다. 이 내용도 원종과 조동종 간의
   조약 체결과 관련하여 유의해야 한다. 위의 책, 334면.
18) 위의 책, 346면.

이에 대하여 내부와 경찰측과의 연관, 이 해결을 위한 청원이다. 우리는 여기에서 일단 한용운도 원종의 이회광과 연결되고 있음을 주목한다.

그러나 위의 글에서 한용운이 제시한 전조선불교도대회는 언제 개최된 대회를 말하는 지는 알 수 없다. 다만 그를 짐작케 하는 내용으로 아래의 글이 참고된다.

韓國 각 道의 寺院 代表者는 全國 寺院의 統一을 經營하고 佛敎의 振興을 希望하는 目的으로 日本人 僧侶를 顧問으로 하고 京城 宗務院을 設하는 件에 關하여 總代를 選ㅎ야 宗務院 規則을 定ㅎ고 其 認可를 內部 大臣에게 申請한 故로 內部大臣은 此를 前週 閣議에 提出하고 昨日 參會 議에 附議하얏는대 日間 認可된다는 設이 有ㅎ더라[19]

위의 글은 10월 20일 경의 사정이다. 아마도 한용운이 귀국한 직후에 각도 사원 대표자 회의가 열렸기에, 한용운이 '부랴부랴' 상경한 것이 아닌가 한다. 이 회의에 한용운이 참가하였다면 앞서 살핀 이회광의 편지의 서명과 동일하게 일본불교, 일본 승려의 관련성이 지속적으로 나타나는 것이다. 물론 그 이면에는 불교발전이라는 주제하에 원종의 인가, 사원의 통일, 종무원의 설립의 의도가 있었다. 그런데 바로 이 같은 움직임 및 지향에 대하여 한용운은 그를 승려해방, 학교 건설을 토의하였다면서 그는 '대단히 좋은 것'으로 표현하였다. 요컨대 일본승려를 활용한 불교발전에 동의하였다는 점이다. 이는 곧 한용운이 이 당시에는 이회광과 일정한 연결 고리가 있었음을 말해준다. 더욱이 그가 개설한 명진측량강습소도[20] 명진학교의 부설이었다는 것에서도 그러하다. 한용운이 측량기술을

---

19) 『대한매일신보』 1908.10.22, 「국내사원 통일」. 이 내용은 『황성신문』 1908.10.22, 「사원통일」에도 전하고 있다.

20) 고은은 위의 『한용운평전』 197면에서 강습소 개설에는 건봉사의 淨財와 각황사의 施主가 있었다고 서술하였다.

보급하려는 것은 사찰이나 농민들이 토지를 수호할 수 있는 여건을 만들려는 의도로 볼 수는 있다.[21] 그러나 당시 명진학교는 설립자이며 책임자인 홍월초가 사임하고 원종에서 그 관리를 담당하였다. 이는 한용운이 원종의 종정인 이회광의 노선을 지지하지 않으면 불가한 일이었음은 말해 주는 것이다.

1909년 3월 무렵, 한용운은 그가 추진한 명진측량강습소가 자진하여 문을 닫는 요인에서[22] 기인한 것인지는 단언할 수는 없지만 서울을 떠나, 그해 7월 30일부터는 금강산의 표훈사 강사로 부임한다. 그리고 1909년 후반부의 한용운의 행적에는 그 강사 활동 이외에는 특이한 내용이 전하지 않는다. 한용운이 중앙불교계에 다시 나타나게 된 것은 1910년 3월이었다. 그것은 승려의 결혼을 공인받기 위한 건의서를 중추원에 제출한 사정이다.

隣蹄郡 百潭寺僧 韓龍雲氏가 中樞院에 獻議하얏는대 其 槪要를 聞흔즉
內閣에 建議흐야 一般 僧尼로 흐야곰 自由 嫁娶케 흐라 흐얏다더라[23]

즉 한용운이 1910년 3월에 친일세력의 집합처인 中樞院에[24] 일반 승려

---

21) 전보삼, 「만해의 생애와 사상」, 『푸른 산빛을 깨치고, 만해한용운 산문집』, 1996, 23면. 전보삼은 여기에서 "최첨단 기술인 측량술을 공부한 일인들이 조선땅으로 와서 하는 것은 토지수탈"이었기에 그를 막기 위해 한용운이 측량술을 공부하여 귀국한 것으로 주장하였다.

22) 명진측량강습소가 언제 문을 닫았는지에 대한 기록은 전하지 않는다. 다만 1909년 1월 9일의 『대한매일신보』의 광고에 '學員모집광고'가 전한다. 그 내용에 의하면 강습과, 초등과, 산술과를 특설하였으며 졸업 기한은 3개월이라고 한다.

23) 『황성신문』 1910.3.27, 「僧尼嫁娶獻議」.

24) 중추원은 고종 31년(1894)의 제1차 갑오개혁 당시의 정치제도 개편에 의해 설립되었다. 그러나 중추원은 몇 차례의 제도 개편으로 인하여 그 성격이 자주 바뀌었으나, 을사조약(1905) 강제체결 이후에는 일본 군국주의자들의 한반도 식민지화를 가속화한 내정개혁을 합리화시키는 기능을 수행하는 자문기구로 전락되었다. 중추원은 1910년 8월 29일, 경술국치 이후에는 일제 식민지 정책을 정당화, 홍보하는 조선총독부의 예하 기구로 운영되었다. 중추원에 대한 개요와 성격은 다음의 논고가 참고된다. 진덕규, 「일제 식민지 시대의 중추원

의 결혼을 자유스럽게 해달라는 건의를 하였다는 것이다.25) 그런데 이
같은 승려의 결혼 자유에 대한 건의는 한용운이 최초로 건의한 이후에도
이민우에 의하여 제기되었다. 이민우가 어떤 인물인지는 알 수는 없지만
아래의 내용에는

    昨日 中樞院에셔 月曜例를 開하고 議長 이하 贊副議諸氏가 會同하야
    李敏禹氏의 獻議흔 僧尼 嫁娶의 案件을 內部에 建議하기로 決議하얏다더
    라26)

그해 4월 20일 경, 그가 승려의 결혼에 대하여 중추원에 건의하였음을
알 수 있다. 그러나 위의 기사 내용을 갖고 그의 주장은 승려 결혼을 자유
롭게 해야 한다는 것이라고 받아 들일 수는 없다. 이민우의 주장은 한용운
의 주장과 같음을 아래의 기사에서 추론할 수 있다.

    中樞院에셔 李敏㫻氏의 僧尼 嫁娶 獻議書를 因ㅎ야 內閣에 建議흔 지
    가 于今 幾朔에 如何흔 措處가 無흠으로 僧侶 韓龍雲의 獻議를 因ㅎ야
    昨日 再次 建議ㅎ고 實施ㅎ기를 催促ㅎ엿다더라.27)

중추원에서 이민우의28) 건의를 내각에 보냈는데에도 그 후속 조치가
없어, 그 건의를 그해 5월 10일에 내각에 다시 보냈다는 내용이다. 그러면
서 한용운의 건의를 제기함을 보면29) 두 사람의 건의는 동일한 방향으로

에 대한 고찰」, 『일본 식민지 지배 초기의 사회분석, 1』(이화여대 한국문화연구원), 1987
; 조범래, 「조선총독부 중추원의 초기 구조와 기능」, 『한국독립운동사연구』 6, 1992.
25) 『조선불교유신론』에서는 이를, '隆熙四年三月 日 中樞院議長金允植 閣下'에게 보낸 '中
樞院獻議書'로 전하고 있다.
26) 『황성신문』 1910.4.26, 「僧尼嫁娶建議」.
27) 『대한매일신보』 1910.5.11, 「樞院再建議」.
28) 위의 글에서는 이민우가 이민설로 나오지만 동일인물로 파악하였다.
29) 한용운의 '獻議를 因'하였다는 것이 한용운이 그해 3월에 건의한 내용을 말하는 것인지
아니면, 한용운이 같은 내용으로 재차 헌의하였는지는 단언키 어렵다.

보인다는 점이다.

일단 우리는 여기에서 승려의 결혼의 자유에 대한 주장이 1910년 전반
기에 구체적으로 제기되고, 그는 당시 제도권에서도 긍정적으로 수용됨을
파악할 수 있다. 그 당시 승려의 결혼에 대한 공식적인 주장은 1907년
1월 봉원사에서 개최된 연설회에서 비롯되었다.30) 당시 그 연설자이었던
고영균은31) 인구 감손의 우려로 승려는 '許婚信佛'해야 함을 주장하였으
나, 김홍수라는 인물은 '淸淨爲法과 智慧損傷'을 이유로 그에 반대하였음
을 전하고 있다. 그런데 이 연설의 전후 사정을 보도한 신문은 양측의
주장이 팽팽하였음을 은연중 전하고 있는 것이다. 그런데 당시 불교계에
서 이 같은 승려 결혼 허용 여부가 구체적으로 전개되자, 『대한매일신보』
에서는 이 문제를 대서특필하여 보도하였다. 즉 1910년 4월 19일자의 논
설, 「僧尼界의 喜消息」에서는 불교계에서 '娶嫁任意'의 문제가 일어나서
'山門'에서 협의도 있었으며, 32)정부에 헌의도 있었음을 지적하며 그를
희소식으로 요약하였다. 그러면서도 승려의 결혼의 자유가 불교만을 위한
것임은 곤란하다는 주장을 강력히 피력하였다. 그 주요 내용을 살펴보면
다음과 같다.

> 然이나 吾儕는 此 嫁娶 任意의 問題를 主唱하는 僧尼 諸氏에게 告하노
> 니 此 嫁娶嚴禁의 弊風은 由來가 已久혼 者라. 僧尼同胞중에 혹 驚怪홀
> 者-有홀지며 或 不樂홀 者- 有홀지나 果然 諸氏가 誠心으로 僧尼 同胞를
> 勸勉하야 丕變을 期圖하면 엇지 功貴의 盈을 得睹치 못하리오.
> 嗚呼라 挽近 韓國에 風雲이 日邊하고 山河가 日慘하는 以後로 吾儕는
> 僧尼 同胞의 奮興을 得혼지 久혼지라. 近者 僧尼界에 或 學校를 設備하는
> 人도 有하며 或 敎務를 改良하는 人도 有하나 然이나 尙此 新風潮가 全國

---

30) 『대한매일신보』 1907.1.30, 「俱是自由」.
31) 그는 승려인지, 아니면 재가불자인지는 전하지 않는다.
32) 한용운은 이 사정을 중추원에 제출한 헌의서에서 "異議百出, 互相疑懼, 有志未達, 抑有年
所"라고 표현하였다.

의 결혼을 자유스럽게 해달라는 건의를 하였다는 것이다.[25] 그런데 이 같은 승려의 결혼 자유에 대한 건의는 한용운이 최초로 건의한 이후에도 이민우에 의하여 제기되었다. 이민우가 어떤 인물인지는 알 수는 없지만 아래의 내용에는

昨日 中樞院에서 月曜例를 開하고 議長 이하 贊副議諸氏가 會同하야 李敏禹氏의 獻議혼 僧尼 嫁娶의 案件을 內部에 建議하기로 決議하얏다더라[26]

그해 4월 20일 경, 그가 승려의 결혼에 대하여 중추원에 건의하였음을 알 수 있다. 그러나 위의 기사 내용을 갖고 그의 주장은 승려 결혼을 자유롭게 해야 한다는 것이라고 받아 들일 수는 없다. 이민우의 주장은 한용운의 주장과 같음을 아래의 기사에서 추론할 수 있다.

中樞院에서 李敏禹氏의 僧尼 嫁娶 獻議書를 因ᄒᆞ야 內閣에 建議혼 지가 于今 幾朔에 如何혼 措處가 無ᄒᆞ므로 僧侶 韓龍雲의 獻議를 因ᄒᆞ야 昨日 再次 建議ᄒᆞ고 實施ᄒᆞ기를 催促ᄒᆞ엿다더라.[27]

중추원에서 이민우의[28] 건의를 내각에 보냈는데에도 그 후속 조치가 없어, 그 건의를 그해 5월 10일에 내각에 다시 보냈다는 내용이다. 그러면서 한용운의 건의를 제기함을 보면[29] 두 사람의 건의는 동일한 방향으로

에 대한 고찰」, 『일본 식민지 지배 초기의 사회분석, 1』(이화여대 한국문화연구원), 1987 ; 조범래, 「조선총독부 중추원의 초기 구조와 기능」, 『한국독립운동사연구』 6, 1992.

25) 『조선불교유신론』에서는 이를, '隆熙四年三月 日 中樞院議長金允植 閣下'에게 보낸 '中樞院獻議書'로 전하고 있다.

26) 『황성신문』 1910.4.26, 「僧尼嫁娶建議」.

27) 『대한매일신보』 1910.5.11, 「樞院再建議」.

28) 위의 글에서는 이민우가 이민설로 나오지만 동일인물로 파악하였다.

29) 한용운의 '獻議를 因'하였다는 것이 한용운이 그해 3월에 건의한 내용을 말하는 것인지 아니면, 한용운이 같은 내용으로 재차 헌의하였는지는 단언키 어렵다.

보인다는 점이다.

일단 우리는 여기에서 승려의 결혼의 자유에 대한 주장이 1910년 전반기에 구체적으로 제기되고, 그는 당시 제도권에서도 긍정적으로 수용됨을 파악할 수 있다. 그 당시 승려의 결혼에 대한 공식적인 주장은 1907년 1월 봉원사에서 개최된 연설회에서 비롯되었다.[30] 당시 그 연설자이었던 고영균은[31] 인구 감손의 우려로 승려는 '許婚信佛'해야 함을 주장하였으나, 김홍수라는 인물은 '淸淨爲法과 智慧損傷'을 이유로 그에 반대하였음을 전하고 있다. 그런데 이 연설의 전후 사정을 보도한 신문은 양측의 주장이 팽팽하였음을 은연중 전하고 있는 것이다. 그런데 당시 불교계에서 이 같은 승려 결혼 허용 여부가 구체적으로 전개되자, 『대한매일신보』에서는 이 문제를 대서특필하여 보도하였다. 즉 1910년 4월 19일자의 논설, 「僧尼界의 喜消息」에서는 불교계에서 '娶嫁任意'의 문제가 일어나서 '山門'에서 협의도 있었으며, [32]정부에 헌의도 있었음을 지적하며 그를 희소식으로 요약하였다. 그러면서도 승려의 결혼의 자유가 불교만을 위한 것임은 곤란하다는 주장을 강력히 피력하였다. 그 주요 내용을 살펴보면 다음과 같다.

> 然이나 吾儕는 此 嫁娶 任意의 問題를 主唱ᄒᆞᄂᆞᆫ 僧尼 諸氏에게 告ᄒᆞ노니 此 嫁娶嚴禁의 弊風은 由來가 已久ᄒᆞᆫ 者라. 僧尼同胞중에 혹 驚怪ᄒᆞᆯ 者-有ᄒᆞ지며 或 不樂ᄒᆞᆯ 者- 有ᄒᆞ지나 果然 諸氏가 誠心으로 僧尼 同胞를 勸勉ᄒᆞ야 조變을 期圖ᄒᆞ면 엇지 功貴의 盈을 得睹치 못ᄒᆞ리오.
> 嗚呼라 挽近 韓國에 風雲이 日邊ᄒᆞ고 山河가 日慘ᄒᆞᆫ 以後로 吾儕ᄂᆞᆫ 僧尼 同胞의 奮興을 得ᄒᆞᆫ지 久ᄒᆞᆫ지라. 近者 僧尼界에 或 學校를 設備ᄒᆞᄂᆞᆫ 人도 有ᄒᆞ며 或 敎務를 改良ᄒᆞᄂᆞᆫ 人도 有ᄒᆞ나 然이나 尙此 新風潮가 全國

---

30) 『대한매일신보』 1907.1.30, 「俱是自由」.
31) 그는 승려인지, 아니면 재가불자인지는 전하지 않는다.
32) 한용운은 이 사정을 중추원에 제출한 헌의서에서 "異議百出, 互相疑懼, 有志未達, 抑有年所"라고 표현하였다.

의 결혼을 자유스럽게 해달라는 건의를 하였다는 것이다.25) 그런데 이
같은 승려의 결혼 자유에 대한 건의는 한용운이 최초로 건의한 이후에도
이민우에 의하여 제기되었다. 이민우가 어떤 인물인지는 알 수는 없지만
아래의 내용에는

> 昨日 中樞院에서 月曜例를 開하고 議長 이하 贊副議諸氏가 會同하야
> 李敏禹氏의 獻議훈 僧尼 嫁娶의 案件을 內部에 建議하기로 決議하얏다더
> 라26)

그해 4월 20일 경, 그가 승려의 결혼에 대하여 중추원에 건의하였음을
알 수 있다. 그러나 위의 기사 내용을 갖고 그의 주장은 승려 결혼을 자유
롭게 해야 한다는 것이라고 받아 들일 수는 없다. 이민우의 주장은 한용운
의 주장과 같음을 아래의 기사에서 추론할 수 있다.

> 中樞院에서 李敏禹氏의 僧尼 嫁娶 獻議書를 因호야 內閣에 建議훈 지
> 가 于今 幾朔에 如何훈 措處가 無훔으로 僧侶 韓龍雲의 獻議를 因호야
> 昨日 再次 建議호고 實施호기를 催促호엿다더라.27)

중추원에서 이민우의28) 건의를 내각에 보냈는데에도 그 후속 조치가
없어, 그 건의를 그해 5월 10일에 내각에 다시 보냈다는 내용이다. 그러면
서 한용운의 건의를 제기함을 보면29) 두 사람의 건의는 동일한 방향으로

에 대한 고찰」,『일본 식민지 지배 초기의 사회분석, 1』(이화여대 한국문화연구원), 1987
; 조범래, 「조선총독부 중추원의 초기 구조와 기능」,『한국독립운동사연구』6, 1992.
25)『조선불교유신론』에서는 이를, '隆熙四年三月 日 中樞院議長金允植 閣下'에게 보낸 '中
樞院獻議書'로 전하고 있다.
26)『황성신문』1910.4.26, 「僧尼嫁娶建議」.
27)『대한매일신보』1910.5.11, 「樞院再建議」.
28) 위의 글에서는 이민우가 이민설로 나오지만 동일인물로 파악하였다.
29) 한용운의 '獻議를 因'하였다는 것이 한용운이 그해 3월에 건의한 내용을 말하는 것인지
아니면, 한용운이 같은 내용으로 재차 헌의하였는지는 단언키 어렵다.

보인다는 점이다.

일단 우리는 여기에서 승려의 결혼의 자유에 대한 주장이 1910년 전반
기에 구체적으로 제기되고, 그는 당시 제도권에서도 긍정적으로 수용됨을
파악할 수 있다. 그 당시 승려의 결혼에 대한 공식적인 주장은 1907년
1월 봉원사에서 개최된 연설회에서 비롯되었다.[30] 당시 그 연설자이었던
고영균은[31] 인구 감손의 우려로 승려는 '許婚信佛'해야 함을 주장하였으
나, 김홍수라는 인물은 '清淨爲法과 智慧損傷'을 이유로 그에 반대하였음
을 전하고 있다. 그런데 이 연설의 전후 사정을 보도한 신문은 양측의
주장이 팽팽하였음을 은연중 전하고 있는 것이다. 그런데 당시 불교계에
서 이 같은 승려 결혼 허용 여부가 구체적으로 전개되자,『대한매일신보』
에서는 이 문제를 대서특필하여 보도하였다. 즉 1910년 4월 19일자의 논
설, 「僧尼界의 喜消息」에서는 불교계에서 '娶嫁任意'의 문제가 일어나서
'山門'에서 협의도 있었으며, [32]정부에 헌의도 있었음을 지적하며 그를
희소식으로 요약하였다. 그러면서도 승려의 결혼의 자유가 불교만을 위한
것임은 곤란하다는 주장을 강력히 피력하였다. 그 주요 내용을 살펴보면
다음과 같다.

> 然이나 吾儕는 此 嫁娶 任意의 問題를 主唱호는 僧尼 諸氏에게 告호노
> 니 此 嫁娶嚴禁의 弊風은 由來가 已久훈 者라. 僧尼同胞중에 혹 驚怪홀
> 者-有홀지며 或 不樂홀 者- 有홀지나 果然 諸氏가 誠心으로 僧尼 同胞를
> 勸勉호야 조變을 期圖하면 엇지 功貴의 盈을 得睹치 못호리오.
> 嗚呼라 挽近 韓國에 風雲이 日邊호고 山河가 日慘호는 以後로 吾儕는
> 僧尼 同胞의 奮興을 得훈지久호지라. 近者 僧尼界에 或 學校를 設備호는
> 人도 有호며 或 教務를 改良호는 人도 有호나 然이나 尙此 新風潮가 全國

僧尼界에 遍及치 못혼 故로 或 日僧을 迎하야 寺刹을 讓與하는 者도 有ㅎ
며 或 日僧을 仰ㅎ야 說法을 傾聽ㅎ는 者도 有ㅎ다 ㅎ기로 吾儕가 慨歎
을 不已ㅎ엿더니 今次 嫁娶 任意의 喜消息을 接ㅎ고 一筆로 花雨諸天을
向ㅎ야 賀를 묻ㅎ노라.

　最後에 吾儕는 僧尼 同胞에게 一勉홀 바 有ㅎ니 同胞가 此 問題를 實行
ㅎ는 同時에 敎育을 擴張ㅎ며 實業을 奮勵ㅎ며 國家精神 民族主義를 大
振興ㅎ야 滅亡의 禍를 脫ㅎ고 極樂의 福을 收홀지어다.

위의 논설의 주장은 승려들의 결혼 자유는 찬성하지만, 그를 통하여
승려들의 분발을 요구함에 있다. 당시 한국은 일본의 침탈로 국운이 위태
로운 지경에서 승려들의 분발을 요구하였지만, 기대에는 미치지 못하였다
는 것이다. 오히려 일본 승려에게 사찰을 양도하고, 일본승려에게 설법을
구하는 지경을 보고 개탄하였음을 지적하고 있다. 요컨대 승려의 결혼
자유를 통하여 교육, 실업분야에서 분투하고 그를 통하여 '국가정신과
민족주의'를 크게 진흥하기를 바라고 있었던 것이다. 여기에서 제기된
국가정신과 민족주의의 진흥은 곧 민족의식으로 말할 수 있다. 다시 말하
자면, 불교만의 발전을 위한 승려의 결혼 자유보다는 민족의식 고양을
위한 승려 결혼의 자유가 이루어져야 한다는 요지이다.

　그러면 우리는 한용운의 승려 결혼의 주장이 위의『대한매일신보』논
설에서 개진된 수준까지 고민이 심화되었는가에 대하여 살펴볼 필요가
있는 것이다. 역사적인 평가와 이해는 현 시점의 기준도 중요하지만 당대
의 기준도 중요한 잣대로 볼 수 있기 때문이다. 한편 이러한 보도의 정황
에서 승려의 결혼 자유에 대한 공감대는 상당한 것으로 볼 수 있다. 따라
서 당시 구한국 정부에서는 이를 곧 허용할 것이라는 보도가 나오기도
하였다.

　　中樞院에셔는 僧侶의 娶嫁 特許를 決議ㅎ야 內閣으로 交付ㅎ얏다 홈은

已報어니와 內閣에셔는 閣令으로 日間 頒布호다더라.[33]

이 보도기사는 1910년 5월 17일의 『황성신문』의 내용이다. 이로써 당시 제도권에서는 거의 수용 단계까지 이르렀음을 파악할 수 있다. 이에 우리는 한용운의 주장이 돌발적인 건의가 아니라 불교계 내외의 일정한 지지하에 대두된 것을 알 수 있다. 그러면 이제부터는 한용운이 1910년 3월에 건의한 중추원헌의서에서 승려 결혼을 자유롭게 하자는 취지를 살피고, 그 취지에서 민족의식의 지향을 엿볼 수 있는 가를 가늠해 보고자 한다.

한용운은 그 헌의서에서 진화의 구도하에 변화는 매우 중요함을 역설하면서, 승려 결혼은 국가 大計의 측면에서 공인되어야 함을 강조하였다. 때문에 승려 스스로 처리하도록 방관해서는 안됨을 지적하고 자신이 이를 국가에 헌의함의 타당성을 전제하였다. 한용운은 그 첫 번째 원인을 국가의 殖民의 문제에서 찾았다. 즉 인구 감소의 요인을 지적하였다. 그 두 번째 원인은 종교 경쟁의 구도하에서 불교의 교세가 보존되는 계기가될 수 있다고 보았다. 이는 타 종교의 교세가 강화되는 현실에서 불교는 존립이 위태로움을 지적한 것이다. 이러한 주장은 곧 승려의 결혼 허용이 공적으로는 殖民(公而殖民)과 사적으로는 教勢保存(私而保教)에 유익함에 직결된다는 내용이다. 이 주장을 달리 말하면 국가의 토대와 불교의 발전을 고려한 하나의 대안으로 볼 수 있지만, 민족의식 차원까지는 심화되지는 않은 것으로 이해하고자 한다. 국운이 침탈되는 지경에 즈음하여 승려의 결혼이 민족의식에 바탕을 둔 불교계의 화급을 다투는 문제로는 볼 수 없다는 것이다. 더욱이 승려의 결혼이 국권을 강탈하고 있는 일본불교의 대명사이었으며, 당시 일제의 불교정책이 일본불교를 모방케 하여 일본 침략에 대한 의구심을 완화시키는 역할을 불교에게 요구하였던 사정

---

33) 『황성신문』 1910.5.17, 「僧尼嫁娶實施」. 『대한매일신보』도 1910.5.17, 「僧尼嫁娶實施」에서 그 내용을 동일하게 보도하였다.

을 유의한다면 이는 자명한 이해라 하겠다. 더욱이 불교의 종단을 공인받기 위해 대표적인 친일파, 그리고 친일파와 연결되었으며 일제 침략의 첨병으로 활동한 일본승려의 절대 지도를 감수하면서 전개한 일련의 일은 납득하기 어려운 것이다. 이러한 문제에 대해서는 깊은 성찰을 하지 않고 나라가 망하기 일보 직전에 승려의 결혼을 강력하게 주장하였음은 한용운에게서나 당시 불교계 중심 인물들에게서 투철한 민족의식이 있었다고 보기는 어려운 것이다.

한편 중추원 건의를 받은 내각에서 승려의 결혼 허용이 거의 성사 단계까지 갔으나 끝내 반포되지 않은 이유에 대해서는 현재 추론키 어렵다. 결과적으로 1910년 8월 29일, 국권을 상실당한 경술국치 이전까지는 승려의 결혼은 허용되지 않았다. 그러나 한용운은 나라를 빼앗긴 직후 즉 1910년 9월에도 승려 결혼을 주장하는 건백서를 제출하였다. 그 제출처는 한국의 국권이 상실당한 시기였기에, 일제의 한국 식민통치 책임자인 統監府 子爵인 寺內正毅였다.[34] 이 사내정의는 일본 육군대신 출신으로 1909년 10월 일제 침략의 선봉이었던 伊藤博文이 안중근의사에 의해 저격된 직후, 한국 강탈의 구체화를 위한 일제내의 체제 개편의 구도하에서 제3대 통감으로 부임한 인물이다. 그는 한국에 부임하여 한국 강탈을 진두지휘한 책임자로서 통감의 직을 수행하고, 한국의 국권을 강탈한 직후에도 통감으로 근무하였다. 1910년 10월 1일부터 조선총독부가 출범하자 그는 초대 총독으로 활동하면서 1910년대에는 헌병경찰과 조선 주차군이라는 일본군대를 이용하여 이른바 무단통치를 자행한 장본인으로서 1916년에는 내각 수반으로 영전한 일제침략과 통치의 당사자였다.[35]

한용운은 바로 위와 같은 성격을 갖고 있었던 한국 식민통치 최고 책임

34) 『조선불교유신론』에서는 이를, '明治 四十三年九月 日 統監子爵寺內正毅 殿'하는 '統監府建白書'라고 기재하였다.
35) 정제우, 「朝鮮總督 寺內正毅論」, 『한국독립운동사연구』 6, 1992, 16~23면.

자인 사내정의에게 승려 결혼의 자유를 위한 건백서를 올렸던 것이다. 통감부건백서라는 제목의 그 건백서에서 한용운은 조선의 승려들도 승려의 결혼 금지의 허용이 낫다는 것을 알고 있지만, 천년의 구습을 타파할 수 없기에 마음 가득 의구심을 품고 해가 다 가도록 주저하고 있는 실정이었다고 이해하였다. 이에 조정의 법령으로 금혼을 해제하고자 자신이 1910년 3월 중추원에 그 해제를 위한 청원하였음을 환기시키면서, 그 후속 조처가 없음을 지적하였다. 그 결과 승려들의 의구심은 깊어 가고, 환속하는 승려들이 증가하고, 포교가 위축되어 가기에 禁婚을 풀어 정치, 도덕, 종교계에 영향을 주는 것이 더욱 좋다는 입장을 개진하였다. 이에 한용운은 승려 결혼의 금지를 해제하는 府令을 특별히 반포하여, 누습을 타파하는 치적을 이루라고 건의하였던 것이다.

이 건백서는 이전 헌의서와 그 내용은 거의 같다. 그러나 승려 결혼의 해금은 정치 분야에도 영향을 끼치며, 구습을 타파하는 치적을 이루라는 문맥에서 국권을 강탈한 일제의 최고 통치자에 대한 자주의식을 갖었다고 보기는 어려운 것이다. 다시 말하자면 나라를 잃은 지 불과 1개월도 지나지 않은 시기에 나라를 빼앗은 강탈자에게 승려 결혼의 허용을 구하는 것이 민족불교 지향인가 하는 점이다. 이러한 한용운의 현실인식에서 투철한 민족의식을 찾기는 어렵다 하겠다. 물론 이 같은 인식은 비단 한용운에게서만 나타난 것은 아니다. 당시 종단을 수립하고 그를 통하여 불교발전을 기하려는 일단의 승려들에게는 보편적으로 나타난 성향이 아닌가 한다. 이러한 점과 관련하여 아래의 글은 우리의 관심을 끌게 한다.

各道 各郡 住持僧 三百餘名은 去 十三日 以來로 東大門外 元興寺에 會同ㅎ야 宗務會를 開ㅎ얏다가 十六日에 散會ㅎ엿ᄂᆞᆫ대 其 目的은 朝鮮佛敎를 現狀에셔 面目을 一新케 홈인대 昨年 以來로 屢屢히 企圖ㅎ엿스나 實行치 못ㅎ엿슴으로 수에 其 決議홈이 如左ㅎ더라.

　一, 布敎者의 位置를 進行ᄒ기 爲ᄒ야 各道內 大刹 二十九個寺에셔 生
徒 一名式을 選拔ᄒ야 養成所를 設立ᄒ고　四月間 敎育홀 事
　二, 宗務院 維持費 四千圓과 養成所 經費 三百六十圓을 各 寺刹에셔
擔當홀 事
　三, 養成所의 開敎師長 一, 副敎師長 一, 敎師 一, 助敎 三名을 置ᄒ고
更히 宗務院 役員을 改選홀 事인대 佛敎 發達에 關ᄒ 議事 外에 他事는
一切 干涉치 아니 ᄒ엿다더라.[36]

위의 글은 1910년 9월 13~16일 경 한국불교계의 현실인식을 단적으로
전하고 있다. 이 내용에 의하면 국권을 강탈당한지 불과 20일 후 원흥사에
모인 전국의 주지승 300여명은 종무회를 개최하여 불교의 일신을 위한
기본 방향을 결의하였다. 그 요지는 포교자 양성소 및 종무원의 설립과
유지, 양성소와 종무원의 조직 구성과 인물의 개선이었다. 그런데 여기에
서 우리의 시선을 끄는 것은 불교 발달에 관한 일 이외의 다른 일은 일체
간섭하지 않았다는 것이다. 여기서 나온 '다른 일'은 무엇이며, '일체 간섭
치 아니 하였다'는 것은 어떠한 뜻인가. 그는 곧 일제의 식민통치에 대해
서는 전연 문제삼지 않았다는 것이다. 물론 이를 두고 정교분리의 입장을
취하였다고도 볼 수는 있다.

이를 달리 말하자면 불교의 발전에만 유의하였고, 일제 식민통치와 국
권의 회복 문제는 일체 언급치도 않았다는 것이다. 이는 곧 민족의식의
구현과 민족불교 지향과는 거리가 먼 노선을 가고 있었다고 볼 수 있는
대목이다.

그런데 위의 주지승 회의가 개최되던 그 시기에, 당시 불교계의 종단을
지향하였던 원종의 종정인 이회광은 원종을 인가받음과 동시에 일본불교
에 의지하여 불교 발전을 기하기 위한 일본행을 단행하였다.[37] 당시 이회

---

36) 『매일신보』 1910.9.20, 「各道僧 會集」.
37) 일제시대 한국에 건너와 불교계 및 교육계에서 활동한 일본인 학자인 高橋亨이 집필하여

광은 일본에 건너 가기 이전에 국내의 승려 50여명에게 불교 발전을 기하기 위해서는 불가피하게 일본불교의 힘을 빌릴 수밖에 없다는 것과 그 대상은 일본 조동종으로 하겠다는 취지를 설명하고 그에 대한 동의를 받았다.[38] 그런데 이회광에게 동의를 해준 승려들이 전국 주지승 300여명의 집회에 모였던 승려들의 일부인지는 단언치 못하여도 그럴 가능성은 농후하다. 더욱이 그 두 집회가 일어난 것은 같은 9월이 분명하다. 그리고 원종 인가를 포함한 불교 발전을 위해서는 일본불교에 힘을 빌어야 한다는 데에 동의한 승려 50여명의[39] 결정과 주지승 300여명이 집회를 갖고 결의한 내용은 그 성격이 거의 동질적이다.

여기에서 우리는 일단 1910년 9월 경 불교계를 대표한 승려들의 현실인식이 민족불교 지향과 민족의식 구현과는 일정한 거리가 있었음을 파악할 수 있는 것이다. 때문에 우리는 한용운이 일제 통감에게 제출한 건백서에 나온 현실인식도 여타 승려들의 인식과 큰 차별성을 갖고 있지 않음을 알 수 있었다. 요컨대 한용운은 1910년 9월에는 민족의식이 확연하게 나타나지 않았다. 그리고 우리는 이러한 전제에서 한용운이 민족의식 지향에 완전히 집입하지 못한 구체적인 요건을 승려의 대처를 허용케 하는

간행한 저술, 조선시대 불교사를 일제측 입장에서 정리한 『李朝佛敎』(1929.10) 922~923면에서는 이회광이 13도 사찰총회를 갖고 주지 대표들(72명)의 위임장을 갖고 일본에 건너 갔다고 하였다. 여기에서는 위임장의 내용은 전하지 않는다. 『조선불교통사』 권하, 938면에서는 그를 원종 종무원의 인가를 위한 동의로 보고 있다. 이 두 기록에서 이회광이 주지들의 동의를 받은 집회의 일자는 전하지 않지만 9월은 분명하다. 왜냐하면 이회광이 일본에 건너가 조동종측과 조약을 맺은 것이 10월 6일이었고, 그가 귀국한 날자는 10월 11일이었기 때문이다. 그러나 당시 승려들이 이회광에게 위임한 실체의 내용은 정확치 않다. 1910년 12월 경, 이회광이 조동종과 맺은 조약의 내용이 불교계에 알려지면서 그에 대한 반발이 일어난 것을 보면 그 동의를 한 승려들은 굴욕적인 조약 체결을 통한 불교발전까지 원한 것으로는 보이지 않는다.

38) 『동아일보』, 1920.7.2, 「불교개종문제(7)」.

39) 『이조불교』 922면에서는 이회광이 원종 종무원의 대표라는 위임장에 동의한 승려가 72명이라고 전한다. 이를 보면 그 서명자는 72명이었지만 실제 이회광을 만나서 동의한 승려는 50여명이고 그 나머지 인물은 대리 서명을 한 것으로 보인다.

대안에서도 말할 수 있다. 이는 널리 아려진 바와 같이 그가 일본에 가서 일본불교를 모방한 문명의 하나이었다. 그럼에도 한용운은 일본불교가 한국에 건너 온 배경, 일본불교의 각 종단이 일제 당국과 결합된 본질, 일본불교가 한국에서 전개한 침략 선발대로서 첨병의 활동, 일본불교에 영향받으면서 점차 나타난 한국불교의 계율 파괴 현상, 일본불교의 각 종단이 한국불교와 연계하려는 근본 목적 등등에 대해서는 침묵을 한 연유가 자못 궁금한 것이다. 이는 구체적인 이해와 파악이 안되었던 측면, 크게 문제시 하지 않았던 측면도 있었을 것이다. 그러나 그가 그토록 불교 발전을 위한 대안으로 강력히 주장하였던 승려의 결혼 허용이 일본불교의 침투, 수용, 우호성 증대를 촉발시킬 수 있는 문제임을 왜 인식하지 못하였을까? 그는 승려 결혼 허용을 통한 한국불교의 발전은 보았으대, 일본불교에 의한 부정적인 산물은 보지 못한 것으로 이해하는 것은 지나친 단정인가.

요약하건대, 1910년 9월까지의 한용운의 현실인식은 확연한 민족의식과 민족불교 지향까지는 이르지는 못한 것으로 보고자 한다. 그리고 일본불교에 대한 긍정성은 보았으대, 부정성은 보지 못한 것으로 이해하고자 한다.

Ⅱ. 『조선불교유신론』에서의 민족의식

한용운은 통감부에 건백서를 제출한 직후로 보이는 1910년 9월 20일에는 경기도 장단군 華山講塾의 강사에 취임하였다고 전한다.[40) 한용운이 화산강숙의 강사로 취임한 배경과 사정에 관해서는 구체적으로 설명된 바는 없다. 강사로 취임한 구체적인 일자와 언제까지 활동하였는지에 대

40) 최동호의 『한용운』(건국대출판부, 1996)의 연보 및 연구자료 참조. 그런데 이 취임의 일자를 어떤 근거로 제시한 것인지는 나와 있지 않다.

해서는 단언키 어렵다. 이에 대한 해명이 중요한 것은 곧『조선불교유신론』을 언제부터 서술하였는가를 밝히는데에 긴요한 단서가 되기 때문이다. 물론 유신론의 서두에는 그 집필의 완료가 1910년 12월 8일이라고 되어 있다. 이러한 점과 관련하여『매일신보』1910년 11월 27일의 보도기사,「沙門新塾」의 내용, 즉 화장사가 새로운 講塾을 설립하여 청년승려를 교육하고 있는데 그 강숙에 한용운이 교사로 근무하였다는 것은 우리의 관심을 끈다. 이를 주목하면 앞서 제시한 9월 20일부터 11월 초순까지는 강사로 활동하였다고 볼 수 있다. 그러나 그 활동이 상주근무인지 아니면 비상임의 근무인지는 말하기 어렵다. 그러나 백담사와 화장사 간의 거리를 고려하면 상주일 가능성이 크다. 이러한 문제를 검토하는 것은 유신론의 집필은 어느 곳에서, 언제 시작되었는가 하는 점을 해명하기 위함이다. 지금껏 이에 대해서는 일반적으로 백담사라고 이해되어 왔다. 물론 그 집필의 완료는 백담사 일 가능성이 농후하다. 그러나 그 집필의 개시도 백담사라고 볼 수도 있지만 이는 단언키 어렵다. 만약 백담사에서 모든 집필이 이루어졌다면 유신론의 서술은 11월 중순부터 12월 초순까지의 기간인 불과 20일만에 성사되었다는 것이다. 한용운의 열정과 능력을 신뢰하여도 불과 20일만에 그를 완료하기는 어려울 것이다. 다만 이러한 점의 해명과 관련하여 유신론의 집필이 11월 이전에 시작되어 서술의 상당량이 완료되었고, 백담사에 칩거하면서 본격적인 총정리와 탈고가 되었다고 볼 수 있다.

이러한 유신론 집필의 시기 및 장소와 관련하여 한용운의 상좌였던 이춘성의[41] 증언은 우리에게 중요한 정보를 제공한다. 高銀은 이 증언을 인용하였는바,[42] 그를 재인용하면 다음과 같다.

---

41) 이춘성이 한용운의 상좌였음은 서울 파고다 공원에 있는 萬海龍雲堂大禪師碑의 비문에 나온다. 이운허(박용하)가 쓴 그 내용에 의하면 한용운 제자로 李春城(昌林), 金龍潭(初眼), 東坡정하가 나온다.『한용운전집』권4, 420면.

　　스님은 그때 여름내내 쓴 글을 나에게 다 맡기고 '이것을 네가 잘 간수하
되 그냥 두지 말고 밤마다 조금씩 읽어 보아라. 앞으로 새시대의 불법은
이 글 가운데서 찾도록 하라. 그렇다고 노스님이나 여러 큰 스님들이 가르
치는 바를 업수이 여겨서는 지옥에 떨어진다'라고 말씀하였어. 스님은 늘
밤에 '왜놈의 머슴살이 같으니라구'하고 혼자 욕설을 퍼붓는 일이 많았지.
나에게 글을 맡긴 다음날 새벽에 바랑도 놓아 둔채 보자기 보따리를 하나
들고 백담사를 떠나셨지. 그 때가 초겨울이야

　　이 글의 증언 당사자인 이춘성의 회고를 신뢰한다면 유신론의 집필은
1910년 여름에 집중적으로 이루어졌다고 볼 수 있다. 위의 글에서 '여름내
내 쓴 글'이라 함은 그를 단적으로 말하는 것인데, 여름내내는 6~8월이라
고 볼 수 있다. 그리고 서술 장소는 구체적으로 적시하지는 않았지만 일단
은 백담사로 추정된다. 그러나 그 서술이 여름에 완전하게 된 것은 아닐
것이다. 위의 회고는 여름부터 집필이 시작되었고, 상당 분량의 서술이
이루어졌음을 말하는 것이다. 그러나 유신론의 후반부에 해당하는 승려
결혼의 자유를 주장한 부문(論佛教之前道가關於僧侶之嫁娶與否者)이 포
함되었음에서, 그 해 9월의 건백서 제출 이후에도 집필하였다는 것을 알수
있다. 그리고 이춘성의 말에서, 한용운이 유신론의 초고를 맡기고 백담사
를 떠난 때를 초겨울이라고 제시한 것은 여러 정황을 보면 타당한 내용이
다. 즉 집필이 완료된 12월 8일이 초겨울이고, 당시 이회광의 조동종 맹약
을 분쇄하기 위한[43] 송광사 집회에 내려가기 위한 분주함의 정황이 여실
히 나타난다.

　　우리는 여기에서 한용운의『조선불교유신론』의 집필이 1910년 여름의
백담사에서 시작되어 그해 초겨울의 백담사에서 완료되었음을 파악하였
다. 한용운은 백담사에서 그 원고의 상당량을 집필하고 화장사의 강사로

---

42) 위의『한용운 평전』, 218면.
43) 이회광의 조동종 맹약이 전불교계에 알려진 것은 1910년 12월이었다.『이조불교』, 925면.

갔다가 백담사로 돌아왔을 것으로 이해된다. 그리고 화산강숙의 강사 시절에는 집필이 이루어질 가능성이 희박하고,[44] 백담사로 다시 돌아온[45] 후에 그 마무리를 위한 시간을 가졌을 것이다. 이 시기는 한용운에게도 삶의 행적이 치열하였겠지만, 한국의 운명도 패망, 국권상실로 귀결되었음에 보이듯 거센 격랑이 휘몰아 쳤던 시기였다. 한용운이 유신론을 집필한 것은 그가 중추원에 제출한 헌의서에서 주장한 승려의 결혼의 자유에 대한 이행 조치가 없음에 대한 고뇌도 작용하였을 것도 추측케 한다. 이에 그는 그해 여름부터 본격적으로 한국불교의 발전과 개혁을 위한 방안을 구체화하였거니와 그것이 바로 유신론의 집필이었다. 한용운은 그 집필과정에서도 통감부에 건백서를 제출하여 그의 소신을 거듭 강조하였다. 여기에서 한용운의 치열한 불교개혁 정신은 엿볼 수 있다.

이러한 사실을 재음미하면서 우리는 유신론에 나타난 한용운의 민족의식을 점검할 수 있다. 그러나 유신론의 집필이 그 해 여름이라는 점을 유의하면 유신론에 나타난 한용운의 현실인식은 전장에서 살펴 본 기본 흐름에서 크게 다르지 않다고 하겠다. 왜냐하면 헌의서와 건백서를 제출하고, 그 추이를 보던 그 무렵에 유신론이 집필되었기 때문이다. 전장에서 살핀 주요 요지는 1910년 9월까지의 한용운의 현실인식은 민족불교 지향과 투철한 민족의식에까지는 이르지 못하였다는 점이다. 그러나 여기에서 유의할 점은 민족불교 지향과 투철한 민족의식에까지 이르지 못하였다고 하여, 당시 한용운이 친일적이며 현실에 대한 관찰이 부재한 상태라고 인식하는 단선적인 이해는 곤란하다는 것이다. 다시 말하자면 구체적으로 민족의식이 표출되지 않았다는 것인데, 이는 민족의식 심화의 내적인 과정에 있었던 단계라고 말할 수는 있다. 위의 이춘성 회고에서 국권이 상실당하였던 그 해 여름에 '왜놈의 머슴살이 같으니라구' 욕설을 퍼붓는 일이

---

44) 물론, 이것도 추측에 불과하다.
45) 그러나 이 일자는 알 수 없다.

많았졌다는 것은 그를 더욱 보강케 해 준다.[46]

그러나 이러한 이해를 함에서는 필자가 서언에서 제시한 유신론 말미에 나온 한용운의 생각인 '움직이는 마음이 있으면서 겉으로 나타나지 않는 일이 있을 수 있겠는가. 아마도 없을 것이다.'라는 행간의 뜻을 거듭 살펴야 할 것이다. 한용운의 민족의식이 『조선불교유신론』에서 확연하게 드러나지 않는다고 하여 한용운에 대한 기존의 인식이 무너지는 것은 더더욱 아니다. 이제 우리는 그의 민족의식 성장 과정을 더욱 세밀히 살필 수 있는 안목을 갖게 되었음을 생각해보아야 한다.

그러면 이제부터 이 같은 배경과 전제하에서 유신론의 주요 대목을 선별하고, 거기에서 한용운의 민족의식과 연관된 제반 문제를 살펴 보겠다. 그러나 그에 유관한 문장은 많지 않다. 한용운은 『조선불교유신론』의 머리말에서, 불교 유신에 뜻을 두었으나 일이 뜻과 같지 되지 않았음을

---

46) 한편, 전보삼은 1909년 10월 안중근의사의 의거(이등박문 저격)와 1910년 9월(음력 8월 6일)황현의 자결 소식을 접한 한용운은 다음과 같은 시를 읊었다고 지적하면서, 이 당시에도 민족의식이 있었음을 은연중 강조하였다. 그 시의 전문은 다음과 같다. "만섬의 끓는 피여! 열말의 담력이여! 벼르고 벼른 기상 서릿발이 시퍼렇다. 별안간 벼락치듯 천지를 뒤흔드니 총탄이 쏟아지는데 늠름한 그대의 모습이여!"그런데 전보삼은 이 시를 한용운이 읊었던 구체적인 시점 혹은 기고된 내용에 관해서는 서술치 않았다. 전보삼, 『푸른 산빛을 깨치고』(민족사, 1996), 24면, 「만해의 생애와 사상」.
이러한 한용운의 시를 통한 황현에 대한 애정은 『한용운시전집』(장승, 1998) 248면에 전하는 '매천 황현을 기림'(黃梅泉)이라는 한시도 참고할 대상이다. 그러나 여기에서도 이 한시를 읊은 시점은 밝히지 않았다. 번역된 그 한시는 다음과 같다. "義에 나아가 나라 위해 죽으니 만고에 그 절개 꽃피어 새로우리. 다하지 못한 恨은 남기지 말라 그 충절 위로하는 사람 많으리니!". 이 한시에 대하여 서정주는 한용운이 황현을 "시인으로서, 선비로서의 순국(殉國)을 매우 높이 여겼던 것"으로 해설하였다. 『만해 한용운 한시선』(민음사, 1999), 40면. 그런데 이종찬은 「만해의 시세계 ; 한시와 자유시의 달인」, 『2001만해축전』(사단법인 만해사상실천선양회, 2001) 463면에서 전보삼이 인용한 한시를 「安海州」라는 제목의 한시로 보고 이는 안중근의거 소식을 듣고 지은 것이고, 「황매천」이라는 제목의 한시는 황현선생의 순국 소식을 듣고 지은 것으로 보았다. 우리는 여기에서 이 한시들을 읊은 시점과 그 한시가 게재된 지면, 현전하였던 사정 들을 종합적으로 파악해야 할 것이다. 이러한 검토가 있어야 한용운의 시에 나타난 민족의식도 보다 심화된 이해를 할 수 있다. 이종찬은 이 한시에 대하여 시대 상황에서 어쩔 수 없이 겪었던 '저항적 고뇌'라고 지적하였다.

우선 전제하였다. 그 연후 그는 그가 생각하고 있는 불교의 새세계를 그려
내어 자신의 쓸쓸함을 달래고, 그와 생각이 같은 동지들의 목마름에 보시
하는 마음으로 유신론을 집필하였음을 말하고 있다. 즉 유신론은 그가
생각하고 있는 불교유신의 핵심 내용인 승려 결혼의 자유에 대한 소신이
수용되지 못함에 대한 반발이 은연중 개재되었다 하겠다. 또한 그 서론에
서는 일의 성패는 인간 자신에게 있음을 자각하면서, 불교계에서 유신의
소리가 전연 없음을 안타깝게 여기며, 유신론의 대강을 밝히는 것은 스스
로 경계하고 승려들에게 알리기 위한 목적에서 집필하였음을 밝혔던 것이
다. 따라서 그는 유신론의 집필을 통해 그가 이전부터 가져온 불교유신의
뜻을 더욱 분명히 하고, 그가 생각하는 불교유신이 불교계에 퍼져 나가기
를 원하였다고 하겠다. 그러나 여기에서 그는 그의 주장이 받아들여지지
않은 것과 불교계에 유신이 나타나지 않은 여러 요인중 당시 권력 및
일제에 대한 문제는 전연 언급치 않았으며, 또한 정치권력에 기대어 불교
발전을 추구하는 의타성에 대한 나약성도 거의 취급하지 않았다.

　따라서 우리는 그 머리말과 서론에서 유신론의 성향을 일단 짐작케 되
는 것이다. 그러나 한용운은 당시 불교계 내외의 정황에 대한 이해는 비교
적 객관적, 분석적으로 판단하고 있음을 알 수 있다. 예컨대 불교의 평등
을 말하면서 당시의 세계주의는 경쟁과 침탈함이 없는 주의라고 본 것이
나, 불교의 폐단이 극에 달하였다는 이해는 그 단적인 실례이다. 이렇듯
한용운은 당시 불교의 제반 문제점을 구체적으로 제시하며 파괴를 통한
유신을 강력히 개진하였던 것이다. 그런데 그는 불교계의 나약하고 투철
하지 못한 현실인식을 가져온 원인의 하나를 세력 부진으로 보면서도

　　지금 다른 종교의 대포가 무서운 소리로 땅을 진동하고 다른 종교의
　　형세가 도도하여 하늘에 닿았고, 다른 종교의 물이 점점 늘어 이마까지
　　넘칠 지경이니, 어찌 조선 불교에서는 어찌할고.

조선불교가 유린된 원인은 세력이 부진한 탓이며, 세력의 부진은 가름침
이 포교되지 않은데 원인이 있다. 가르침이란 종교적 의무의 緯과 세력의
선이 함께 나아가는 원천이다.[47]

라 하여, 타 종교의 위력과 형세가 도도함으로 나타난 현상만을 지적하
였다. 즉 타종교의 등장과 왕성한 포교로 인해 불교의 존립이 위험함만을
지적하고 경고하면서도, 그것을 가능케 한 제국주의의 침투에 대해서는
전연 지적치 않았다. 물론 이 글은 불교에 한정된 것이고, 그 서술의 초점
을 명쾌하기 위해 논외로 한 산물일 수도 있다. 제국주의 침투라는 구도에
서 그 첨병으로 한국에 온 타종교에 대한 본질의 성격을 충분히 인식하였
는가 하는 점이다. 이러한 성향은 다음의 글에서도 여실히 나온다.

그러하기에 종교와 종교의 대적하는 북과 피리소리가 땅을 진동하건만
불교는 싸움은 고사하고 종을 울려도 패잔병이나마 거두지 못하고 종교의
進壘에 세운 기치가 숲과도 같건만 불교는 항복의 깃발이나마 세울 힘이
없는 실정에 있다.[48]

종교 간의 대응, 전투가 치열하지만 불교는 싸울 여력도 없고 그에 전연
대응할 힘도 없다고 진단하였다. 즉 종교간의 싸우는 근본 요인의 하나가
우리 한국의 침탈과 강탈에 있음을 왜 지적하지 않았는가?
한용운은 불교가 여타 종교보다 부족한 요인과 그를 극복하기 위한 다
양한 대안을 제시하였음은 분명하다. 그리고 그에 관련된 분석도 탁월하
였음도 인정할 수 있다. 그러나 거듭 말하건대 한용운은 타 종교 뒤에
있었던 제국주의 논리와 성향은 강조하여 분석하지는 않았다. 이러한 점
을 어떻게 이해해야 하는가.

---

47) 『조선불교유신론』, 포교.
48) 『조선불교유신론』, 사원의 위치.

또한 한용운은 중추원과 통감부에 제출한 승려의 결혼 자유에 대한 주장이 승려 전체가 淫戒를 범하게 하려는 의도는 아니라고 말하면서도

> 나는 이 같은 불교의 개혁을 생각하여 큰 소리로 외쳐 보았건만 남이
> 들으려 하지 않으므로 정치의 힘을 빌어 행할까 하여 前後해 쇠북을 울리
> 며 정부에 청원한 것이 무릇 두 번이었다.[49]

고 하였다. 즉 여기에서도 승려 결혼의 자유라는 불교개혁을 위해 정치의 힘을 빌 수밖에 없었음의 불가피성을 주장하였다. 불교발전을 위한 정치의 의타성을 노정한 것이다. 더욱이 문제가 되는 것은 중추원은 나라가 있었을 때이었지만, 통감부는 국권을 강탈한 일제의 통치기관이 아니었던가? 왜 그 통감부를 정부라고 인정하였는가. 물론 이는 그에 대한 의식을 갖고 있지 않았다는 단순한 이해도 가능하다. 그럼에도 불구하고 국권을 상실한지 불과 1개월도 지나지 않은 시기에 국권을 강탈한 일제의 최고통치자에게 건백서를 제출한 것을 당연시하게 여길 정도로 승려의 결혼이 긴박하였다고 볼 수는 없다.

이 같은 제반 이해하에 우리는 아래의 글에서 한용운이 의도한 불교의 개혁과 유신을 통한 의도가 어디에 있었는지를 가늠할 수 있다.

> 마땅히 큰 목소리로 외치고 마음을 모으며 합쳐서, 방관하는 단결을 일
> 하는 경지로 옮기게 하여 國利民福의 일을 기약하고 도모한다면, 우리
> 부처님의 중생제도의 정신을 저버리지 않는 것이 될뿐 아니라, 아마 전날
> 에 저지른 죄의 만분의 일이라도 갚을 수 있을 것이다.[50]

요컨대 國利民福을 도모(圖國利民福)하고, 衆生濟度의 정신(佛度生之義)을 기리는 것이 한용운 불교유신의 근본 목적이라고 하겠다. 이러한

---

49) 『조선불교유신론』, 불교의 장래와 승니의 결혼문제.
50) 『조선불교유신론』, 승려의 단결.

목적은 불교의 근본정신에 부합되는 것임은 자명하다. 그러나 한용운이 유신론을 집필할 당시의 한국의 실정은 이 같은 국리민복과 중생제도를 위한 건의나 고뇌가 수용될 여건에 있지 않았다는 것이다. 거듭 말하건대 한용운의 주장은 타당하고 탁월하였지만 그 시대 및 현실의 긴박성과는 조화될 수 없었다. 불교의 현실은 냉철하게 보았으대, 그를 수용할 국가 및 정치의 현실은 냉철하게 보았는가 하는 점이 의아스러운 것이다.

지금까지 『조선불교유신론』에서 적출한 사례를 분석하면서 『조선불교유신론』에서 한용운의 민족의식을 찾아볼 수 있는가에 대하여 살펴 보았다. 그 결과 우리는 한용운의 불교계 내외의 현실 분석과 그 대안은 신뢰할 수 있었지만, 민족의식이 구체적으로 나타났음을 확인하지 못하였다. 이는 민족불교 지향도 뚜렷하지 못하였음을 의미하는 것이다. 따라서 우리는 여기에서 한용운이 한국불교를 일본불교에게 팔아 버렸다는 이른바 친일승려 이회광의 조동종 맹약을 분쇄하기 위해 1911년 1월부터 가시화된 임제종운동의 전위로 나서기 이전에는 민족의식이 구체화, 심화되지 않았다고 볼 수 있다.

그런데 이러한 한용운의 현실인식, 즉 『조선불교유신론』의 집필 단계에서의 민족의식 미약에 대해서는 이미 선학의 연구에서도 지적된바 있다. 염무웅은 「만해 한용운론」에서 다음과 같이 그의 이해를 개진하였다.

승려의 결혼이 본인의 자유 의사에 맡겨져야 하는냐 하는 것은 필자로서 아무런 定見을 가진바 없으나 어떻든 그 문제의 해결에 정치가의 손을 빌리고자 했다는 점은 문제가 안될 수 없다. 아니, 그보다 정말 문제되어야 할 것은 그 건의의 대상이 「統監子爵 寺內正毅」 운운이라는 데에 있다. 당시 우리 현실이 부딪친 근본적 모순은 제국주의 일본 및 이에 결탁된 反민족적 봉건관료와 우리 민중사이의 모순이며, 승려의 결혼 자유 여부를 포함한 모든 조선불교의 문제는 그 기본적 모순에 결코 우선될 수 없는 것이다. 아버지의 술주정이나 어머니의 춤바람이 아무리 심하다 한들 그것

을 어찌 한밤중에 뛰어든 강도에게 하소연할 수 있겠는가. 이점, 1910년
무렵의 만해는 조선불교의 현실은 정확하게 보았으나 그것을 민족적 현실
속에서 보는 데까지 이르지 못한 것 같으며, 불교적 평등의 개념은 인식하
고 있었으나 일본제국주의와 식민지 조선 사이의 불평등은 인식하지 못한
것 같다. 그러나 「朝鮮佛敎維新論」의 당당한 논리로 보아 그것은 단숨에
극복될 수 있는 문제였다.[51]

요컨대 한국불교의 현실은 정확히 보았으나 '민족적 현실속에서 보는
데까지'는 이르지 못하였다는 것이다. 민족적 현실속에서 불교를 본다는
것은 곧 민족불교를 의미하는 것이다. 그리고 염무웅도 한용운이 민족불
교 지향에 분명히 접어들 수 있었던 것은 임제종운동에[52] 뛰어든 실천적
투쟁으로 가능하였다고 보았다.[53] 그리고 최병헌도 「일제불교의 침투와
한용운의 『조선불교유신론』」에서 『조선불교유신론』을 이해하기 위해서
는 일본불교의 침투과정과 일제의 불교정책을 고려하지 않을 수 없다는
점을 지적하였다. 이에 그는 한용운의 현실인식의 한계를 다음과 같이
지적하였다.

> 불교개혁을 남먼저 부르짖었고, 과격한 주장을 서슴치 않았던 萬海조차
> 도 자신이 불교의 사회적 역할을 강조하고 승려의 사회적 지위 향상을
> 재삼 주장하였던 것에 비하면, 일본의 정치적 침략과 일본불교의 침투에
> 대한 문제에는 이상하리만치 무감각하였던 것이다. 심지어 1910년 일제에
> 의한 병합이 이루어지던 당시의 일본 통감 寺內正毅에게 建白書를 올려
> 승려의 帶妻를 허용해줄 것을 간청하고 있었던 것이다.[54]

---

51) 염무웅, 「萬海 韓龍雲論」, 『창작과 비평』 통권 25호(1972년, 겨울호) ; 『한용운전집』 권4,
   395면에서 재인용.
52) 졸고, 「1910년대 불교계의 조동종 맹약과 임제종운동」, 『한국근대불교사연구』, 1996,
   71~77면.
53) 위의 염무웅의 글과 같음. 즉, "식민지 조선의 역사적 현실을 발견하게 되는 계기는 공허한
   관념속에서가 아니라 실천적 투쟁속에서 주어졌다. 그것이 곧 해인사 주지였던 친일파
   승려 이회광 일당의 음모를 분쇄하는 운동이었다."고 서술하였다.

즉, 일본의 국권강탈과 일본불교의 침투 문제에 대해서는 '무감각'하였다고 보았다. 그리고 통감에게 제출한 건백서의 의미에서도 한용운의 현실인식이 투철치 못하였음을 은연중 주장하였다. 나아가 최병헌도 임제종 운동을 주도한 한용운에게서는 민족에 대한 의식을 갖었다고 하면서, 유신론을 집필하던 시기의 한용운의 민족의식에 한계성이 있었음을 피력하였다. 김영태도 「만해의 새불교운동」이라는 글에서 건백서에 '明治 四十三年'이라 명기한 것과 유신론 序에서도 '明治 四十三年 臘月 八夜'라고 일본의 명치 년호를 주저없이 쓴 것에서 한용운의 "서릿발처럼 매서운 항일의 기개와 배일 순국의 정신이 처음부터 그렇게 철저하였던 것은 아니라"고 보았다.[55]

지금까지 필자는 『조선불교유신론』의 내용을 음미함과 동시에 그 내용에서 한용운의 민족의식을 찾아 보았다. 그러나 유신론에서는 불교계 내외의 현실을 객관적으로 파악, 분석한 것은 찾아 보았으나, 민족불교의 지향이라든가 투철한 민족의식은 확연하게 나타나지 않았음을[56] 알게 되었다. 다만 1910년대 『조선불교유신론』의 집필에는 치열한 불교개혁의 정신이 용솟으면서, 민족의식 지향으로 이르기 직전의 한용운의 현실과의 뜨거운 대응의식이 분명하게 나타난다. 그러나 거기에는 승려 결혼으로 상징되는 일본불교의 정체성, 일본불교의 뒤에 있었던 일제의 의도, 타종교와 타종교를 후원하는 제국주의 성격 등에 대한 이해는 미진하였다. 아울러 국권의 강탈과정과 상실에 대한 문제도 불교와 연결시키지 않았음도 유의할 대목인 것이다.

---

54) 최병헌, 「日帝佛教의 浸透와 韓龍雲의 '朝鮮佛教維新論'」, 『진산한기두박사화갑기념 한국종교사상의 재조명』, 1993, 458면.

55) 김영태, 「萬海의 새 佛教運動」, 『불교사상사론』(민족사), 1992. 682면.

56) 안병직도 「조선불교유신론의 분석」, 『창작과 비평』 52호(1979)에서 이 시기의 한용운의 '민족적 자각은 매우 낮은 수준'에 있었다고 진단하면서 이를 『조선불교유신론』의 '결함'이라고 지적하였다.

맺음말

이상으로 한용운의 민족의식과 『조선불교유신론』과의 상관 관계를 살펴 보았다. 이제 그 대강을 정리하면서 그에 담겨진 의미를 더욱 살펴보는 것으로 맺는말에 대하고자 한다.

한용운은 출가 전후의 인생에 대한 고뇌, 급박하게 돌아가는 한국의 현실, 그가 입문한 불교계 내의 제반 현실을 타개하기 위한 다양한 행적을 노정하였다. 그러한 행적중의 하나가 1908년 봄 무렵의 일본행이었다. 그는 일본 조동종 종단에 유숙하며 일본문명과 일본불교에 관련된 다양한 체험을 갖게 되었다. 그가 귀국한 것은 1908년 10월 경이었다. 그런데 그 당시 한국 불교계에서는 불교발전을 담보한다고 믿는 원종의 인가를 위해 친일파, 일본승려에 의존한 행태를 노정하고 있을 때였다.

한편 그 당시 한용운은 불교 발전을 위한 다양한 검토를 하면서 이회광이 주도하는 불교발전의 추진에 일정하게 관여하고 있었다. 이회광이 조동종 승려인 무전범지에게 보낸 사신에 서명하였음은 그 단적인 예증이었다. 그리고 그가 1910년 12월에 명진측량강습소를 개최한 것의 이면도 이회광의 노선과 연결되었음을 말해주는 단서이었다. 요컨대 그는 승려해방, 학교건설을 통한 불교발전을 염두에 두었다. 이 같은 노선을 가던 그가 불교 발전을 위한 대안으로 내놓은 것은 승려 결혼의 자유에 대한 공인이었다. 이를 위해서 그는 1910년 3월, 9월에 중추원과 통감부에 그 공인을 위한 헌의서와 건백서를 제출하였다. 당시 승려 결혼은 불교계 내외에서 일정한 지지를 받으면서 구한국 정부내에서는 거의 성사단계까지 이르기도 하였다. 그러나 경술국치를 맞으면서 그 인가에 대한 논의는 중단되었다. 이에 한용운은 국권이 상실당한 직후에 일제 통감에게 그 건의를 재차 하기에 이르렀다.

그런데 여기에서 유의할 것은 당시 사회에서 승려 결혼의 자유를 인정한 것은 승려들이 결혼의 자유를 통하여 국가정신의 고양과 민족주의 진흥에 나서야 한다는 여론으로 수용해야 한다. 이는 곧 민족불교의 지향을 말하는 것이다. 그러나 한용운의 헌의서나 건백서에는 그 같은 민족불교 지향이 확연하게 나타나지 않았다. 이로써 우리는 1910년 9월 이전까지는 한용운의 민족의식이 투철하지 못하였음을 파악케 되었다. 이는 그가 일본불교에 대한 긍정성은 보았지만, 일본불교의 침투로 야기된 제반 문제를 인식하지 않은 것으로 볼 수 있는 대목이다. 즉 국권을 강탈하는 일제와 그에 연결되어 한국에 침투한 일본불교의 본질에 대해서는 주목하지 않았다. 불교의 발전을 염두에 두고 그 개혁과 유신은 강력히 주장하였으나 불교의 발전을 혼란케 한 일제의 불교정책, 그리고 한국불교의 정체성을 상실케 할 수 있는 일본불교의 위력과 성격에 대해서는 이해가 부족하였다.

『조선불교유신론』은 1910년 6~8월에 집중적으로 서술되었으며, 그해 11월 이후에는 총정리와 탈고가 이루어졌다. 이러한 유신론의 서술 시기의 한용운의 행적에 나타난 의식은 승려 결혼의 자유를 위한 헌의서나 건백서에서 나타난 현실의식과 거의 동질적인 노선이었을 알 수 있었다. 그리고 유신론의 구체적인 내용에서도 불교계 내외의 제반 현실에 대해서는 냉철한 분석과 판단이 있었으나 타종교의 득세, 타종교 득세의 배경, 제국주의 실체, 일본불교의 본질, 일제의 정체성에 대한 이해는 미진하였음을 파악하였다. 이러한 점은 곧 『조선불교유신론』을 집필하던 단계의 한용운의 현실인식을 가늠케 하는 중요한 단서로 보인다. 즉 이 단계에서 한용운은 민족불교 지향에는 확연히 이르지 못하였는바, 이는 민족의식이 투철하지 못하였음을 말해주는 부분으로 보고자 한다. 더욱이 국권을 강탈한 일제의 한국 통치자에게 승려 결혼을 요청하였다는 것, 나라가 망한 지 불과 한달도 지나지 않은 시기에 건백서를 제출하였다는 것과 이를 통하여 누습을 타파하는 치적을 쌓으라는 의견 개진은 납득하기 어려운 것이다.

1910년 『조선불교유신론』을 집필하던 시기의 한용운의 의식의 저변에는 치열한 불교개혁을 위한 정열, 그 해결을 위한 실천적 지성은 있었다. 그러나 민족불교 지향과 투철한 민족의식의 단계까지는 이르지 못하였다. 그러나 우리들이 유의할 점은 한용운의 민족의식이 갑자기, 우연히 등장한 것이 아니라는 것이다. 한용운은 다양한 체험과 고뇌를 현실에서 겪고 그를 불교적인 사상으로 승화시키면서, 그의 민족의식도 심화되었던 것이다. 그리하여 우리는 1910년 말부터 움트고 1911년 벽두에 타올랐던 임제종운동의 전위로 나선 한용운의 실천성을 더욱 주목해야 할 것이다.

물론 지금껏 제시한 이해로 인하여 『조선불교유신론』에 대한 가치, 의의, 성격, 본질 등등에 대한 것이 희석되는 것은 아니다. 또한 한용운의 사상, 민족의식, 현실인식 등을 점검할 시에도 『조선불교유신론』은 필수 불가결한 대상인 점도 부인키 어렵다. 다만 당시 불교계 현실인식과 한용운의 민족의식을 살피고 분석함에 있어 보다 다양하고 치밀한 시각이 필요함을 제시하는 바이다.

투고일 2003년 3월 20일 / 심사완료일 2003년 4월 9일

주제어 : 한용운, 조선불교유신론, 승려의 결혼, 민족의식, 임제종운동, 원종, 조동종, 일본불교, 이회광, 건백서, 불교개혁

Chosun's Buddhist Reformation and Yongwoon Han's national consciousness

Kim, Kwang Sik

The purpose of This study is to examine a interrelation between Chosun's Buddhist reformation (조선불교유신론)and Yongwoon Han's(한용운) national consciousness.

Han's national consciousness sprouted from staying at Japan in about springtime, 1908. He has gone through valuable experience regarding Japanese Buddhism and civilization in that times. After returning home from Japan, he plans to develop Korean Buddhism through emancipation of Buddhist priests and establishment of schools. In such a level, he asserts freedom of marriage in the priest. Thus he submitted a petition for official recognition to government in March, September, 1910. Here we wonder if he has national consciousness. In other words, it was not until September, 1910 that he had national consciousness. He recognized the affirmation of Japanese Buddhism, but he didn't admit the religion related Japan as an imperialist.

Over June to August, 1910 Chosun's Buddhism reformation was intensively written by Han and after November, there was total arrangement and completion of this book. Han's consciousness in this times was similar to the realistic thought reflected the petition. In contents of the theism, he analyzed the total realities in Korea's Buddhist world, but unfinished the analysis about gaining power of Christianity, suject of imperialism, essence of Japanese Buddhism and Japanese identity. In fact, in that Han didn't point to national

Buddhism, he didn't have a conclusive national consciousness. We don't understand Han's assertion of freedom of marriage in the priest to Japanese government related an imperialism and the statement concerning overthrowing evil habits.

Han had the passion and practical morality for Korea's Buddhist development in 1910. But he didn't get to the high mountain by the name of the point of national Buddhism and level of conclusive national consciousness.

Key Words : Chosun's Buddhist reformation, Yongwoon Han, National Consciousness, Freedom of Marriage in the Priest

워싱턴회의(1921-22)와 한국민족운동

고 정 휴[*]

머리말

워싱턴회의(Washington Conference, 일명 태평양회의 또는 태평양군축회의)라 함은, 1921년 11월 12일부터 이듬해 2월 6일까지 미국의 수도 워싱턴에서 미국·일본·영국·프랑스·이탈리아·중국·벨기에·네덜란드·포르투칼 등 9개국 대표단이 모여 동아시아와 태평양지역의 현안문제들에 대하여 논의하고 관계국들 사이에 일련의 협정을 체결했던 회의를 일컫는다. 그 결과 이 지역에 새로운 국제질서의 형성을 뜻하는 '워싱턴체제'(Washington Treaty System)라는 말이 나오게 되었다.[1] 이 체

* 포항공대 인문사회학부 부교수
1) 『日本外交史辭典』(東京:外務省外交史料館,1979),1032면.

제는 1930년대 초반 일본의 만주침략과 국제연맹의 탈퇴로 파국을 맞이
했으며, 그 뒤 중일전쟁과 태평양전쟁이 일어났다. 여기서 우리는 워싱턴
회의가 얼마만큼 중요한 역사적 의미를 갖는 회의였는지를 알 수 있다.

워싱턴회의와 한국민족운동과의 관계에 대해서는 일찍부터 학계의 관
심을 끌어 왔다.[2] 그런데 기존 연구들에는 몇가지 한계가 있었다. 우선
워싱턴회의의 개최 배경에 대한 검토가 거의 이루어지지 않았다. 따라서
미주의 『신한민보』나 상해의 『독립신문』, 국내의 『동아일보』등에서 왜
그렇게 워싱턴회의에 관심을 기울이게 되었는지에 대한 설명이 부족했다.
다음으로는 워싱턴회의를 전후한 시점에서 구미위원부(또는 '한국대표
단')와 상해임정 그리고 국내의 일부 민족운동세력들의 동향이 각각 따로
서술됨으로써 그들이 서로 어떻게 연결되어 있었는지를 파악하기가 어려
웠다. 세번째로, 워싱턴회의는 국내외 한국민족운동의 진로에 심대한 영
향을 끼쳤음에도 불구하고 기왕의 연구들은 이 점을 간과하거나 소략하게
처리했다.

이 논문은 위에서 제시한 문제들을 주로 다루고 있는데, 지면의 제한
때문에 각장에서의 세밀한 설명들은 다음 기회로 미룰 수밖에 없었다.
기존에 알려진 자료들 이외에 워싱턴회의에 대비한 미 국무부내의 자체
보고서와[3] '이화장 소장문서'에 들어있던 편지와 전보들을 추가했다.[4]
앞의 보고서는 워싱턴회의를 제안한 미국측의 준비와 그들의 회의에 임하
는 태도를, 뒤의 편지와 전보들은 국내외 민족운동세력들이 어떻게 연결

---

2) 李炫熙, 「太平洋會議에의 韓國外交 後援問題」, 『韓國史論叢』1(성신여대, 1976); 李昊宰,
「1920年代 韓國人의 對外認識變化—東亞日報의 內容을 중심으로—」, 『社會科學論叢』
19(1982); 방선주, 「1921~22년의 워싱턴회의와 재미한인의 독립청원운동」, 『한민족독립운
동사』6(국사편찬위원회, 1989).

3) 국무부의 내부보고서에 대해서는 1장에서 다룰 것임.

4) 『梨花莊所藏 雩南李承晩文書 東文篇』(중앙일보사·연세대 현대한국학연구소, 1998), 제1
6·17·18권에 수록된 '簡札'과 The Syngman Rhee Telegrams, IV(Seoul: JoongAng Ilbo and
The Institute for Modern Korean Studies, Yonsei University, 2000).

되고 있었는지를 보여주고 있다. 徐載弼이 미주에서 발간하고 있던 영문 월간잡지『한국평론』(Korea Review)은 워싱턴회의에 대한 '한국대표단'의 주장과 청원활동을 이해하는데 빼놓을 수 없는 자료인데,5) 기존 연구에서는 이 자료를 거의 이용하지 않았다.

I. 워싱턴회의의 개최 배경

워싱턴회의 개최 배경과 관련해서는 다음의 세가지 점이 먼저 지적되어야 할 것 같다. 첫째, 제1차 세계대전 이후 유럽 열강이 쇠퇴하는 대신 미국과 일본이 부상하면서 국제질서에 큰 변화가 일어나고 있었다. 미국은 영국을 대신하여 세계의 중심국가로 떠오르기 시작했고, 일본은 일약 '5대열강'의 반열에 끼게 되었다. 일본의 국력 신장은 동북아시아와 태평양방면으로의 팽창을 의미했기 때문에 이 지역에 새로운 세력균형 조정이 필요하게 되었다. 둘째, 세계대전 중 소비에트 러시아의 출현으로 유럽뿐만 아니라 극동에서도 새로운 긴장이 조성되었다. 러시아전선에 투입되었던 체코군 구출을 명목으로 한 미·일 등 연합국 열강의 시베리아 출병은 볼세비키혁명이 극동으로까지 파급되는 것을 미연에 방지하려는 목적도 갖고 있었다.6) 셋째, 전후 아시아에서는 식민지·반식민지 약소민족의 해방운동이 고조되고 있었다. 한국에서의 3·1운동, 중국에서의 5·4운동, 인도에서의 불복종운동이 그 대표적인 예들이다.

1921년 7월 중순 미국의 신임대통령 하딩(Warren G. Harding)은 동아시아·태평양지역의 제반 현안문제를 논의하기 위한 국제회의를 워싱턴에서 열자고 관계열국에게 제안했다.7) 공화당 상원의원 출신의 하딩은

---

5) Korea Review는 국가보훈처에서 자료집으로 발간되었다(『海外의 韓國獨立運動史料』X, 美洲篇①, 1994).
6) 細谷千博,「シベリア出兵をめぐる日米關係」『日米關係の展開』(東京: 有斐閣, 1961),73 -74면.

파리강화회의를 주도했던 민주당 출신 윌슨(Woodrow Wilson)의 뒤를 이
어 그해 3월 미국 대통령에 취임했었다. 윌슨이 전후 유럽질서의 안정과
국제연맹의 창설에 주력했다면, 하딩은 아시아 · 태평양지역에서 미국의
위치를 확고히 하고자 했던 것이다.

미국이 워싱턴회의의 개최를 제안할 때 그들이 관심을 갖고 있던 문제
들은 어떠한 것들이었을까. 이와 관련해서는 국무부의 극동국(Division
of Far Eastern Affairs)이 워싱턴회의에 참석할 미국대표들에게 제공할 목적
으로 국무부 내의 관리들과 각 분야별 전문가들이 공동으로 작성한 내부
보고서가 유용하다.[8] 총 1,200쪽에 달하는 그 보고서에서 다루어진 주제
들(Subjects)만 먼저 소개하면 다음과 같다.

> (1) 중국에서의 문호개방정책(The open door policy in China)
> (2) 중국에서의 철도개발, 문호개방정책, '이해범위들'(spheres of
> interest)
> (3) 중동철도(The Chinese Eastern Railway)
> (4) 남만주의 일본: 남만철도(The South Manchuria Railway)
> (5) 산동[반도] 문제 (The Shantung Question)
> (6) 중국에 대한 일본의 21개조 요구(The Twenty-one Demands), 1915
> (7) 랜싱-이시이협정(The Lansing-Ishii Agreement)에 대한 일본의 해석
> (8) [제1차] 세계대전에서의 중국

---

7) 그 과정에 대해서는 大烟篤四郎, 「ワシントン會議開催と日米關係」, 위의 책, 97-98면.

8) Department of State, Division of Publications(Series D. No. 79, General No. 1, 1922. 5. 20), "Papers
   Relating to Pacific and Far Eastern Affairs Prepared for the Use of the American Delgation to
   the Conference on the Limitation of Armament, Washington, 1921-1922," (이하 "Papers Relating
   to PFEA"로 줄임). 이 보고서는 워싱턴회의에 즈음하여 극동국 주관 하에 극동국 및 러시아
   국(Division of Russian Affairs)의 관리들과 각 분야별 전문가들로 구성된 '소위 회의분과'(the
   so-called Conference Section)의 위원들이 공동으로 작성한 것이었는데, 회의가 끝난 다음에
   국무부 관리들과 외교관들에게만 회람시킬 목적으로 책자로 묶여 발간되었다. 표지에는 '대
   외비'(Confi-dential)의 표시가 되어 있는 것으로 보아 워싱턴회의가 끝난 후에도 외부에는
   공개되지 않았음을 알 수 있다.

(9) 티벳(Tibet)의 정치적 관계들

(10) 몽고(Mongolia)의 정치적 관계들

(11) 중국에서의 치외법권

(12) 중국의 관세

(13) 중국의 재정상태에 대한 요약 진술(Ⅰ)

(14) 중국의 재정상태에 대한 요약 진술(Ⅱ)

(15) 일본의 현 상황에 대한 인상

(16) 극동에서의 일본

(17) 영일동맹(The Anglo-Japanese Alliance)

(18) '인구압력'설(The theory of 'pressure of population')에 근거한
    일본의 식민권리 요구

(19) 일본인 이민과 미국내의 일본인 거주민에 대한 차별대우 주장

(20) 일본의 '인종평등' 요구

(21) 일본의 선전(Japanese propaganda)

(22) 한국(Korea)

(23) 극동의 강국으로서의 러시아(Russia as a Far Eastern power)

(24) 미국과 연합국의 시베리아에 대한 간섭

(25) 동시베리아(Eastern Siberia)에 대한 외국의 권리와 요구

(26) 볼세비키와 극동(The Bolsheviks and the Far East)

(27) 극동에서의 외국의 경제적 이권들

(28) 극동에서 문제가 되고 있는 광물자원들

(29) 극동에서의 미국의 문화적 이해관계

(30) 태평양의 섬들(The Islands of the Pacific Ocean)

(31) 전기통신, 특히 중국 및 북태평양과 관련하여

이상 총 31개의 주제들 가운데 중국(몽골과 티벳 포함)과 관계된 것이
14건, 일본에 대한 것이 7건, 러시아 및 시베리아에 대한 것이 4건, 극동과
태평양을 지역단위로 한 것이 5건이다. 그리고 한국을 하나의 독립된 주제
로 다룬 것도 주목할 만하다. 미국은 동아시아·태평양지역의 거의 모든
문제들을 일단 고려대상에 넣고 이 지역에 직·간접적인 이해관계를 갖고

있던 열국과 협상하려고 했던 것이다.

미국이 특히 신경을 쓴 나라는 일본이었다. 제1차 세계대전을 거치는
동안 일본은 만주와 몽고, 중국본토, 시베리아 나아가 태평양의 섬들에까
지 그들의 영향력을 확장시켜 왔기 때문이다. 따라서 워싱턴회의의 성패
는 일본과의 협상 결과에 달려있었다고 해도 지나친 말이 아니었다. 실제
로 앞에서 나열한 모든 주제들이 일본과 직·간접적으로 연결되어 있었
다. 그 가운데 미·일간의 주요 현안들에 대해서만 간략히 정리해 보면
다음과 같다.9)

(1) 중국문제: 1890년대 후반부터 중국에 대한 미국의 일관된 정책은
'문호개방'이었다. 그것은 중국의 영토와 주권 보전을 전제로 상공업상의
기회균등을 중국에 진출한 열국에게 요구하는 것이었다.10) 그런데 제1차
세계대전이 일어난 뒤 연합국측에 가담한 일본은 독일의 조차지가 있던
중국의 山東半島를 점령하고 1915년 1월에는 그 유명한 '21개조 요구'를
袁世凱정부에게 제시했다. 유럽 열강들이 전쟁에 돌입한 상황을 틈타 중
국본토와 만주·몽고 등지에서 일본의 권익을 획기적으로 신장시키려는
위압적 조치였다. 미국은 이에 대한 항의의 표시로서 일본이 미국의 조약
상 권익과 문호개방정책에 반하는 협정을 중국과 체결할 경우 그것을
승인할 수 없다는 각서("Bryan Note")를 일본측에 전달했다. 이른바 불승
인정책이었다. 그런데 전쟁 종결 후 파리강화회의에서는 연합국의 일원인

---

9) 보다 자세한 것은 大烟篤四郎, 앞의 논문, 91-97면과 金景昌, 『東洋外交史』(집문당, 1982),
   651-694면 참조. 워싱턴회의 개최 이전 미·일간 주요 현안들에 대해서는 구미위원부 산하
   필라델피아통신부의 『한국평론』(Korea Review)과 파리통신부의 『자유한국』(La Coree Libre)
   에서도 예의 관심을 갖고 보도하고 있었다. 『자유한국』은 『독립운동사자료집』7(독립운동사
   편찬위원회, 1973)에 번역·수록되어 있다.
10) "Papers Relating to PFEA"에서는 문호개방정책의 범위를 상공업상의 이익 뿐만 아니라
   동양에서의 미국적인 삶의 방식과 가치관의 확산으로까지 넓혀 해석하고 있다(1023면).

중국측의 강력한 반대에도 불구하고 산동성에 독일이 갖고 있던 제반권익
을 일본에게 양도하기로 결정했다(베르사이유조약의 156·157·158조).
이렇게 되자 중국대표단은 그 조약에 대한 조인을 거부했고 중국 내에서
는 이른바 5·4운동이 촉발되었다. 한편 미국 의회에서도 국제연맹규약
(특히 제10조)과 산동반도의 처리조항이 갖는 문제점들을 집중 부각시킴
으로써 베르사이유조약에 대한 비준을 거부했다. 따라서 산동반도 문제는
중·일, 미·일간에 여전히 미해결의 과제로 남아 있었다.11)

  (2) 시베리아에서의 철병문제: 1917년 11월 7일 러시아에서 볼세비키혁
명이 일어나자 이듬해 8월 미·일 등 연합국 7개국이 '체코 軍團의 구출'
을 명분으로 시베리아에 군대를 파견하기 시작했다. 그런데 이때 일본은
북만주와 극동러시아 일대에 72,000명의 병력을 투입함으로써 中東鐵道
의 관리 등 이 지역에서의 세력확대를 도모했다. 그리고 1920년 4월 미국
등 다른 연합국 군대들이 시베리아에서 철병한 이후에도 일본만큼은 공식
성명을 통해 "일본 주변의 상황이 평온하고 만주와 한국에 대한 위협이
사라지며 시베리아에 거주하는 일본인의 안전이 보장될 때"까지 계속 군
대를 주둔시킬 수밖에 없다는 입장을 밝혔으며 그해 7월에는 사할린 북부
(Northern Sakhalin)에도 군대를 파견했다. 이에 미국은 일본의 저의를 의심
하고 러시아 영내에서 일본군의 조속한 철군을 촉구하게 되었다.12)
  (3) 얍(Yab)도 관할문제: 얍도는 태평양의 적도 이북에 위치한 조그마한
섬이지만, 아시아와 오스트레일리아 그리고 미주를 연결하는 3개의 해저
전선이 교차하는 중계점이자 전략상의 요충이었다. 원래 이 섬은 스페인

---

11) "Papers Relating to PFEA"에서도 이 점을 강조하고 있다(197면).
12) "Papers Relating to PFEA"에서는 러시아영토에 대한 일본의 최소한도의 요구는 사할린북부
   를 그대로 보유하고 블라디보스톡(Vladivostok)은 '자유항'으로 만들려는 것으로 보았다(601
   면).

이 갖고 있었는데 미국과의 전쟁(1989) 후 독일에게 그 소유권을 넘겼고, 제1차 세계대전이 일어난 뒤에는 일본의 점령·관할 하에 들어갔다. 파리 강화회의에서 얍도는 일본의 위임통치령으로 결정이 났다. 그런데 미국이 일본의 관할권을 인정하지 않으면서 양국간에 마찰이 발생했고, 하딩 대통령의 취임을 전후해서는 외교적인 분쟁으로까지 확대될 조짐을 보이고 있었다.13)

(4) 영일동맹의 존폐문제: 1902년 1월 30일에 체결된 영일동맹은 1905년과 1911년 두 차례 갱신된 후 1921년 7월 만기를 앞두고 있었는데, 그것이 또다시 갱신될지의 여부가 외교적 관심사로 떠오르고 있었다. 영일동맹에 힘입어 러일전쟁을 승리로 이끌고 아시아의 강국으로 부상할 수 있었던 일본은, 제1차 세계대전기 적극적인 '대륙진출정책'으로 인한 국제적인 외교적 고립에서 탈피하기 위해서도 그 동맹이 지속될 수 있기를 희망했다. 영국은 일본과의 동맹을 폐기했을 때 아시아와 태평양상에 있는 그들 식민지와 자치령에 대한 일본의 잠재적 위협을 예상하지 않을 수 없었다. 한편 일본의 만주 및 중국본토로의 진출은 영국의 이익과 배치될 수 있었다. 이 점에 있어서는 미국이 보다 심각하게 인식하고 있었다. 영일동맹이 처음 체결될 때만 해도 미국은 러시아를 견제하기 위하여 두 나라의 동맹을 지지했었다. 그런데 이제는 일본이 그들의 일차적인 경계 대상이 되었기 때문에 미국은 영일동맹의 연장에 대하여 반대하는 입장에 서게 되었다.14)

---

13) 미 국무부는 1921년 4월 2일에 駐日 미국대사(대리)에게 긴급 훈령을 보내, 미국은 Yab도에 대한 일본의 소유권이나 위임통치권을 인정할 수 없다는 분명한 메시지를 일본 외무성에 통보하도록 했다("Papers Relating to PFEA," 1150면).

14) "Papers Relating to PFEA"에서는 영일동맹의 지속될 때 그것이 미국에 대한 위협보다는 일본의 동아시아로의 팽창이 묵인 또는 방조될 가능성에 대하여 우려하고 있다. 이에 따라 영일동맹은 "가맹국의 영토보전과 외부 침략에 대한 공동대응을 명시"한 국제연맹 규약(제10조)으로 대치될 수 있음을 강조하고 있다(649면).

(5) 군비축소문제: 미·일간의 긴장은 태평양의 주도권을 장악하기 위한 해군확장경쟁으로 나타났다. 제1차 대전기 세계 제4위의 해군국으로 평가 받고 있던 미국은 1916년 '세계 어느 나라에도 뒤떨어지지 않는 해군'(navy second to none)이라는 구호 아래 5년 내에 186척(전함 16척 포함)의 함대를 새로 만들어 세계 제1위의 대해군국이 되려고 했다. 이에 대항 하여 일본은 이른바 8·8함대(즉 전함 8척과 순양전함 8척을 기간으로 하는 함대)의 건조계획을 추진했다. 미·일의 신함건조 경쟁은 자연 영국 과 프랑스 등 다른 나라들의 군비확장을 부추길 수밖에 없었다. 그런데 전후 세계경제가 불황에 빠지면서 각국마다 재정곤란을 겪게 되자 군비를 축소 내지 제한하자는 여론이 일어나게 되었고, 위싱턴회의에도 이러한 요구가 반영되었다.[15]

(6) 일본인 이민문제: 이 문제는 20세기 초 이래 지속적으로 미·일 양국 의 정부와 국민들 사이에 논쟁이 되어 왔는데, 그 진원지는 미국본토에서 일본인들이 가장 많이 살고 있던 캘리포니아주였다(1920년 현재 70,196 명). 일본인 아동의 공립학교 입학거부에서부터 일본인의 토지소유권 금 지 및 借地權 제한, 귀화권의 문제, 일본인 이민의 제한과 금지에 이르기 까지 논쟁의 소재들은 다양했지만 그 밑바탕에 깔린 것은 인종차별이었 다. 이 때문에 일본은 1919년의 파리강화회의에서 새로 창설될 국제연맹 규약에 '인종평등권' 조항의 삽입을 강력히 요구했었다.[16] 그러나 자국으 로의 일본인 이민의 유입을 우려한 오스트레일리아와 캐나다 등 영국 자치령의 반대와 미국의 미온적 태도로 일본의 요구는 좌절되었다. 미· 일간의 이민문제는 1924년 5월 중순 미국 의회에서 이른바 '배일이민법

---

15) 金景昌, 앞의 책, 692-693면.
16) "Papers Relating to PFEA"에서는 '인종평등'에 대한 일본측의 주장들을 소개한 다음, 일본 역시 국내에서는 외국인들을 법적 제도적으로 차별하고 있음을 조목조목 지적하고 있다 (747-766면).

안'이 통과됨으로써 막을 내리게 되는데, 그 사이에 양국민의 감정은 크게
악화되고 있었다.[17]

이상에서 볼 수 있듯이 미·일간의 갈등과 대립은 정치적·경제적·군
사적·영토적 나아가 인종적인 측면까지 곁들인 포괄적이며 복합적인 양
상을 띄었고 그 밑바탕에는 서로를 불신하는 국민적 감정마저 깔려 있었
기 때문에 정부 차원의 외교적 노력에 의하여 모든 문제들이 해결되기를
바라기는 쉽지 않았다. 여기에 양국 관계의 심각성이 있었고, 일각에서는
전쟁의 가능성까지 거론되고 있는 실정이었다.[18]

그런데 역설적으로 그렇기 때문에 두 나라 사이에 협상의 필요성은 더
욱 절실해지고 있었다. 일본 내에서는 군부(특히 육군)를 중심으로 '아시
아인을 위한 아시아'(Asia for the Asiatics) 또는 '아시아의 먼로주
의'(Monroe Doctrine for Asia)를 주창하는 세력들이 있었지만,[19] 다른 한편
에서는 미국을 위시한 서방열강과의 협조를 중시하고 그들과의 타협에
의하여 외교적 고립에서 탈피하고 경제적 실리를 도모하려는 세력들도

---

17) Raymond L.Buell,"The Development of the Anti-Japanese Agitation in the United States," Political
   Science Quarterly, 37(1922), 605-638면; 瀨川善信, 「一九二四年米國移民法と日本外交」『日
   本外交史の諸問題』Ⅰ(日本國際政治學會,1964),55-71면.
18) Korea Review, Ⅱ-11(1921. 1), "Japanese Sentiment toward America";『자유한국』1-6(1920. 10),
   「캘리포니아에 있는 일본인들」; 2-1(1921. 1), 「미국과 일본」(『독립운동사자료집』7,
   673-679, 789-799면).
19) "Papers Relating to PFEA"에서는 미국의 '먼로독트린'과 일본이 주장하는 '아시아의 먼로주
   의'을 비교, 양자간에 유사점이 있기도 하지만 본질적으로는 다르다고 논하고 있다. 즉 미국
   은 미주대륙에 있어 자원, 정치적 발전, 보편문화 등의 제측면에서 '중심'(center)에 위치하고
   있는데, 아시아에서 이와 같은 역할을 할 수 있는 나라는 일본이 아니라 중국이라는 것이다.
   여기서는 특히 일본이 군주국가이며 국수주의적인데 반해 중국은 공화국가이며 서양문명의
   수용에 있어서도 보다 적극적일 수 있다고 했다. 미국적인 정치이념과 문화를 먼로주의의
   핵심으로 파악하고 있었음을 알 수 있다. 이러한 관점에서 보고서에서는 일본이 주장하는
   '아시아의 먼로주의'가 미국의 '문호개방정책'을 반대하기 위한 구호에 지나지 않는다는
   결론을 내렸다(610-613면).

존재하고 있었다.20) 당시 일본 내각을 이끌고 있던 '평민재상' 하라 다까시(原敬)가 후자에 속했다. 미국이 제의한 워싱턴회의를 일본만이 거절할 수 있는 상황도 아니었다. 따라서 일본은 불안하지만 그들의 기득권이 최대한 보장받기를 희망하면서 미국의 제의를 받아들였다.21)

워싱턴회의 개최를 앞두고 한국문제를 바라보는 미국의 시각은 어떠했을까. 그들의 공식적인 입장은 3·1운동 때와 마찬가지로 한국문제는 일본의 '내정문제'일 뿐이라는 것이었다. 따라서 그들은 구미위원부라든가 미주교민단체들이 제출한 각종 청원서에 대하여 일체의 반응을 보이지 않았었다. 그런데 앞서 소개한 국무부의 내부보고서에서는 한국문제가 독립된 주제로서 다루어지고 있었다.22) 이것은 그 자체로서 의미를 갖는다고 할 수 있다. 보고서의 내용을 보면 한국의 독립에 대한 부정적 시각이 강한데, 그 이유는 두가지였다. 첫째는 한국이 오랜 역사에도 불구하고 진정으로 독립국의 지위를 누린 적이 없었다는 것이고, 둘째는 일본이 현재 한반도를 확고히 장악하고 있으며 그것을 느슨케 할 어떤 의도도 갖고 있지 않음이 명백하다는 것이다. "그렇지만 한국민은 그들의 나라가 세계문제의 한 [중요한] 요소가 될 그날을 기다리고 있다(while the Korean People await the day when their country will be a factor in world affairs)"는 문장으로 보고서는 끝을 맺었다.23)

---

20) 이리에 아키라(入江昭)지음, 이성환 옮김, 『日本의 外交』(푸른산, 1993), 73-91면. 여기에서는 1910년대 일본의 외교가 '아시아주의자'들과 '구미협조주의자'들이 날카롭게 대립하는 가운데 새로운 진로를 모색하고 있던 '전환기의 외교'로 특징지우고 있다.

21) Korea Review, Ⅲ-6(1921. 8), "Japan and the Coming Conference"와 "Japan Accepts, but Attempts to Avoid Vital Questions".

22) "Papers Relating to PFEA"에 수록된 'Korea'(785-803면). 이 주제의 작성자는 국무부 극동국의 네빌(Edwin L. Neville)과 캘리포니아대학 동양어문학부의 교수인 윌리엄스(E. T. Williams)박사이다. 윌리엄스는 국무부 극동국장을 지냈었고 극동국의 '회의분과'(the Conference Section)의 위원으로 활동하고 있었다. 보고서에서는 한국의 지정학적 위치와 근대이전의 역사, 개항 이후 한반도를 둘러싼 국제관계, 일본의 식민통치 등에 대하여 다루고 있다.

23) "Papers Relating to PFEA," 803면.

이로 미루어볼 때 미국정부 특히 국무부는 3·1운동 이후 한국민이 요구하는 바가 무엇인지를 알고 있었고, 따라서 그들이 주최하는 위싱턴회의에서 한국문제가 논의될 가능성을 완전히 배제하지는 않았던 것 같다. 특히 한국문제에 관한 보고서에서는 1920년 10월 일본군의 間島出兵 문제를 비교적 자세히 다루고 있는데,[24] 이것은 일본의 한반도 지배가 만주로까지 확장되는 것을 경계하려는 의도가 있었던 것으로 보인다.

Ⅱ. 국내외 민족운동의 동향

3·1운동 후 고조되었던 국내외 민족운동은 위싱턴회의가 개최되는 해인 1921년에 들어서면 중대한 고비를 맞게 되었다. 미국의 수도 위싱턴에 본부를 두고 있던 구미위원부는 임시위원장 玄楯의 '한국공사관' 설립 파동으로 심각한 내부분열을 겪게 되고, 그에 따라 미주한인사회의 독립운동 열기도 가라앉았다.[25] 중국 상해에서는 임시대통령 이승만의 '방문'(1920. 12~1921. 5)을 계기로 국무총리 李東輝 이하 각료들이 잇달아 사퇴하면서 임정의 지지기반이 크게 위축되었고, 반이승만·반임정 세력들은 국민대표회의의 개최를 요구하고 나섰다.[26] 국내에서는 사회주의사상의 유입·확산과 더불어 노농운동이 활성화되는 가운데 민족진영 내의 일부는 절대독립론, 즉시독립론에서 후퇴하고 그 대신 소위 문화운동을 표방한 실력양성론으로 기울고 있었다. 전후 세계개조의 사조 속에서 조선인들도 스스로 변화해야만 새로운 활로를 개척할 수 있다는 것이 그들의 주장이었다. 식민지배 하에서 저항성이 배제된 다분히 관념적이며 계

---

24) "Papers Relating to PFEA," 802-803면.

25) 고정휴, 「이승만과 구미위원부—초기(1919-1922)의 조직과 내부갈등에 대한 재조명」, 유영익 편, 『이승만연구』(연세대출판부, 2000),137-150면.

26) 尹大遠, 「大韓民國臨時政府의 組織·運營과 獨立方略의 분화」(서울대 박사학위논문, 1999), 219-228면.

몽적인 '문화주의'운동의 중심에는 1920년 4월에 창간된 『동아일보』가 있었다.[27] 3·1운동이 일어난지 2년이 지난 시점에서 국내외 민족운동의 판도와 주도세력이 재편될 조짐을 보이고 있었던 것이다.

이러한 상황에서 워싱턴회의의 개최 소식이 들려오자 구미위원부와 상해임정 그리고 국내의 동아일보 및 기독교계는 서로 내밀한 연락를 갖고 공동 대처함으로써 3·1운동의 뒤를 잇는 '제2의 독립운동'을 일으켜 보고자 했다. 그리하여 침체된 민족운동에 새로운 활력을 불어넣고 자신들에게 닥친 내부분열의 위기도 동시에 수습할 기회를 갖자는 것이었다. 전후 유럽문제가 주로 논의되었던 파리강화회의와 달리 이번의 워싱턴회의는 동아시아·태평양지역의 현안 해결을 목표로 내건 만큼 한국문제가 의제로 채택될 가능성이 높아 보였다. 워싱턴회의의 주최국인 미국 내에서 일본에 대한 여론이 대단히 좋지 않았다는 사실도 그들에게는 고무적이었다.

그렇다면 워싱턴회의에 즈음하여 국내외 민족운동세력들의 움직임은 어떠했으며, 그들 사이의 연락은 어떻게 이루어지고 있었던 것일까. 이와 관련해서는 서재필과 이승만의 활동을 주목할 필요가 있다. 서재필은 구미위원부의 임시위원장이었고, 이승만은 상해임정의 대통령으로서 워싱턴회의에 대한 한국민의 청원활동을 주도해 나갔기 때문이다. 이승만은 1920년 6월 워싱턴 D.C를 떠난 뒤 하와이에 잠시 체류하다가 12월 초 상해에 도착, 6개월간 임시대통령의 직무를 수행했었다. 그런 다음 다시 하와이를 거쳐 워싱턴으로 돌아온 때가 1921년 8월 말이었다. 그 동안 구미위원부는 현순과 鄭翰景 그리고 서재필에게 맡겨져 있었다. 현순이 먼저 임시위원장직을 맡았으나 '한국공사관' 설립건으로 해임당하고, 서

---

27) 박찬승, 『한국근대정치사상사연구—민족주의우파의 실력양성론』(역사비평사, 1992), 167-185면; 김형국, 「1919~1921년 한국 지식인들의 '改造論'에 대한 인식과 수용에 대하여」, 『忠南史學』11(1999), 119-145면.

재필이 그 뒤를 잇게 되었다.

이러한 상황을 염두에 두면서 서재필의 활동부터 잠시 살펴보기로 하자. 3·1운동 직후 필라델피아에 '대한공화국 통신부'를 설립한 뒤 영문잡지의 발간과 '한국친우회'(League of the Friends of Korea) 등을 통하여 미국민을 상대로 선전활동에 주력하던 서재필은, 1920년 11월 초 실시된 미국 대통령 선거에서 하딩의 당선이 확정되자 그에게 장문의 「공개편지」(An Open Letter)를 보내 한국문제에 대한 미국의 적극적인 개입을 요청한 바 있었다.[28] 이듬해 1월 2일에는 하딩 대통령 당선자의 출신지역인 오하이오주 매리온(Marion)시에서 한국민을 위한 대중집회가 열렸는데, 이 집회를 이끌었던 서재필은 다음날 매리온의 자택에 머물고 있던 하딩을 방문했다. 이날의 면담 결과는 현순을 통하여 상해에 체류 중인 이승만에게 보고되었는데, 하딩은 서재필에게 다음과 같은 말을 했다고 한다.

1. 美日의 開戰 : 미국이 일본으로 개전할 이유가 확실키 전에는 동양문제로 개전할 수 없으나 한국과 중국이 合力하여 정식으로 일본에 대하여 개전[을] 선언하면 미국은 동양 상업 및 경제의 관계로 幇助할 道理가 有하다.

2. 미국의 對韓國 조약상 의무: 余[하딩 대통령 당선자]의 정치 취미는 全然히 內政에만 있었으나 취임한 후에는 외교를 연구할 터이요 한국에 대하여 조약상 失敗를 개정할 수 있는 대로 用心用力하겠다.

3. 白宮[백안관] 연락의 特權을 賜함: 余가 취임한 후에는 時時로 백궁에 來하여 협의하자.[29]

미국의 대통령 당선자가 '평범한 시민'인 서재필에게 실제로 위와 같은 말을 했다면,[30] 이것은 그야말로 파격적이었다.[31] 이때 크게 고무된 현순

28) Korea Review, Ⅱ-10(1920. 12), 1-6면.

29) 玄楯→李承晚 公函(1921. 1. 13), 『雩南文書』제9권, 99-100면.

은 이승만에게 보낸 편지에서 "閣下께서 親來하시던지 金奎植 군을 속히 回程케 하시옵소서"라고 요청했다.32) 김규식은 구미위원부의 첫 위원장이었는데, 그 직함을 그대로 가지고 상해로 건너갔었다.

1921년 3월 4일에 하딩은 미국의 제29대 대통령으로 공식 취임했다. 서재필은 이 취임식이 있기 이틀전 뉴욕에서 대규모 옥내집회를 개최했다. 3·1운동 2주년을 기념하는 이때의 집회는 뉴욕 중심가에 새로 들어선 타운 홀(Town Hall)에서 열렸는데, 비가 오는 날임에도 불구하고 1,300명이 넘는 사람들이 참석했다. '미국위원회'(The American Committee)라는 단체의 후원과 뉴욕에 살고 있던 100명 내외의 교민들이 적극적으로 나섰기에 그것은 가능했다. 서재필이 의장으로서 대회를 주관했고 라이머(Edward F. Reimer) 박사가 영문으로 된 「3·1독립선언서」를 낭독했다. 구미위원부의 서기인 정한경, 필리핀 총독을 지낸 길버트(Newton W. Gilbert), 하원의원 메이슨(William E. Mason), 헐버트(Homer B. Hulbert)와 길모어(George W. Gilmore) 교수 등이 연설을 했다. 연사가 바뀔 때에는 음악연주가 있었다. 3·1운동 기념집회로는 그 규모나 짜임새에 있어 미주는 물론 다른 국외한인사회에서도 쉽게 볼 수 없었던 성대한 집회였다.33) 이 집회가 끝난 뒤에는 뉴욕에 '한국협회'(The Korea Society of New York)라는 단체가 결성되었다.34) 서재필은 하딩의 취임식을 겨냥하여 한

---

30) 서재필은 앞서 소개한 하딩에게 보낸 「공개편지」에서 자신은 원래 한국 출생인데 미국 국적을 취득하여 지난 30년 동안 미국 시민으로서 살아왔다 라고 소개했었다.

31) 해방 후 서재필은 이때를 회고하면서, 하딩이 "나는 조그만 도시의 일개 신문업자로 국제외교 관계를 잘 모른다.대심원 판사 휴우스를 만나보기 바란다.아직 발표는 안되었으나 그는 국무경으로 내정되었으니 그에게 말하면 사정을 잘 양해해 줄 것이다"라고 말했다고 했다 (金道泰.『徐載弼博士自敍傳』, 乙酉文化社, 1972, 290면). 그러니까 하딩은 서재필의 이런저런 요청에 대하여 직접 대답하기가 곤란하자 신임국무경으로 내정된 휴즈(C.E.Hughes)에게 떠넘겼던 것이다. 아마도 이것이 당시의 사실에 가깝다고 보아야 할 것이다.

32) 『雩南文書』제9권, 100면.

33) Korea Review, Ⅱ-12(1921. 2), "The Second Anniversary Meeting in New York"; Ⅲ-1(1921. 3),"Second Anniversary Meeting in New York".

국민의 독립의지와 이에 대한 미국인들의 호응을 보여주고 싶었던 것이다.

그런데 이러한 일들에 가장 고무되었던 사람은 현순이었다. 그는 1921년 3월 9일 이승만에게 편지를 보냈는데, "주의: 방금 외교문제가 긴급히되고 日美衝突이 급박히 됨으로 우리 서신을 開書 검열하오니 금후 서신은 절대로 英文을 廢하고 朝文을 用하시옵소서"라고 한 다음 워싱턴에 '한국공사관'을 개설하기 위한 계획안을 제시했다. 하딩 대통령의 취임을 계기로 한미간의 국교를 회복시켜 보려는 시도였다.[35] 그런데 구미위원부의 위원인 정한경과 법률고문인 돌프 , 그리고 서재필이 현순의 계획에 반발하면서 내분이 발생했다. 이 일은 결국 현순이 임시위원장직에서 해임되고 서재필이 그 직을 맡으면서 마무리되었지만, 구미위원부와 미주한인사회에 깊은 상처를 남겼다.[36]

1921년 7월 11일 하딩 대통령이 워싱턴회의 개최를 관계 열국에게 비공식적으로 제의했다는 신문보도가 나오자 서재필은 이것을 계기로 '존폐의 위기'에 처한 구미위원부를[37] 정상화시키려는 노력을 펼치기 시작했다. 그는 먼저 7월 14일 상해임정의 재무총장 李始榮에게 편지를 보내 다음과 같이 말했다.

교하는 귀하께 미국에서 만국평화회의를 소집하여 원동문제를 해결코

---

34) <u>Korea Review</u>, Ⅲ-1(1921. 3), 13면과 Ⅲ-3(1921. 5), 16면. '한국협회'라는 명칭은 뉴욕에서 활동하고 있던 '일본협회'를 의식하여 붙여졌던 것으로 보여진다.

35) 『雩南文書』제9권, 115-118면.

36) 구미위원부의 내분을 지켜본 일제측의 정보 보고에서는, 현순과 서재필 그리고 이들의 후원자인 미국인들까지 가세한 세력다툼으로서 그 주요인은 '金錢 문제'에 있다고 보았다. 朝鮮總督府 警務局長→外務次官(1921년 7월 1일자), 『韓國民族運動史料』중국편(국회도서관, 1976), 333-334면.

37) 서재필은 만약 이번에 구미위원부가 폐지되면 그동안의 외교선전활동이 수포로 돌아갈 뿐만 아니라 앞으로의 독립운동도 희망이 없다고 말하면서 교민들의 지원을 호소했다(『신한민보』, 1921년 5월 19일자 「주차구미위원부의 공표」).

자 하여 영·법·이·일 및 중국까지 청한 것을 말씀코저 하나이다. 그
주의는 만일 태평양에 대하여 관계있는 열강이 현재 형편을 계속하면 불구
에 위험함이 미국과 태평양과 관계되는 나라 사이에 있겠음으로 각국 대표
자를 모아 각종 문제를 토의하고 공평한 결국을 지어 장래 전쟁을 면코저
함이외다. 이 평의회에서 한국의 생사(生死)도 작정될 터인데 어떠한 정책
을 한국에 대하여 쓰기로 작정하던지 6대 강국은 그대로 시행할 터인 즉
만일 한국에 대하여 독립을 주기로 작정하면 6대 강국이 보증할 것이며
불행히 한국을 일본 밑에 여전히 두면 그 정책도 또한 6대 강국에서 직행할
터이올시다. 그런즉 귀하께서는 이 기회가 우리에게 긴요하고도 긴급한
경각인 것을 확신할 줄 믿나이다.[38]

　요컨대 '한국의 생사'가 이번의 워싱턴회의에 달렸으니 국내외의 동포
들은 있는 힘을 다하여 구미위원부를 후원해달라는 것이었다. 서재필의
이러한 뜻은 미주한인사회에도 그대로 전달되었다. 예컨대 『신한민보』의
「세계대세의 변천과 우리의 기회」라는 논설에서는 워싱턴회의가 파리강
화회의와는 달리 동아시아와 태평양의 문제를 다루는 만큼 한국문제가
논의될 가능성이 크다는 것을 지적하면서 "우리도 한번 비상한 기운과
능력을 내어 비상한 운동을 하여볼 때"라고 강조했다. 『신한민보』의 주필
인 金鉉九는 「이 기회가 그 기회」라는 글에서 한국문제는 워싱턴회의의
'중심의 중심'이라고 주장했다.[39]

　서재필은 이러한 분위기 속에서 '특별외교비' 수합운동을 조직적으로
펼쳐나갔다. 그는 워싱톤회의에 대한 외교경비가 쓰기에 따라서는 수백
만달러에 달할 수도 있지만 교민들의 어려운 사정을 감안하여 최소한도인
10만달러를 책정하니 만약 이 정도의 금액도 거치지 않으면 소기의 성과
를 거두기가 어렵다고 말했다.[40] 그는 이때 구미위원부에 대한 일반 교민

---

38) 『신한민보』, 1921년 7월 28일자 「재무부와 위원부간 래왕공문」.
39) 『신한민보』, 1921년 7월 21일과 9월 22일자.
40) 『신한민보』, 1921년 8월 4일자 「구미위원부통신 제30호」와 8월 11일자 「열강회의와 우리의

들의 불신과 반발을 고려하여 모금경로를 다양화시키는 한편 외국인들에
대한 공채발행도 시도하였다. 그 결과 구미위원부는 위싱턴회의를 전후하
여 최소한 45.000달러 이상을 모금함으로써 위원부가 설립된 이래 가장
양호한 성적을 올렸다.[41]

　서재필로부터 위싱턴회의와 관련된 소식을 전해 들은 상해임정도 적극
적인 활동에 나섰다. 먼저 국무총리대리 申圭植 이하 國務員 일동은 1921
년 8월 15일에 「임시정부 포고문」제2호를 발하여 이번에 개최되는 위싱
턴회의는 "우리에게도 또한 절실하고 중대한 生死의 문제이니 반드시
大東의 분규를 해결한다 함인 즉 우리의 문제는 이 석상에서 반드시 일대
중대문제가 될지라 곧 大東平和의 요소인 우리 문제를 歸正하지 아니하
면 何日이든지 분규해결을 見得할 수 없음을 인지하는 까닭이라"고 하여
이 회의에서 한국문제에 대한 해결책이 나오게 될 것이라는 기대감을
불러일으키고자 했다.[42] 임정의 재무차장 李裕弼은『독립신문』과의 회견
에서 위싱턴회의는 파리강화회의나 국제연맹과는 그 성질이 다르다는 것
을 강조하면서 문제는 경비인데 정부에서는 총 3백만원을 예상하고 임시
예산을 편성 중이라고 말했다. 그는 과연 이 정도의 자금이 걷힐지는 실로
의문이나 정부로서는 최대한의 노력을 기울이고 있으며 그 전망 또한
지금으로서는 낙관적이라고 했다.[43]

　그 후 상해임정은 국내와 만주 및 노령의 한인사회에 사람을 보내 자금

준비」.

41)『신한민보』1921년 11월 24일자에 실린 「구미위원부통신 제38호」를 보면, 1921년 9월부터
　　11월 초까지의 재정수입은 총 21,219달러이다. 한편 『朝鮮治安狀況』(大正11年, 國外篇),
　　351-356면에 실린 「歐美委員部 財政部報單 第11號」를 보면, 1922년 1월부터 4월까지의
　　재정수입은 23,299달러로 되어있다. 그 사이 약 2개월분이 빠진 것을 고려하면 구미위원부
　　는 매월 평균 7,420불 정도를 거두어들인 셈이었다.
42)『獨立新聞』, 1921년 8월 15일자.
43)『獨立新聞』, 1921년 10월 5일자 「太平洋會議와 우리의 經費問題」. 그 후 정부측에서는
　　公債金과 特別義捐金을 거두기 위하여 노력했으나 뚜렷한 성과를 거두지는 못했던 것 같다.

모집과 시위운동을 촉구하는 한편,[44] 신규식을 孫文이 이끄는 중국의 廣東政府에 '특사'로 파견했다. 그 시기가 언제인가에 대해서는 자료마다 조금씩 차이가 있었는데,[45] 1921년 10월 상순이 확실하다. 그 근거는 신규식이 10월 9일 워싱턴의 이승만에게 보낸 전보이다. 그 내용인 즉, "손문[을] 만나 일 의논하오. 각하와 정부에 깊은 동정하오. 이곳 전보는 예관캔톤(yeikwan canton)으로[46] 하시오. 교제비 좀 곧 이곳으로 전환하여 주시오"라고 되어 있다.[47] 이 전보문은 신규식이 광동정부를 방문한 시기를 확정시켜 주고 있을 뿐 아니라 그와 광동정부와의 접촉이 이승만과의 사전 협의나 연락에 따른 것이었음을 보여주고 있다.

신규식은 상해임정을 대표하여 손문과 가진 회담에서 5개항으로 된 공식문서를 수교한 것으로 되어 있는데, 그 내용을 보면 (1)대한민국임시정부는 護法政府(즉 광동정부)를 중국의 정통정부로 승인하며 아울러 그 원수와 국권을 존중한다, (2)대중화민국호법정부는 대한민국임시정부를 승인해 줄 것, (3)중화민국 군관학교에서는 한국학생을 수용해 줄 것, (4)차관 500만원을 제공해 줄 것, (5)조차지대를 허가하여 한국독립군 양성에 도움이 되도록 해줄 것 등이었다. 손문은 (4),(5)조에 대해서는 아직 광동정부의 힘이 미치지 못한다고 하여 거절했고, (2)조에 대하여는 원칙상 문제가 없으나 광동정부가 아직 다른 나라의 승인을 받지 못했음을 환기시켰으며, (3)조에 대해서는 원안대로 수용한다고 말했다.[48]

---

44) 『韓國民族運動史料』(三一運動篇 其一), 654면.
45) 裴京漢, 「孫文과 上海韓國臨時政府―申圭植의 廣州訪問(1921년 9~10월)과 廣東護法政府의 承認問題를 중심으로―」, 『東洋史學研究』56(1996), 90-94면.
46) "yeikwan canton"이라 함은 "睨觀[신규식] 廣東"을 영문으로 표기한 것이다. 전보는 영문으로만 가능했기 때문에 한자와 한글을 소리음 그대로 알파벳으로 표기하여 주고 받았다.
47) The Syngman Rhee Telegrams, Ⅳ, 191면.
48) 민필호(閔弼鎬) 지음, 「한중외교사화」, 『독립운동사자료집』8, 304-313면. 신규식의 廣東 방문시 중국의 護法政府가 한국의 임시정부를 승인했는가의 여부는 학계의 쟁점이 되고 있는데, 이와 관련하여 裴京漢은 "申圭植과 孫文의 회담에서 신규식이 제시한 5개항의

만약 신규식에게 주어진 '특사'로서의 임무가 성공했다면, 임정의 국제
적 지위와 위상은 크게 제고되고 워싱턴회의를 앞두고 구성되었던 '한국
대표단'의 활동에도 힘을 실어줄 수가 있었을 것이다. 그런데 손문은 광동
정부가 처한 현실을 들어 한인학생들의 군관학교 수용문제에 대해서만
호의적인 답변을 했을 뿐 나머지 문제들에 대해서는 완곡하게 거절하거나
원칙적인 입장만을 표명하는데 그쳤다.49) 따라서 신규식은 1921년 12월
19일 워싱턴의 이승만에게 보낸 전보에서 "광동정부·국회·사회와 깊은
관계 맺고 돌아왔소"라고만 했을 뿐 더이상의 구체적인 이야기는 하지
않았다.50) 이것은 사실상 '특사'로서의 그의 임무가 실패로 끝났음을 말해
주는 것이라 하겠다.

중국 상해에서 미국으로 돌아온 이승만은 신규식을 통하여 광동정부와
교섭을 벌이도록 한편, 국내에 있는 그의 유력한 후원자인 李商在에게
1921년 7월 19일 다음과 같은 편지를 보냈다.

> 금일은 즉 태평양시대라. 세계 중대문제가 多般히 태평양에서 일어날
> 터인데…그 중에 가장 긴요한 것은 11월에 여는 萬國軍備縮小會[워싱턴회

요구 가운데 [上海]臨時政府와 廣東政府간의 상호 승인문제는 양측 모두 엄격한 의미에서
는 합법성을 결여한 일종의 '사실상의 승인'을 한 것으로 결론내릴 수 있다"라는 견해를
밝히고 있다(앞의 논문, 109면). 그런데 여기서 '사실상의 승인'의 근거와 그 의미가 다소
모호하다. 이 문제에 대해서는 앞으로 좀더 검토할 여지가 있는 것으로 보인다.
49) 1921년 12월 1일에 廣東駐在 日本總領事가 본국의 外務大臣에게 보고한 바에 따르면,
廣東政府의 陳炯明이 그에게 말하기를 "過日 申圭植이 자기를 來訪하여 한국독립문제에
관해 광동정부의 이름으로 太平洋會議[워싱턴회의]에 전보를 발송해 달라고 出願하였을
때 자기는 광동정부 그 자신조차 태평양회의에 대표 보내는 것을 不許하는 형편인데 한국독
립문제와 같은 他國 事件에 관여하는 것은 하고 싶지 않다는 구실로 申의 희망을 거절해
두었다. 그럼으로 자기로서는 十分 本件에 주의를 더하여 단속을 행하겠다"라고 한 것으로
되어 있다(『韓國民族運動史料』 중국편, 241면). 陳炯明의 이같은 발언은 일본에 대한 외교
적 수사라고도 할 수 있는데, 그럼에도 불구하고 당시 광동정부의 조심스러운 입장을 엿볼
수 있게 한다.
50) The Syngman Rhee Telegrams, IV, 249면.

의]라. 이 회를 華盛頓에서 열려는데 혹은 湖港(호놀루루)에서 하자는 발기
도 있소이다. 이 회는 특별히 동양문제를 의논할 터인고로 이때에 한국의
일이 잘만 결정되면 우리의 추후사가 용이할 것이며 그렇치 않으면 前路가
더욱 어려울지라. 미국의 대통령과 인심이 우리에게 동정을 표하는 동시에
吾人은 이에 모든 노력을 다할 터이니 재정상 실력이 內地에서 와야 되겠
소이다. 어떤 방법으로든지 몇 십만원 금전을 얻어 보내주셔야 大事를 가
히 도모할 수 있소이다. 그 회가 열릴 즈음에는 내지와 원동 각처에서 시위
운동을 크게 하는 것이 또한 필요하니 미리 준비하게 하시오.51)

이승만은 국내의 민족운동세력들에게 두가지를 기대했음을 알 수 있다.
하나는 '몇십만원'에 달하는 재정적 지원이고, 다른 하나는 워싱턴회의가
열릴 즈음에 3 · 1운동 때와 같은 대대적인 시위를 벌임으로써 국제적인
이목을 끌어달라는 것이었다.

같은해 8월 4일 이승만은 상해임정의 申翼熙(국무원 비서장)에게도
편지를 보내 "內地에서 재정을 몇 십만원 圖得하여야 이번과 같은 막대한
기회를 坐失치 않겠소이다"라고 하면서 국내에 사람을 파견하여 일이
성사될 수 있도록 할 것을 당부했다.52) 9월 14일에는 신규식에게 전보를
보내 워싱턴회의가 개최될 때보다는 지금 바로 국내와 만주에서 시위운동
을 전개하는 것이 좋다고 말하면서 "곧 密通하시오"라는 지시를 내리기도
했다.53)

이승만은 조선기독교청년회(YMCA)의 총무로서 대외적인 활동을 활발
하게 펼치고 있던 신흥우을 통하여 자신의 의사를 국내에 직접 전달하기
도 했다. 1921년 8월 하와이의 호놀루루에서 열린 범태평양교육대회에
신흥우가 참석했던 관계로 그것은 가능했다. 이때 이승만과 신흥우는 '內
外 호응'하여 독립운동에 힘쓸 것을 굳게 약속했다.54) 귀국한 신흥우는

---

51) 『雩南文書』제16권, 184-185면.
52) 『雩南文書』제16권, 67면.
53) The Syngman Rhee Telegrams, IV, 176면.

호놀루루에 본부를 둔 범태평양협회(Pan-Pacific Union)의 조선지부를 설립했다. 회장은 朴泳孝, 부회장은 尹致昊, 서기는 신흥우와 金東成이었다.55) 당시 박영효는 국내의 실업계를, 윤치호는 기독교계를 각각 대표한다고 할 수 있었다. 김동성은 동아일보의 기자였는데, 그해 10월 하와이에서 열린 세계신문기자대회에 참석한 뒤 미국본토로 건너가 워싱턴회의를 참관했다.

워싱턴회의의 개최를 앞두고 한국의 민족운동세력들이 활발하게 움직이자 1921년 8월 12일자 『東京朝日新聞』은, "다가오는 태평양회의를 기하여 조선인의 독립을 요망하는 자들은 여하한 방법에 의해서라도 그 기세를 올리려고 작금 각 곳에 여러 운동을 일으키고 있는데…鮮內 각 기독교청년회원 등은 先年의 독립만세 이상의 표시를 행하려고 밤과 낮으로 협의 중에 있다…청년 기독교도들의 의기는 全鮮에 걸쳐 크게 번지는 중이다"라고 보도했다.56) 같은 신문의 9월 4일자를 보면, 조선총독부 경무국과 헌병대사령부에서는 '불령선인'들이 천도교측에도 접근하려는 움직임이 있는 것을 감지하고 경계를 철저히 하는 동시에 천도교단의 간부 朴尹孝 외 5인을 불러 경거망동하지 말 것을 경고한 것으로 되어 있다.57) 일본 정부에서도 그들이 입수한 정보를 조선총독부에 수시로 전하면서 국내외 한인들의 독립운동에 대한 단속을 지시했다.

이런 가운데 『동아일보』는 워싱턴회의와 관련된 기사를 연일 내보냄으로써 국민적 관심을 불러일으켰다. 그들의 관심은 한국문제가 이번 회의

54) 全澤鳧, 『人間申興雨』(대한기독교서회, 1971), 170-175면; 전택부, 「홍업구락부와 지팡이」 『월간독립기념관』(1920.11), 5면. 『東京朝日新聞』, 1921년 8월 12일자 「太平洋會議を期して又復朝鮮獨立運動」에도 신흥우가 미국의 교육상황 시찰을 명목으로 하와이와 샌프란시스코를 방문했다는 기사가 나온다.

55) 『東亞日報』, 1921년 9월 18일자 「申興雨歡迎會」.

56) 방선주, 앞의 논문, 216면에서 재인용.

57) 『東京朝日新聞』, 1921년 9월 4일자 「總督府, 遂に天道敎に警告—獨立運動加擔の說, 密に動く 不逞鮮人の一味」.

에 상정될 가능성이 있느냐 하는 데 모아졌다. 이와 관련하여 『동아일보』
는 가능한 희망적이며 긍정적인 방향으로 예측 또는 해석하려고 했다.
예컨대 미국은 워싱턴회의를 통하여 "중국 뿐 아니라 극동 전부의 정국을
'근본으로부터 전환'하자는 것"으로 보고, 미국은 이번 회의에서 그들이
종래 주창해 왔던 문호개방·기회균등·영토보전 등의 제원칙을 동북아
시아 전역에 확립하기 위하여 영일동맹의 폐기와 일본의 특수지위 타파에
노력하게 될 것이라고 말했다. 또한 일본의 반대에도 불구하고 워싱턴회
의에서는 조선문제가 당연히 토의될 것이라는 등의 출처가 분명치 않은
단편적인 외신보도들을 신문에 게재하기도 했다.58)

그런데 한편에서는 워싱턴회의에 대한 회의적 또는 부정적인 시각도
있었다. 1921년 10월 5일자 『독립신문』에 실린 「우리 독립운동의 一部分
一階梯인 태평양회의」라는 글에서는 다음과 같이 주장했다.

…그런즉 실력의 쇠약으로 망한 민족이 다시 흥하려면 그 실력을 회복하
는 외에 다시 길이 없나니 「死活」의 목을 [파리]평화회의에 걸고 국제연맹
에 걸고 또 모스코에 걸고 워싱턴에만 걸었다가는 만일 그대로 안되는
날에는 그 반동으로 落望의 도가 더욱 劇하리로다. 吾人의 독립운동은
오인의 실력으로 성공할 것이오 결코 외교무대상의 요행으로 오지 않을
것임이 태평양회의를 우리의 생사문제라 하지 않는 첫째 이유이다. 다음에
태평양회의의 범위가 태평양과 원동문제를 포함하였으니까 한국문제가
제출될 가능성은 있으며 또 제출되어야만 정의라 하겠다. 그러면 한국문제
에 대한 열국의 태도가 어떠할까. 미국이 회의를 발기한 주지가 만일 진정
으로 동양의 평화를 유지함에 있다 하면 미국은 응당 韓·中·日 기타
제국의 고통을 가능한 데까지 적게하기를 힘쓸지니 그때에는 일본이 彼의
인구증식 문제로 대륙정책의 일부를 극력 주장할 것이로다. 그러면 미국은
宣戰할 각오가 있기 전에는 기껏바라야 소위 조선통치의 개량을 권함에

58) 李昊宰, 『韓國人의 國際政治觀—開港後 100年의 外交論爭과 反省—』(법문사, 1994),
211-220면.

止할 터이요 일본의 세력이 韓·滿으로 나아감을 許할 터이라. 기타 열강은 彼等의 이권문제—즉 安南·印度 및 中國租借地 등—로 감히 開口할 여지가 없을 것이라…다시 미국의 주의가 자기의 在東 야심을 達하자 함이라 하더라도 일본을 중국과 태평양에서 구축하려면 한·만으로 나아가는 血路를 열어주는 것이 자기네에게도 도리어 이익이 됨을 알 것이라…아무리 해석하여도 태평양회의에서 대한독립승인안이 통과까지 될지는 의문이다. 이것이 우리가 태평양회의를 우리의 사활문제로 보지 않는 제2의 이유라.

이 논설은 당시 한국인들이 워싱턴회의에 대하여 쓴 수많은 글들 가운데 설득력에 있어서나 국제정치의 현실에 대한 이해에서 가장 뛰어났던 것으로 보여진다. 그런데 글의 논지가 실력양성에 의한 독립회복에 초점이 맞추어진 것으로 보아 안창호가 쓴 것이 아닐까 하는 생각을 갖게 한다.

국민대표회 소집의 발기인 가운데 한 사람이었던 안창호는 1921년 8월 중순 신규식·이동녕 등 임정측 요인들의 설득으로 워싱턴회의에 대한 공동보조를 취하기로 하고 '외교연구회'라는 단체를 조직한 바 있었다. 그는 9월 초 이 연구회 주최의 대중집회에서 연설을 하면서 워싱턴회의에 대한 강도높은 비판을 서슴치 않았다고 한다. 즉 "워싱턴회의는 영·미가 합심하여 아시아에서 일본의 세력을 견제하려는 것, 구주전쟁의 참상에 비추어 세계적 평화를 기하려고 하는 것, 혹자[미국]가 세계의 모든 것을 농락하려는 것 등 3개의 목적에 지나지 않는다"고 하면서 한국인의 실력양성과 일치단결의 필요성을 역설했었다고 한다.[59] 안창호를 비롯한 국민대표회측에서는 구미위원부나 임정이 국내외 동포의 시선을 워싱턴회의에 집중시킴으로써 그들이 직면했던 위기를 타개해보려는 데 대한 우려를 갖고 그들을 비판·견제하려고 했던 것으로 이해될 수 있다. 그럼

---

59) 『韓國民族運動史料』(중국편), 216-217면.

에도 불구하고 안창호는 워싱턴회의에 대한 기대를 완전히 떨쳐버리지는 못했다.

워싱턴회의에 대하여 가장 비판적(어쩌면 냉소적)이었던 사람은 이상재·신흥우와 함께 국내의 기독교청년회를 이끌고 있던 윤치호가 아니었던가 싶다. 그는 드러내놓고 워싱턴회의를 비판하지는 않았지만, 그의 일기에 자신의 솔직한 심정을 털어놓았다. 1921년 8월 11일자 일기를 보면, 요즈음 일본과 한국에서 단연 화제가 되고 있는 것은 하딩 대통령의 제안에 따라 워싱턴에서 열릴 군축회의인데 자신은 어떤 강국이 다른 나라들에게 '평화회의'를 요청하는 것에 대해 좀 거북스럽고 회의적인 생각마저 든다고 했다. 그러면서 윤치호는 제정러시아의 니콜라이 2세가 만국평화회의를 제창했음에도 불구하고 솔선하여 전쟁[러일전쟁]에 뛰어들었던 사례를 들었다. 한국인들은 어떻든 이번 워싱턴회의에서 일본이 한국을 내놓으라는 압력을 받을 것으로 기대하고 무척 흥분들을 하고 있지만, 윤치호가 볼 때 그러한 기대는 '어리석은 것'(Nonsence!)이라고 일축했다.[60]

같은해 9월 27일자 윤치호의 일기를 보면 더욱 재미있는 이야기가 나온다. 이날 그는 학생처럼 보이는 낯선 젊은이로부터 상해에 있는 손정도 목사가[61] 썼다는 편지를 전달받았는데, 그 안에는 윤치호가 한국민의 대표로서 워싱턴회의에 참석할 수 있기를 바란다는 내용과 함께 임정 재무총장 이시영이 돈을 요구하는 공첩이[62] 들어 있었다고 한다. 이러한 편지

---

60) 『尹致昊日記』8(국사편찬위원회, 1987), 281-282면.

61) 평남 강서군 출신의 孫貞道(1882-1931)는 국내에서 協成神學校를 나왔으며 貞洞敎會의 담임목사로 시무하다가 1919년 1월 상해로 망명, 임정수립에 참여한 뒤 임시의정원의 의장을 맡았었다(김창수·김승일 지음, 『해석 손정도의 생애와 사상 연구』, 넥서스, 1999, 438-442면). 이승만의 상해 방문시에는 서로 출신지역이 달랐음에도 불구하고 그를 지원했고 '신내각'이 구성될 때 교통총장에 취임했었다.

62) 상해임정은 1921년 9월 20일 李始榮의 명의로 『財務部訓令』제30호를 발하여 국내 동포들의 '獨立公債' 응모를 독려하고 있었다. 이 훈령에서는 "來 11월 11일 美京에서 개최될

와 공첩을 받아본 윤치호는 "파리강화회의에서 한국인들은 무엇을 얻었는가?"라고 자문한 다음 자신은 워싱턴에 가는 것보다 국내에서 자라나는 세대들을 교육시킴으로써 국민들에게 더많은 봉사를 할 수 있다고 말했다. 그는 또 한국인들의 잘못된 믿음 가운데 하나는 오직 정치를 통해서만 그의 조국에 봉사할 수 있다는 것인데, 이러한 믿음은 국민들에 대한 '저주'(a curse)나 다름없다고 했다. 그러니까 지금의 상황에서는 국민들에게 헛된 희망과 기대를 심어주기 보다는 그들을 착실히 교육시키는 일이 무엇보다도 중요하다는 것이 윤치호의 신념이었다.[63] 이러한 그의 태도는 독립운동에 소극적이었던 자신의 행동에 대한 정당화 내지 변명일 수 있지만, 달리보면 당시 한국이 처했던 상황과 국제정세의 흐름을 직시했던 것으로도 이해할 수 있다.

Ⅲ. '한국대표단'의 청원활동

미국으로부터 워싱턴회의에 공식 초청을 받은 나라는 일본·영국·프랑스·이탈리아·중국·벨기에·네덜란드·포르투칼 등 8개국이었다. 한국은 공식 또는 비공식적으로 초청을 받은 바 없지만 대표단('The Korean Mission')을 구성했다. 대한민국 임시의정원 의장 洪鎭의 명의로 1921년 9월 29일에 발부된 「(워싱턴)軍備制限會議에 出席할 大韓民國代表團 任命案을 同意하는 證書」에 따르면,[64] 이승만이 代表長이었고 서재필이 代表, 정한경이 書記, 돌프(Fred A. Dolph)가 顧問이었다. 이승만은

太平洋會議는 我 국가의 근본문제 解決場이 됨은 共認하는 바…時機의 절박과 經用의 浩繁한 此時에 際하여 여하히하여 在內 동포의 當然的 義務를 포기케 하고 友邦의 援助로써 기본을 作하겠는가"라고 하면서 각 개인별로 「獨立公債應募額指定通知書」를 발급하고 있었다(『韓國民族運動史料』중국편, 225-226면). 윤치호에게도 이러한 훈령과 통지서가 갔던 것 같다.

63) 『尹致昊日記』8, 292-293면.
64) 그 '증서'는 『雩南文書』제6권, 427-430면에 수록.

임정의 대통령이었고, 서재필은 구미위원부의 임시위원장이며 정한경과
돌프는 위원부의 서기와 법률고문직을 각각 맡고 있었다. 이들 대표단은
상해임정으로부터 전권을 위임받았다.

그리고 특별 '법률고문'의 자격으로[65] 토마스(Charles S. Thomas)가 한국
대표단에 합류했다. 민주당원으로서 콜로라도 주지사와 연방 상원의원
(1913. 1-1921. 3)을 지냈던 토마스는 미국 정부와 의회를 상대로 로비활동
을 맡게되었던 것으로 보인다. 그는 1920년 3월 중순 상원에서 베르사이
유강화조약에 대한 비준문제가 논의될 때 '한국독립유보안'을 제출하는
데 앞장섰었고 하딩 대통령 등 공화당정부의 주요 인사들과도 친분이
있었다고 한다. 이승만은 대표단이 출범한 직후 임정에 편지를 보내 토마
스를 얻게된 것이 '一大幸事'라고 할 정도로 그에게 거는 기대가 컸다.[66]

1921년 10월 1일 한국대표단은 연명으로 미국대표단을 이끌게 될 휴즈
(Charles E. Hughes, 국무장관), 로지(Henry C. Lodge, 상원 외교위원장),
루트(Elihu Root, 전 국무장관), 언더우드(Oscar W. Underwood, 상원의원)에
게[67] 청원서를 보냈다. 여기에서는 동아시아에서 한국문제가 갖는 중요
성, 미국을 비롯한 서양 열국이 과거 한국과 체결한 조약상 '의무', 러일전
쟁 중 일본의 배신행위와 식민통치의 부당성 등에 대하여 지적한 다음
한국대표단이 미국대표들에게 한국민의 주장을 충분하게 설명할 수 있는
기회를 달라고 부탁했다. 그런 연후에 미국대표들이 워싱턴회의에 한국문
제를 제출하거나 한국대표들이 직접 회의에 출석할 수 있도록 주선해
줄 것을 요청했다.[68]

---

65) 서재필은 1921년 7월 14일 임정 재무총장 李始榮에게 보낸 편지에서 워싱턴회의에서 성공
하기 위해서는 '제一등되는 율사'를 고용하는 것이 무엇보다도 중요하다고 강조하면서 이를
위해서도 최소한 10만달러가 필요하다고 말했었다(『신한민보』, 1921년 7월 28일자 「재무부
와 위원부간 래왕공문」).
66) 이승만→申圭植 간찰(1921. 9. 30),『雩南文書』제16권, 65-66면. 토마스의 약력에 대해서는
Korea Review, Ⅲ-8(1921. 10), 4면.
67) 그들의 약력에 대해서는 Korea Reivew, Ⅲ-8(1921. 10), "American Representatives".

미 국무부의 극동국은, "한국은 현재 아무런 국제적 지위도 갖고 있지 못하며, 우리는 또 그 나라와 1905년 이래 어떠한 외교적 접촉도 없었다 (Korea has no international standing, and we have had no diplomatic intercourse with that country since 1905)"는 의견을 제시하면서 한국대표단의 청원서에 대하여 아무런 언급없이 그것을 문서철에 보존해 두는 것이 좋겠다고 국무장관에게 건의했다.[69]

미국측의 이같은 반응은 한국대표단에게는 다소 의외였던 것 같다. 그 청원서를 접수시키기 하루 전 이승만은 임정에 편지를 보내, "재작일[9월 28일]에 토마스씨가 언더웃[미대표단의 언더우드]과 조용히 서로 의논했는데 한국문제를 미 대표단에게 제출하여 한국대표로 설명권을 얻도록 하기로 [한] 내용이니 대회석[워싱턴회의]에서 어찌될 것은 잠시 예측하기 어려우나 미대표단에 [대한] 설명권은 얻었나니 이것이 우선 큰 다행이외다"라고 했었다.[70] 이승만은 최소한 미국대표들에게 한국문제를 설명할 기회는 얻을 수 있을 것으로 생각했던 것이다.[71]

이러한 기대가 무산되자 한국대표단은 1921년 10월 중순 하딩 대통령에게 직접 편지를 보내 (1)한국을 태평양의 일부로 간주할 것, (2)한국을 피침략국으로 인정할 것, (3)한국의 독립은 세계평화 확보의 기초가 됨을 고려할 것, (4)이상의 이유에 의해 한국대표의 워싱턴회의 참가를 허용하고 그들에게 발언권을 줄 것 등 4개조의 요구조건을 제시했다.[72] 미국정부

---

68) 미국무부문서 #895.01, The Korean Mission→Members of the Delegation from the United States(1921.10.1).

69) 미국무부문서 #895.01, Memorandum(Division of Far Eastern Affairs, 1921.10.13).

70) 이승만→申圭植 간찰(1921. 9.30), 『雩南文書』제16권, 66면.

71) 달리보면, 이승만이 상해임정에 워싱턴의 분위기를 낙관적으로 전하고자 했을 수도 있다. 그래야만 遠東에서의 자금모집이나 시위운동에 대한 준비가 순조로울 수 있었기 때문이다.

72) 상해주재 일본총영사가 본국 외무대신에게 보낸 전보(1921. 10. 15), 『韓國民族運動史料』(중국편), 228면. 이때 일본총영사는 이승만이 임정에 보낸 전보문의 내용을 전해들었다고 했다.

는 한국대표단의 청원에 대하여 일체의 반응을 보이지 않았다.[73]

이 무렵 일본정부는 워싱턴회의에 전권대표단을 파견하면서, "今回의 회의를 기회로 하여 조선인 중 독립의 기세를 올리려고 妄動을 시도하고 있으며 이런 까닭에 경우에 따라서는 소위 '조선문제'가 회의에 상정되지 않을 보장이 없다. 이러한 경우에는 본 문제같은 것은 의논할 것이 못된다고 곧장 拒斥할 것이다"라는 훈령을 내리는 한편,[74] 미국에 대해서는 일본대표단의 신변안전을 위하여 현지에서 排日韓人들에 대한 충분한 경계와 단속을 취해줄 것을 요구했다. 이에 대하여 미국정부는 필요한 일체의 조치를 취했다고 통보하고 일본이 입수한 정보의 제공을 당부했다.[75] 국무장관 휴즈는 자국 기자들에게 워싱턴회의의 성공을 위하여 일본의 신경을 자극할만한 기사는 자제해달라는 부탁까지 했었다고 한다.[76] 한편, 조선총독부는 본국 외무대신의 지시에 따라 총독부 소속 사무관과 경기도 경찰부장인 치바 사또루(千葉了), 그리고 『서울 프레스』(The Seoul Press)의 주필이라든가 대학교수 등 관변측 사람들까지 워싱턴에 파견하여 배일선전활동을 감시하고 역선전을 펼치토록 했다.[77]

1921년 11월 12일 예정대로 워싱턴회의가 개최되자, 서재필은 그가 주관하는 『한국평론』을 통하여 다음과 같이 말했다.

　　한국인들이 국제상의 관례나 관습에 맞지않는 어떤 선동에 의하여 워싱턴회의에 참석한 미국과 다른 열강들을 당혹케하려는 시도를 하고 있다고 생각하는 사람들이 있으나 이것은 사실과 다르다. 한국인들은 그들이 과거에는 국제적 지위를 갖고 있었으나 지금은 그렇지 못하다는 사실을 충분히

---

73) Korea Review, IV-1(1922. 3), "Questions and Answers".
74) 『日本外交文書』32-2, 8면, 「太平洋及極東二關スル問題」; 방선주, 앞의 논문, 217면에서 재인용.
75) 『韓國民族運動史料』(중국편), 228면.
76) 千葉了, 『朝鮮獨立運動秘話』(帝國地方行政學會, 1925), 178면.
77) 『韓國民族運動史料』(중국편), 224면; 千葉了, 위의 책, 176-177면.

인지하고 있다……그들은 초대받은 손님의 특권을 요구하는 것이 아니라
오직 극동의 제문제에 대한 그들의 입장을 표명할 기회를 달라고 호소하고
있을 뿐이다. 이러한 가장 소박한 청원조차 거부된다면 이것은 나자린
(Nazarene, 기독교)의 가르침에도 어긋나며 자연법의 정신과도 배치되는
것이다.78)

이러한 간청에도 불구하고 한국대표단에게 워싱턴회의에 출석할 기회
는 부여되지 않았다. 그들은 열국의 대표들에에게 직접 청원하는 방향으
로 나아갔다. 1921년 12월 1일에는 「군축회의에의 한국의 호소」를,79) 이
듬해 1월 25일에는 「한국의 호소: 속편」등의 문건을 배포했다.80)

한편에서는 한국대표단을 측면 지원하는 활동이 펼쳐지고 있었는데,
가장 열성적으로 활동했던 사람은 '한국친우회'의 회장인 톰킴스(Floyd
W.Tomkins)였다. 그는 서재필이 살고 있던 필라델피아에서 영향력 있는
교회의 목사였는데, 1921년 6월 28일 주미일본대사인 시데하라(幣原喜重
郎) 남작에게 편지를 보내 한국의 독립을 회복시켜 주는 것이 장기적으로
볼 때 일본의 위신을 높이고 그들의 안전을 강화시키며 세계의 정의로운
사람들과의 우호를 굳건히 할 수 있다고 '충고'했었다.81)

톰킨스는 워싱턴회의가 개최되기 하루 전날 미국대표단의 단장인 휴즈
에게도 편지를 보냈다. 그는 이 편지에서 한국친우회가 25,000명에 달하
는 미국인들을 회원으로 확보하고 있다는 점을 환기시킨 뒤 동양에서
서구문명 특히 기독교를 가장 빨리 그리고 폭넓게 받아들인 한국 사람들
에게 미국인들이 단순한 동정이 아니라 실질적인 도움을 줄 수 있는 때가
바로 지금이라고 말하면서 한국인들이 워싱턴회의에서 그들의 주장과 요

---

78) Korea Review, Ⅲ-9(1921. 11), "What Korea Wants".
79) Korea Review, Ⅲ-10(1921. 12), "Korea's Appeal to Arms Conference".
80) Korea Review, Ⅲ-12(1922. 2), "Supplementary Appeal by Korean Mission".
81) Korea Review, Ⅲ-6(1921. 8), "Friend of Korea Writes to Japanese Envoy".

구를 진술할 수 있도록 해달라고 요청했다. 그는 또 열강들이 2천만 한국민의 평화적인 호소를 계속 외면한다면 그들은 무력에 의존할 수밖에 없고, 이렇게 되면 극동에서 새로운 전쟁과 혼란을 야기시킬 수 있다고 경고했다.[82]

1921년 11월 22일에는 필라델피아의 한 침례교회에서 대중집회가 열렸다. 톰킨스가 이 집회를 주재했으며, 한국대표단의 특별고문인 토마스가 연사로 등장했다. 집회에 참석한 사람들은 지정학적, 역사적, 정치적 제요인을 고려할 때 한국은 중국·일본·러시아 3국 사이에서 '독립된 완충국'(an independent and buffer state)이 되어야 한다는 데 동의했다. 그럴 때 극동에서 평화가 유지되고 상공업의 자유로운 발전을 촉진시킬 수 있다는 것이다. 그들은 워싱턴회의에 출석한 미국대표단이 한국문제를 진지하고 고려하고 한미수호조약(1882)에 합치될 수 있는 공평한 조치를 취해줄 것을 요구하는 결의안을 채택했다.[83] 톰킨스는 그 결의안을 미국대표단에게 서면으로 전달했다.[84] 시카고와 펜실베니아주 레딩(Reading)시의 한국친우회도 각각 미국대표단에게 편지를 보냈다.[85]

미주교민들도 청원활동을 전개했다. 하와이국민회의 회장인 민찬호는 이 지역에 거주하는 6천명 한인들을 '대표'하여 휴즈 국무장관에게 전보를 보냈다. 그는 이 전보에서 한국이 자유롭기 전에는 동양의 영구평화는 있을 수 없다고 말하면서 한국대표단을 인정해줄 것을 요청했다.[86] 캘리

---

82) 미국대표단은 톰킨스의 편지에 대해서도 잘 받았다는 정도의 형식적인 답장만 보냈다. 미국무부문서 #895.01/1, Tomkins→Hughes(1921. 11. 11)와 Basil Miles(Secretary of the American Delegation)→Tomkins(1921. 11. 29).

83) Korea Reivew, Ⅲ-10(1921. 12), "Mass Meeting".

84) 미국무부문서 #895.01/2, Tomkins→Hughes(1921. 11. 23).

85) 미국무부문서 #895.10/3, M.L. Guthapfel(시카고 친우회의 서기)→Hughes(1921. 11. 21); #895.01/4, Frank S. Livingwood(레딩 친우회의 회장)→Hughes(1921. 12.5). 미국무부 극동국은 그러한 편지들에 대한 회신이 불필요하거나 부적절하다고 보았다(#895.01/5).

86) 미국무부문서 #500a4P81/93, Chan Ho Minn→Hughes(1921. 11. 13).

포니아주의 다뉴바(Dinuba)에 있는 대한애국부인회도 휴즈에게 편지를
보내, 한국민이 현재와 같은 혹독한 식민지배 하에서는 일본인들과 더불
어 살 수도 없고 살지도 않을 것이라면서 미국의 호의적인 주선으로 한국
인들이 파멸에서 구원될 수 있기를 희망했다.[87]

  워싱턴의 한국대표단을 크게 고무시켰던 것은 국내에서 작성되었다는
「韓國人民致太平洋會議書」(이하 「태평양회의서」)였다.[88] 이 청원서는
다음과 같이 시작되었다.

  今年 11月 11日[12일]에 華盛頓에서 開하는 太平洋會議는 正義·人道
  에 基礎하여 世界平和를 擁護하고 民族共存을 計圖하려 함이라. 我 韓國
  人民은 此를 熱誠으로 歡迎하는 同時에 我等은 世界列國이 我 韓國政府
  委員의 出席을 容認하기를 懇望하노라.

  그런 다음, "본래에 한국은 동양의 요충에 있어 中·露·日 3국간에
개재하였나니 한국은 실로 동양의 중심이라 현금 또 장래에도 세계의
문제는 동양을 중심으로 하게되나니 이 동양의 중심인 한국의 문제가
곧 세계의 문제로 되는지라"고 하여 한국문제의 해결이 없이는 동양의
평화, 나아가 세계의 평화가 있을 수 없음을 강조했다. 결론에 이르러서는
"자에 오인은 일본의 한국병합을 부인하는 동시에 在上海 한국정부를
완전한 한국의 정부로 성명하고 인하여 열국에 향하여 我 한국에서 파견
하는 위원의 출석권을 요구하고 동시에 열국이 일본의 무력정책을 방지하
여 세계의 평화와 한국의 독립자유를 위하여 노력하기를 기원하노라"고
했다.

  다분히 3·1 독립선언서를 연상케 하는 이 성명서 뒤에는 황족대표 1명

---

87) 미국무부문서 #895.00/698, Mrs.S.S.Hahn(Korean Women's Patriotic League)→Hughes(1921.
   10. 1).
88) 문서의 사본은 『雩南文書』제8권, 390-403면 수록.

(李墹), 귀족대표 2명(金允植·閔泳奎), 종교·사회단체의 대표 100명(각 단체 2명),[89] 그리고 전국의 지역대표(道·府·郡) 271명 등 총 374명(그 가운데 2명은 중복)의[90] 이름과 그 뒤에 도장이 찍혀 있었다. 한국대표단은 이 청원서의 전부를 영어로 번역한 후 워싱턴회의에 참석한 각국의 대표들과 언론사에 배포했다.[91] 이때 한국대표단은 문서에 서명한 사람들이 국내에서 탄압을 받을 수도 있지만 워싱턴회의에 대한 한국민의 단합된 요구를 보이기 위하여 그것을 부득이 공개하게 되었다고 말했다.[92]

「태평양회의서」를 공개한 뒤의 반응은 어떠했을까. 조선총독부로부터 워싱턴에 파견되었던 치바 사또루는 그것을 보고 한눈에 위작이라는 것을 알 수 있는 '어린 아이들의 작난'에 지나지 않는다고 일소에 부쳤다. 그는 위작의 근거로서 (1)각 대표자들의 서명이 두 세사람의 손에 의하여 작성

---

89) 서명단체들 가운데는 大同團과 靑年外交團과 같이 3·1운동 직후 만들어졌다가 거의 활동을 중지한 단체들이 있는가 하면, 儒敎振興會·大同斯文會·商務硏究會·維民會 등 친일적 성향의 단체들도 끼어 있다. 이에 대해서는 姜東鎭, 『日帝의 韓國侵略政策史』(한길사, 1980), 219-239면 참조.

90) 중복된 사람은 李商在와 朴泳孝이다. 이상재는 '國民公會代表'로서 성명서의 맨 처음에 이름이 오른 다음, '基督敎代表'로도 尹致昊와 함께 이름이 올라 있다. 박영효는 '維民會代表'이자 '産業大會代表'로 되어 있다. 그런데 이상재와 박영효는 국내에서 은근히 이승만을 지지하는 데 앞장섰던 인물이었다. 두 사람은 1923년 1월에 발표된 「敬告海外各團體書」에도 서명이 되어 있는데, 이 문서에서는 上海에서의 國民代表會의 개최를 앞두고 임정 지지를 선언했다(『雩南文書』제8권, 533-534면). 윤치호는 워싱턴회의에 대하여 냉소적이었음을 앞서 언급했었다. 따라서 「태평양회의서」에는 본인의 동의없이 서명자의 명단에 오른 사람들도 있었음을 짐작케 해준다.

91) 번역된 문건의 제목은 "The Memorial from Korea to the Conference on Limitation of Armament" 이고 부제로서 "Petitioning That Her Representative Be Heard"로 되어 있다. 이 문건의 뒤에는 「태평양회의서」의 사본이 첨부되었다. 내용은 동일한데 제목만 "Petition Presented to the Conference on Limitation of Armament and the Far East by the People of Korea"로 붙여진 팜플렛(총 32면)도 볼 수 있다.

92) Korea Review, Ⅲ-10(1921. 12), "A Petition from Korea"와 『신한민보』1921년 12월 22일자 「구미위원부통신 제42호」. 그런데 1921년 11월 19일자『獨立新聞』(上海)에서는 「태평양회의서」의 성명서만을 먼저 발표했다. 이때 『독립신문』은 「태평양회의서」가 국내의 동포들에 의하여 작성된 뒤 임정 당국자의 손을 거쳐 워싱턴에 보내졌다는 기사를 같이 내보냈다.

되었고, (2)문서에 찍힌 인감과 서명자들이 실제 소지한 인감이 다르며, (3)서명자 중 의심이 갈 만한 사람들에 대해서는 내사했음에도 불구하고 그들이 청원운동에 종사한 형적이 없으며, (4)현재 그러한 운동에 반드시 참가했을 것으로 짐작되는 인물들은 빠지고 수년 전 사망한 사람들이 명단에 올라있다는 점 등을 지적했다.[93]

한국대표단은 「태평양회의서」가 국내의 각계각층과 지역 대표들이 공동으로 서명한 문서임을 확신했고, 따라서 그 문서의 공개에 대단히 신중한 모습을 보였으며[94] 실질적인 효과도 있었다고 생각했다. 서재필의 회고에 의하면, 미국의 국무장관 휴즈는 워싱턴회의에 참석한 일본대표단 단장인 도쿠가와(德川家達)에게 「태평양회의서」를 보이면서 "이 문서는 위조가 아니다. 내가 사적으로 권하는 바는 인도적 입장에서 한국의 무고한 양민을 학대치 않기를 희망한다. 일본은 일등국인 이상, 일등국으로서의 도량과 관용을 보여야 할 것이다. 오늘은 이렇게 비공식 권고에 그치거니와 만일 일본이 한국의 통치방침을 고치지 아니하게 되면, 결국에는 미국의 교회와 미국의 여론이 격앙하게 되어 미국은 부득이 공식조처를 취하게 될 것이다"라고 말했다 한다.[95]

---

93) 千葉了, 앞의 책, 180면과 『朝鮮治安狀況』(大正 11年, 國外篇), 264-265면. 방선주는 「태평양회의서」가 총독부측의 주장대로 문서에 찍힌 인감들이 제조자가 같은 사람인 혐의가 있고 필적도 2~3인의 것으로 인정될 수 있지만 국내 인사들의 청원이 아니라고 단정하는 것은 재고의 여지가 있다고 말한 뒤, 李商在 등 기독교청년회측에서 천도교의 某某 인사들과 연락하여 명단을 만든 뒤 상해로 密送했을 것으로 추측하고 있다(앞의 논문, 216면). 「태평양회의서」의 작성경위와 주도자(또는 세력), 문서에 등장하는 단체들의 성격과 실재여부, 그리고 본인들로부터 직접 서명을 받았는가 하는 것 등에 대해서는 별도의 검토가 요구된다.

94) 이승만은 1921년 12월 30일 李商在에게 보낸 편지에서, "內地에서 列名請願書가 上海로 達하여 來到인 바 徐博士[서재필]와 돌푸[F. A. Dolph]는 극히 환영하여 즉시 全文을 映相에 모사하여 數千張을 印刊 譯出하여 公佈하려는 것을 强勸停止하였더니 此는 無他라 署名諸氏가 被押見辱할 것을 顧念함이러니…"라고 했다(『雩南文書』제16권, 186면). 한편 이승만은 상해임정에 전보를 보내 문서공개에 대한 승락을 받았다(The Syngman Rhee Telegrams, 254-256면).

미국의 국무장관 휴즈가 과연 그와 같은 말을 했었는지는 확인할 수
없다. 한가지 분명한 것은 워싱턴회의에 참가한 열국 대표들 가운데 「태평
양회의서」에 대하여 공식적인 반응을 보인 사람은 없었다는 사실이다.
그리고 한국대표단은 워싱턴회의에 출석하지도 못했고 한국문제를 상정
하는 데에도 실패했다. 미국의 한 신문기자는 '한국의 대통령' 이승만은
문서를 들고 회의장 문 밖에서 서성일 수밖에 없었고, 회의장 안에 있는
각국 대표들은 고개를 돌리거나 입을 오므리면서 그를 못본 척 했다고
묘사했다.[96] 열국의 대표들은 일본을 의식하여 한국문제를 외면했던 것이
다.[97]

Ⅳ. 회의 종결과 그 영향

1922년 2월 6일 워싱턴회의는 막을 내렸다. 3개월 가까이 끌었던 이
회의의 성과를 간략히 정리해 보면, 먼저 해군군비의 제한과 축소에 대하
여 합의한 '5국조약'을 들 수 있다. 이 조약에 의하여 미국·영국·일본·
프랑스·이탈리아는 1만톤급 이상의 주력함을 5 : 5 : 3 : 1.75 : 1.75의
비율로 유지하기로 했다. 다음으로는 영일동맹을 폐기하고 그 대신 미국
과 프랑스를 포함시키는 '4국조약'을 체결했다. 여기에서는 태평양도서에
있어 조약 체결국들의 영토를 서로 존중하고 분쟁이 발생할 경우에는
공동회의에 붙이며 제3국의 침략에 대처할 조치들에 대해서도 상호 협의
토록 했다. 그러니까 태평양에서 서로의 기득권을 최대한 존중하고 보호

95) 金道泰, 『徐載弼博士自敍傳』, 291-292면.
96) The Detroit News, 1922년 1월 4일자 "St. Luke X, 30-37: Korea, Fallen Among Japs, Awaits a Samaritan"(C. A. Player). Korea Review, Ⅲ-12(1922. 2), 10면에서 재인용.
97) 이승만은 1921년 12월 30일 국내의 李商在에게 보낸 편지에서, 태평양회에 참석한 일본 대표가 聲明하되 한국문제가 제출되면 즉시 '束裝退歸'한다 함으로 다른 나라들이 감히 문제를 제기하지 못하고 있으나 내용적으로는 한국대표단이 작성·제출한 문건들을 보고 同情을 표하는 자가 많았다 라고 했다(『雩南文書』제16권, 186면).

하겠다는 것이다. 셋째는 중국에 관한 '9개국조약'이다. 이 조약은 그동안 미국이 줄곧 주장해 왔던 중국에 대한 문호개방정책을 워싱턴회의를 계기로 참가국 모두의 동의를 얻어 명문화시킨 것이었다. 이제 문호개방정책은 미국의 일방적 선언이 아닌 조약으로서의 효력을 갖게 되었다. 이외에도 중·일 양국간에는 산동반도의 반환협정이 체결되었고, 미·일간에는 시베리아철병과 얍(Yab)도에 관한 양해각서가 체결되었다.[98]

그 결과 미국을 비롯한 서방 열강과 일본 사이에는 동아시아와 태평양에서 서로의 권익을 보장하는 가운데 상호 협력체제를 구축하게 되었다. 미국의 하딩 대통령은 워싱턴회의가 끝나는 날 열국 대표들에게 세계평화를 위하여 외교상 하나의 신기원을 이룩한 데 대한 찬사를 보냈다.[99] 일본 수상 가토는 워싱턴회의에서 체결된 모든 조약들을 그 '문구과 정신'(in letter and spirit) 그대로 준수할 것이라고 말했다.[100] 이리하여 소위 워싱턴 체제가 성립될 수 있었다.

한편, 1922년 1월 21일부터 소련의 모스크바에 열렸던 '극동피압박인민대회'에서는 「워싱턴회의의 결과와 극동의 결의」에서 다음과 같이 비판했다.

> 워싱턴에서는 지독한 고통 속에서 신음하고 있는 조선에 대해서는 한마
> 디의 언급도 없었다…필리핀을 강도적인 솜씨로 정복하고 또한 중국의
> 약탈에 직접 참가하고 있는 미제국주의도 역시 조선인민의 운명에 대해서
> 는 완전한 무관심을 보였다…워싱턴회의는 4개의 흡혈귀의 동맹의 이름에

---

98) 워싱턴회의에서 체결된 조약들은『日本外交年表竝主要文書』下(東京: 原書房, 1965), 3-21
    면과 Korea Reivew, Ⅳ-1·2·3(1922. 3·4·5)에 수록. 이들 조약에 대한 해설은 金景昌,
    『東洋外交史』, 692-711면.
99)『신한민보』, 1922년 2월 9일자 「(미국)대통령의 폐회연설」.
100) Korea Reivew, Ⅳ-5(1922. 7), "A Japanese Opinion of the Four Power Treaty". 워싱턴회의가
    일본의 대외정책에 미친 영향에 대해서는, 이리에 아키라 저·이성환 옮김,『일본의 외교』,
    92-106면.

서 일본제국주의의 강도적 정책에 대하여 연대를 표명했다. 지금에 와서는 조선의 노예화된 대중은, 전세계 피압박민족과 동맹한 국제프롤레타리아트의 승리만이 그들에게 자유와 독립을 보장한다는 것을 똑똑이 깨닫고 있다.[101]

모스크바회의에서 한국문제에 대하여 이처럼 큰 관심을 보였던 이유는, 그 회의에 참석한 한국대표단이 144명의 정식대표 중 3분의 1이 넘는 52명이나 되었기 때문이다. 그들 가운데는 구미위원부의 첫 위원장이었던 김규식도 있었다. 3·1운동 직후 파리와 워싱턴에서의 활동에 대한 실망이 그를 모스크바로 향하게 했던 것이다.[102]

세계의 이목을 끌었던 워싱턴회의는 한국민족운동의 진로에 심대한 영향을 끼쳤다. 서구열강을 상대로 외교 및 선전활동을 펼쳐 왔던 구미위원부는 존폐의 기로에 서게 되었다. 워싱턴회의의 개최를 앞두고 임시위원장 서재필은 임정 재무총장 이시영에게 다음과 같은 편지를 보냈었다.

성불성은 알 수가 없으며 만일 이 평의회[워싱턴회의]에서 한국의 독립을 작정하면 주미위원부를 더 유지할 필요가 없고 정식적 공사관을 워싱턴에 설치할 것이며 또한 불행히 한국을 일본에 붙여도 위원부를 이곳에 두는 것이 필요함이 없다 하나이다. 이는 미국정부가 한번 어떠한 정책을 작정하면 백성들도 그 정책에 복종함으로 백성의 도리상 원조를 구하는 것이 소용이 없을 것이외다. 이러한 경우에는 위원부를 모스코나 이 五대 강국[워싱턴회의에 참석한 주요 열강] 밖에 다른 나라 도성에 설치하는 것이 나을 줄로 믿나이다.[103]

워싱턴회의의 결과에 따라 구미위원부를 정식 공사관으로 개편하거나

101) 『コミンテルン資料集』제1권(東京: 大日書店, 1979), 137-138면. 양호민, 「일제기의 대미인식」, 『한국인의 대미인식』(민음사, 1994), 184-185면에서 재인용.
102) 스칼라피노·이정식 저, 한홍구 옮김, 『한국공산주의운동사』(돌베개, 1986), 77-83면.
103) 『신한민보』, 1921년 7월 25일자 「재무부와 위원부간 래왕공문」.

폐쇄하는 두가지 방안 가운데 하나를 선택해야만 한다는 것이었다. 그 회의가 끝난 후 서재필은 『신한민보』에 공개서한을 보내 자신은 앞으로 독립운동에 직접 간여하지 않겠다는 뜻을 밝혔다. 정한경 또한 자기가 없어도 구미위원부의 사무진행에 '구애'가 없을 것이라는 이유를 들어 위원직을 사임했다.104)

구미위원부에 이제 남은 사람은 이승만 뿐이었다. 그는 워싱턴회의는 끝이 아니라 시작이며 이번 외교의 실패는 우리측의 준비가 제대로 되지 못한 데 일차적인 책임이 있다고 말하면서 구미위원부와 상해임시정부를 유지하기 위한 미주교민들의 재정지원을 호소했다.105) 그러나 교민들의 반응은 냉담했다. 이승만은 그를 따르는 동지회라든가 하와이 교민단의 지원에 힘입어 워싱턴에 사무실을 유지하면서 구미위원부의 명맥을 이어 나갔다. 1941년 12월 태평양전쟁이 일어난 뒤에야 구미위원부는 다시 본격적인 대미외교 활동에 나설 수 있었다.

한편, 상해임정은 내부적으로 크게 흔들리면서 독립운동의 최고지도부 로서의 위상을 더 이상 지켜갈 수 없게 되었다. 1922년 초 임정의 국무원 은 신규식(국무총리 대리, 법무총장), 이동녕(내무총장), 이시영(재무총장 겸 노동국총판), 노백린(군무총장), 김인전(학무총장 대리), 손정도(교통총 장) 등이었다. 이들은 워싱턴회의가 끝난 직후 정국을 수습할 수 없다는 이유로 총사직 의사를 표명했다.106) 그러나 이승만은 후계내각을 구성하

---

104) 『신한민보』, 1922년 2월 23일자 「서재필의 편지」와 9월 7일자 「정한경의 사임」.
105) 『신한민보』, 1922년 1월 4일자 「대통령의 공함」. 이승만은 1921년 12월 30일 李商在에게 편지를 보내 미주교민사회의 경제적 어려움을 전하면서 상해임정의 유지비 만큼은 국내에 서 조달해 주기를 요청했었다(『雩南文書』제16권, 186면).
106) 『獨立新聞』, 1922년 3월 31일자 「國務員總辭職에 대하여」. 李始榮은 1921년 11월 23일자 이승만에게 보낸 편지에서, "태평양회의가 개막된지 이미 열흘이 지났고 東方문제도 제출 되었다 하는데 우리 한국문제는 아직까지 어떠한 소식도 없으니 輿情의 갈망이 점차 낙심하 는 걱정으로 바뀌고 있습니다. 당초에 기대가 너무 컸던 만큼 만일 낙담하는 지경에 도달하 게 되면 장래에 수습상 난처할 사단이 매우 많겠습니다"라고 하여 워싱턴회의에서 아무런

지 못했다. 상해 일각에서는 이승만이 정부의 권고에 따라 대통령직을 사임했다는 설까지 나돌았다.107)

임시의정원에서는 같은해 6월 9일 吳永善 등 5명의 의원이 대통령 및 국무원 불신임안을 제출했다. 그 이유로는, ①민심이반으로 인한 정국 수습능력의 결여와 독립운동의 정지, ②파리강화회의와 워싱턴회의에서의 완전한 외교실패, ③후계내각 구성의 실패와 인사권의 천단, ④무정부 상태에 대한 무책임과 방관적 자세 등이 제시되었다.108) 이 불신임안은 6월 17일 임시의정원에서 가결되었다. 그러나 張鵬 등 이승만을 지지하는 의원들에 의하여 그 결의는 번복되었고 불신임안을 제출했던 의원들은 사퇴했다. 이로써 임시의정원도 제기능을 다할 수 없게 되었다.109)

1923년 초 상해에서는 한국독립운동의 진로를 새롭게 정립하기 위한 '국민대표회'가 개최되었는데, 이른바 창조파와 개조파로 양분되면서 실패로 끝났다. 그들은 기존의 임정체제와 운영을 비판하는 점에서는 출발을 같이했으나 이념과 노선상의 차이로 통일된 새로운 대안을 마련하지는 못했던 것이다.110) 임정은 1925년 3월 비상수단을 취하여 이승만을 탄핵·면직 처리하고, 구미위원부를 폐지하며, 대통령중심제 헌법을 개정함으로써 새로운 돌파구를 마련하고자 했다. 그럼에도 불구하고 내각과 임시의정원을 정상화시키지는 못했다. 1931년 일제의 만주침략과 윤봉길의 거가 있은 후에야 임정은 차츰 활기를 찾게 되었고 그런 가운데 김구의 지도권이 확립되어 갔다.

국내에서는 민족진영 내부의 좌·우분화가 촉진되었다.111) 이러한 움

성과도 거두지 못했을 때 임정을 현상태로 유지하기가 쉽지 않을 것임을 예고했었다(『零南文書』제17권, 501면).

107) 『韓國民族運動史料』(중국편), 409면.
108) 위의 책, 409-410면.
109) 『신한민보』, 1922년 9월 7일자 논설 「뒤죽박죽」과 10월 5일자 「상해 진상」.
110) 趙澈行, 「국민대표회(1921-1923) 연구」, 『史叢』44(1995); 尹大遠, 앞의 논문, 256-267면.

직임과 관련하여 먼저 주목할 것은 『동아일보』의 기자로서 워싱턴회의를
참관했던 김동성의 발언이다. 그는 1922년 1월 중순에 귀국한 뒤 환영회
등의 모임에서 대략 다음과 같은 요지의 말들을 했다고 한다. 첫째, 워싱
턴회의의 목적은 일·영·미 3대국의 충돌을 피하고 영원한 평화의 복리
를 누리려는 데 있었고, 이번 회의를 통하여 일본의 국력과 그 위세를
실감할 수 있었다. 둘째, 조선의 독립은 일본의 양해를 얻지 못하는 한
도저히 불가능하다. 그동안 미국이나 기타 외국인들이 한국독립을 원조
또는 이에 동정하는 듯한 태도를 보였던 것은 결코 그들의 성의에서 나온
것이 아니라 종교선포의 한 수단으로서 교묘하게 조선인에게 영합한 것에
지나지 않는다. 셋째, 조선독립과 같은 것은 당분간 절망이므로 조선인은
모름지기 문화의 향상·발전에 노력하고 실력양성에 매진하지 않으면 안
된다고 했다는 것이다.[112]

한편 워싱턴회의가 끝난 후 국내의 민심추이를 살피고 있던 총독부 경
무국은 최근에 들어 조선독립을 영원한 장래에 기약하는 '문화적 독립운
동'이 발흥을 보게되었는가 하면, 다른 한편에서는 자포자기에 빠져 공산
주의적 경향을 띤 사회운동에 종사하는 청년들이 생겨나고 있다는 분석을
내놓았다.[113] 다시말하여 총독부의 '문화정치' 테두리 내에서 정치적 경
제적으로 얻을 수 있는 것은 최대한 확보하면서 기회를 기다리자는 이른
바 민족개량주의자들(또는 민족주의우파)이 부쩍 늘어나는 반면 일부 급
진청년들은 사회주의쪽으로 기울고 있다는 것이다. 그 가운데에는 총독
부와의 타협을 거부하는 민족주의자들(즉 민족주의좌파)이 위치하고 있

---

111) 국내 민족주의자들이 좌·우로 분화되게 된 계기와 그 시점에 대해서는 기존 연구들에서
    다소 모호하게 처리해 왔다. 그런데 姜東鎭은 3·1운동 이후 민족주의자들이 차츰 갈리다가
    워싱턴회의가 종결된 후 그러한 현상이 '급속도로 촉진'되었다고 보고 있다(『日帝의 韓國侵
    略政策史』, 382면).
112) 『朝鮮治安狀況』(大正11年, 鮮內), 13-16면.
113) 위의 책, 19-20면.

었다.

국내 민족진영의 분화 양상은 중국 상해에서 귀국한 이광수가 1924년 초『동아일보』에 「민족적 경륜」이라는 사설을 게재하여 '조선 안에서 허용되는 범위' 내에서의 일대 정치적 결사운동을 표방하면서 보다 뚜렷해졌다. 자치운동에 대한 찬반 논의가 일면서 민족주의자들은 좌·우로 갈라서게 되었던 것이다.[114] 워싱턴회의가 좌·우 분화의 계기가 되었다면, 자치논쟁은 그 어느 쪽이든 한쪽을 선택해야만 하는 상황으로 몰아가고 있었다. 그후 동아일보계열과 천도교 신파가 총독부와의 타협에 의한 자치운동을 추진하게 되자 이에 반발한 민족주의좌파들은 사회주의세력과의 연대를 꾀하게 되었고, 그것이 1920년대 후반 신간회의 결성으로 이어졌음은 주지의 사실이다.

맺음말

제1차 세계대전을 거치면서 미·일간의 관계는 상호 신뢰와 협력보다는 갈등과 대립의 측면이 두드러져 보였다. 1915년 1월 일본의 '21개조 요구'에서 시작된 중국과 소위 滿蒙문제에서부터 시베리아에서의 일본군의 철병문제, 태평양상의 전략적 요충지인 얍도의 관할문제, 해군군비축소문제, 영일동맹의 존폐문제, 그리고 미국 내의 일본인 이민문제에 이르기까지 양국간에 해결해야 할 문제들은 그 성격이 다양했고 또 다른 나라들의 이해관계와도 복잡하게 얽혀 있었다. 파리강화회의에서는 패전국 독일이 중국 산동반도에 갖고 있던 제반권익과 그들 소유의 태평양도서들의 귀속문제만이 논의·결정되었을 뿐이다. 그런데 미국 의회가 베르사이유강화조약의 비준을 거부하고 중국 또한 그 조약을 인정하지 않음으로써

---

114) 朴贊勝, 「일제지배하 한국민족주의의 형성과 분화」, 『한국독립운동사연구』15(2000, 12), 70면.

산동반도의 처리문제 역시 미해결의 과제로 남아 있었다.

이러한 상황에서 미국의 신임대통령 하딩이 동아시아·태평양지역의 제반 현안을 논의하기 위한 워싱턴회의 개최를 제의하자 세계의 이목은 이 회의에 쏠리게 되었다. 한국의 민족주의자들도 예외는 아니었다. 특히 침체와 내부분열을 겪고 있던 구미위원부와 상해임정은 자신들에게 닥친 위기를 수습하고 다시 독립운동의 주도권을 잡을 수 있는 좋은 기회로 받아들였다. 그들은 국내의 동아일보 및 기독교계 지도자들과의 접촉을 시도했다. 목적은 두가지였다. 첫째는 3·1운동 때와 같은 대대적인 시위운동을 일으키는 것이고, 둘째는 그들이 필요로 하는 자금을 확보하는 것이었다. 한편 상해임정은 손문의 광동정부에 특사를 파견하여 임정에 대한 공식 승인과 더불어 500만원의 '차관'을 요청하고 중한협회와 같은 민간단체들을 조직했다. 이러한 활동은 워싱턴회의에서 중국측의 지원을 얻기 위한 노력이었다. 구미위원부는 임정으로부터 전권을 위임받은 '한국대표단'을 구성하고 미국 정부와 워싱턴회의에 참가한 각국 대표들을 상대로 청원활동을 펼쳤다. 한국대표단에는 콜로라도 주지사와 연방 상원의원을 지낸 영향력있는 정치인이 영입되었다. 미국내 주요 도시에 25,000명의 회원을 거느리고 있다는 한국친우회와 교민단체들이 한국대표단을 측면 지원하는 활동을 전개했다. 이러한 모든 노력에도 불구하고 한국문제를 워싱턴회의에 상정시키는 데에는 실패했다. 주최국인 미국이 3·1운동 때와 마찬가지로 한국문제는 일본의 '내정문제'라는 입장을 견지했기 때문이다.

파리강화회의에서 워싱턴회의에 이르기까지 한국의 민족주의자들은 사실 미국의 역할에 은근한 기대를 걸고 있었다. 두 회의를 미국이 주도했고, 동아시아와 태평양방면에서 미·일 양국의 이해관계는 충돌할 수밖에 없다는 그들 나름의 현실적 판단에서였다. 물론 그 밑바탕에는 개항 이래 지속되어 온 우호적인 대미인식이 자리잡고 있었다. 그러나 워싱턴회의가 끝난 후 그들은 새로운 방향전환을 모색해야만 했다. 국내에서는 사회주의사상이 더욱 힘을 얻게 되었고, 동아일보를 비롯한 민족진영 내의 일부 세력들은 실력양성론을 표방하면서 조심스럽게 자치운동을 모색해 나갔다. 일본과의 타협에 의한 양보를 얻어내는 길 이외에는 다른 방법이 없다는 생각 때문이었다. 구미위원부는 공식적인 활동을 포기하고 그 이름만을 보전했다. 후일을 기약하기 위해서였다. 상해임정은 독립운동의 최고 지도부로서의 역할을 다할 수 없게 되자 임시대통령에 대한 탄핵과 동시에 구미위원부의 폐지라는 비상조치를 단행했다. 파리강화회의가 한국에서 3·1운동이 일어나게 된 하나의 배경을 이루었다면, 워싱턴회의는 그 이후 계속되어 온 한국민족운동의 판도와 진로를 바꾸어놓았던 것이다.

투고일 2003년 5월 10일 / 심사완료일 2003년 5월 30일

주제어 : 워싱턴회의, '한국대표단', 구미위원부, 대한민국임시
　　　　정부, 동아일보

Washington Conference(1921~22) and The Korean Independence Movement

Ko, Jung Hyoo

The Washington Conference was held in Washington D.C. from 12 November, 1921 through 6 February, 1922 at the suggestion of U.S. President, Warren G. Harding. Nine countries including Japan, Great Britain, France, Italy, and China as well as the U.S. attended the conference and discussed various issues which had been posed in East Asia and Pacific areas since World War I. As the result, a new international order, often called, the 'Washington Treaty System', was formed in these areas.

Korean nationalists showed an extreme interest in the conference. The Provisional Government of the Republic of Korea (PGRK) at Shanghai in China and the Korean Commission (KC) which had come into operation in U.S. made two plans. The first one was a large-scale demonstration similar to the March First Movement, secretly connected with some nationalist groups in Seoul. Secondly, they intended to send 'the Korean Mission' to the conference and introduce the Korean Problem. However all their efforts ended in failure. A domestic demonstration could not occur due to the strict control of the Japanese Government. Also the U.S. did not allow 'the Korean Mission' to participate in the conference, saying "Korea has no international standing, and we have had no diplomatic intercourse with that country since 1905".

The Washington Conference had a serious effect on the progress of the Korean independence movement. The KC and PGRK became depressed and internally divided. At home Socialism had spread and some nationalists tried to move toward 'autonomy' through compromise with Japan. The Nationalists who opposed to this movement in Korea sought solidarity with Socialists.

Key Words : Washington Conference, The Korean Mission, Korean Commission, Provisional Government of the Republic of Korea, Dong-A Ilbo

일제 말기 조선총독부의 중소기업 육성정책의 전개와 그 성격

김 인 호[*]

머리말

일찍이 일본의 전시 전후 경제의 실상을 파헤쳤던 코헨(J.B. Cohen)은 "식민지 조선의 공업화는 일본인이 주축이었으며 조선인은 자국의 공업

---

* 한국싸이버대 겸임교수

화에 참가하는 것이 제약되었다"고 언급하고 "8·15 당시 인구가 조선인의
3%에 불과한 일본인이 조선내 공업자산의 80% 이상을 독점"한 것은 그것
을 증명한다고 했다.[1] 이른바 조선인 자본의 '전면파탄론' 또는 '소멸론'
적 입장이다.

　반면 일부에서는 조선인 자본과 상공업이 일정하게 잔존했다고 보고
해방 후 남한 자본주의와의 연관성을 중심으로 다양한 측면에서 그 실상
과 의미가 분석되는데, 이른바 '잔존설'이다. 먼저 니노 유타가[2]는 광범위
한 조선인의 자급자족적 재생산 조직이 식민지 경제의 저변에 존재했다는
점을 전시하 조선인 중소기업의 존재와 관련시켰다. 또한 호리(堀和生)도
"새로운 자본주의적 생산력에 의해 농촌을 포함한 조선 내부의 사회적
분업이 급속히 재편되고 그 과정에서 독점자본에 의한 기계제 공업과
경합하지 않는 분야"에 주목했고,[3] 이홍락은 독점자본과 경합하지 않는
분야의 조선인기업군[4] 권태억도 '한국인' 직물업이 일본자본이 침투하지
못하는 '틈새시장'을 강조했다.[5] 나아가 허수열도 당시 조선인 중소자본
은 일본 독점자본 및 예속 대자본과 이해를 달리한다고 보고 어유비업·
제지업 등을 예로 들었다.[6]

1) J.B. Cohen[大內兵衛 역], 『戰時戰後日本經濟』<上>(岩波書店, 1950), 50면.
2) 新納豊, 「植民地下の「民族經濟」をめぐって」(『朝鮮史研究會論文集』20, 朝鮮史研究會,
　　1983. 3).
3) 堀和生, 「1930年代 朝鮮工業化의 再生産條件」(『近代朝鮮의 經濟構造』, 比峰出版社, 1989).
　　이러한 관점에서 木村光彦은 1920년 이후 약 30년대 말까지 충청도 경제동향을 분석하고
　　충청도 경제가 기본적으로 기술발전이나 생산력의 증대는 미약할지라도 일부 공업분야에서
　　기술진보가 나타나고 농업소득은 수확보다는 시장상황에 더 크게 조응하고 있다고 보았다.
　　[木村光彦, 「충청도 경제의 분석」(『近代朝鮮의 工業化 研究』, 一潮閣, 1993)
4) 李洪洛, 「日帝下朝鮮民衆의 再生産活動とその經濟的基盤」(神奈川大學經濟學博士學位論
　　文, 1995).
5) 權泰檍, 『韓國近代綿業史研究』(一潮閣, 1989).
6) 허수열, 「植民地經濟構造의 變化와 民族資本의 動向」(『한국사』14, 한길사, 1994. 1),
　　130~133면 및 「일제하 한국에 있어서 식민지적 공업에 관한 연구」(서울대 경제학과 박사학
　　위논문, 1983).

대체로 기왕의 연구에서는 일제말 조선인 자본의 팽창 원인에 대해 일제의 직접적인 조장이나 육성보다는 내재적 시장이나 틈새 등에 의해 증가한 것이라는 연구성과가 많다.

과연 그럴까?

오히려 침략전쟁 시기 조선인 중소기업의 증가는 내재적 영역보다 사실상 일제의 정책적 동기와 밀접한 관련이 있다. 그 핵심적 동인은 일제가 월등한 생산력을 보유한 영미 등 연합군 진영과 전쟁을 해야 한다는 역사적 조건이었고, 그것을 위한 생산력의 확보는 조선상공업의 전면적인 재편을 가져온 중요한 동인이었다. 즉 조선에서 잔존하는 중소공업을 일정하게 '육성'하여 생산력을 동원하자는 것이다..

물론 그러한 육성책이 제대로 전개되었는지 의문이다. 총독부가 여러 곳에서 중소공업 육성을 천명했고, 실제 정책도 전개했지만, 실제 그 결과에 대해선 여전히 규명된 것이 없다. 따라서 총독부의 육성대책이 식민지 상공업계의 사기진작을 위한 '구호적 서비스'에 불과한 것인지, 아니면 실제 다양한 육성대책이 전개되면서 실질적인 조선인 중소기업의 외적 팽창을 불러왔는지 구체적으로 살필 필요가 있다.

이에 본 연구는 총독부가 전시체제 이후 널리 선전한 이른바 중소기업 육성대책의 실상과 허상을 점검하려고 한다. 이에 구체적으로 다음 세 측면 즉, (1) 조선에서 중소기업 육성책이 추진된 근본적인 배경. (2) 구체적인 육성대책의 내용과 결과. (3) '육성대책'이 남긴 영향력 등에 관해 분석한다. 그럼으로써 궁극적으로 일제말 조선내 중소기업의 역사적 성격을 이해하는데 일정한 도움이 되고자 한다.

I. 육성대책의 수립 배경

1) 일본본토의 중소기업 대책 추이

1940년에 들자 일본 중소기업은 대내외 요인이 복합되어 심각한 타격을 받았다. 우선 대내적으로 <임시자금조정법> 및 <수출입등 임시조치법> 등에 의한 비군수산업의 제한에 이어 9·18조치 · <7·7금령> · 원자재사용제한 · 배급통제 등이 이어졌다. 대외적으로도 유럽에서 전쟁이 확산되면서 파운드 블록과의 무역이 동결되는가 하면 일본의 북베트남 침략에 대응한 연합군 진영이 공작기계 · 가솔린 및 고철 등을 금수하면서 심각한 물자부족 상황이었다.

이에 일본본토에서는 정리와 정비라는 철저한 중소기업계의 전시재편이 추진되었다. 첫 단계로 <중소상공업자대책요강>(1940. 10)을 결정하여 1930년대 후반 이후 추진되던 전업 대책과 더불어 "가능한 업자가 자주적으로 기업을 정비하며 기존의 경영형태는 가급적 유지하여 배급기구로 활용"[7]하는 조치 즉, 기업정비를 천명했다. 이러한 입장은 고노에 내각의 <경제신체제확립요강>(1940.12)에서도 "중소기업은 육성하며 다만 유지가 곤란한 경우에 한해서 자주적으로 정리 · 통합하며 이것을 공업조합으로 조직화 한다"고 하여 재확인되었다.[8]

<대책요강>의 의미는 기구적으로 공업조합 등을 통해 중소기업을 횡적으로 통합하는 것과 더불어, 대공장에 종단적으로 결합하여 하청화 한다는 두 가지 의미를 포함했다. 그리고 생산력 관점에서 보면 기존 중소기업 가운데 생필품 산업은 '육성'하고 군수산업 및 생활 산업은 '촉진'하며

---

7) 栗屋幸衛,「中小企業整備問題について」(『朝鮮工業組合』, 1943년 10월호), 6면.

8) "『경제신체제확립요강>에서는 일반 중소공업을 원칙적으로 유지육성해야 한다고 하지만 타방에서는 유지곤란한 경우에는 자주적인 정비통합이 강조된다. 여기서 2대 중소공업대책을 알 수 있다. 전자를 유지육성 원칙이라 한다면 후자는 정비통합원칙이다."[小出保治,「中小工業の整備統合とオプテイマム理論」(『中小工業の將來性』, 有斐閣, 1942), 319면]

수출산업은 '촉진 혹은 유지'를 겸행하고, 다만 비군수산업은 '규제'한다
는 것이었다. 이상의 정책을 지원하기 위하여 국민직업지도소와 국민근로
훈련소·국민갱생금고 등이 창설되었다.9) 이처럼 일본에서의 중소기업
대책은 비록 <확립요강>에서 고노에가 '육성을 선전해도 중소기업의
갱생을 명분으로 정리와 정비에 무게를 두어 거기서 발생하는 유휴설비를
시급한 군수분야로 이전하는 모습이었다.10) 이에 업자의 불만에 조응하여
1941년 2월에 기업정비의 후속조치로서 '중소기업구제대책'이 제국의회
에 제출되었지만 이 대책은 원활하게 진행되지 못했다.

> 이는 당시 중소상공업자의 불안을 대상으로 한 것으로 다분히 정치적
> 색채가 농후한 성명이다. 대개 오늘날 우리나라 중소상공업대책의 중점은
> 어떠한 종류의 중소공업을 어떻게 육성하는가 인데, 위 정부성명은 다음의
> 문제해결에 하등의 표준도, 시사점도 주지 못하기 때문이다. 정부가 중소
> 공업 육성을 하기로 했지만 사실 실현 가능한 것은 전시 비상통제중에
> 있는 중소공업에만 전적으로 해당되는 것뿐이며 전통적인 재래형 중소공
> 업, 세계경제의 블록화에 도태원인을 둔 중소기업 등은 물자부족으로 이
> 기회에 오히려 전폐업을 적극 촉진할 판이다.11)

특별히 태평양전쟁이 발발하자 일본의 경제 전략이 이른바 엔블록권의
생산력확충에 모아지면서 중소공업 대책이 크게 변화했다.12) 그것은 중소
기업을 배급이나 자금 등 측면에서 간접적으로 통제하는 것이 아니라

---

9) 「中小商工業再編問題」(『新義州商工會議所月報』, 1942년 4월호), 13면.
10) "1940년 가을 삼국동맹 이후는 대외 정치·경제 정세의 대전환과 국내의 고도국방국가체제
    확립 및 경제신체제 수립구상과 더불어 중소상공업자 문제도 이미 단순한 구제대책으로
    끝나지 않고 단순한 구제보다도 업자의 정리 재편성이 중심과제가 되었다." [李基洙, 「朝鮮
    中小企業問題の現段階」(『朝鮮總督府調査月報』, 1942년 8월호), 3면]
11) 高橋龜吉, 「現下中小工業問題の性格と其の對策」(『經濟月報』, 1941년 4월호), 4면.
12) 김인호, 「북방엔블록과 조선간의 경제적 연관에 관하여」『한국민족운동사연구』(30),
    2002.3.

국가가 직접 기업구조 및 경영형태를 재편하여 국가통제를 가일층 강화하려는 기업정비를 본격 실시하는 것이었다. 그렇지만 아직 기업정비는 중소기업·비군수산업을 대상으로 했고 총체적인 정비라기보다는 중소기업의 희생완화라는 측면에서 선전되었다.[13] 따라서 1942년의 정비는 군수공업까지 정비하고 전면적인 노동력 및 설비동원의 수단으로 이용되었던 1944년의 기업정비와 차이를 보였다.

당시의 일본본토의 기업정비 과정을 보면, <확립요강>이 발표된 직후 상공성은 곧바로 <중소상공업자의 기업합동 장려지도에 관한 건>을 결정하여 업종별 정비에 착수하고 <기업정비대강>을 공포하여 조합을 단위로 하여 정비를 시작했다. 추진기관으로 기획원에 '중소상공업재편성대책위원회'를, 각 부·현에는 지방관을 중심으로 한 '중소상공업재편성협의회'를 설치하고 여기에 산업보국회·상업봉사위원 등을 구성원으로 하여 중소상공업의 정리·전업·생활안정에 관한 종합적인 계획을 수립하도록 했다. 또한 1941년 11월에는 '하청화' 지정공장으로 전국에서 1만 1천여 개의 공장을 지정한 데 이어서 기업정비 및 유휴설비 활용을 명목으로 <산업설비영단법>을 공포하였다. 또한 기업정비로 나타나는 유동자금 문제와 업자의 불만을 완화하고자 국민갱생금고의 실시범위를 확대(1941. 8)하고, 제78~79회 제국의회에서 동업자 자구책 및 전업자에 대한 생활원호금·조세감면을 강구하였다.[14]

그렇지만 태평양전쟁이 지속되면서 중요산업에서 노동력 부족이 심화되고 중소기업에 대한 보다 계획적 정비가 필요했다. 즉 일본본토의 각의는 <중소상공업의 정리통합 및 전업촉진에 관한 기본적인 처리방침>(1942. 3)을 결정하여 도태·전업 중심의 정비를 계획했다. 따라서 그 동안 표면적으로 선전되었던 '중소기업 육성논리'마저도 폐기되었고, 더불어

---

13) 粟屋幸衛, 「中小企業整備問題について」(『朝鮮工業組合』, 1943년 10월호), 5면.
14) 「安倍企劃院次官 放送」(『新義州商工會議所月報』, 1942년 4월호), 15면.

종래 <중소상공업대책요강>(1940. 10)과 <경제신체제확립요강>(1940. 12)에서 규정했던 자율적 정비원칙도 '행정관청의 지도장려[15]'에 의한 '강권적'으로 전환했다. 이러한 강권적 행정지도 단계를 넘어 이제는 입법조치에 의한 확실한 국가통제와 법적 정비가 진행되면서 마침내 <기업정비법>이 공포되었다. 그리고 1942년 8월에는 <중소공업정비에 관한 건>을 공포하여 <전력증강기업정비요강>(1943. 6) 이전까지 업종별 기업정비를 실시했는데 그것은 <전력증강기업정비요강> 이후 부문별 기업정비를 예비하는 것이었다. 이에 중소기업의 정비는 단순히 비군수산업·경공업만이 아니라 기계·방직·화학 공업도 포함되었다. 이러한 본토의 상황에 조응하여 조선에서도 중소기업정책이 전개되었다.

2) 조선내 중소기업의 실태와 그 대책

중일전쟁 이후 조선에서의 중소기업 대책은 종전처럼 식민통치의 안정을 유지하면서도 일본이 침략전쟁을 수행하는 데 필요한 생산력의 동원능력 제고가 중요한 사안으로 부각되었다. 예를 들어 우가키 총독시절부터 "일·선·만블록의 산업 연관을 강화하려고 만주는 조잡한 공업, 일본본토는 정밀공업, 조선은 중소공업 및 중소수공업을 발전시킬 필요가 있다"[16]고 한 것이나 조선에서도 <산업경제조사준비위원회>나 <산업경제조사회>에서 "조선의 중소공업은 아직 부진을 벗어나지 못했기 때문에 금후 일층 중소공업 진흥과 부업보급에 노력하고, 대공업과 병존하여 발전해야 한다"고 한 것은 중소공업의 육성을 언급한 것이다.

---

15) 粟屋幸衛, 「中小企業整備問題について」(『朝鮮工業組合』, 1943년 10월호), 6면.
16) "일·만경제블럭은 조선을 중계로 하여 粗工業적인 중공업을 만주의 공업전선에 놓고 내지는 중공업중 고급공업 및 정밀공업을 더욱 진흥시키며 그 중간에 있는 조선은 중간지위를 점하는만큼 공업에서도 중간적 지위를 점한다. 그 처음에는 중소공업 특히 中小手工業이 가장 적당하다." [鉛市太郎, 「化學工業に於ける內地滿洲及朝鮮の地位」(『朝鮮及滿洲』, 1935년 6월호), 19면

그러나 1940년 9월 일본이 북베트남에 진주하자 연합군 진영이 일본본토에 대한 금수(禁輸)를 개시했고, 이에 일본본토의 중소공업도 위기에 처했다. 물론 조선은 그동안 비엔블록과의 무역이 적었기에 금수의 영향은 적었다. 하지만 태평양전쟁 시점에 연합군의 금수로 일본에서 물자부족이 심각해지면서 점차 배급 및 수이출 규제가 강화되었고 특히 조선에서도 생산력확충이 본격 실시되면서 격심한 물자부족 상태에 처하여 조선 내 중소기업의 휴폐업이 속출하였다.17) 예를 들어 1940년 10월 경성상의가 실시한 서울의 실업현황을 보면 정미업·곡물업·함석업·인쇄업·진유기업 및 판매업·종이상자제조업 등 총 325개소에서 대량 실업사태가 빚어졌다.18) 종업원을 포함하면 시계·안경·귀금속상·직물상·가구제조·전당포·고물상·경염포목상·금물상·신발상·피복·인장·화장품·사진재료·식료상·구두점·양품점·양복점 등 총 965명이 그러한 상태였다. 종래까지는 주로 금속·기계·인쇄·화학·장신구 등의 실업률이 높았다면 1940년 이후는 정미·곡물·진유·지함업 등에서 실업률이 높았다.19)

한편 1941년에 들면 휴폐업 위기가 일반산업에서 생필품 산업으로 확장

---

17) "전시 통제경제에 복무하게 된 조선경제는 그 수량적 수준의 저위에도 불구하고 질적으로 는 일본 본토중소공업보다도 철저한 타격을 받았다. 공업조합법도 일본본토보다 늦게 1938 년 제정되었음에도 전쟁경제의 영향은 단순히 조합원의 협동만으로 막을 수 없었다."[末松 玄六,「中小工業問題に於ける內鮮比較」(『總督府調査月報』, 1941년 3월호), 38면]

18) 『殖銀調査月報』(1940년 12월호), 109면.

19) "업종별 상황을 보면 정미업의 경우, 경성부에서 총 177店 가운데 160店이 失業이었다. 이는 지정精米所制度의 실시에 의한 것으로 指定 15店을 제외하고 모두 失業 또는 半失業에 빠진 결과였다. 또한 穀物仲立業도 배급통제의 강화에 따라 62店이 실업위기에 빠졌고 함석업 및 紙函製造業은 재료입수난으로 半失業 상태에 처했으며, 인쇄업 또한 용지가 일본에서 오지 않아 주문은 쇄도하지만 생산이 불가능하여 3점이 실업위기에 처했다. 특히 眞鍮는 조선인이 가장 많이 사용하는 식기를 제조하는 업종으로 경성부에 40업종, 4백명 정도의 종업원이 있었으나 전부 실업하였다. 또한 金銀細工業은 800명 전부 실업했다."[『殖銀調査月報』(1940년 12월호), 109면]

되었다. 즉 1941년 7월의 조선상공회의소 조사에 의하면 휴업위기에 있는 업종은 금은세공・철공금속・식료품업이었고, 폐업위기에 처한 업종은 직물상・피복상・여행도구상・신발상・우구(雨具)상・조선업・구두제 조수리・곡물상・고물 및 골동품상 등이었다.[20] 그 원인을 보면 금은세공 및 철공금속업은 <7・7 사치품 금령> 이후 세공이 금지되었기 때문이고 신발・직물・식료품은 1941년 3월부터 실시된 대대적인 생필품 배급통 제에 따른 것이었다. 1942년의 경우에도 <표 1>에서 보듯이 대체적으로 원자재 매입곤란, 이윤축소 등 대대적인 중소기업 위기 국면이 조성되고 있다.

〈표 1〉 1942년도 원산지역 중소기업 경영난 사유

사 유	응답자 수	비 율
매입곤란	1,375	57
판매곤란	100	4
금융 불원활	377	16
이윤축소	514	21
기 타	33	1
합 계	2,399	100

비고: 비율합계가 차이나는 것은 각 업종비율을 반올림했기 때문임.
출전: 『經濟治安週報』(1942년 6월 29일자), 8면.

그렇지만 총독부는 '중소기업육성대책'을 계속해서 선전하였다. 당시 식산국장이었던 카미타키의 언급을 보면 다음과 같다.

조선의 중소상공업과 기타 기업이라는 것은 아직 요람시대에 있다. 이 때 정리통합이라는 것은 발아하는 맹아를 궤멸시키는 것이다. 그렇기에 일본본토가 최근에 들어 정리통합을 강화하는 이유로는 정리통합에 의해 생기는 노동력을 현재 극히 긴요한 방면에 옮긴다고 하는 노동력 동원문제

를 수반하고 있기 때문이다. 조선에서 하물며 전체산업 가운데 적은 부분
을 점하고 있는 것에 불과한 것을 정리한다고 해도 노동력 문제를 해결할
수 없다.[21]

즉 중소기업의 정리는 오히려 조선경제의 발전을 저해하고 노동력 동원
의 효과도 올릴 수 없다는 것이었다. 즉 종래 조선은 산업물자 및 기계·
각종 생필품을 대부분 일본본토에 의존하였지만 이입감소로 이들 물자를
자급해야 하는 상황에서 중소기업을 희생해서는 안되며,[22] 일본본토와
비교하더라도 도태가 필요할 만큼 중소기업이 성장하지 못했다는 것이
었다.

> 大工場만으로 말단의 부분품까지 모두 생산하는 것은 불가능하다. 따라
> 서 측면 원조적인 중소공업자의 발전은 분명 필요한 것으로 또한 中小工場
> 에 적당한 사업도 적지 않은 까닭에 그러한 특이성을 살려 시국의 생산확
> 충에 협력하도록 해야 한다.[23]

당시 조선총독부 조사국 사무관이었던 이기수도 "조선의 중소상공업자
수는 총인구와 비교해도 적고 상공업이 미발달했기에 일본본토에 대한
의존에서 탈각해서 조선의 자급을 꾀하려고 한다면 중소상공업을 육성하
지 않을 수 없다"[24]는 당시의 상황을 말하고 있으며, 같은 조사국의 마에
가와도 "조선의 생산력이 東亞지역 가운데 상당한 수준이기에 총후(후방;
필자)를 예비할 수 있다"[25]고 하여 육성정책의 필요성을 제창했다.

---

21) 上瀧 基, 「朝鮮産業に就て」(『朝鮮實業』, 1942년 7월호), 15~16면.
22) 李健赫과 朝川東錫 總督府 商工局 사무관과의 대담, 「中小企業의 今後」(『朝光』80, 8권
   5호, 1942. 5) : 『植民地時代資料叢書』6(『經濟』2), 519면.
23) "[德山 新, 「時局下中小工業の問題」(『朝鮮』, 1940년 11월호), 55면]
24) [「更生金庫制度と更生金融制度」(『經濟月報』, 1942년 10월호), 25면 및 巴山基洙(창씨이전
   명 李基洙), 「朝鮮中小企業問題の現段階」(『朝鮮總督府調査月報』, 1942년 8월호), 5면]
25) 前川勘夫, 『朝鮮中小工業對策に關する若干指標の調査』<上> : 『總督府調査月報』(1943

이러한 '육성'논리는 겉으로만 보면 일본본토에서 '정리와 압축'국면이 본격화되는 것과 매우 대비되는 것이었다. 그러나 조선의 중소공업은 육성하고 일본본토에서는 도태하는 것이 전쟁물자의 동원력을 높일 수 있다는 면에서 서로 동일한 목적을 가진 것이라 할 수 있다. 즉 조선의 중소기업의 도태시킬 것이 아니라 적극적으로 생산력확충에 동원하자는 논리였다.

일단 육성대책의 외형은 1940년대 조선내 중소기업의 증가라는 현상을 불러왔다.

40년대 조선내 중소공업의 일반적인 규모는 전체적인 통계가 부족하기에 부분적인 자료를 통해서 단편적으로 확인할 수밖에 없다. 먼저 1941년 6월 경 5인이사 30인 이하의 중소기업은 약 5,576개소로 조사되고 있다.26) 그리고 1943년 이후 중소기업의 규모는 <표 2>을 통해서 추정할 수 있다.

먼저 1943년 6월 경의 상황을 보면, <표>에서 중요공장 노동자 16만 2,668명을 제외한 약 35만 239명의 노동자가 비중요공장노동자로 조사된다. 따라서 비중요공장의 평균 노동자수는 38.6인이고, 따라서 30인 이하의 공장노동자 13만 명을 전체 평균 공장당 노동자수 38.6명으로 나누면 약 8,930개의 중소공장이 계산된다. 그리고 44년 10월경의 상황을 보면, 중요공장 노동자 25만4074명을 제외한 33만 7,420명이 비중요공장으로 조사되는데, 여기서 조선전체 공장당 노동자수인 48.53명을 나누면 약 6953개의 비군수공장이 계산된다. 따라서 43년 6월에는 전체 공장의 약 67.6%가 중소기업으로 나타나며, 44년 10월에는 57.1%정도가 48.53명 이하의 중소공장으로 파악할 수 있다. 즉 일제패망 시기까지 상당수의 중소공장이 조선내 존재했다는 사실을 확인할 수 있다.

년 7월호), 3면.
26) 「要對策考究者數調」(『日本陸海軍省文書』32), 346~354면.

〈표 2〉 식민지 말기 조선내 비군수공장 추계

1) 1943년 6월경

조선내 총공장	전체공장 노동자수[규모별]					중요공장		비중요공장		
(A)	30인 이상	30인 이하	계(B)	평균	계(C)	노동자수	공장수 [추계]	노동자 수 B-C	38.6인 공장	비중 (%)
13,293	382,497	130,410	512,907	38.6	162,668	4,313		350,239	8,980	67.6

출전: ① 중요 공장노동자 수(1943.12)는 『朝鮮近代史料硏究集成』 제4호, 152면. ② 전체
　　공장 및 노동자 수(1943.6)는 朝鮮銀行調査部, 「朝鮮經濟統計要覽」(1949), 133·138쪽.

2) 1944년 10월경

조선 전체			중요 공장		비군수공장		
공장수 (A)	노동자 수 (B)	평균 B/A=D	노동자 수 (C)	공장수[추계] A-F=G	노동자 수 B-C=E	공장수[추계] E/D=F	비중
12,187	591,494	48.53	254,074	5,234	337,420	6,953	57.1

비고: 여기서 중요공장은 生産力 擴充産業이나 軍需産業을 포함.
출전: ① 전체 공장수는 1943년 6월로 계산[『朝鮮經濟統計要覽』, 149쪽]. ② 노동자 수는
　　1945년 1월 총독부 지도과 조사[『朝鮮經濟統計要覽』, 134쪽]. ③ 중요공장의 노동자
　　수는 1944년 10월[「제85회 帝國議會說明資料」,(『朝鮮近代史料硏究集成』 4, 151면].

3) 이주 기업과 재조 일본인 중소기업의 보호

　총독부의 육성대책에는 40년대 급증하는 본토 이주기업과 조선내 일본
인 중소기업의 보호라는 의미를 함축하고 있다. 종래 일본과 조선간의
상품유통은 조선이 원료품을 제공하면 일본본토는 완성품을 제조하는 구
조였다. 예를 들어 조선의 견직물 소비는 증가했지만 생사를 직접 조선에
서 가공하여 견직물을 공급하지 못하고 조선산 생사가 일본에 이출되어
가공되면 조선에 역수출되는 구조였다.

　그러나 중일전쟁 이후 조선에서 생산력 확충과 배급통제가 강화되고
총독부가 일본 본토 공장을 적극적으로 유치하면서 이들 공장이 대거 이

주하였다. 이주공장들은 본래 일본본토에서 전력부족 및 비군수산업·중소기업 정비로 위기에 처하자 대거 조선의 자원과 총독부의 '육성책'에 고무되어 이주했기에 비군수업체가 많았고 지역적으로는 조선 남부에 많이 위치했다. 예를 들어 1939년 11월의 1개월 동안, 영등포 공단으로 이주한 규모는 총 40만 평 부지에 20만 평, 건수로는 서울에서 82건, 그밖에 30건, 일본본토에서는 고베 12건, 오사카 25건, 도쿄 9건, 지바 1건, 후쿠오카 7건, 나고야 3건 등 총 169건이었다. 여기서 경성부에서 신청한 82건을 제외할 때 조선 내에서 이주한 것은 30건에 불과하지만 일본본토에서 진출하는 것은 57건이었다.[27]

그런데 총독부의 공장유치대책은 1941년 9월에 한때 중지되었다. 그것은 물자부족에 의한 조선인 중소공업자의 반발과 수출입 두절 때문이었다.[28] 그러나 1942년에 재개되었는데 그것은 연합군의 일본 본토공습에 대한 위기감으로 보인다.[29] 이에 1939년 1월부터 1942년 8월까지 대략 320개의 경공업체가 조선으로 이주했는데 견직물·대마방적·메리야스·포백 제품 등 섬유업, 양조·장유·수산통조림 등 식료품업, 그리고 문방구·치약·주류·도자기·화장품 등 잡품업이 많았다.[30]

이들 기업의 이주원인은 첫째는 조선의 풍부한 자원을 겨냥한 것이었다. 예를 들어 1939년 10월에 신흥화학[동경에 본점]이 강원도에 자생하는 단풍잎을 이용하고자 춘천에 염료공장을 세운 경우.[31] 그리고 1941년 5월에 오노다(小野田)시멘트가 큐슈의 도쿠라(德浦) 시멘트공장을 경북

---

27) 『殖銀調査月報』(1940년 1월호), 121면.
28) 『殖銀調査月報』(1941년 11월호), 26면.
29) 태평양전쟁 초기에 연합군 진영은 전쟁에서 수세에 몰리면서도 1942년 4월 18일 드리틀부대의 전투기 16기가 동경을 폭격하고 중국 등지로 필사적인 탈출을 감행하면서 일본 본토공습에 대한 일본인들의 위기감을 증폭시키는 계기가 되었다.[『太平洋戰爭史』5, 32면]
30) 『殖銀調査月報』(1942년 12월호), 35면.
31) 『殖銀調査月報』(1939년 10월호), 136~137면.

문경으로 이전한 경우를 들 수 있다.

두 번째 원인은 일본본토에서의 비군수산업 정비로 유휴설비를 조선에 이전한 경우이다. 예를 들어 1939년 9월에 닛세이(日淸)제분이 유휴 설비를 해주로 이전하여 기존 조선제분에 신공장을 건설한 것, 1939년 11월 가네보 실업이 평양 종방 스프공장에서 대량의 유산이 필요하자 유휴설비를 이전하여 유산공장을 건설한 경우이다. 그리고 1941년도에 삼성회구(繪具)제작소가 서울에 공장을 신설한 것을 비롯하여 도쿄·오사카 출신 업자들이 대구에 인조피혁·연필·인쇄·잉크·모자업 등의 이주를 신청했고[32] 또한 일본본토에서 1942년 3월부터 <금속회수령>에 입각하여 면·스프계 방적공장 가운데 20%를 공출하라고 결정되면서 방직공장의 대대적인 이주 움직임이 촉발되었다. 이에 1942년 8월에 후쿠이나 이시가와 등지의 30개 공장이 직기 2천여 대를 이주하여 견직물 및 대마제사를 개시하였다.[33] 아울러 군시·구레아방적·대일본방·가네보·야마토보·제국제마 산하의 공장들이 조선 남부로 이주하거나 이주계획을 하고 있었다. 요컨대 일본 공장의 이주는 연합군의 본토공습에도 원인이 있겠지만 1942년까지는 일본에서 중소공업에 대한 정비정책이 강화된 반면, 조선에서는 생필품 공업을 육성하는 정책이 전개되었다는 경제적 요인에 일차적인 원인이 있다.[34]

당시 총독부가 중소공업의 육성을 선전한 또 하나의 이유는 당시 식민통치의 안정세력으로서 일본인 중소자본가가 일정한 비율을 차지한 상황에서 중소기업을 급속하게 도태시키면 자칫 일본인업자를 거세하는 결과를 가져와 심각한 통치기반의 불안정을 초래할 수 있다는 것이었다. 당시

32) 京城日報社, 『朝鮮年鑑』(1943년판), 189면.
33) 『朝鮮産業年報』(1943년판), 27면.
34) 김인호, 「태평양전쟁시기 조선총독부의 생필품 정책과 그 성격」,『한국독립운동사연구』
(19),2002.12. 참고.

일본인의 개인투자액을 추정하면, 1931년까지 조선에 투하된 일본 본토 자본은 총 21억 2,879만원이었고 그 중에서 개인투자는 1억 4,500만원으로 6.8%에 불과했다. 그러나 1941년에는 72억 2,440만원 중에서 9억 7,310만원에 달하여 비중이 13.5%로 상승하였고 개인투자 가운데 개인공업에 대한 투자액은 1억 원 규모로 나타난다.[35] 1938년 말 조선인 회사의 불입 자본금 총계가 1억 2,266만 원인 것에 비교할 때 일본인 개인공업 투자규모가 무척 크다.

그런데 1940년 이후 조선내 일본인 업자에 또다른 위기가 닥쳤다. 그것은 당시 조선인 중소공업이 성장하여 경쟁관계가 조성되었기 때문이었다. 이에 경무국 경제경찰과에서도 "현저하게 호전된 조선인 상인의 진출로 쇠퇴일로에 있는 일본인 중소상공업자의 유지육성에 특별한 고려를 할 것"[36]이라 하여 조선인 업자로부터 상권을 상실할 위기에 처한 일본인 업자를 구제할 필요성을 강조했다. 또한 식산국장 카미타키는 "내선일체의 완성차원에서 상당수 일본인이 조선에 정착하는 것은 절대 필요한데, 정리·통합이라는 것으로 일본인을 조선에서 축출하게 되고서는 그 근본에 반하는 것"[37]이라 하여 중소기업의 육성는 곧 일본인 업자에 대한 보호조치이며, 일본인 업자의 축출로 발생할지도 모르는 식민통치의 불안을 해소하기 위한 것이라는 점을 분명히 했다.

요컨대 일본과 조선의 중소기업 육성정책은 외형적으로 다르지만 궁극적으로 조선에서 '전쟁지원물자'를 증산하기 위해 본토와 일정한 전쟁분업을 수립하는 과정에서 실현되었고, 일면 조선내 일본인 기업의 보호를 위한 조치였다.

35) 김한주, 「농정사」(『조선근대사회경제사』 부록편, 이성과 현실, 1989), 456면.
36) 「經濟治安日報」(1941년 12월 30일자), 4면.
37) 上瀧 基, 「朝鮮産業に就て」(『朝鮮實業』, 1942년 7월호), 15~16면.

Ⅱ. '육성 대책'의 실상과 허상

1) 공업조합 육성과 국책대행기구화38)

1940년 이후 조선에서의 중소기업 대책은 일본본토와 마찬가지로 '육성'의 틀에서 짜여졌다. 그리고 실제적으로 재정금융면에서 '중소상공업진흥자금제도'나 '수출입전대손실보상제' 등 재정·금융적 지원과 함께 경영형태 면에서도 중소기업을 조직화하여 주로 수출품·대체품·군수품 산업으로 전환하여 물자동원을 확대하는 조치가 부수되었다. 일본과 마찬가지로 조선에서도 중소기업 조직화가 본격 진행되었으며, 이를 위한 전업 및 기업합동도 활발하게 전개되었다. 전자는 일원적인 생산력확충과 물자동원의 효율성을 높인다는 면에서 후자는 난립하는 비군수산업의 전업 및 합동을 통해 생산력을 보존하여 동원능력을 높여가자는 의도였다..

조선에서 중소기업 조직화의 첫단추는 기왕의 난립하는 중소기업군을 이른바 공업조합 혹은 상업조합이라는 법인조직으로 집중하여 국가적 경제통제에 철저히 순응할 태세를 마련하는 것부터 시작되었다. 물론 이러한 총독부의 의도와 함께 전시 이전에도 공업조합은 "공업가의 3대난인 구매·제조·판매를 조화롭게 발전시키는 것"39)이라 하여 경영이 악화된 중소기업의 갱생수단으로 인식되었다. 이에 <산업경제조사회>도 그러한 수단으로 <공업조합령> 제정을 제안했다. 그렇지만 여전히 조선의 식량 및 원료 공급지적 역할이 중시되고, 업체나 생산이 취약한 조선에서

---

38) 이 造語는 1943년 1월, 공업조합련합회 상무이사 西崎鶴司가 "공업조합의 현실적 과제는 그 발생적 사명으로부터 오히려 업종에 걸쳐 강화되는 통제에서 '國策代行機關'으로서 역할을 수행하고 있다. 종래 중소공업의 사회정책적 운동으로서 여겨지던 관념을 통제 강화의 견지로 바꾼다는 것, 그것이 공업조합의 신사명이 되기에 이르렀다"고 한 데서 따온 말이다.[『朝鮮工業組合』(1943년 1월호), 15면]

39) 한승인, 「중소상공업자의 更生途」(『신동아』 6~7, 1936. 7):『植民地時代資料叢書』 6, 288~ 289면.

본 령을 제정할 여건은 미미했다. 그러나 중일전쟁으로 '조선에서의 증산체제 확립'이 강조되면서 본 법령은 공포되었다(1938. 9).

<공업조합령>은 본래 조합원 공동의 원자재 매입·보관·운반·판매, 그리고 조합원에 대한 대부·채무보증 등을 통하여 기업의 자력갱생·경영합리화를 촉진하자는 것이었지만,[40] 일본본토의 <개정 공업조합법>의 영향으로 기업정비·배급통제 등 파시즘적 공업통제 및 국책수행에 필요한 물자를 증산하기 위한 '중소기업의 관제조직화' 수단으로 이용되었다. 그것은 먼저 "임의·동업조합의 인가를 제한하고, 공업관련 동업조합은 급속하게 공업조합으로 전환하며 더불어 전 조선단위 연합회를 설립할 것"이라 하여 공업조직의 일원화를 강력히 요구하고,[41] 나아가 2도(道) 이상에 걸친 공업조합이나 연합회는 총독부가 직접 관할하도록 한데서도 나타난다.

<공업조합령>과 더불어 각지 상공회의소 및 19개소의 관제 상공단체 이외의 임의단체도 관제화를 시작했다. 당시 임의단체의 동향을 보면 1939년 9월 상공회 필두로 번영회·상무회·상우회 등 총 112개 단체, 회원은 1만 3,309인이었으나,[42] 11월에는 165개 단체로[43] 2개월 만에 53개 단체가 증가했다. 그러나 이들 규모는 출자금 5백원, 회원 1백인 이하의 소규모였다. 그런데 현실적으로 총독부가 모든 임의단체를 직접적으로 지배할 수 없는 상황에서 이들 조직을 상공회의소의 감독 아래로 집중함으로써 총독부의 계통적인 지배를 관철하려는 것이었다.[44]

한편 1940년부터 유럽과의 무역두절, 연합군 진영의 대일금수에 따른 위기에서 일본 및 조선은 생산력 확충에 모든 대책을 집중하는 한편, 설비

40) 「京城に於ける商工業組合の金融狀況」(『經濟月報』, 1943년 11월호), 8면.
41) 『殖銀調査月報』(1938년 10월호), 68면.
42) 『殖銀調査月報』(1939년 11월호), 121면.
43) 『殖銀調査月報』(1939년 12월호), 102~103면.
44) 『殖銀調査月報』(1939년 11월호), 121면.

확충만 아니라 산업구조 재편도 추진되었다. 즉 위로는 통제회·공업조합 등을 통하여 중요산업을 집단화하고 아래로는 기업합동 및 계열화(하청)를 통해 단위 중소기업을 조직화하여 대공장과 연결함으로써 총독부에 의한 파쇼적 기업통제를 가하고 창출된 생산력을 남김없이 동원하자는 것이었다.45) 이에 총독부는 <공업조합령 개정령>을 조선에 공포하고 아울러 <상업조합령>도 공포하였다(1941. 3).

이들 신법령[<공업조합령 개정령>과 <상업조합령 제정령>]의 특징은 첫째, '전체산업의 조직적 동원'이라는 입장에서 소규모 상공업체를 조직화할 법적 근거를 마련한 것이었다. 즉 <제정 공업조합령>(1938. 9)은 30인 이상의 노동자를 고용하는 중소공업을 대상으로 한 것이었다면 <개정령>(1941. 3)은 자본금 2만원 이하, 노동자 30인 이하의 영세소공업도 기업합동으로 소조합을 결성하도록 했다. 이러한 조치는 마치 "영세상공업에 대한 총독부의 시혜"로 선전되었지만46) 당시 상공업이 대부분 영세하고 전업이 어려웠다는 면에서 총독부의 속셈은 이들 자본을 합동하여 기존 상공업조합이 수행할 수 없었던 증산과 물자부족 문제를

---

45) 그럼에도 불구하고 총독부는 공업조합이 마치 물자부족 상태에 처한 중소기업의 구제를 위해 존재하는 것으로 선전되었다. 즉 총독부 상공과 한동석 사무관은 "시국하 중소상공업자의 영업곤란은 매우 큰 문제의 하나로, 당국도 그 대책에 부심하고 있는데 중소상공업자를 구제하는 방법은 [중략] 조선 안에서는 법적 조합을 조직하는 것이 유일한 방법이라 생각합니다. 상업조합·공업조합, 혹은 상업소조합·공업소조합을 조직하여서 그 조합에 중소상공업자를 포용하는 이외에는 별도리가 없다고 보는데, 업자 자신도 이윤추구만을 목적으로 하지 말고 공익우선이라는 것을 상업의 슬로간으로 삼아야 할 것입니다"[丸川東錫, 「商工業者의 活路와 低物價政策」(『三千里』, 1941년 4월호), 36면]라고 하여 중소상공업의 경영악화를 막는 차원에서 공업조합이 필요하다고 역설하였다.

46) "본래 商業小組合制度는 자본금 2만원 미만의 업자를 기업합동으로 조직화하고 전적으로 상품의 공동구입·공동보관·공동운반·공동판매 등 공동경영을 주임무로 함으로써 공동경영 내용의 확충강화, 그리고 大資本에 대한 대항력을 배양함으로서 종래 소규모이기에 상업조합에도 가입할 수 없어서 아무런 혜택도 받지 못한 영세상업자로 하여금 기업합동을 통해 공동의 이익과 장래의 발전을 기하기 위한 것이다."[丸山兵一(부산상의 상공상담소), 「小賣商の企業合同の動向に付て」(『朝鮮經濟新報』, 1940년 7월 25일자)]

해결하려는 것이었다. 아울러 <공업조합령>의 세칙 39조 개정에서 정관 등 필요한 사항은 "허가를 원칙으로 한다"[47]고 하여 소조합에 대한 국가 통제도 겨냥했다.

둘째, 법인조합의 확대와 함께 거의 6천 개소를 헤아리던 임의조합도 공인하였다(1941. 7).[48] 그것은 당시 소수의 공업조합만으로는 증산 및 통제를 원활히 할 수 없다는 관점에서 이들을 '관제화'하여 이용하려는 것이었다. 만약 조합이나 법인조직으로 흡수되거나 조직화되지 않은 소기업이나 개인기업체는 <개정 공업조합령> 및 <제정 상업조합령>의 각종 규제를 고스란히 받았다.[49]

셋째, 공업조합의 배급통제 기능을 보다 강화했다는 점이다. 즉 일본에서는 공업조합이 배급실행기관이 되면서 비군수산업으로 자재유출을 확대했다.[50] 이에 일본은 <중요산업단체령>에 따라 부문별 통제회가 결성되고 종래 공업조합의 배급할당 기능을 통제조합으로 이전했으며, 공업조합은 종전처럼 중소기업의 연대 및 부조기구로 환원되었지만[51] 조선의 <개정 공업조합령>에서는 오히려 총독부의 할당계획에 맞춰 생산을 조정하고 배급을 통제하며, 궁극적으로는 기업정비의 실질적 추진기관이 되도록 하는 이른바 국책 대행기구 역할을 강조했다. 특히 공업조합중앙회(1939. 9.22)는 본래의 사업이 공업조합에 대한 지도 및 중소공업 진흥,

47) 또한 <상업조합령>에서도 商業小組合의 法人規定(제84조) 및 朝鮮商業組合中央會의 법인규정(제92조)이 명시되었다.[「朝鮮商業組合令」(『經濟月報』, 1941년 3월호), 66~69면]
48) 李基洙, 「朝鮮中小企業問題の現段階」(『朝鮮總督府調査月報』, 1942년 8월호) 29면.
49) 이러한 규제로 법인조직은 상대적인 혜택을 입었다. 예를 들어 주조업의 경우, 밀주나 개인양조업에 대한 대대적인 정비가 있었지만 李秉喆[前 삼성그룹 회장]의 朝鮮醸造株式會社는 1939년 창립 이후 연생산액은 오히려 증가하고 사세가 확장되고 있었다.[『第一製糖四十年史』(1993), 112면]
50) 磯部喜一, 「工業組合の將來と中小工業」(『中小工業の將來性』, 1942, 有斐閣), 264~270면.
51) "統制會가 결성된 공업부문에 관한 한 工業組合의 배급기관적 성격은 자연히 해소될 수밖에 없다. 공업조합은 재래의 중소공업 협동조직으로 환원한다."[磯部喜一, 「工業組合の將來と中小工業」(『中小工業の將來性』, 有斐閣, 1942), 273면]

조합상호간의 거래알선이지만 <개정령>으로 총독부로부터 공업조합에 대한 감사권을 위임받아[52] 공업조합에 대한 총독부 지배를 매개하고 물자 배급을 독점적으로 관리하는 이른바 '총독부 상공과의 별동대'[53]로 기능 하였다.

넷째, <개정령>은 중소기업에 대한 파쇼적 국가통제를 강화했다. 먼저 <개정령> 제13조에서 "공업조합 가운데 새로운 공업을 운영하거나 설비를 확장하려는 자는 총독의 허가를 받아야 하고 총독이 조합 설비종류, 지구·기한까지도 고시할 수 있다"고 하여 일본처럼 비군수산업으로 물자가 유출되는 폐해를 막도록 하였다. 아울러 <개정 공업조합령> 제29조에서도 "관청이 필요하다고 인정되는 때는 사업경영 제한, 이사·감사 선해임권"을 갖도록 했고, 제83조 2항에서 조합감사원 설치를 명문화 하였다.

요컨대 일본본토에서는 이미 공업조합 제도가 실행되고 있었기에 1940년대에는 종전의 공업조합이 맡던 역할이 통제회나 통제조합으로 넘어가고 공업조합의 활동내용이 본래 중소상공업 사이의 연대기구로 회귀하는 상황인 데 비해, 조선에서는 새로이 공업조합 설립이 강조되면서 기왕의 공장이나 기업을 공업조합으로 조직화하여 관의 통제를 강화하고 이를 이른바 국책대행기관화 하고자 했다. 아울러 개정령을 통하여 공업소조합이 발족되고, 임의조합 공인 조치 등으로 영세소공업에 대한 총독부의 감시감독이 강화되었다.

2) 공업조합의 실상

<공업조합령>의 개정 이후 공업조합도 크게 증가하였다. 첫째, 설립상

---

52) 「中央會足跡」(『朝鮮工業組合』, 1942년 10월호), 37면.
53) 「工業組合中央會設立近し」(『殖銀調査月報』, 1939년 9월호), 149면.

황을 보면 1938년도는 불과 18개소 설립되었으나 이후 급속하게 신설조합이 늘어나 1939년 22[1]개소, 1940년 23개소, 1941년 55[4]개소, 1942년 37[1]개소, 1943년에 17개소로 총 172[6]개소로 증대하였다. 이 가운데 해산한 것이 8[1]개소로 1943년 12월 31일 현재 164[5]개소가 있었다.[괄호 안은 연합회]공업조합 이외에도 1942년 말까지 상업조합은 250여개로 증가했고, 임의조합도 6천여 개에 달했다.

둘째, 지역별·업종별·시기별 공업조합 설립상황을 보면 <표 3>과 같다.

〈표 3〉 공업조합 및 연합회의 지역별 일람(1944년 9월 9일 현재)

구분	경기	충북	충남	전북	전남	경북	경남	황해	평남	평북	강원	함남	함북	도이상	전조선	1944	1941	증감률(%)
섬유피복	2	1	1	1	3	3	3	-	2	1	-	1	-	3	10	31	29	7
기계	1	1	1	1	1	1	1	2	1	1	1	1	1	-	1	15	-	0
화학	1	-	1	1	1	1	3	-	3	1	-	2	-	-	5	19	23	-17
요업	-	-	-	-	-	-	-	-	-	-	-	-	-	3	7	10	11	-10
목재	4	-	-	1	-	2	1	-	2	1	-	1	1	1	3	17	11	55
식료	3	2	1	1	1	2	3	1	3	2	1	2	1	-	3	26	5	420
기타	4	2	3	4	2	3	2	1	3	-	-	5	2	-	3	35	16	119
1944년	3	2	1	2	3	3	3	-	3	1	-	1	1	-	5	28	26	8
계	18	8	8	11	11	15	16	4	17	8	2	13	6	7	37	181	-	53
1941년 계	45	2	6	8	4	9	16	3	14	3	1	10	2	8	36	118	118	-

비고; ① 본 표에는 섬유 및 피복관계 조합 및 연합회 가운데에는 최근 해산 또는 통합이 예상되는 것도 포함 ② 1941년도 섬유업조합 수는 피복업 포함. 금속업은 기타 항에 포함.

출전: 朝鮮工業組合聯合會, 『朝鮮工業組合』(1942. 10), 38~40면;(1944. 9), 4면.

그 내용을 보면, 1941~1944년간 경기도의 공업조합은 크게 감소한 대신에 전남·전북·충북 지역은 늘었고 평남·함남·경북 등 인구밀도가 높은 곳에 많았다. 그것은 1940년대 이후 서울이나 경기도보다는 지방에서 공장이 증가한 결과로 볼 수 있다. 또한 업종별로 보면 기계·화학

공업 등이 감소한 반면, 목재·방직·식료업 계통은 늘었고 시기별로 보면 1941~1942년도 설립된 것이 많았다. 그것은 1941년부터 배급통제가 강화되고, 총독부가 조합을 통한 배급을 실행하면서 원료난에 처한 업자들이 자구책 차원에서 조합 결성을 촉진했다는 것을 말한다.

셋째, 배급통제가 강화되면서 전 조선 또는 도 단위의 공업조합이 크게 증가했다. 즉 <표 4>에서 전 조선을 단위로 하는 공업조합은 1941년도 31[5]개소, 1943년 12월에 35[5]개소, 1944년 9월에는 37개소로 늘었고, 2도(道) 이상을 걸친 것이 1941년 8개소에서 1943년 12월에는 7개소로 줄었다. 그런데 도단위 조합은 크게 늘어나 1941년 42개소이던 것이 1943년에는 98개소[당시 군·읍단위가 24개소], 1944년 9월에는 137개소[부·군 단위 포함]였다. 이것은 총독부가 각종 물자에 대한 배급통제를 강화하면서 기존의 공업조합을 통제기관으로 이용하려 한 결과였다. 특히 당시 생필품의 배급이 주로 도(道)행정조직을 통해 진행되는 것도 도단위 조합을 증가하게 한 요인이었다.

〈표 4〉　조선내 지역별 공업조합 증가상황

구 분	1941. 12	1943. 12	1944. 9
전선 일원	31[5]	35	37
2도(道) 이상	8	7	7
도	42	98	137
군·읍	37	24	
총　계	118	164	181

출전: 朝鮮工業組合中央會, 『朝鮮工業組合』(1942. 10), 39면:(1944. 9), 4면.

넷째, 공업조합은 양적으로 확대되고 생산액도 일정하게 늘었다. 그렇지만 고른 증강이 아니라 업종마다 심한 불균형이 나타났다. <표 5>는 1942년도 공업조합의 생산액을 업종별로 조사한 것이다. 방직공업 분야에서는 직물·타올업의 조합 생산액(조합원=조합가입 공장당 생산액)이

격감한 반면, 메리야스는 증가하는 등 업종 내에서도 증감이 교차한다.

〈표 5〉 조선 공업조합의 생산액 증가지수

부문	업종세목	조합원 수	조합 생산액	1인당 생산액	부문	업종세목	조합원 수	조합 생산액	1인당 생산액
A	메리야스	99	125	126		墨	175	90	52
	직 물	153	83	54		가 구	474	393	83
	수 건	100	87	87	D	고 무	85	114	134
	燃絲漁網	100	93	93		양 초	108	130	120
	면범포	99	108	109		비 누	100	61	61
	피 복	135	170	118		가 죽	100	117	117
B	철 공	101	112	111	E	과 자	98	82	84
	기 계	100	109	109		소 주	94	132	140
	파스너	93	94	101		빵	102	150	147
	조 선	112	225	201	F	벽 돌	117	857	733
C	武道具	130	95	73		기 와	329	1,111	337
	인 쇄	100	110	110		몰타르	113	390	345
	紋	112	69	62					

비고: ① 1941년도 조합원 수, 조합생산액, 1인당 생산액 등을 100으로 하여 1942년도
    의 지수를 구한 것임. ② A 방직, B 기계금속, C 기타 공업, D 화학, E 식료품,
    F 요업.
출전: 前川勘夫,「朝鮮中小工業對策に關する若干指標的調査」<上>(『總督府調査月
    報』, 1943년 7월호), 13~14면.

또한 비누업·과자업·교(絞)·묵(墨)·무술도구 업종 등에서 생산이
감소한 반면, 피복, 고무업·양초업·조선·소주·빵, 그리고 기타 인쇄
업·제혁업 등에서 증가하였다. 대체로 요업계통과 기계금속 계통의 업종
에서 조합 생산액이 크게 증가하는데 이는 당시 조선에서 실시된 생산력
확충계획의 실질적인 영향으로 파악된다. 또한 조사대상 26개 업종 가운
데 1941년보다 생산이 증가한 조합은 총 16개 업종으로 절반이 약간 넘었
는데 이는 조합을 통한 생산력 확충이야말로 당시 중소기업 육성 대책의
중요한 과제였던 사정을 반영하면서도, 한편으로는 업종별 등락이 분명한
데서 포괄적인 중소공업 생산력 확충과는 거리가 있는 선별적 성장이
확연한 사정을 말한다. 그리고 1인당 생산액을 보면 조선, 기와, 몰타르

방면의 성장이 크지만 조합생산액 지수보다 크게 처지는 것을 보면 공장 내 기술적 구성의 고도화를 통한 실질적인 노동생산성의 향상이라기 보다는 노동력의 절대적인 마모가 집중적으로 자행되는 사정을 말하고 있다.

요컨대 조합을 통한 생산액 증가는 일정하게 나타나지만 크게 생산액이 확충된 것은 몇 개 업종에 국한되고 업종별, 부문별 생산도 획기적인 변화는 그다지 나타나지 않는다.

3) 기업합동 대책의 실시와 그 실상

일본에서는 기업합동이 기업정비의 일부로 이용되었지만 '도태'의 의미가 강했다. 예를 들어 1942년도 일본본토의 기업합동은 총 410건 조사되었고 합동된 자본금은 29억 원이었다. 그리고 1943년에는 570건에 약 78억 원으로 증대하였다.[54] 그러나 조선은 총독부가 중소공업의 생산력을 증강하면서도 중소기업조직화·기업정비·배급통제라는 과제를 동시에 해결한다는 입장이었기에 명목상으로는 '도태'가 아니었다. 이와 관련하여 당시 총독부 상공과 사무관이었던 한동석(韓東錫)은 다음과 같이 언급했다.

> 현 정세를 보아 약소 생산업자는 각각 독립해서 나아가기는 매우 불가능하다고 보는데 이에 기업합동 문제가 대두됩니다. 이 기업합동운동은 중소 생산자들이 재료를 배급받는 데 있어서 구제책이라고도 할 수 있다고 봅니다. 그것은 왜그런고 하니 생산업자 개개인으로서는 배급을 받기가 매우 곤란하지만 5인이면 5인이, 10인이면 10인이 각각 합동하여 유한회사(有限會社)를 조직한다든가 혹은 공업소조합을 조직하여 조합에 단체적 가입을 한다면 재료배급을 받기에 도모지 곤란이 없을 것입니다. 예컨대 [중략] 기업합리화가 무엇보다 약소생산자들에게 있어서 긴요한 일 가운데 하나일 것입니다.[55] 즉 조선의 기업합동이 경영합리화라든가 배급의 원활을

---

54) J.B. Cohen[大內兵衛 역], 『戰時戰後日本經濟』<上>(岩波書店, 1950), 148면.

위해서 전개된 것이기에 소기업이 기업합동하여 법인조직으로 재편된다
면 배급난 등 여러가지 경영난을 타개할 수 있다는 것이다.

한편 경성상의가 1940년 1월~6월간 실시한 제1회 전 조선기업합동조
사로 총 97건의 기업합동 사례가 조사되었는데[56] 그 중에서 식료품 관련
30건[미곡 관계 12건, 기타 제과·제빵업], 교통·운수 14건, 섬유품 12건,
연료 7건, 짚공품 등 잡품 24건이었다. 즉 식료·섬유·연료·잡품업 등에서
기업합동이 많았다. 또한 조선상의가 1940년 11월부터 1941년 1월 사이에
전국 13개 도시와 22개 상공회의소를 통하여 조사한 것에 따르면 총 47건
의 기업합동 사례가 조사되었고 그 중에서 식료품 관계가 19건, 교통·운
수 8건, 섬유품 2건, 연료 7건, 목재 3건, 금속 2건, 기타 6건으로 나타났
다.[57]

이상의 사례를 분석하면 첫째, 기업합동의 원인은 주로 배급통제에 따
른 원료부족이었다. 특히 식료품업에서 그러했다. 그리고 합동조직으로
는, 경성상의의 조사(1940. 1~6)에서 기업합동 이후 임의조합을 설립한
것은 39건이었고 주식회사로 전환한 것은 34건, 유한회사는 18건, 합명회
사는 1건, 기타 5건으로 조사된 것처럼 주로 회사로 재편하는 사례가 많았
다. 그런데 조선상의의 조사(1940. 11~1941. 1)에서는 임의조합이 많아서
23건이 조사되었고 이 가운데 배급통제를 실행하는 공공성격의 조합이
11건이었다. 이 또한 임의조합에 대해서 총독부의 통제권을 위임하여 생
필품 배급통제를 수행하게 한 결과였다. 그밖에 주식회사는 15건, 공업조
합 3건, 개인영업체 2건이었다. 그런데 '조합으로 전환'은 많았지만 그
중 공업조합으로 전환한 것은 3건뿐이었다. 즉 당시 기업합동 이후 재편조

55) 朝川東錫,「商工業者의 活路와 低物價政策」(『三千里』, 1941년 4월호), 36면.
56) 제2회는 1941년 7월 8일부터 실시(1941. 8. 20 발표)했는데 그 결과 기업합동 87건, 계획중
9건으로 조사되었다.[『朝鮮年鑑』(1943년판), 184면]
57) 『殖銀調査月報』(1941년 2월호), 72면.

직으로 법인조합보다는 임의조합이 더욱 많았다.

둘째, 기업합동은 주로 타율적으로 전개되었다. 즉 조선상의의 조사 (1941. 2)에 따르면 총 53건의 사례에서 자발적인 합동은 20건이고[58] 나머지는 타율적이었다. 따라서 당시 총독부의 기업합동대책이 겉으로는 '자치적 중소공업 재편'과 '중소공업 육성'이라는 논리로 포장된 것이었지만 내용적으로는 총독부의 강권에 의해 강제적이고 타율적으로 통합했음을 보여준다.

셋째, 지역적으로 공장이 확대되는 곳에서 합동사례가 빈번했다. 즉 조선상의의 조사(1940. 11~41. 7.15)를 보면 총 51건의 기업활동은 회령 7건, 대구 6건, 인천 5건, 전주·해주 각 4건, 신의주·춘천·원산·청진 각 3건, 나진·대전 각 2건, 진남포·목포·청주 각 1건으로 분류된다.[59] 즉 지역적으로 공업화가 급속히 진행되는 조선 북부와 서부에서 많고 상대적으로 남부는 적다. 그러나 대구·해주·인천 등 남부의 신흥 공업지대에서는 빈번하다.

넷째, 기업합동 이후 경영상황을 보면 초기는 양호한 성적을 내고 발전했으나 조만간에 물자부족으로 심각한 경영난에 봉착했다. 즉 조선상의의 조사(1941. 2)에 따르면 합동으로 경영이 좋아졌다고 한 업체는 총 39건 가운데 24건이고, 불량하다는 응답은 2건이었다.[60] 반면 1941년 8월의 조사를 보면 교통·운수업이나 식료품업 등은 좋은 성적을 내었으나 연료·잡품 등 중소업자가 합동한 것은 성과가 미미하였다. 여기서 불황원인으로 "구성원의 감정대립, 장부정리의 불량, 지도자의 열의부족"[61] 등이었지만 실제로는 기업합동이 경영난 해소나 기업합리화보다는 고립

---

58) 『殖銀調査月報』(1941년 4월호), 49면.
59) 『殖銀調査月報』(1941년 9월호), 18면.
60) 『殖銀調査月報』(1941년 2월호), 72면.
61) 『殖銀調査月報』(1941년 10월호), 26면.

분산적인 영세기업을 통합하여 생산력 동원을 극대화하려는 단발적 근시안적인 과정이었기에 좀처럼 경영난을 벗어날 수없었던 것이다.

한편 구체적인 기업합동 절차는 잘 알려지지 않으나 단편적으로 함남 제면공업조합의 합동안을 토대로 단편적이나마 알 수 있다.[62] 우선 합동된 설비의 소재지는 부·군·읍·면의 소재지나 철도역으로 했는데 그것은 통제행정을 원활히 하고 물자수송을 효과적으로 수행하기 위한 것이었다. 둘째, 합동단위는 대체로 군단위 조직으로, 군내에서 지역별로 3~4개소씩 서로 합동하여 해당 조합원을 망라한 형태였다. 그것은 당시 조선공업이 군단위로 조직해야 할 정도로 영세했기 때문이었다. 셋째. 출자금 처리에서 조합원 상호간의 양도·인수는 인정하나 합동체의 그것은 인정하지 않았다. 그것은 출자금의 유동범위를 축소하여 부동자금화하는 것을 막고자 한 것이다. 요컨대 조선의 기업합동은 민간조직을 배급실행기관으로 만들려는 총독부의 입장과 물자부족을 타개하려는 민간업자의 입장이 서로 절충된 형태였다는 점을 읽을 수 있다.

4) 전업대책의 실시와 그 실상

중일전쟁이 장기화하고 산업물자의 대외의존이 심화되면서 생산력 확보를 위한 중소공업 육성이 한층 강조되었으나 원자재 사용제한, 가격통제[<9·18정지령>] 등으로 중소기업의 자재난 경영난은 심화되었다. 이에 비군수산업 계통의 중소기업을 일본의 요청에 부응하는 산업으로 재편하는 문제가 총독부를 비롯하여 공업협회·상공회의소 등에서 제시되었다. 또한 총독부가 시국대책조사회에 자문을 요청한 <중소공업전환지도계획요항>은 "중소공업을 조합으로 묶고 이들이 군수공장·관청용품 및 일반공장의 하청업체로 가능한 전업하도록 하자"는 내용이었고, 이에 포

---

62) 咸南 工業組合의 企業合同案. 「經濟治安週報」(1942년 12월 27일자), 7면.

탄가공, 군화와 기타 군용 피혁제품, 군용·관청용 의류, 군용장갑 및 양말
업 등을 전업 지정대상으로 하였다.[63) 이에 대한 '조사회'의 답신안에서는
조성금과 자금융통·기술지도·하청알선 등 하청지원대책과 더불어 경
영이 부진한 사업에 대한 주문배분 등 경영구제 차원의 전업대책을 요청
했다.[64) 또한 조선공업협회는 군수산업·수출품·대체품 산업으로 전환
및 대체품 공업의 확대를 강조하였다.[65) 즉 전업문제에도 총독부의 군수
물자 증산논리와 민간자본의 자본축적 논리 사이에는 일정한 틈새가 존재
한다는 것을 알 수 있다.

한편 총독부는 1938년부터 휴업위기에 처한 업자를 하청공장·대체
품·수출품업 등으로 전업하도록 지원한다고 하여 50만원, 1939년 1940
년에는 각각 30만원을 교부하였다.[66) 서울도 군수 하청공장의 확대를 위
해 1939년도 예산에 13만 2천원을 책정하고, 평양 조병창의 하청에 대비
하여 서울지역 공장의 설비개선·기술원 설치에 사용하도록 했다. 또한
몰락위기에 처한 일반공장의 전업도 추진했다.[67) 그 결과 대부분의 업종
에서 전업이 증가했다.

즉 <표 6>에서 전업인구가 많은 업종은 메리야스·피혁·유기제조·귀
금속세공업 등이었다. 규모별로 보면 가내공업은 수공예적인 업종에서,
소공장에는 메리야스·섬유업이, 그리고 중공장은 철강·고무·직물업에
서 많았다. 특히 직물업은 실업한 업체당 종업원이 98명으로 비교적 규모
가 큰 공장이 전업하고 있다. 귀금속·양복·고무·메리야스 등의 전환율

63) 朝鮮總督府, 「失業防止竝救濟に關する件」(『朝鮮總督府時局對策調査會諮問案參考書』,
   1938. 9), 6~7면.
64) 『時局對策調査會諮問答申書』, 123~124면 및 146면.
65) 高橋 淸(大阪帝大 敎授), 「時局と轉業」(『朝鮮工業協會會報』, 1938년 11월호), 5면.
66) 朝鮮總督府, 「中小商工業對策」(1940) : 『日本陸海軍省文書』32 : 『殖銀調査月報』(1939년
   10월호), 67면.
67) 『殖銀調査月報』(1938년 12월호), 90~91면.

은 10~20% 정도인 반면, 철강·직물·피복·양말 등 대부분 업종에서
60%를 넘었다. 그런데 고무·메리야스업은 자재난으로 전환이 여의치 않
았다. 따라서 경공업보다는 중공업에서 전업이 용이했다는 것인데 그것
은 1930년대 후반 총독부가 중화학공업계열의 대체품공업을 적극 육성
한 결과였다.

〈표 6〉   서울지역의 전업현황(1938~1939. 2)

1) 업종별 전업현황

업 종	업주(명)	노동자(명)	합계(명)	전업자(명)	전업률(%)	업주당 종업원(명)
메리야스	50	454	504	124	25	9.8
제 사	2	59	61	34	56	29.5
직 물	27	2,660	2,687	2,660	99	98.5
피혁[화]	85	431	516	371	72	5.0
고 무	11	490	501	200	40	44.5
철강관계	41	1,927	1,968	1,902	97	47.0
유기제조	48	270	318	-	-	5.6
귀금속세공	25	26	51	11	22	1.0
활자·인쇄용품	1	5	6	5	83	5.0
목형제조업	5	40	54	-	-	8.0
일본·서양가구	20	150	170	90	53	7.5
製 油	1	2	3	-	-	2.0
양 복	134	610	744	180	25	4.6
포 목 상	1	18	19	-	-	18.0
피 혁	-	9	9	-	-	-

2) 규모별 상황

家內工業(1~5)	피혁화·제유·귀금속 세공·활자인쇄용품·양복
小工場(5~30)	메리야스, 일본·서양가구, 유기제조, 포목상, 목형제조, 제사
中工場(30~99)	철강·고무·직물

비고: 규모별 구분은 본 표 가운데 업주당 평균노동자 수를 산출하여 나온 것임.
출전: 殖銀調査部, 『殖銀調査月報』(1939년 5월호), 119면에서 재계산.

한편 전업 중에서도 원료난에 처한 중소기업이 공업조합으로 전환하여
군수산업의 하청이 되는 사례가 빈번했다.[68] 즉 1939년의 경우 군산이나

광주철공조합[69] 의욕적으로 군수하청화를 선언하고 그것을 위한 조합조직을 결성했다.[70] 반면 평양이나 서울의 양말·고무신업은 원료난으로 전업했다.[71] 즉 업자 스스로 적극 전업한 경우와 원료난으로 마지못해 추진한 경우 등이 있었다.

이처럼 1930년대 후반 총독부의 전업계획의 핵심은 기존의 중소공업을 군수품·수출품·대체품 공업으로 전환하는 것이었다면, 1940년대에도 '생활산업의 육성'차원에서 검토되었다. 그것은 일본본토와는 다른 것이었다. 즉 일본본토에서는 1939년 초부터 '업자들의 불만과 성과부실 등을 이유로 전업대책이 중지되고 오히려 1940년부터는 소매업을 위시하여 본격적인 기업 전·폐업이 시작되었다.[72]

그렇지만 조선의 경우도 1940년대 이후에 수출산업이 위축되면서 주로 수입대체품 공업이나 군수하청 공장으로 재편하는 것이 전업대책의 주된 흐름이었다. 이에 총독부는 업자들의 전업을 확대하고자 자체자금 30만원을 전업조성금 명목으로 도(道)에 교부하는 등(1941. 7.29) 전업에 적극적

---

68) 1938년 조선내 발주·하청공장의 현황을 보면 우선 조선내 軍 발주처로는 해군의 鎭海要港部 工作所·平壤鑛業所, 육군은 평양에 兵器製造所·兵器本廠出張所·航空兵器支廠 등이 있고 그밖에도 직접 軍에서 발주를 받는 곳으로 朝鮮機械製作所·朝鮮重工業·朝鮮皮革·昭和코르크회사·朝鮮計器·昭和飛行機·國産自動車工場 등이 있었다. 중소하청공업으로는 대구의 八谷鐵工所·大邱鐵工業組合·釜山造船鐵工組合·鎭南浦特殊工業組合·新義州特殊工業組合·昭和釜山工作所·京城鐵工組合 등이 있었다.[『鮮內軍需品下請工業の將來と助之が長發展策に就て』(『朝鮮工業協會報』, 1938년 2월호), 4면]

69) 광주 철공업자의 하청화 사례 ; "지난번 도청에서 打合會가 개최되었는데 여기서 光州府내 철공업자의 전업과 신사업 착수에 대하여 의견의 일치를 보았고 이를 더욱 구체화하기로 하여 군수하청조합이라는 명칭하에 조속히 공장을 설치하기로 하고 늦어도 4월부터 사업에 착수하기로 했다. 자본금은 약 10만원 정도로 전업자금으로 6만원 정도가 광주지역 은행[원문:-당행]에서 융통되는 외에 국고로부터 2만원의 보조금이 지출될 예정이다."[『殖銀調査月報』(1939년 2월호), 147면]

70) 『殖銀調査月報』(1939년 4월호), 127면.

71) 『殖銀調査月報』(1939년 3월호), 163면.

72) 鹽田咲子,「戰時統制下の中小商工業者」(『戰爭と國家獨占資本主義』體系·日本現代史 4, 1979), 234~238면 참조.

인 모습을 보였다. 당시 총독부가 전업에 얼마나 관심을 기울였는지는 <표 7>에 드러난다.[73]

〈표 7〉 조선내 전업예정 업주 및 노동자 조사(1941. 6)

업자 규모 업종	구분	5인 미만 [가내공업]		5~30 [소공업]		30~100인 [중공업]		100인 이상	조선내 총공장 수	요전 업공 장수	비율 (%)
		총수	요전 업수	총수	요전 업수	총수	요전 업수	총 수	A	B	B/A
방직	업자	1,568	627	412	82	131	-	65	2,178	719	33
	직공	3,769	1,507	4,958	495	7,038	-	35,388	51,153	2,012	4
금속	업자	1,062	850	232	93	48	5	15	1,357	948	70
	직공	1,705	1,364	4,677	467	2,416	242	6,579	15,377	2,072	13
기계	업자	827	662	455	182	116	11	41	?	819	-
	직공	1,436	1,148	4,927	910	5,856	585	13,9?2	26,181	2,643	31
요업	업자	679	272	253	51	65	-	24	1,021	323	32
	직공	1,397	551	2,182	218	3,310	-	5,818	12,689	769	6
화학	업자	623	311	1,273	255	253	-	92	2,241	566	25
	직공	1,356	678	11,839	1,275	12,196	-	28,258	93,649	1,953	2
제재	업자	1,540	616	295	59	51	-	14	1,900	675	36
	직공	3,343	1,337	3,091	309	2,392	-	2,002	10,828	1,6?8	16
인쇄	업자	144	57	264	93	38	-	11	457	110	24
	직공	372	148	2,949	294	1,816	-	2,140	7,277	442	6
식료	업자	4,296	2,148	2,130	426	170	-	48	6,644	2,574	39
	직공	6,472	3,236	17,463	2,130	9,151	-	8,933	42,019	5,366	13
기타	업자	3,100	1,240	362	72	67	-	27	3,556	1,312	37
	직공	6,477	2,590	3,406	360	3,293	-	6,4?9	19,595	2,950	15
합계	업자	13,839	6,783	5,676	1,273	939	16	338	20,782	8,072	39
	직공	26,309	12,559	55,492	6,458	49,468	827	109,499	238,768	19,844	8

비고: ① 본 조사의 업자 및 직공 수는 1939년도 말의 총수로 대신함. ② 전업이 필요한 업자 및 직공 수는 1940년의 현상황에다 금후의 정세를 비추어 추측한 것으로 1941년 6월의 要轉失業者 수를 추측한 것임.
출전: 「要對策考究者數調」(『日本陸海軍省文書』32), 346~354면.

먼저 전체상황을 보면, 전업필요업주는 8,072명, 노동자는 19,844명이었다.[74] 그것은 전체업자의 38%, 노동자의 8%에 해당한다. 여기서 특히

---

73) 이 내용을 보면 경영난을 겪는 기업을 조사하는 이외에도 가내공업의 노동자 동향도 면밀히 파악하려 했다. 그것은 기업의 전체적인 동향과 '중점산업'으로 시설 및 노동력 전환가능성을 함께 타진하려는 것으로 여겨진다.
74) 1940년 11월 총독부 상공과 조사에 의하면 업주중에서 8,141명, 직공중에서 21,775명이

업주의 전업필요율을 높게 보았다는 면에서, 당시 총독부의 전업대책이 업주에 집중된 것을 보여준다.

둘째, 규모별 상황을 보면, 5인 이하의 가내공업 업주는 50% 이상이 전업필요자로 조사된 반면, 5~30명 정도의 소공장주는 20~30%선, 30~100인 사이의 중공장주는 10~20%선이었다. 즉 전업필요자는 주로 영세소공업에 집중되고 있다. 그것은 당시 총독부가 최종소비재생산영역에 교착하던 가내공업·소공장 들을 대폭 생활산업의 하청 및 부품공장으로 전환하고자 했음을 보여준다. 당시 <공업조합령>이 개정되어(1941. 3) 공업소조합의 결성이 법적으로 강제된 것도 그러한 총독부의 의도가 구체화한 것이었다.

셋째, 업종별로 볼 때, 전업필요 업종은 중요원자재[철·목재·펄프·면사]를 이용하는 공업에서 많았는데, 금속업자는 총 업주의 70%였고 방직·식료·요업·제재·기타 부문도 업주의 30%가 전업필요자로 나타났다. 그런데 인쇄·화학업종은 20%대로 낮았다.[75] 구체적으로 금속공업에서는 가마솥 등 주물업, 함석제품업, 식기·금망업에서, 그리고 기계기구업에서는 가공장·야단야·조선가구·금구에서, 요업에서는 전구·법랑철기·조선옹기·시멘트 등에서, 화학공업에서는 식물유·고무신·제지업 등에서, 목재업에서는 가구제조업 및 제재업 등에서, 식료품업에서는 정미·제분·과자·국수 등에서, 기타 공업에서는 피복·지함·신변장식품·인쇄업에서 전업필요자가 많았다. 즉 전업필요자는 금속과 기계업에서 많았고 화학·제재업에서는 적었다. 그것은 당시 총독부의 전업대책이

要轉業人員이였다.[『殖銀調査月報』(1941년 1월호), 112면]

75) 화학공업의 경우, 위 통계에서는 업주중에서 566명, 노동자중에서 1,953명 정도를 전업필요자로 보았지만 1940년 11월 商工課 조사에 의하면 업주중에서 2,100명, 노동자중에서 5,388명으로 조사되었다.[『殖銀調査月報』(1941년 1월호), 112면] 이렇게 비슷한 시기의 통계가 다른 것은 商工局의 조사에서는 경화유공업 등 가내공업 정도의 업체도 조사대상으로 했기 때문이라 추측된다.

기존의 고립분산적인 기계·금속업 방면의 가내공업자를 주요 산업물자
생산업체로 전환하여 수이입 대체품을 증산하는 데 집중했기 때문이었다.

그러면 실제의 전업상황을 보면 위의 '예정조사'에서 나타난 전업예상
률보다 훨씬 미미했으며, 그나마도 공업보다는 상업방면의 전업이 많았
다.

> 총독부의 입장에서 전업은 군수·대용품·수출품업 등을 범위로 하는 것
> 이지만 조선의 현상은 군수공업도 한 종류로 제한되고 일본본토와 같이
> 광범위한 군수제품은 거의 없다. 때문에 전업은 더욱 곤란하다. 대용품도
> 가공기술이 낙후하지만 일본본토에 가공을 의뢰하는 것도 가능하지 않다.
> 또한 수출량도 적으며 회수기관의 설립도 여의치 않았기에 정부의 전체적
> 인 대책을 기다려야 한다.[76]

이는 총독부가 군수품 · 대용품 · 수출품 방면으로 전업을 요청하고 있
지만 현실적으로는 전업여건이 전혀 조성되지 못한 사정을 증명한다. 실
제로 경성상의가 1940년 11월에서 1941년 6월간 조사한 것을 보면 조사대
상 총 13만 5,182호의 상공업자 가운데 상업에서 1.9%, 공업에서 0.5%만
전업했다. 여기에 업주·가족·종업원 등을 포함하면 전업인구는 각각
인구의 2.6% 0.4% 정도였다. 그 중에서 전업이 가장 많았던 것은 철공·함
석·가구건구·제재·메리야스·양말업이었다.[77]

둘째, 전업 내용을 보면 유사업종보다는 이종업종이 많았다. 몇 사례를
보면 다음과 같다.

> ○ 1940년 10월 당시 서울에서 주로 조선인 식기를 제조하던 진유제조업
> 자 40명은 통제강화로 실업위기에 있었다. 이에 총독부가 1만 5천원, 서울

---

76) 「奢侈品等製造販賣制限規則に就て」(『殖銀調査月報』, 1940년 10월호), 25면.
77) 前川勘夫, 「朝鮮中小工業對策に關する若干指標的調査」<上>(『總督府調査月報』, 1943년
7월호), 8면.

이 3천원을 보조하고 업자가 4만원을 염출하여 서울유기조합공작소를 설치하여 군수품 및 광산용 기계부분품을 제작함.

ㅇ서울에서 유기판매업 가운데 10점이 실업위기에 처하자 목기·도기·금물상으로 전업함.

ㅇ서울의 지함제조점 가운데 30점 정도가 실업위기에 처하자 야채상·음식점·잡화상으로 전업했고, 금은세공업은 수출품 제작이나 군수 및 대체품업으로 전업함.[78]

ㅇ서울지역 곡분상은 쌀의 입수난으로 타격을 받아 빵·과자점으로 전업이 예상되나 신규개업에는 설탕·밀가루 배급이 정지되었기에 원료를 확보하지 않으면 전업도 불가능함.[79]

ㅇ1940년 12월중 상업의 전업내용을 보면 양품잡화상에서 수산업으로, 포목상에서 자전거수리공작 겸업 혹은 조선인 수요의 가공옷감 제조업 겸영으로 전업한 결과 특히 가공포 제조업은 연산 10만매, 생산액 20만원 정도에 달하며 판로는 동해연안의 수산·광공업지대임.[80]

즉, 조선인 기업은 군수품 및 광산용 기계부분품으로, 유기판매업은 목기·도기·금물상으로, 지함제조업은 채소상·음식점·잡화상으로, 양품업은 수산업으로 전환했다. 그것은 당시 업자들이 배급통제에 따른 물자부족으로 인해 비록 유사업종으로 전환해도 또 다른 경영난에 봉착할 것이고, 물자배급 또한 나아진다는 보장도 없다는 인식이 팽배했다는 것을 말한다.

요컨대 1930년대 후반은 대체품 공업의 육성정책 아래서 전업예상인구가 급증했다. 그러나 1940년대 전업은 자료관계상 자세히 알 수 없지만 단편적인 자료를 통해서 볼 때 총독부의 예상만큼 활발하지 못했다. 그것은 장기적으로 기업정비라는 총독부의 강권적인 공업구조 조정을 가져오게 하는 내적 동기가 되었다고 할 수 있다.

---

78) 「1940년 10월의 京城商議 조사」(『殖銀調査月報』, 1940년 12월호), 109면.
79) 『殖銀調査月報』(1941년 2월호), 109면.
80) 『殖銀調査月報』(1941년 2월호), 154면.

5) 조합 특혜 금융

당시 조선의 중소상공업 금융은 <중소상공업자금융통손실보상제>에
의한 조합중심 대부가 특징이다. 물론 전시 이전 조선의 중소상공업 금융
은 사실상 일반적인 상공업 금융이 주였고 조합 금융도 <공업조합령>에
서 조합의 신용사무가 부정됨으로써 실시되지 못하였다. 그러나 산업경제
조사회 및 시국대책조사회의 답신안에서 중소기업에 대한 금융지원 문제
가 제안되었고 총독부도 <중소상공업진흥자금대여요강> 및 대부기관의
<자금융통요강>을 공포하여 지원을 계획하였다(1938. 9) .본 계획의 핵
심은 지방보통은행·무진회사 및 도시금융조합이 중소상공업으로 대부
하도록 무이자 자금 및 대장성 예금부의 저리자금을 대여하는 것이다.[81]

그런데 이 계획에 따를 경우, 중소상공업자들이 자금을 이용하는 데는
여러 어려움이 있었다. 먼저 대부자격에서 부(府)에 거주[또는 소재]하는
세대주·회사·조합으로서 중소상공업을 계속 경영할 것이 확실한 자로
제한되었다. 또한 지방 보통은행은 5천원 이하, 무진회사는 3천원 이하,
도시 금융조합은 1천원 이하로 제한했다. 그리고 상환방법도 무담보 대부
및 연이자 1할 이내로 제한되었지만 차입자에게 유리한 1년 단위 정기상
환보다 5년 이내의 月賦 또는 日賦상환을 원칙으로 했다. 또한 강제저축
규정에 따라 매달 차입금의 1/1000을 차입은행에 예금했다. 결국 중소상
공업자는 대부를 받았더라도 계속된 상환압력·강제저축 등으로 별 이득
이 없었다.[82]

이러한 문제를 감안해 <중소상공업자금융통손실보상제실시요강>(1939.
1)이 공포되었다. 그러나 "총독부가 보조하거나 공공단체·전업상담기관
등이 인정하는 경우 그리고 법적으로 <임시자금조정법>에 따라 시국에

---

81) 「社會施設ノ擴充ニ關スル件」(『朝鮮總督府時局對策調査會諮問案參考書』), 21~22면.
82) 「社會施設ノ擴充ニ關スル件」(上同), 21~22면.

필요한 군수, 수출 혹은 대체품 군수산업 및 영업전망이 있는 것에 국한하여 자금대부를 허락하도록 했다.[83] 또한 엄격한 대출조건을 요구했다. 즉 공업조합이나 공업조합연합회에는 대출제한이 없는 반면, 개인이나 일반회사는 1인당 만원 이내[무담보는 5천원]로 했으며, 금리면에서 연이율은 6% 내외로 하고 손실보상료를 합해 7.7%[결국 7.2%]를 넘지 못하도록 했지만 금리에 총독부에 대한 손실보상료[1.2%]가 포함되어 일반은행의 금리보다 높았다.[84] 따라서 업자가 대부를 받을 경우 많은 부담을 지는 것이었다. 그럼에도 1939년 9월부터 '중소상공업융자손실보상제'가 시작되었다.[85]

요컨대 '중소상공업융자손실보상제'는 겉으로 보면 '중소공업의 육성' 차원에서 시작되었다. 그러나 운영상황을 보면 1941년까지 소액대출을 주로 하는 예금부 자금의 대부가 많았고, 대출증가율은 높지 않는 등 효과는 자못 미미하였다.

1940년대 이후 <공업조합령> 개정 등 '중소기업 육성대책'이 강화되면서, 조합결성을 촉진하기 위한 조합금융도 확대되었다. 즉 <표 8>은 총독부가 지정한 '중소상공업융자손실보상제'의 적용대상을 나타낸다. 여기서 1940년 이후 중소기업 지원금융의 수혜자가 주로 법인조합이나 그 조합원이다. 그런데 조합금융은 식산은행이 완전히 장악했는데, 즉 1942년말까지 금융기관별 공업조합 대출현황을 보면 조선·동일·제일은행[경성지점]의 경우, 건수가 없는 데 비해 상업·한성·삼화은행은 120여만 원, 식산은행은 1,019만원 등으로 식산은행이 총 대부의 90% 이상을

83) 『殖銀調査月報』(1939년 6월호), 119면.
84) 『殖銀調査月報』(1939년 2월호), 82~83면.
85) 이 제도에 의한 손실보상은 총 손실액의 50% 이내로 하며 제1년 한도를 200만원으로 하고 5개년 계속 사업으로 계획했다. 실제 대출은 제1년도 1940년 3월까지 581구, 125만원이고 제2년도에는 연도별 제한을 철폐하고 한도를 1천만으로 확장했다. 1940년 9월 말까지 계수는 561구, 총대출은 126만원이었다.[德山 新, 앞의 글, 53면]

독점했다.[86]

〈표 8〉 보상제에 의한 자금대부 지정범위

공업조합 관계	조선전구공업조합 이외 4조합과 그 조합원
수산조합 관계	조선통조림업수산조합, 조선정어리기름제조수산조합연합회와 조합원
산업조합 관계	전주산업조합 이외 11조합과 그 조합원
동업조합 관계	조선과물동업조합연합회 또는 그 조합원
임의조합 관계	평북의주태양부업조합 외 6조합 및 그 조합원
개인 및 회사	개성부 송고실업장 이외 34인

출전: 鈴木武雄, 『朝鮮金融論十講』, 214~215면 : 『殖銀調査月報』(1939년 8월호), 106면.

둘째, 조합대부는 대체로 무담보였다.[87] 이에 <식은령> 제25조에서는
"무담보로 차입을 한 법인의 할부금·정기상환금·이자불입 등을 지연할
경우, 식은은 그 법인의 감독관청에 불입을 청구할 수 있다"고 하여 관청
이 조합무담보 대부에 대한 보증자가 되었다. 특히 대부기준으로 조합에
대한 관청의 지도감독 수준, 조합의 기구, 내부규약, 조합원에 대한 통제
력, 상업계획에 대한 신뢰도[88] 등을 들었는데 그것은 조합의 관제화 수준
에 따라서 대부에 차등을 둔 것이었다. 여기서 금융기관·공업조합·감독
관청 등 삼자로 엮어진 조합에 대한 관제화 구조를 엿볼 수 있다.

〈표 9〉 식산은행의 공업조합 대부상황   (단위:원)

연 도	구 분	할 부	정 기	합 계	예금부 자금
1939년 말	전 체	101,636,323	77,817,735	199,454,058	82,768,555
	공업조합	305,630	510,500	816,130	180,000
	비 율	0.3%	0.65%	0.4%	0.2%
1942년 말	전 체	127,426,778	116,912,905	244,339,684	88,619,827
	공업조합	1,589,242	8,601,660	10,190,902	1,054,200
	비 율	1.24%	7.36%	4.17%	1.19%

출전: 朝鮮工業組合聯合會, 『朝鮮工業組合』(1943년 4월호), 17면에 따라서 계산.

---

86) 朝鮮工業組合中央會, 『朝鮮工業組合』(1943년 4월호), 16면.
87) 益田俊夫, 「工業組合金融に就て」(『朝鮮工業組合』, 1942년 10월호), 31면.
88) 식산은행 公共금융과 과장인 益田俊夫는 "관청의 조합에 대한 지도감독의 수준이 높아지
면 은행의 조합에 대한 신용수준이 높아진다"고 하여 관제화 수준과 신용등급이 일치한다고
했다.[益田俊夫, 「業組合金融に就て」(『朝鮮工業組合』, 1942년 10월호), 27~29면]

셋째, 대부금액이 급증했다. 먼저 식산은행의 대부상황은 <표 9>와 같다. 즉 1939년은 81만 6,130원으로 은행의 총 대부액에서 조합대부가 차지하는 비중이 0.4%에 불과했으나 1942년말에는 10,191천원으로 4.17% 증대했으며 액수로는 약 12배 증가하였다. 이 중 할부대부는 1939 년 0.3%에서 1942년 1.24%로 4배 증대했고, 정기대부는 1939년 0.65%에 서 1942년 7.36%로 17배 증가했다. 그 가운데 예금부자금의 대부 비중은 1939년의 0.2%에서 1942년에는 1.19%증가했다. 여기서 할부 및 예금부자 금은 설비대체용 자금이기에 장기자금이고, 정기대부는 공동구입 및 운전 자금용이기에 단기자금이었다. 즉 식은 대부는 주로 단기자금이며 용도도 설비확충보다는 운전자금용인 것을 알 수 있다. 업종별 대부는 1942년 말 73개 조합에 대해 이루어졌는데 그것은 1942년까지 공업조합 총수의 52%에 해당한다. 즉 공업조합의 태반이 식산은행과 자금적 연계를 가졌 다. 대부액은 기계기구업이 총 18개 조합에 3,509천원으로 수위였고 방직 업종이 13개 조합에 1,889천원, 화학공업이 5개 조합에 1,366천원이었다.

〈표 10〉 서울지역 조합의 외부자금 이용상황

조합구분 응답내용	단위조합		연합회		총 계
	법 인	임 의	법 인	임 의	
응답 조합수	40	189	6	26	261
외부자금 이용조합	26	17	3	2	47
비 율(%)	65	9	50	2	19

비고: 1943년 9월말 총 261개 조합[단위조합 229/428개소, 연합회 32/54개소]의 답변.
출전: 「京城に於ける商工業組合の金融狀況」(『經濟月報』, 1943년 11월호), 2~5면.

한편 조합금융의 운용은 경성상의의 '경성지역조합 금융실태조사'에서 드러난다(표 10). 우선, 조합대부는 법인조합에 집중된다. 즉 단위조합 중 법인조합은 65%가 외부자금을 이용하지만 임의조합은 9%에 머문다. 또 한 연합회에서는 법인은 50%인 반면, 임의단체는 2%에 불과하다. 이들

조합의 주거래은행을 보면 은행과 거래가 있는 49개 조합 중 식은이 주거래은행인 것은 단위조합 17개소, 연합회 4개소, 한성은행[각각 10개소·2개소], 상업은행[단위조합 7개소], 삼화은행[5개소] 순이었다.[89]

둘째, 차입금의 내역을 보면, 단기차입을 한 조합이 장기차입을 한 조합보다 많았으며 장기차입이라도 1년 기한이 압도적이었다. 여기서 장기대부는 주로 식은이 집행했는데 그것은 당시 식은이 예금부자금의 입수 및 사채발행으로 장기자금을 획득하기 쉬웠기 때문이다. 장기자금 가운데 1~2년간 대출금리는 日步가 많았는데 하루 1전 9리였고 그 이외는 연 4~5% 정도였는데 그 중에도 4.4%가 많았다. 그리고 단기자금일 경우는 최저 1전 4모에서 최고 2전까지이고, 대체로 1전 2리 혹은 1전 5리였다.[90] 즉 단기자금의 이자가 장기자금보다 낮았다는 것으로 그만큼 단기자금 대부가 지배적이었다는 말이다.

셋째, 10만 원 이하 대출이 압도적이다. 그런데 10만 원 이하나 100만 원 이상 대출은 많았지만 중규모 조합에 대한 대출로 보이는 50~100만 원대의 대출은 1회에 불과하다. 따라서 조합대부는 주로 영세조합에 주어졌다. 그리고 실제 조합원들에게는 대출기회가 그다지 많지 않은 것으로 보인다. 즉 당시 6개의 연합회에 대한 1년간 대출건수는 248건으로 조합당 41건에 불과하다. 대출 1건당 조합원 1인에 대한 대출로 본다면 겨우 248명에게 기회가 주어진다는 것이다. 특히 조합원이 조합에서 융자받는 경우, 이자는 日步로 최저 1전 6리에서 최고 2전 5리로 최저금리는 은행금리의 54%, 최고금리는 25%가 비쌌다. 요컨대 조합대부는 영세조합에 집중되었고, 단기자금이 중심이었으며, 건수가 미미한 것으로 보아 조합원들에게 가시적인 혜택이 돌아가기에는 역부족이었다.

---

89) 「京城に於ける商工業組合の金融狀況」(『經濟月報』, 1943년 11월호), 3~4면.
90) 상동, 5면.

6) 재정 지원책의 실시와 문제점

중소기업의 조직화를 유도한다는 차원에서 법인조합에 대한 재정적 특혜도 주어졌다. 우선 <소득세령> 개정(1940. 4) 이후 '중점산업'에 대한 세금감면과 법인조합에 대한 비과세 범위가 확대되었다. 비과세 대상으로 선정된 법인[제20조, 시행규칙 21조]은 산업조합 · 산업조합연합회 · 식산계 · 공업조합 · 공업조합연합회 · 조선공업조합중앙회 · 주조조합 · 주조조합연합회 · 중요물자동업조합 · 중요물자동업조합연합회 · 상공회의소 등이다. 다만 공업조합 · 금융조합 · 산업조합[연합회] 등에 대해 종래까지 부과하지 않았던 특별법인세[소득세액의 1/3 정도]를 부담하게 한 것은 세수의 결손을 보충하고, 조합에 대해서만 비과세함으로써 나타나는 일반 업자의 불만을 제거하려는 의도였다.[91]

둘째, <소득세령 개정령>으로 법인회사에 대한 소득세 과세율이 12.5/100에서 15/100로 올랐다. 그것은 당시 군수산업이 면세 혜택을 받았다는 면에서 비군수산업에 대한 중과세용이었다. 그런데 법인세는 개인소득세에 비하면 극히 낮은 세율이 적용되었다. 예를 들어 1940년 3월의 <소득세령>에 따른 당기이익 150만원인 법인회사의 소득세 납세액은 약 25만원이었는데, 당기이익이 15만원인 개인공업[회사의 1/10로 환산]는[92] 종래는 개인소득세는 22%가 적용되어 3만 3천 원을 내면 되었지만 [회사의 1/8 정도] <개정령>으로 소득세율이 32%가 적용됨으로써 4만 8천 원을 내야 했다. 즉 소득은 회사의 10분의 1이지만 과세액은 회사의

---

91) 이는 1940년 7월 15일 세무감독국장 국장회의에서 南次郎 總督이 "금후 상당한 부담이 가중될 것이기 때문에 그 운용상 반도민심에 영향이 크다. 이에 세제의 실제 운용상에 과세의 엄정공평, 집무의 신속정확, 민중위무의 마음의 견지해야 한다"[『殖銀調査月報』(1940년 9월호), 85~86면]고 한 것에서도 나타난다.

92) 법인소득세의 과세액 산정방법은 「朝鮮に於ける稅制改正に就て」<上>(『殖銀調査月報』, 1940년 9월호)의 법인소득세 추계방법을 이용했고, 개인소득세는 같은 자료에 나오는 개인소득 표준별 과세율에 대입한 것이었다.

5분의 1에 달하고 있다. 즉 법인에 대한 중과세에도 개인경영의 부담에 비할 것은 아니었다.

셋째, 중소기업들이 공업조합으로 조직화할 경우, 조합경비의 일부를 총독부 예산으로 지원했다. 그 실적을 보면 1938년에는 18만원, 1939년 27만원, 1940년에는 총 13개 조합에 대해 40만원 정도였으며 이 가운데 상업조합은 1940년도에 3만 6천원을 보조했고, 공업조합은 1939년도에는 6만 7,200원 1940년도에는 9만 1,200원을 보조하였다. 한편 1940년 12월 에는 식산국이 직접 대장성 예금부 자금의 융자를 강화하여 1941년도 보조액은 상업조합 7만 2천원, 공업조합 12만 2,400원이었다.[93] 이처럼 법 인에 대한 재정적 지원은 조합에 대한 면세와 법인에 대한 우대세제라는 형태로 나타났고, 비법인은 중과세하여 법인화를 촉진하려는 방향이었다.

맺음말

본 연구는 일제말 조선 총독부에서 선전한 중소기업 육성대책에 관하여 구체적인 실상을 중심으로 그러한 대책의 역사적 성격을 규명하고자 했 다. 이상의 연구결과를 얻어진 결과를 정리하면 다음과 같다.

우선, 1940년대 조선총독부의 중소기업 대책은 기본적으로 '육성'을 선 전하면서 이들을 재정비하여 생산력확충에 동원하려는 구상이었다. 아울 러 새로 이주한 일본기업이나 기왕의 재조선 일본인 중소기업의 보호를 위한 포석이기도 했다. 당시 일본과 조선에서 공히 중소기업의 '육성'이 표방되었어도 일본 내에서는 중소기업을 정리(정비)하여 정밀공업이나 병기공업으로 집중하려는 방향이 강조된 반면, 조선에서는 전업이나 기업 합동을 통하여 기왕의 생산력의 낭비를 막는 방향으로 진행되었다. 따라

---

93) 朝鮮總督府, 「中小商工業對策」(『日本陸海軍省文書』32, 1940?), 341~342면.

서 40년대 조선내 중소기업 비중은 여전히 압도적이었고 해방직전(1944년의 기업정비)까지 잔존하고 있었다.

둘째, 당시 육성대책은 기업합동이나 전업을 통하여 중소기업군을 물자동원체제에 맞게 재편하고, 공업조합을 확대하여 국책대행기구로 전환하려는 등의 내용이 포함된다. 그 결과 공업조합이 급증했는데, 1938년 <공업조합법>이 공포된 이후 1941년 3월 <개정 국가총동원법> 공포와 함께 크게 늘어나 1944년에는 181개에 달했고, 단위조합보다는 도조합이나 전국조합이 크게 증가했다. 이에 총독부는 조합에 대한 특혜금융을 전개하여 조직화를 지원했다. 하지만 조합은 늘었어도 업종별 생산력 증강은 기복이 심했던 것에서 보듯이 공업조합 설립이 조합원의 노동생산성을 진작시키는데 실패했던 것으로 평가된다.

셋째, 40년대는 대체품업이나 군수산업의 하청으로 전환하는 이른바 전업대책이 총독부의 직접적인 간섭 아래 광범위하게 전개되었지만 성과는 미미했다. 일부 중소기업은 군수공장의 하청공장을 위한 전업을 추진했지만, 많은 기업이 원료난 경영난을 면하기 위한 전업을 계획했기에 전업대책의 실효는 떨어졌다.

넷째, 조합특혜 금융 및 '중소상공업손실보상제' 등은 이상의 육성대책을 재정금융적으로 지원하는 대책이었다. 특히 보상제는 1941년까지도 소액대출을 주로 하는 예금부자금의 대부가 많았고, 대출증가율은 높지 않아 효과는 미미하였다. 조합대부도 영세조합에 집중되었고, 단기자금이 중심이었으며, 건수가 미미한 것으로 보아 조합원들에게 가시적인 혜택이 돌아가기에는 역부족이었다.

이처럼 조선에서의 중소기업 육성대책은 생산력의 전쟁 동원을 위해 구구히 선전되었고 여러 가지 대책이 추진되었지만 중소기업의 법인화 조직화를 통한 국가통제는 일정하게 성공했지만 다른 대부분의 대책은 실질적인 효과를 얻을 수는 없었다. 사실상 총독부의 이른바 육성대책은 구호적이었고, 조선인중소기업의 실익 또한 동반되지 못한 것으로 나타난다.

그러한 육성대책의 실패를 촉진한 중요한 이유는 전쟁에 필요한 총독부 차원의 공익 논리에 기초한 육성대책이 당시 실제의 공업체제 즉 자본축적구조와 불협화음을 보이고 있다는 사실에 있다. 그것은 조선내 중소기업의 전시재편성이 아직은 완결되지 못했다는 사실을 말한다. 즉 자본가측의 당장 필요한 경영난 해소와 물자난 탈피라는 현실적 요구 바꿔 말해 조선 내적 요구가 전쟁에 수요되는 생산력 확충이라는 전체 일본제국 차원의 요구와 연계되기에 버거운 현실의 반영이고, 이에 새로운 정책변화를 초래할 수밖에 없었다. 그것이 바로 1942년 이후 활발해진 기업정비 대책이었다.

투고일 2003년 4월 9일 / 심사완료일 2003년 5월 14일

주제어 : 중소공업, 공업조합, 전시재편성, 기업합동, 기업조직화, 전업, 육성대책, 기업정비

A Study on the 'small and medium Factory Support Policy' of Chosun governor-general office in Japanese Invasion Wartime

Kim, In Ho

It was very important analyzing on 'small and medium factory support policy' for Study of Chosun Industrialization in invasive wartime of Japan. This dissertation indicated that recently studies on Small Factory Policy of Chosun governor-general office maybe had fatal problem. This dissertation groped for new study-method of about the cause for increase of small and medium factories in japanese Rule time .

During invasion wartime, the economic policy of Japan focussed on the product expansion for invasion war and mobilization of war supplies. For that purpose, Japan reorganized that the Korean economy should have been greatly changed. Later they obtained a portion of the desired results. Actually, small and medium factories expanded, industrial structure undergone a change. This policy is solely responsible for upgrade the industry productive capacity and war mobilization.

But 'support policy' was failed. All that testing they did seems to have had no effect whatsoever; industry-reorganization, factory-systematization, factory-amalgamation, change of business policy.

Old studies always give attention to 'small and medium factory's Ruin by Japanese capital. But this dissertation establish 'enthusiasm' of chosun governor-general office for small and medium factory support. Later, however, they decided to give it up. Small and medium factory support policy was failed by its inner contradiction; private profit desire of capitalist and public interest of Japanese Imperial government.

Key Words : industry-reorganization, factory-systematization, factory-amalgamation, change of business. small factory support policy

일제강점기 재중국 한국인 아나키스트들의 민족해방운동[*]
- 테러활동을 중심으로 -

이 호 룡[**]

머리말

일제강점기 한국인 아나키스트들의 민족해방운동의 주요한 수단 중의 하나는 테러였다. 특히 대중을 가지지 못한 재중국 한국인 아나키스트들의 경우 테러는 더욱더 중요할 수밖에 없었다. 일제강점기 재중국 한국인 아나키스트운동은 크게 테러활동, 혁명근거지 건설을 위한 활동, 민족전선운동 등 3조류로 나뉘어 전개되었다. 1931년까지는 혁명근거지 건설을 위한 활동과 테러활동이 동시에 전개되었다. 하지만 재중국 한국인 아나키스트들은 혁명근거지 건설이 실패한 이후에는 1936년 민족전선운동이 전개되기까지 테러활동에 전념하였다.

[*] 이 논문은 2001년도 학술진흥재단의 연구비에 의해 연구되었음(KRF-2001-041-B00033)
[**] 규장각 책임연구원

테러활동은 직접행동론에 입각해서 행해졌다. 직접행동론은 혁명운동 과정에서 전위조직이나 지식인들이 민중을 지도하는 것을 부정하고 민중들이 봉기·폭동·총파업 등의 직접행동을 통해 민중 스스로 사회혁명을 달성해야 한다고 주장한다. 민중들로 하여금 봉기·폭동·총파업 등에 나서게 하기 위해서는 '사실에 의한 선전'이 필요하며, 그 때 선전작업의 일환으로 행해지는 테러·암살·사기 등의 모든 수단은 정당화되었다.

일제강점기 한국인 아나키스트들은 제국주의세력과 민족반역자를 대상으로 테러를 전개했다. 제국주의세력으로는 적의 기관이나 요인이 그 대상이 되었고, 민족반역자로는 일제의 밀정과 친일파들이 그 대상이 되었다.

이처럼 테러활동은 한국인의 민족해방운동상에서 커다란 역할을 수행했다. 이러한 점에 주목하여 1980년대 후반부터 아나키스트들의 테러활동에 대한 연구가 활발하게 진행되기 시작했다. 그러나 이들 연구는 아나키스트단체의 결성과 활동을 개별적으로 분석하는 데 치중되어 있다. 개개의 단체를 중심으로 연구가 진행되다 보니 재중국 한국인 아나키스트운동에 대한 체계적이고 전체적인 이해는 매우 어려운 상황이다. 거기에다가 이들 연구는 일제의 정보기록류와 회고록에 의존함으로써 역사적 사실조차 제대로 복원하지 못하는 등 약간의 문제점을 안고 있다. 본고는 이러한 잘못을 바로 잡아 일제강점기 재중국 한국인 아나키스트들의 민족해방운동사를 복원하고, 그들의 활동이 민족해방운동상에서 어떠한 위치에 있었던가를 살펴보고자 한다.

Ⅰ. 테러적 직접행동론하에서의 테러활동

재중국 한국인들이 아나키즘을 비롯한 사회주의를 수용하기 시작한 것은 1910년대부터였다. 즉 한말부터 上海, 北京, 廣東 등 중국 關內로 망명하여 辛亥革命에 참가하였던 한국인들 중 일부가 민족해방운동을 지도할 이념으로 아나키즘을 비롯한 사회주의를 수용하였던 것이다. 이들은 러시아혁명의 영향하에서 신규식 등을 중심으로 1917년 8월 上海에서 조선사회당을 창당하고 만국사회당대회에 대표를 파견하여 한국의 독립을 지원해 줄 것을 요청하는 등의 민족해방운동을 전개했다.1) 1918년에 결성된 신한청년당 역시 파리강화회의에 김규식을 대표로 파견하여 연합국들에게 우리 민족을 독립시켜 줄 것을 청원하였다.

　재중국 한국인 민족해방운동가들은 1910년대 중반부터 외교적 노력에 의한 독립을 모색하는 한편, 테러활동 역시 매우 활발하게 전개했다. 테러활동은 민족주의자와 아나키스트 두 부류의 민족해방운동가들에 의해 전개되었다. 민족주의자들은 외교활동을 뒷받침하기 위한 방도의 하나로 적의 기관 파괴, 적의 요인 암살 등의 테러적 방법을 취했다. 1919년 4월에 수립된 임시정부는 부속기관으로 金聲根·林得山 등의 주재 하에 구국모험단을 조직하였는데, 폭탄 제조와 그 사용 방법을 습득하여 국내 각 관공서를 파괴하거나 大官과 親日派를 암살하는 것 등을 목적으로 하였다.2) 그리고 임시정부는 미국의 제안으로 태평양회의가 개최되자, 대표를 파견하여 參列을 요구함과 동시에 독립청원서를 미국 정부와 미국 각 政客·民間有志 및 신문사에 제출하고, 그것을 지원하는 방편으로 국내 각지에서 一大 소요를 일으키며, 폭탄으로 각 관헌을 파괴하고 大官을 암살하는 한편, 모험결사의 청년 몇 명을 워싱턴에 파견하여 일본의 特使 몇 명을 쓰러뜨려 한국 민족의 불평을 열강에게 보여주기로 결정하였다.3) 태평양회의에서의 외교활동을 지원하기 위하여 조직된 對太平洋會議外交後援

---

1) 이호룡, 2001 『한국의 아나키즘-사상편』, 지식산업사, 142~143면 참조
2) 在上海總領事館 編,「義烈團ニ關スル調査」『朝鮮民族運動(未定稿)』3(1923. 3~1926. 12)
　(『日本外務省特殊調査文書』25, 高麗書林, 1989, p.262 ; 이하 『外務特殊文書』로 略)
3) 外務省亞細亞局 編,『朝鮮獨立運動問題』(金正柱 編, 1971 『朝鮮統治史料』7, 韓國史料研究所, p.400 ; 이하 『統治史料』로 略)

會조차도 국내·국외에서의 테러활동을 대미외교활동 지원방법으로 설
정하였다. 즉 한국 민족이 "속히 광복하고 우리 지위를 확장시키고자 하면
안으로 충실한 民氣를 奮興시키고 맹렬하게 운동을 激進시키고, 밖으로
는 원만한 국교에 의해 공정한 판단을 수행하도록"해야 한다고 하여,[4]
테러를 민족해방운동의 주요한 수단으로 채택할 것을 주장하였던 것이다.

재중국 한국인 아나키스트들도 上海, 廣東, 香港, 北京 등지에서 테러활
동을 활발하게 전개하였다. 3·1운동 이후 金聖道·安根生·金炎·金治
平 등은 孫文과의 협의하에 上海에서 테러활동을 위한 준비에 들어 갔다.
香港에 있던 김성도가 황운탁을 통해 70만 달러를 보내자, 上海에 있던
한국인 아나키스트들은 1919년 8월 30일 밤 佛租界 華盛頓路에서 회의를
개최하여 東京에 기관을 速設하고 실행에 들어갈 것을 결의하였고, 안근
생은 70만 달러로 다수의 권총을 구입하고, 佛租界 成都路의 某處에 爆裂
彈製造所를 설립한다는 계획하에 재료를 매입하는 등의 준비작업을 했
다. 그러나 이들이 실제로 테러를 단행했는지의 여부는 알 수 없다.

孫文과의 연계하에서의 테러활동은 그 이후에도 계속되었다. 孫文이
1921년 신규식 등에게 명하여 암살대를 조직하였는데, 재중국 한국인 아
나키스트들은 이 암살대에도 참가하여 테러활동을 전개하였다. 암살대는
대원이 모두 140여 명이었으며, 湖北에 4조, 保定에 2조, 北京에 2조, 天津
에 1조가 각각 파견될 예정이었다. 각 조(組)는 중국인 1명, 한국인 3명으
로 이루어져 있었다.[5] 孫文이 아나키즘적 경향을 띠고 있던 中韓協會를
기반으로 하여 암살대를 조직하였으므로, 암살대에 참가하였던 한국인들
중 상당수는 아나키스트였던 것으로 추측된다. 그러나 암살대의 실제 활
동에 대해서는 전혀 알려진 바가 없다.

中韓協會는 朱念祖·謝英伯·高振宵·張啓榮·汪兆銘·丁象謙 등

---

4) 「창간사」, 『선전』 제1호(1921. 10. 29), 對太平洋會議外交後援會 (『外務特殊文書』 24, p.572)
5) 楊昭全 等編, 1987 『關內地區朝鮮人反日獨立運動資料彙編』 下冊, 遼寧人民出版社, p. 1480

중국인과, 金檀庭・金熙綽・朴化祐・孫士敏 등 한국인 70여 명의 발기
로 1921년 9월 27일 廣東圖書館內에서 결성되었으며, "韓中 양국의 相助
提携, 共相扶助"를 목표로 하였다.6) 「中韓協會宣言書」는 20세기의 세계
는 群의 세계이고, 群의 진화는 호조에 의해 이루어진다고 하는 등 상호부
조론적 입장을 표명하였으며, 중한협회의 기관지『光明』도 아나키즘을
선전하는 기사를 많이 게재하였다. 이로 보아 중한협회는 아나키즘적 경
향을 띠고 있었다고 할 수 있다.

재중국 한국인아나키스트들은 1919년 11월 10일 吉林에서 곽경(곽재
기), 김원봉, 한봉근 등에 의해 결성된 의열단에도 가입하여 테러활동을
주도하였다. 1920년대 초의 의열단은 아나키즘을 지도이념으로 하여7) 테
러를 민족해방운동의 주요한 수단으로 삼았다. 아나키즘적 입장에서 혁명
을 달성하는 방법으로 부단폭력(不斷暴力), 파괴, 암살, 폭동 등을 취하였
으며, 파괴가 곧 건설이라는 단시(團是)를 채택하였다.8) 나아가 테러활동
을 통해 민족의식을 각성시키고 이를 통해 지배계급의 억압으로부터 민중
을 해방시키고자 하였다.

이처럼 1910년대 말 1920년대 초 재중국 한국인 아나키스트들은 다방
면에서 테러활동을 활발하게 전개하였다. 장지락은 이 시기를 한국인 아
나키스트운동의 전성기로 표현하였다.9) 1920년대 초 한국인 아나키스트

---

6) 「廣東における中韓協會組織の件(1921年 10月 14日 高警第28285號)」(金正明 編, 1967『朝
鮮獨立運動』2, 原書房, p.468) ; 「廣東における中韓協會發會の件(1921年 10月 21日 高警
第28417號)」(金正明 編, 위의 책, p. 474) ; 「中韓協會宣言書」『光明』創刊號(1921. 12. 1) 등
을 종합

7) 김성숙은 아나키즘이 의열단의 지도이념이었다고 회고하였으며(김학준 편집해설・이정식
면담, 1988『혁명가들의 항일회상』, 민음사, 77면), 장지락 역시 아나키스트 집단에 들어간
뒤에야 의열단의 서클생활에 참가할 수 있었다고 하면서 아나키즘이 의열단을 지도했다고
회고하였다(김산・님 웨일즈(조우화 역), 1999(개정증보판)『아리랑』, 동녘, 103~105면).

8) 在上海總領事館 編, 「義烈團ニ關スル調査」『朝鮮民族運動(未定稿)』3(1923. 3 ~ 1926. 12)
(『外務特殊文書』25, p. 263).

9) 김산・님 웨일즈, 앞의 책, 103면

들의 테러활동은 테러적 직접행동론[10]에 연결되어 있었지만 체계적인 논리에 입각한 것은 아니었다. 단지 민족해방운동이 고양되어 가는 상황 속에서 매국노나 일본제국주의자 그리고 일제의 식민지기관을 암살·파괴함으로써 나라를 잃은 울분을 풀기 위해서이거나, 테러행위를 계속하면 일제가 물러갈 것이라는 소박한 생각에서 테러를 행하였을 뿐이다. 한국인들에 의해 행해진 테러의 상당수는 개인적이고 감상적인 차원에서 이루어진 것이었다.[11]

아나키스트들의 테러활동이 민족해방운동의 주요한 수단 중의 하나로 자리매김된 것은 신채호의 「조선혁명선언」을 통해서였다. 「조선혁명선언」은 공산주의자들의 비판에 대응하기 위하여 작성되었다. 즉 끊임없이 전개된 테러활동이 별다른 효과를 얻지 못하고 인적 손실만을 초래하자 공산주의자들이 테러의 비대중성·무모성을 지적하기 시작했으며, 이에 신채호가 「조선혁명선언」을 작성하여 민중직접혁명론을 민족해방운동론으로 체계화하였던 것이다.

신채호는 「조선혁명선언」에서 민중직접혁명론 즉 민중의 직접행동에 의한 사회혁명을 제기하고 그 방법론으로 테러적 직접행동론을 제시하였다. 즉 한국 민족이 일제의 식민지지배로부터 해방되는 길은 민중직접혁명밖에 없으며, 혁명을 완수하기 위해서는 민중이 각성되어야 하고, 민중을 각성케 하는 가장 유효한 방법은 바로 테러적 직접행동이라고 단정하였던 것이다. 이는 적의 요인이나 기관에 대한 암살·파괴 활동은 일제의 식민지 통치구조에 파열구를 낼 뿐 아니라, 민중들의 독립의식과 해방의

---

10) '테러적 직접행동론'은 아나키스트들의 사회혁명 방법론 가운데 하나로서 1876년 베른대회에서 채택된 슬로건 '사실에 의한 선전'에 입각하고 있다. 테러 등 직접행동을 통해 민중들에게 아나키즘을 선전하고 그들을 각성시켜 봉기·폭동·총파업 등에 동참하게 하여 사회혁명을 완수해야 한다는 주장이다.

11) 이호룡, 앞의 책, 270면

지를 자극하여, 민중들 스스로 봉기·폭동 등을 일으키도록 만든다고 하
는 선전수단으로서의 테러의 역할을 강조한 것이다. 이러한 봉기·폭동·
총파업 등과 같은 민중들의 직접행동이 계속해서 일어나서 모든 민중이
참가하게 되면, 결국 일제의 식민지 권력과 자본주의 사회는 타도된다는
것이다. 이리하여 테러활동은 매국노나 일본제국주의자들을 단지 복수적
감정에서 처단하던 차원에서 벗어나, 민족해방운동의 방법론으로 체계화
되었다.12)

　재중국 한국인 아나키스트들은 테러단체인 다물단에도 관계했다. 류자
명은 李圭駿, 李圭鶴, 李性春 등을 도와 1923년에 多勿團을 조직케 하였
으며, 신채호는 그 선언문을 작성해주었다.13) 다물단은 1925년 3月 30
일14) 의열단원 이인홍·이기환 등과 합작하여 일제의 밀정 노릇을 하던
김달하를 北京에서 살해하였으며,15) 이어 곧 박용만까지 살해하였다.16)

　이정규는 이회영이 다물단에 대해서 운동의 정신과 조직의 요령을 지도
하였으며, 友槿(류자명-인용자)과 상의하여 다물단과 의열단을 합작시키
어 北京에서 소문난 적의 간첩 金達河를 처단하였다고17) 하여, 李會榮이
다물단을 지도하고 김달하 처단에도 관계한 것으로 기록하였다. 그러나

12) 이호룡, 위의 책, 272면
13) 이규창, 1992 『운명의 餘燼』, 보련각, 74~75면
14) 김달하가 암살된 날짜는 자료에 따라 다르게 나타난다. 이은숙은 1925년 2월에 김달하가
　　암살된 것으로 기록하였으며(이은숙, 1975 『민족운동가 아내의 수기』, 정음사, 49면),「在外
　　不逞鮮人槪況」(독립운동사편찬위원회 편, 『독립운동사자료집』 9, 703면 ;『資料集』으로
　　略)과 『동아일보』 1925년 8월 6일자는 김달하 암살 날짜를 1925년 5월 20일 밤과 5~6월로
　　각각 기록하였으나 모두 잘못이다.
15) 『독립신문』 1925년 5월 5일자 ; 在上海總領事館 編,「不逞鮮人ノ宣言書ニ關スル件」『朝鮮
　　民族運動(未定稿)』 3(1923. 3~1926. 12)(『外務特殊文書』 25, p.571) ; 이정규,「友堂 李會榮
　　先生 略傳」(이정규, 1974 『又觀文存』, 삼화인쇄, 50면) ; 박태원, 1947 『약산과 의열단』,
　　백양당, 174~177면 등을 종합
16) 이규창, 앞의 책, 82면
17) 이정규, 앞의 글, 50면

김달하 암살 이후 이회영은 일제 밀정의 집에 問喪갔다고 하여 신채호・
김창숙 등과의 관계가 틀어지는 등 민족운동 진영으로부터 오해를 받고
있었으며, 다물단측에서는 이회영의 동정을 살피며 감시하였다.[18] 따라서
이회영이 다물단을 지도하였다거나 김달하 처단에 관계하였다는 것은 잘
못이다.

류자명과 신채호는 이지영과 함께 1926년 7월 21일에 행해진 나석주의
동양척식주식회사 폭파사건에도 관계하였다. 그리고 1926년 무렵 北京에
있던 한국인 아나키스트들을 중심으로 北京黑賽救援會가 조직되어 만주
와 국내에서 테러활동을 전개하기도 했다.[19]

테러활동은 혁명근거지 건설에 주력하던 아나키스트들에 의해서도 전
개되기도 했다. 즉 1923년 늦겨울 이을규・이정규・백정기 등은 김창숙
과 함께 김달하를 처단하기 위한 자금을 마련할 목적으로 帽兒胡同 사건
을 단행하였다. 帽兒胡同 사건은 정화암이 永定河 개간사업을 위한 자금
마련공작의 일환으로서 국내에서 고명복 모녀를 데려온 것에서 비롯되었
다. 원래 계획과는 달리 고명복 모녀가 정화암과 헤어져 帽兒胡同에서
그의 이모와 거주하게 되었는데, 김창숙・이을규・이정규・백정기 등이
이 집에 잠입하여 값진 물건들을 가지고 나왔다. 이 사건에 의해 마련된
자금으로 1924년 4월 재중국조선무정부주의자연맹이 결성되었다.[20]

1925년 5・30운동 이후 백정기・계택수・어락빈 등이 한국임시정부・
의열단과 함께 일제의 밀정 金昌洙를 암살할 자금을 마련하기 위해 月子
(가발)商을 하는 사람을 습격하기로 하였다. 그러나 邊某(임정계)가 약속
을 어기는 바람에 실패하였다.[21] 1930년 12월 초순[22]에는 김지강・오면

---

18) 이은숙, 앞의 책, 52~53면
19) 『黑色新聞』 제23호(1933. 12. 31), 흑색신문사
20) 정화암, 1982 『이 조국 어디로 갈 것인가』, 자유문고, 57~61면 ; 무정부주의운동사편찬위
  원회 편, 1994(2쇄) 『한국아나키즘운동사』, 형설출판사, 293면(이하 『운동사』라 略) 등을
  종합

직·張麒俊·정화암·김동우 등이 만주로 갈 자금을 확보하기 위하여 正實銀號를 습격하여 중국돈 3,000원과 일본돈 몇 백원을 강탈하였으며, 이 자금으로 백정기·정화암·오면직·김지강·장기준·이규숙·이현숙 등의 만주행이 이루어졌다.[23]

혁명근거지건설론자들에 의한 테러활동은 테러적 직접행동론에 입각한 것이라기보다는 가진 자들에게서 자산을 탈취하는 것을 정당하게 여기는 '약탈론'의 입장에 근거하고 있었다. 아나키스트들은 가진 자들로부터 돈을 빼앗는 행위 즉 강도짓이나 도적질 같은 행위를 아무런 거리낌없이 행하였는데, 그것은 가진 자들에게 강탈당한 것을 되찾는 행위는 아무런 도덕적 결함이 없는 정당한 행위인 것으로 판단하기 때문이다. 아나키스트들은 이러한 행위를 '掠'이라 칭하였으며, '掠'을 통해 획득한 자금을 운동자금이나 생활비에 충당하였다.

1927년 국내에서 민족주의자와 공산주의자의 연합으로 신간회가 결성되자 재중국 한국인 아나키스트들은 위협을 느꼈다. 이들은 신간회를 타협주의의 산물로 규정하고 이를 비판하면서 아나키스트 세력을 결집하여 테러적 직접행동론에 입각한 민족해방운동을 전개하고자 했다. 이들은 재중국조선무정부공산주의자연맹주비회를 구성하여 아나키스트들을 결집하기 위한 활동을 전개했다. 주비회는 1927년 10월 발기문을 각 지방에 송부하는[24] 등 재중국조선무정부공산주의자연맹을 결성하기 위한 준비를 서둘렀다.

재중국조선무정부공산주의자연맹의 창립일·창립주체·창립장소 등은 자료마다 다르게 나타나는 등 정확하게 밝혀져 있지 않다. 이정규는

---

21) 崔甲龍, 1996 『황야의 검은 깃발』, 이문, 12면 ; 『운동사』, 295면
22) 정화암은 正實銀號 습격사건의 발생일을 1930년 10월로 회고하였다(정화암, 앞의 책, 118면).
23) 정화암, 위의 책, 114~119면 참조
24) 「재중국조선무정부공산주의자연맹 발기문」 『탈환』 창간호증간(1928. 6. 15)

재중국조선무정부공산주의자연맹이 上海에 체재 중인 류기석·한일원·윤호연 등에 의하여 1928년 3월에 결성된 것으로 진술하였으며,[25] 林友는 「재중국 조선무정부주의운동 개황」에서 "1927년에 재중국조선무정부주의자연맹(재중국조선무정부공산주의자연맹—인용자)이 결성되고 追後하여 上海聯盟과 北京聯盟이 조직"된 것으로 서술하였다.[26] 그리고『奪還』창간호증간(1928. 6. 15)에 의하면 재중국조선무정부공산주의자연맹은 1928년 3월 회의를 개최하여 강령을 약정하였다. 그런데 류기석은 1927년 7월부터 1928년 1월까지 泉州에서 농민자위조직 건설에 참가했다가 1928년 2월에 上海로 갔기[27] 때문에 재중국조선무정부공산주의자연맹 결성을 주도할 수 있는 처지에 있지 않았다. 따라서 류기석이 조직한 단체는 재중국조선무정부공산주의자연맹이 아니며, 재중국조선무정부공산주의자연맹이 결성된 시기는 1927년 10월(주비회가 발기문을 각 지방에 보낸 시기) 이후 1928년 3월 이전으로서 1927년 말 무렵이었던 것으로 사료된다. 林友가 언급한 上海聯盟과 이정규가 진술한 재중국조선무정부공산주의자연맹은 재중국조선무정부공산주의자연맹 上海支部를 지칭하는 것으로 사료된다.

창립회원으로 거론되는 자는 柳基石·韓一元·尹浩然·李乙奎·李丁奎·安恭根, 柳子明 등인데, 柳基石·韓一元·尹浩然 등은 앞에서 언급한 바와 같이 재중국조선무정부공산주의자연맹 上海支部 결성을 주도한 인물들이다. 이정규·이을규 등은 1927년 6월 말부터 泉州에서 농민자위조직 건설에 참여했다가 1928년 5월에 上海로 갔으므로,[28] 재중국조선무

25) 在上海總領事館 編,「東方無政府主義聯盟李丁奎ニ對スル判決」『外務省警察史—支那ノ部(未定稿)』(『外務特殊文書』 28, p.332)
26) 林友(上海),「재중국 조선무정부주의운동 개황」『黑色新聞』 제29호(1934. 6. 30)
27) 이정규,「中國 福建省 농민자위운동과 한국 동지들의 활동」(이정규, 1974, 앞의 책, 136·152면) ; 在上海總領事館 編, 「有吉公使暗殺陰謀無政府主義者檢擧ノ件」『外務省警察史—支那ノ部(未定稿)』(『外務特殊文書』 28, p.855) 등을 종합

정부공산주의자연맹 결성에 참가하였을 가능성은 거의 없다. 이정규도
자신이 재중국조선무정부주의자연맹 결성에 참가하였다는 기록은 전혀
남기지 않았다. 안공근은 일제의 정보보고서에 이정규·이을규 등과 함께
거론되고 있어 신빙성에 문제가 있다. 柳子明은『黑色新聞』제23호에서
조선무정부공산주의자연맹 창립 인물로 거론되었으나, 그는 1928년 초
무렵에 武漢에 있었다.29) 이들 외 재중국조선무정부공산주의자연맹 창립
을 주도할 만한 인물로는 신채호와 이회영, 柳林, 정화암 등을 들 수 있다.
이들 중 柳林이나 정화암 등은 자신들이 재중국조선무정부공산주의자연
맹 창립에 참가하였다는 기록을 남기지 않았으며, 이규창의『운명의 餘
燼』에도 이회영이 재중국조선무정부공산주의자연맹 창립에 관계하였다
는 기록이 없다. 따라서 이들은 재중국무정부공산주의자연맹 창립에 참가
하지 않았다고 할 수 있다. 결국 재중국조선무정부주의자연맹 창립을 주
도할 만한 인물로는 신채호밖에 없다.

  신채호가 조선무정부공산주의자연맹을 결성한 것은 1927년 9월에 개최
된 무정부주의동방연맹 창립대회에서 결정된 사항을 실행에 옮기기 위한
것으로 사료된다. 즉 신채호는 한국인 아나키스트들의 역량을 한군데로
모으기 위하여 재중국조선무정부공산주의자연맹 창립을 주도하는 한편,
1928년 4월에는 天津에서 한국인아나키스트대회를 개최하였던 것이다.

  재중국조선무정부공산주의자연맹의 결성장소는 北京이나 天津이었던
것으로 사료된다. 그것은 당시 재중국 한국인 아나키스트들의 활동무대가
上海·北京·天津 등이었는데, 上海에는 지부가 설치되었기 때문이다.

  재중국조선무정부공산주의자연맹은 1928년 3월 각 지방대표와 서면으

28) 정화암, 앞의 책, 91면 ; 이정규, 위의 글, 154면 등을 종합
29) 류자명은 1928년 2월 말 漢口에서 3·1운동기념행사를 준비하던 중 중국 경찰에게 체포되
    어 6개월간 武漢警備司令部에 감금되어 있었다(류자명, 1984『나의 회억』, 료녕인민출판사,
    103~111면).

로 온 모든 의견을 토의·종합하여 강령을 약정하였는데, 강령은 다음과
같다.30)

 一. 일체 조직은 자유연합조직원리에 기본할 것
 二. 일체 정치운동을 반대할 것
 三. 운동은 오직 직접방법으로 할 것
  1. 직접선전 2. 폭력적 直按(接의 誤記-인용자)行動
 四. 정치적 당파 이외의 각 독립운동단체 及 혁명운동단체와 전우적 관
  계를 지속 존중할 것. 미래사회는 사회 萬般이 다 자유연합의 원칙에
  근거할 것이므로
 五. 국가 폐지
 六. 일체 집단적 조직을 소멸할 것
 七. 사유재산을 철폐하고 공산주의를 실행하되 산업적 집중을 폐하고
  공업과 농업의 병합 즉 산업의 지방적 분산을 실행할 것
 八. 종교를 폐지하며 결혼제도를 폐지—가족제도 폐지

 재중국조선무정부공산주의자연맹은 강령을 통해 우선 정치운동을 부
정하였다. 정치운동은 부르주아지들이나 공산주의자들이 정권을 장악하
기 위해 벌이는 놀음에 다름 아닌 것으로 이해하였기 때문이다. 그리고
일체의 중앙집권적 조직을 부정하고 자유연합의 원칙에 의해 운영되는
조직을 주장했다. 재중국조선무정부공산주의자들이 건설하고자 한 사회
는 사유재산제와 종교 및 가족제도가 폐지되고 농업과 공업이 함께 발전
하여 모든 인민이 풍요로운 삶을 누릴 수 있는 各盡所能 各取所需의 아나
코코뮤니스트사회였다. 아나코코뮤니스트사회를 건설하는 방법론으로
제시한 것이 테러적 직접행동론이다. 직접선전·폭력적 직접행동 등을
통해 민중들의 의식을 각성시키고 그들이 봉기·폭동·총파업 등의 직접
행동을 일으키도록 유도하여 정부나 국가 등과 같은 강권조직을 타파하고

---

30) 「在中國朝鮮無政府共産主義者聯盟綱領草案」 『奪還』 창간호증간(1928. 6. 15)

모든 개인이 절대적 자유를 누리는 이상사회를 건설하고자 한 것이다.

1928년 5월 신채호가 체포된 이후 재중국조선무정부공산주의자연맹은 上海에서 류기석의 주간하에 1928년 6월 1일 기관지『탈환』을 중·한·일 3개국어로 창간하여 만주, 한국, 일본, 중국, 대만 등 각지에 널리 배포하여 아나키즘을 선전하고 동지들을 격려하였다. 그리고 수시로 아나키즘 관련 문헌과 팜플렛을 간행하여 국내외의 동지들에게 발송하였다.[31]『탈환』이 발행되기에 앞서 1928년 5월 1일 노동절을 기념하는 특집으로 같은 제목의 소책자가 발행되었다. 그 중요 목차는 (1) 피눈물로써 적시는 5·1절 (2) 무정부공산주의 약력 등이었다.[32]

『탈환』은 1929년 5월 1일 6호까지 거의 격월로 발행된 이후 자금 부족으로 간행이 중지되었으나, 1930년 1월 1일에 인성학교 교장 김두봉의 도움으로 7호가 간행되었다.[33] 이 사실로 미루어 류기석이 1928년 10월에 北京으로 간 이후에도『탈환』이 上海에서 계속 간행된 것으로 추정할 수 있다. 하지만 그 뒤 계속되는 자금난으로 제14호를 끝으로 간행이 중지되고 말았다.[34] 현재 그 일부가 전해지고 있는『탈환』의 호수는 1·4·5·7·9호 등이며 중요 목차는 다음의 표와 같다.『탈환』은 자본주의와 공산주의 모두를 부정하면서, 생산자 자치를 위주한 자유평등원리상에 기초한 신사회로써 자본주의 사회를 대신할 것을 주장했다.[35]

31) 在上海總領事館 編,「有吉公使暗殺陰謀無政府主義者檢擧ノ件」『外務省警察史-支那ノ部(未定稿)』(『外務特殊文書』28, p.856);『黑色新聞』제23호(1933. 12. 31);內務省警保局 編,「在上海留朝鮮人の不穩狀況」『社會運動の狀況』(1933年)(朴慶植 編, 1975『在日朝鮮人關係資料集成』2, 三一書房, p.846;이하『資料集成』으로 略) 등을 종합

32) 在上海日本總領事館警察部第2課,『朝鮮民族運動年鑑』, p.305;이하『年鑑』으로 略

33)「在上海總領事館ニ於ケル特高警察事務狀況」(1937年 12月末 調査)(『外務特殊文書』27, p.782);在上海總領事館 編,「不穩出版物『奪還』第7號記事」『外務省警察史-支那ノ部(未定稿)』(『外務特殊文書』28, p.559);村田生,「上海及南京方面ニ於ケル朝鮮人ノ思想狀況」『思想彙報』第7號(1936. 6), 朝鮮總督府高等法院檢査局思想部, p.176 등을 종합

34) 이강훈의 증언(堀內稔, 1992「南華韓人靑年聯盟と黑色恐怖團」『朝鮮民族運動史硏究』8, 靑丘文庫, p.15에서 재인용). 현재 자료로 확인되는 것은 1930년 4월에 발행된 제9호까지이다.

〈표 1〉 『탈환』의 중요 목차

호 수	발행일	중요 목차
창간호	1928. 6. 1	『탈환≫의 주장, 沿海州의 조선 농민을 옹호하라(黑奴), 무정부공단주의로 가는 길(呂君瑞 역), 청년에게 訴함(晦觀 역), Information of Korean Anarchists Activities, 社告
창간호 증간	1928. 6. 15	재중국조선무정부공산주의자연맹 강령 초안, 『탈환≫의 첫소리(又觀), 혁명원리와 탈환(又觀), 무정부주의자의 본 바 조선 독립운동(파사로푸), 재중국조선무정부공산주의자연맹 발기문, 社告
4호	1928. 12. 1	조선은 움직인다, 파멸당한 동포에게 고한다, 자유연합주의, 국제청년아나키스트, 최근 동지 5명이 체포되다
5호	1929. 3. 1	
6호	1929. 5. 1	
7호	1930. 1. 1	탈환을 다시 발간하면서, 북만한인청년연맹선언, 광주사건에 대해서, 內地 학생 제군에게 고한다, 我等의 요구, 우리는 왜 무정부공산주의자가 되었는가, 근하신년
9호	1930. 4. 20	故 김좌진 동지의 약력, 山市事變의 진상, 음모와 악행, 대책의 강구, 茄(茄의 잘못-인용자)秋 심용해 동지를 弔한다

자료 : 『탈환』창간호(1928. 6. 1)·창간호증간(1928. 6. 15), 재중국조선무정부공산주의자연맹 ; 在上海日本總領事館警察部第2課, 『朝鮮民族運動年鑑』, pp.323～324·331～332 ; 在上海總領事館 編, 「不穩出版物『奪還』第7號記事」『外務省警察史-支那ノ部(未定稿)』(『日本外務省特殊調査文書』28, 高麗書林, 1989, pp.559～564) ; 「不逞鮮人刊行物『奪還』金佐鎭ニ關スル記事-奪還4月20日發行第9號譯文」(자유사회운동연구회 편, 『아나키즘연구』창간호(1995. 7), 국민문화연구소출판부에 수록)

재중국조선무정부공산주의자연맹은 류기석·한일원·윤호연 등을 중심으로 1928년 3월 上海支部를 설치했다.[36] 上海聯盟은 1928년 7월 9일「上海 교민에게 檄한다」라는 제목의 격문을 발표하여 공산주의자들을 종파투쟁만 일삼는 무리로 매도하는 등 반공산주의 선전활동을 전개했다.

---

35) 「탈환의 주장」『탈환』 창간호(1928. 6. 1)
36) 在上海總領事館 編, 「東方無政府主義聯盟李丁奎ニ對スル判決」『外務省警察史—支那ノ部(未定稿)』(『外務特殊文書』28, p.332). 이정규는 류기석 등이 재중국조선무정부공산주의자연맹을 결성한 것으로 진술하였으나, 재중국조선무정부공산주의자연맹 上海支部(上海聯盟)의 잘못으로 추정된다.

「上海 교민에게 檄한다」는 재중국본부한인청년동맹(조선청년총동맹의
중국 지부) 上海支部 내부에는 "조선독립의 이름을 빙자하여 巨萬의 운동
비를 赤露로부터 받아 착복"한 김립 일파와, "간계·음해·아첨으로써
레닌당의 일시의 총애를 받아 독립군을 혹하에서 대학살시킨" 여운형·
안병찬 일파의 10년간의 역사적 암투가 재현되고 있다면서 공산주의자들
의 파벌투쟁을 비판한 뒤, "이 毒源害物을 숙청하고 내부를 개조하여 혁
명운동자의 자유연맹을 조직하여야 한다"고 주장하였다.[37] 이에 대해 재
중국본부한인청년동맹 上海支部 집행위원회는 7월 16일 「재중국무정부
주의자연맹(재중국조선무정부공산주의자연맹-인용자) 上海部로부터 <上
海 교민에 격한다>라는 文에 대해서」라는 제목의 성명서를 발표하여 아
나키스트들의 주장에 반박하였다. 즉 자신들은 "파쟁에 절대 반대함과
동시에 적극적으로 통일을 주창하고 또 노력하는 선봉대"로서 "전 민족적
유일 전선을 절대로 주창함과 동시에 본 동맹으로 하여금 청년 군중의
유일 전투기관이 되도록 노력한다"는 것이다.[38]

　재중국조선무정부공산주의자연맹은 1928년 8월 19일 「신자치파인 공
산당을 誅討한다」는 제목의 글을 발표하여[39] 공산주의자들을 다시 비판
하였다. 즉 駐中國韓人靑年同盟의 행동강령 제4항 "우리들은 대중적 합
법적 투쟁을 적극적으로 전개한다"와 당면투쟁조건 제1항 "자치권 획득"
의 해석을 둘러싸고 주중국한인청년동맹과 재중국본부한인청년동맹이
논쟁을 벌이자[40] 신간회를 타협개량주의의 산물로 비판하던 재중국조선

---

37) 『年鑑』, pp.307~308
38) 『年鑑』, pp.308~309
39) 『年鑑』, p.311
40) 『年鑑』, pp.309~310 참조. 주중국한인청년동맹의 행동강령 제4항은 中國統治群에 대한
　　투쟁을 규정한 것이고, 당면투쟁조건 제1항 역시 중국의 통치를 대상으로 하는 일상투쟁을
　　열거한 것이었으나, 재중국본부한인청년동맹은 이를 일본제국주의에 대한 한국의 자치운동
　　을 의미하는 것으로 이해했다.

무정부공산주의자연맹이 공산주의자들을 신자치파로 규정하고 타도할
것을 주장한 것이다.

1928년 10월 이정규가 일제에 의해 체포되자 류기석은 北京으로 갔다.
거기서 1928년 5월 신채호가 체포된 이후 침체에 빠진 아나키스트운동을
재흥하고자 黑幟團41)을 기반으로 하여 沈容海·丁來東·吳南基·鞠淳
葉·金用賢·李容鎭 등과 함께 재중국조선무정부공산주의자연맹을 재
조직하였다.42) 이를 통칭 北京聯盟이라 하였던 것으로 보인다.

北京聯盟 관계자들은 1924년 무렵부터 北京에서 아나키스트그룹을 만
들어 활동을 전개하였다. 류기석은 심용해와 함께 1924년 무렵부터 北京
에서 아나키즘 연구·선전전활동을 전개했으며, 1924년 10월 무렵 北京
民國大學에서 중국인 아나키스트 向培良·李沛甘·高長虹·郭桐軒·
巴金·方宗鰲 등과 함께 학생들을 규합하여 흑기연맹을 조직하고 아나키
즘을 연구·선전하였다. 흑기연맹은 1925년 봄부터 중국인 아나키스트
蔡元培(北京大總長)·張繼(民國大理事長)·李石曾·吳稚暉 등의 지원
을 받아 方宗鰲를 주간으로 하여 기관지『東方雜誌』(中文)를 발행하였
다.43) 1926년 3월 27일에는 심용해와 呂君瑞 등이 北京에서 安定根의
지원을 받아 심용해를 主幹으로 하여『高麗靑年』(中文. 週刊)이라는 제목
의 아나키스트잡지를 발행하여 아나키즘을 고취하였다.『高麗靑年』은 제

---

41) 黑幟團은 1926년에 이미 결성되어 있었다.
42)「오남기 아나운동 약력」(무정부주의운동사편찬위원회가 한국아나키즘운동사 편찬을 위해
   자료를 수집하는 과정에서 작성된 자료임) ;『운동사』, 297면 ; 坪江汕二, 1966『朝鮮民族獨
   立運動秘史』, 巖南堂, p.119 ; 朝鮮總督府 警務局 編,『最近における朝鮮治安狀況—昭和
   8年』(1966년 巖南堂書店에서 昭和 13年分과 함께 묶어서 復刊 ; 이하『治安狀況-8年』으로
   略), p.277 등을 종합.『운동사』에는 1928년 10월에 류기석·정래동·오남기·국순엽·김용
   현·이용진 등이 아나연맹을 조직하였고, 같은 시기에 다시 류기석·심용해가 중심이 되어
   北京聯盟을 결성하였다고 하여 아나연맹과 北京聯盟이 마치 별개의 단체인 것처럼 서술하
   고 있으나, 이 두 단체는 동일한 단체로 보인다.
43)「오남기 아나운동 약력」;『운동사』, 296~297면 등을 종합

1호의 경우 약 1,000부가 발행되어 각 방면에 배포되었다.[44] 류기석과 심용해는 1926년 9월 오남기·정래동·중국인 鄭某 등을 포섭하여 크로포트킨연구그룹을 결성하여 각국 아나키스트단체와 연락하면서 간행물 등을 교환하였으며, 1927년 3월에는 오남기가 在北京韓國留學生會에 가입하여 정래동·심용해 등과 함께 아나키스트 학생들을 규합하여 아나키즘 선전활동을 전개하였다.[45]

北京聯盟은 잡지『이튿날』을 발행하여 아나키즘을 선전하는 등의 작업을 전개했으나,[46] 활발한 움직임은 보이지 않았다. 1929년 광주학생운동이 전개되자 이에 상당히 고무되어 민족주의자와 공산주의자들을 비판하였다. 즉 류기석 등 아나키스트들은 1929년 12월 25일 北京聯盟의 세포단체인 黑幟團 일동의 명의로「광주사건에 임하여 자치권 획득 및 합법운동자 박멸 선언」을 발표하여 "볼셰비키는 학생운동을 강간하고 있다"고 주장하면서 민족주의와 공산주의 양파를 공격하였던 것이다. 그리고 1930년 5월 무렵에는 張洪琰·梁一東이 北京聯盟에 가맹하였다.[47]

1931년 일제가 만보산사건을 야기하여 만주를 침략하자 北京聯盟은 일제의 침략야욕을 폭로하는 데 주력했다. 우선 만보산사건이 발생하자 한·중인 간의 오해를 일소하기 위하여 격문을 살포하거나 신문에 투고하여 일제의 이간공작을 폭로했다. 일제의 만주침략 직후에는 류기석·정래동·趙成史·국순엽·김용현·중국인 鄭某 등이 중심이 되어 구국연맹을 결성하고 일제를 타도하자는 내용의 격문을 국내외에 살포하였다. 그리고 1928년에 閻錫山 隷下의 안창남과 교섭하여 한국 청년의 군사

44)「不穩新聞『高麗青年』ノ發刊ニ關スル件」(『한국독립운동사자료』37, 국사편찬위원회, 2001, pp.213~214)
45)「오남기 아나운동 약력」;『운동사』, 296~297면 등을 종합
46)『운동사』, 297면
47) 朝鮮總督府警務局 編, 1979『光州抗日學生事件 資料』, 風媒社, p.223 ;「오남기 아나운동 약력」등을 종합

훈련을 의뢰한 적이 있던 류기석을 중심으로 군사작전도 전개하였다. 1931년 12월 趙成史를 黑龍江省 馬占山장군에게 파견하여 후방교란작전에 대한 연락을 협의하였다. 조성사가 北京에 돌아간 즉시 北京聯盟은 재만 각지 중국부대에 격문을 살포하여 抗戰宣傳 공세를 전개하였다. 그리고 1933년 1월 熱河省 古北溝에서 河應欽 중앙군과 日軍 사이에 전투가 개시되자 北京聯盟은 중국인 鄭某의 재정 지원하에 의용군을 결성하기 위하여 天津·南京·上海·福建·泉州 등지를 순방하였다. 그러나 河海津停戰協定이 체결되자 당초 계획을 변경하여 선전공작을 전개하였다.[48]

나아가 항일운동의 기세를 높이기 위해 테러를 결행할 것을 계획하고 在北平東北義勇軍後援會와 福建 방면의 항일회 등으로부터 자금 7천원을 받았다. 류기석은 테러에 참가할 동지를 물색하러 1932년 10월 上海로 가서 南翔 立達農學校에 근무하던 류자명을 방문하고 그로부터 원심창을 소개받았다. 원심창·이용준·김야봉과 함께 北京에 도착한 류기석은 丁來東, 吳南基, 鞠淳葉, 柳基文 등 北京聯盟員들과 협의한 후, 테러를 단행할 장소를 물색하였으나 당시 北京에는 張學良 군대 30여 만명이 주둔하고 있어 정세가 불리하였다. 이에 1932년 11월 14일 天津으로 갔다. 16일 오후 이용준은 일본총영사관 관저에, 류기석은 일본군 사령부에, 류기문은 法租界 碼頭에 碇舶 중이던 일본 기선에 각각 수류탄을 던져 일본총영사관 관저 외곽의 벽돌담 일부를 파손하였다. 그러나 사령부에 던진 수류탄은 불발이었고, 기선에 던진 수류탄은 바다에 떨어지고 말았다.[49]

---

48) 「오남기 아나운동 약력」

49) 「上海 六三亭사건의 판결문」(『義士 元心昌』, 원주원씨중앙종친회, 1979, 78~79면) ; 梁一東, 「元心昌傳」『自由聯合新聞』第93號(1934. 8. 5) ; 村田生, 앞의 글, p.177 ; 林友, 앞의 글 ; 在上海總領事館 編, 「有吉公使暗殺陰謀無政府主義者檢擧ノ件」『外務省警察史·支那ノ部(未定稿)』(『外務特殊文書』28, pp.845~857) ; 內務省警保局 編, 「在上海留朝鮮人の不

이상에서 살펴 본 바와 같이 재중국 한국인 아나키스트들은 1920년대에
의열단, 재중국조선무정부공산주의자연맹 등을 중심으로 테러적 직접행
동론에 입각하여 테러활동을 적극적으로 전개했다. 그들에게 있어 테러는
민족해방운동의 주요한 수단이었다. 그러나 신채호가 체포되면서 한동안
별다른 활동을 전개하지 못했다. 1930년대에 들어가서야 테러활동을 재
개했는데, 그것은 주로 김구 중심의 한인애국단이나 중국인 아나키스트들
과의 합작하에서 이루어졌다.

Ⅱ. 임시정부 세력과의 합작하의 테러활동

1928년 5월 신채호가 외국환 위조사건으로 체포되고 뒤이어 이정규마
저 1928년 10월 체포되어 국내로 압송되자 재중국 한국인 아나키스트운
동은 지지부진해졌다. 이러한 상황을 타개하기 위해 일부의 아나키스트들
은 만주로 가서 민족해방운동기지를 건설하기 위해 노력하였다. 민족해방
운동기지 건설사업50)은 김종진이 1927년 10월 만주로 가서 신민부에 합
류하면서 시작되어 재만조선무정부주의자연맹과 신민부의 연합하에 결
성된 한족총연합회의 주도하에 전개되었으나, 그 중심축이었던 김좌진과

穩狀況」『社會運動の狀況』(1933年)(『資料集成』2, p.847 ;『운동사』, 341면 ; 司法省刑事局
編, 1938「上海及南京地方に於ける朝鮮人の一般狀況と最近の不逞鮮人の思想運動」(三木
今二의 1937년 보고)『思想情勢視察報告集』其の三(社會問題資料研究會 編으로 1977년에
東洋文化社에서 복간 ; 이하「三木今二의 보고1」로 略), p.26 ;「在支不逞團加入活動事件」
『思想彙報』第25號(1940. 12), p.214 ;「오남기 아나운동 약력」 등을 종합.「上海 六三亭사건
의 판결문」에는 폭탄을 투척한 시기가 1932년 1월로 기록되어 있는데, 이는 11월의 잘못으
로 사료된다. 그리고 이 일본군사령부폭탄투척사건을 항일구국연맹 혹은 흑색공포단에서
계획·실행한 것으로 기록하고 있는 자료도 있다. 그러나 류기석의 주도하에 北京聯盟員들
이 실행 과정에 깊숙이 개입하였던 점 등은 이 사건이 北京聯盟의 주도하에 진행되었다는
것을 말해준다.
50) 재중국 한국인 아나키스트들의 민족해방운동기지 건설사업에 대해서는 이호룡, 2001「재
중국 한국인 아나키스트들의 민족해방운동—혁명근거지 건설을 위한 활동을 중심으로」
『한국독립운동사연구』 제16집, 독립기념관 한국독립운동사연구소, 284~311면을 참조할 것.

김종진이 연이어 암살당하면서 좌절되고 말았다. 이에 만주에서의 아나키
스트운동에 역량을 집중하기 위해 1930년 10월 재만조선무정부주의자연
맹에 합류하였던 정화암·백정기 등을 비롯한 한국인 아나키스트들은 중
국 關內로 철수하였다. 이후 이들은 上海에서 남화한인청년연맹에 합류
하여 김구측과의 합작하에 테러활동을 전개했다.

남화한인청년연맹이 창립된 시기와 창립을 주도한 인물은 자료에 따라
다르게 나타난다. 우선 창립시기는 자료에 따라 1929년, 1930년 4월, 1931
년 9월 등으로 달리 나타난다. 남화한인청년연맹의 창립일을 1929년으로
기록하고 있는 자료는『黑色新聞』뿐이며,[51] 1930년 4월로 기록하고 있는
자료는 일제 경찰의 정보보고서류이다.[52] 1931년으로 기록하고 있는 자
료는『思想彙報』와 정화암·이규창 등의 회고록 등이다.[53] 그런데『自由
聯合新聞』第47號(1930. 5. 1)에 남화한인청년연맹의 창립과 강령을 소개
하는 기사가 게재되었다. 이 사실은 남화한인청년연맹이 늦어도 1930년
5월 1일 이전에는 결성되었다는 것을 말해준다. 따라서 남화한인청년연맹
은 1930년 4월 20일에 결성된 것으로 보는 것이 전후 사정에 맞다.

남화한인청년연맹의 창립주체 또한 자료마다 달리 기록하고 있는데,
대체로 류기석 주도설(류기석·류자명·정해리, 류기석·류자명·안공
근, 류기석·류자명·장도선·정해리), 정화암 주도설(정화암·김지강·
이용준·이달·정해리·류자명·양여주·박기성·류기석·류기문·허
열추·백정기·이강훈·원심창), 이회영·류자명 주도설(류자명·이회

---

51) 林友, 앞의 글
52) 在上海總領事館 編,『朝鮮民族運動(未定稿)』4(『外務特殊文書』26, p.614) ;『治安狀況-8
    年』, p.277 ; 村田生, 앞의 글, pp.176~177 ;「在上海總領事館ニ於ケル特高警察事務狀況」
    (1937年 12月末 調査)(『外務特殊文書』27, p.784)
53)「在上海南華韓人靑年聯盟의 綱領規約及宣言」『思想彙報』第5號(1935. 12), p.111 ; 정화
    암, 앞의 책, 134면 ; 김학준 편집해설·이정식면담, 앞의 책, 316~317면 ; 이규창, 앞의 책,
    165면

영·이달·이강훈·엄순봉·김야봉·백정기·정화암·이용준·박기성
·원심창·김광주·유산방·나월환·오면직·김동우·이규창·중국인
학생 常爾康) 등으로 나뉜다. 정화암 주도설이나 이회영·류자명 주도설
에는 약간의 문제가 있다. 즉 이들은 남화한인청년연맹이 결성된 1930년
4월에는 上海에 있지 않았다. 정화암을 비롯한 만주에서 민족해방운동기
지 건설사업에 참가하였던 인물 중 白貞基는 폐결핵에 걸려 요양차 1931
년 5월에 上海로 갔으며, 나머지는 1931년 8월 하순 이후 만주에서 철수하
여 中國 關內로 갔다.54) 이정규에 의하면 이회영이 上海로 간 시기 역시
1930년 말이었다.55) 따라서 이들은 南華韓人靑年聯盟 창립인물이 될 수
없으며, 남화한인청년연맹은 류기석의 주도하에 류자명·정해리·장도
선·안공근 등에 의해 결성된 것으로 보는 것이 타당하다. 정화암·이회
영 등에 의한 남화한인청년연맹 결성 운운은 남화한인청년연맹의 재편작
업을 지칭하는 것으로 사료된다.

　남화한인청년연맹의 결성은 申鉉相과 崔錫榮의 중국 망명에서 비롯되
었다. 신현상은 아나키즘을 실현할 목적으로 미곡상 최석영이 거래하던
호서은행으로부터 58,000원이라는 거금을 빼내어 함흥을 경유하여 車鼓
東과 함께 1930년 3월 22일56) 北京으로 잠입하였다. 이들은 류기석과
협의하여 이 돈을 테러활동자금으로 사용할 계획을 세웠다. 류기석은 신
현상과 함께 天津 일본영사관을 파괴할 것을 계획하고 무기를 구입하게

---

54) 정화암, 위의 책, 128·130면
55) 이정규, 1985 『우당 이회영 약전』, 을유문화사, 103~104면
56) 신현상과 최석영 등이 北京으로 간 시기는 자료에 따라 다르게 나타난다. 『동아일보』 1930
　　년 5월 8일자는 3월 초순, 『동아일보』 1930년 12월 6일자는 1930년 2월 무렵에 北京으로
　　잠입한 것으로 보도하였다. 그리고 林友는 1929년 무렵에 중국으로 간 것으로 기록하였으며
　　(林友, 앞의 글), 『自由聯合新聞』은 1930년 5월에 만주를 거쳐 上海에 도착하였다고 보도하
　　였다(『自由聯合新聞』 第89號(1934. 2. 10), 全國勞動組合自由聯合會 (1975년 自由聯合·自
　　由聯合新聞復刻版刊行會에서 복각)]. 그러나 신현상에 의하면 北京에 도착한 날짜는 3월
　　22일이다.

하는 한편, 上海로 가서 동지들을 규합하였다. 어느 정도 준비를 마친
1930년 4월 20일 류기석, 류자명, 장도선, 정해리, 안공근 등은 上海 佛租
界 金神父路 新新里 某 중국인 집 2층에서 남화한인청년연맹을 결성하고
선언과 강령 및 규약을 발표하였다. 신현상도 上海로 가서 동지들을 방문
하고 밀의를 거듭한 뒤 남화청년연맹에 가입하였다.57)

上海에서 남화한인청년연맹을 결성한 류기석·신현상 등은 대파괴공
작을 일으킬 계획을 세우기 위해 北京에서 재중국 한국인 아나키스트
대표자회의를 개최하였다. 이 회의에서 갑론을박 끝에 이회영의 주재로
그 자금을 만주에서의 민족해방운동기지 건설사업을 지원하는 데 사용할
것과 그 외에 중국 關內에서도 적극적인 성의를 가지고 운동을 전개할
것을 결의하고 분과별로 활동의 방법을 모색하였다. 그 와중에 4월 28일
류기석·신현상 등 18명이 北京 일본영사관 경찰에 의해 체포되었다. 北
京 시내의 빗발치는 반대여론 때문에 당일 밤에 풀려났으나 5월 6일58)
北京 일본공사관과 결탁한 山西督軍(閻錫山)에 의해 10여 명이 다시 체포

---

57) 『동아일보』 1930년 5월 8일자·12월 6일자 ; 「호남은행사건의 동지 申君의 서한」 (申鉉相
　　이 동경 某 同志에게 보낸 편지)『黑色新聞』 제27호(1934. 4. 18)(이하 「申君의 서한」으로
　　略) ; 內務省警保局 編, 「在上海留朝鮮人の不穩狀況」 『社會運動の狀況』(1933年)(『資料集
　　成』 2, pp.846~847) ; 內務省警保局 編, 「1934年の上海を中心とする朝鮮人の不穩策動狀
　　況」 『社會運動ノ狀況』(1934年)(金正明 編, 앞의 책, p.506) ; 林友, 위의 글 ; 在上海總領事
　　館, 「上海及同關係不逞鮮人團體ノ件」 『朝鮮民族運動(未定稿)』 5-2(1933. 1~1937. 12)(『外
　　務特殊文書』 27, p.100) ; 在上海總領事館 編, 「有吉公使暗殺陰謀無政府主義者檢擧ノ件」
　　『外務省警察史-支那ノ部(未定稿)』(『外務特殊文書』 28, p.855·862) ; 村田生, 앞의 글,
　　pp.176~177 ; 이을규, 1963 『是也 金宗鎭先生傳』, 한흥인쇄소, 104~105·107~108면 ;
　　坪江汕二, 앞의 책, pp.96~97·119~120 ; 대한민국광복회, 『독립운동대사전』, 474면 ; 『自
　　由聯合新聞』 第48號(1930. 6. 1)·第89號(1934. 2. 10) ; 『統治史料』 10, pp.871~872 등을
　　종합
58) 신현상은 2차 체포일을 5월 16일로 회고하였다(「申君의 서한」). 그러나 『동아일보』 1930년
　　5월 8일자는 5월 6일에 신현상을 비롯하여 10여 명이 체포된 것으로 보도하였다. 본 논문에
　　서는 『동아일보』의 보도를 따른다. 이을규는 자신이 北京에서 개최된 대표자회의에 참석하
　　기 위하여 北京에 도착한 시기를 6월 하순으로 기록하였으나(이을규, 위의 책, 105면) 이는
　　잘못이다.

되었다. 체포를 모면한 류기석(당시 北平市政府 秘書處員)59)의 활약으로
신현상과 최석영을 제외하고는 모두 석방되었지만, 3만원 상당의 구입
무기와 남은 돈은 閻錫山에게 약탈당하였으며 신현상과 최석영은 일본영
사관에 넘겨졌다.60)

　이후 남화한인청년연맹의 활동은 잠시 주춤했지만 곧 이회영·류자명
등을 중심으로 조직을 재흥하기 위한 작업이 개시되었다. 1930년 말에
上海로 가서 金光洲·朴浪·朴基成 등 남화한인청년연맹원들과 교류하
였던 이회영은 1931년 5월 15일 무렵 류자명·정해리 등과 함께 이용준과
원심창을 설득하여 남화한인청년연맹에 가입시켰다.61) 이용준은 1931년
7월 무렵 玄永燮·安偶生(安恭根의 아들)을 가입시켰으며, 같은 해 8월
중순 무렵에는 劉山房을 가입시켰다.62) 그리고 1931년 9월 일제가 만주를

---

59) 신현상에 따르면 류기석은 당시 北京市政府에서 外交를 담당하는 요직을 맡고 있었다.
60) 『동아일보』 1930년 5월 8일자·12월 6일자 ; 「申君의 서한」 ; 林友, 앞의 글 ; 村田生, 앞의
　글, pp.176~177 ; 이을규, 앞의 책, 104~105·107~108면 ; 坪江汕二, 앞의 책, pp.96~9
　7·119~120 ; 대한민국광복회 편, 『독립운동대사전』, 474면 ; 『自由聯合新聞』 第48號
　(1930. 6. 1)·第89號(1934. 2. 10) ; 『統治史料』 10, pp.871~872 ; 在上海總領事館 編, 「有
　吉公使暗殺陰謀無政府主義者檢擧ノ件」, 『外務省警察史-支那ノ部(未定稿)』(『外務特殊文
　書』 28, p.856) ; 『한국민족운동사료』(중국편), 국회도서관, 646면 등을 종합
61) 이정규, 1985, 앞의 책, 104면 ; 『自由聯合新聞』 第47號(1930. 5. 1) ; 梁一東, 앞의 글) ; 「在
　支不逞團加入活動事件」 『思想彙報』 第25號(1940. 12), pp.212~213 ; "李容俊의 판결문"
　(『資料集』 11, 846~847면) 등을 종합. 원심창의 판결문에는 원심창이 1931년 6월 무렵에
　남화한인청년연맹에 가입한 것으로 기록되어 있다「上海 六三亭사건의 판결문」(『義士 元
　心昌』, 원주원씨중앙종친회, 1979, 78면)]. 일제의 정보보고서는 원심창이 1931년 4월 北京
　으로부터 上海로 가서 남화한인청년연맹을 再興하고자 李守鉉과 함께 남화한인청년연맹에
　가입한 것으로 기록하고 있다[村田生, 위의 글, pp.176~177 ; 內務省警保局 編, 「在上海留
　朝鮮人の不穩狀況」 『社會運動の狀況』(1933年)(『資料集成』 2, p.847)]. 여기서 이수현은 이
　용준의 잘못인 것으로 사료된다. 일제의 다른 정보보고서는 원심창이 1930년 5월 소위 흑우
　연맹 습격사건으로 東京地方裁判所에서 예심 중 1931년 4월 28일 出所하여, 같은 해 10월
　귀국하였으며, 11월 鐵路로 北京에 도착하였다가 1932년 4월 北京을 출발, 天津을 경유하여
　海路로 上海로 간[在上海總領事館 編, 「有吉公使暗殺陰謀無政府主義者檢擧ノ件」 『外務
　省警察史―支那ノ部(未定稿)』(『外務特殊文書』 28, pp.844~845)] 것으로 기록하였으나 여
　기에는 약간의 문제가 있다. 그것은 같은 보고서 854면에 원심창이 1931년 9월 류자명으로
　부터 중국인 아나키스트 王亞樵를 소개받았다는 기록이 있기 때문이다.

침공하는 등 대륙침략 야욕을 노골화하자 남화한인청년연맹은 조직을 강화할 필요성을 느끼고 만주에서 철수한 아나키스트들을 포괄하여 조직정비작업에 착수하였다. 류자명·이회영·이달·원심창·김야봉·백정기·정화암·이용준·박기성·정해리·김광주·유산방·나월환·양여주·김지강·김동우·이규창·常爾康 등이 한자리에 모여 각 지역의 변화된 사정과 앞으로의 독립운동의 방향에 대해 논의하고, 남화한인청년연맹 개편작업을 벌였다. 산하에 남화구락부를 설치하여 선전작업을 담당케 하고 류자명을 남화한인청년연맹의 의장 겸 대외책임자로 선출하였다.[63] 그러나 이후 남화한인청년연맹의 테러활동은 정화암의 주도하에 전개되었다. 1933년 10월부터는 원심창이 서기가 되어 정보수집보고 및 연구회의 주최를 담임하는 등 연맹의 일상적 업무를 처리하고 연맹의 주의정책을 실현 또는 확대·강화하고자 노력하였다.[64]

---

62) 「在支不逞團加入活動事件」 『思想彙報』 第25號(1940. 12), p.213 ; "李容俊의 판결문" (『資料集』 11, 847면) 등을 종합. 『독립운동사자료집』에는 현영섭·안우생과 유산방의 가입시기를 1932년으로 기록하고 있으나 이는 번역과정에서 생긴 오류이다.

63) 김학준 편집해설·이정식면담, 앞의 책, 316~317면 ; 정화암, 앞의 책, 134면 ; 이규창, 앞의 책, 165면 등을 종합. 남화한인청년연맹 재편 모임에 엄형순, 이강훈, 이하유, 류기석도 참가한 것으로 기록되어 있으나 잘못이다. 엄형순은 1932년 12월 중순 무렵 백정기와 원심창 등의 권유로 남화한인청년연맹에 가입하였다("嚴亨淳·李圭虎의 판결문"(1936년 刑控 제95호)(『資料集』 11, 838면)]. 李康勳은 1932년 7월에 만주를 떠나 北京을 거쳐 1933년 2월에 上海에 도착하였으며(楊子秋, 「동지 李康勳군을 회상함」 『黑色新聞』 제27호(1934. 4. 18) ; 이강훈, 1994 『민족해방운동과 나』, 제삼기획, 137~138면 등을 종합), 이하유는 이용준의 권유에 의해 1935년 4월 말 무렵에 남화한인청년연맹에 가입하였다(「在支 不逞團 加入 活動 事件」, 『思想彙報』 第25號(1940. 12), p.213 ; "李容俊의 판결문"(『資料集』 11, 847면). 『독립운동사자료집』에는 이하유의 가입시기를 1939년으로 기록하고 있으나 이는 번역과정에서 생긴 오류이다. 이규창(이규호)이 원심창의 권유로 남화한인청년연맹에 가입한 시기는 1933년 2월 무렵이다("嚴亨淳·李圭虎의 판결문"(1936년 刑控 제95호)(『資料集』 11, 838면)]. 따라서 이규창은 이회영과의 관계가 참작되어 옵저버 자격으로 남화한인청년연맹 재편 모임에 참가하였던 것으로 사료된다. 류기석은 당시 北京에 있었다(內務省警保局 編, 「在上海留朝鮮人의 不穩狀況」 『社會運動의 狀況』(1933年)(『資料集成』 2, p.847)].

64) "嚴亨淳·李圭虎의 판결문"(1936년 刑控 제95호)(『資料集』 11, 838면) ; 在上海總領事館 編, 「有吉公使暗殺陰謀事件公判狀況」 『外務省警察史-支那ノ部(未定稿)』(『外務特殊文書』

남화한인청년연맹에서 활동한 아나키스트들은 류자명(柳興湜, 李淸, 柳興植, 柳興俊, 柳友槿, 柳友瑾, 柳興根)·柳基石(柳基錫, 柳樹人, 柳絮)·정화암(鄭元玉, 鄭賢燮, 鄭杰)·원심창(元勳)·박기성(李守鉉, 李壽鉉)·嚴亨淳(嚴舜奉, 金萍痕)·李圭虎(李圭昌)·이용준(田里芳, 田里方, 全理芳, 千里芳, 千理方, 千里放, 千里秋, 麗朶, 李起泰, 李春成, 陳爲人, 李東俊, 林原植, 盧子英, 陳國輝)·鄭海理(鄭鐘華, 鄭解離, 鄭海日, 鄭東梧)·柳基文·백정기·이강훈·許烈秋(鄭致和, 鄭明俊, 鄭致亨)·吳冕稙(楊汝舟, 馬仲良, 吳哲, 宋曉春, 朱曉春, 吳冕植)·이하유(李鐘鳳)·金野峰(金夜烽)·安東晩·金之江(金聖壽, 朱烈, 蔡天民, 金芝江)·이달(李二德, 宋一舟)·金東宇(노종균)·玄永燮·李瀅來·金秉學·이회영·羅月煥(羅月漢, 羅月寒)·劉山房(劉山芳, 劉煒)·金光洲·朴喆東(張傑·淸吉)·朴濟彩·李中鉉·林少山(李五山)·신현상·장도선·沈容澈·安偶生(安于生, 安佑生·安宇生)·金玄洙(朱新華)·金枓奉·沈奎伯·鄭海烈·李致孫·郭興善·安恭根·金昌根·金吾然·鞠一 등 40~50명 정도였다.

남화한인청년연맹은 자본주의사회의 기구를 근본부터 타도하고, 일체의 권력과 사유재산제도를 부인하며, 상호부조·자유연합의 정신에 기초해서 정치적·경제적으로 만민이 평등한 사회를 창설하는 것을 목적으로 하였다.65) 그리고 강령을 통하여 정치운동과 생디칼리슴을 배격하였으며, 자본주의사회를 타도하고 만인이 절대자유를 누리는 이상사회를 건설할 것을 주장하였다. 강령과 규약은 다음과 같다.

　　　<강령>

28, p.876) ;「上海 六三亭사건의 판결문」(『義士 元心昌』, 원주원씨중앙종친회, 1979, 78면) 등을 종합

65)「在上海南華韓人靑年聯盟の綱領規約及宣言」『思想彙報』第5號(1935. 12), p.111

-. 우리들의 일체 조직은 자유연합 원리를 기본으로 한다.
-. 일체의 政治的 운동과 노동조합지상운동을 부인한다
-. 사유재산제도를 부인한다
-. 僞道德的 종교와 가족제도를 부인한다
-. 우리들은 만인이 절대적으로 자유평등한 이상적 신사회를 건설한다[66]

<규약>
1. 본 연맹은 강령에 따라 사회혁명을 수행하는 것을 목적으로 한다
2. 본 연맹은 강령의 목적을 수행하기 위해 맹원 전체가 승인하는 모든 방법을 채용한다. 단 강령에 저촉되지 않는 본 연맹원 각 개인의 자유발의 또는 자유합의에 의한 행동에 대해서는 하등의 간섭을 하지 않는다
3. 본 연맹은 자유의지로 강령에 찬동하고 전 맹원의 승인을 거친 남녀로써 조직한다
4. 본 연맹 일체의 비용은 맹원이 분담한다
5. 본 맹원의 집회는 연회, 월회, 임시회로 한다. 단 소집은 서기부에서 한다
6. 본 연맹의 사무를 처리하기 위해서 서기부를 설치한다. 단 맹원 전체의 互選에 의해 선거되는 서기 약간인을 둔다. 그 임기는 각 1년으로 한다
7. 강령에 배치되고 규약을 파괴하는 행동을 하는 연맹원은 전 맹원의 결의를 거쳐 제명한다
8. 연맹원은 자유로이 탈퇴할 수 있다
9. 연맹원은 회합 時 출석자 전체가 어쩔 수 없다고 인정할 때에 한해서 결석할 수 있다
10. 본 규약은 매년 대회에서 토의하고 만장일치로 통과한 수정안에 의해 정정할 수 있다[67]

위의 규약은 철저히 아나키즘적 조직원칙에 기초해 있다. 모든 의사결정은 만장일치제로 하며, 소수자의 의견을 존중하여 탈퇴의 자유를 보장하고 있다. 그리고 호선에 의해 선출되는 약간 명의 서기를 두어 연맹의

---

66) 『自由聯合新聞』 第47號(1930. 5. 1)
67) 「在上海南華韓人靑年聯盟の綱領規約及宣言」 『思想彙報』 第5號(1935. 12), p.112

사무처리와 의사진행을 맡김으로써 중앙집권적 조직체계를 거부하고 있
다.

남화한인청년연맹은 上海聯盟과 함께 上海에서 1930년대의 테러활동
을 주도해 나갔다. 하지만 이 두 단체를 같은 조직으로 파악한 자료들도
있다. 즉 일제의 정보보고서 중 일부는 남화한인청년연맹을 재중국조선무
정부공산주의자연맹(上海聯盟)이 1930년 4월에 개칭된 것으로 혹은 그
후신으로 기록하고 있다.[68] 그러나 다른 자료들은 上海聯盟과 남화한인
청년연맹을 병기하여 별개의 단체임을 나타냈다.[69] 나아가 남화한인청년
연맹을 上海聯盟의 세포단체로 기록한 자료들도 있다.[70] 楊子秋도 이강
훈이 1933년 2월 北京을 거쳐 上海에 가서 上海聯盟 동지들을 소개받고
남화한인청년연맹에 가입하였다고 기록하고 있다.[71] 이러한 사실들은 남
화한인청년연맹이 上海聯盟의 산하단체임을 나타내준다. 그러나 두 단체
에 중복으로 가입한 자가 많아 엄격히 구별되었던 것 같지는 않다.

上海聯盟은 1928년에 결성되었지만 창설자 류기석이 그 해 10월에 北
京으로 가는 바람에 별다른 활동을 전개하지 못하였다. 그러나 이후 백정
기, 김지강, 엄형순, 이달, 박기성, 이용준 등을 포섭하여 각종 직접행동을
전개하였다.[72]

남화한인청년연맹과 上海聯盟이 단행한 주요한 테러를 시기별로 정리
하면 다음과 같다. 하나, 1932년 12월 정화암·이달·백정기·원심창·
김지강·박기성·오면직 등은 李圭瑞와 延忠烈이 이회영을 일제 경찰에

68) 『治安狀況-8年』, p.277 ; 在上海總領事館 編, 『朝鮮民族運動(未定稿)』 4(1927. 12~1932.
12)(『外務特殊文書』 26, p.614) ; 坪江汕二, 앞의 책, p.120
69) 「三木今二의 보고1」, p.27 ; 林友, 앞의 글
70) "吳冕稙 외 4인의 판결문"(1936년 刑控 제119호)(『資料集』 11, 825면) ; 정화암, 앞의 책,
134면
71) 楊子秋, 앞의 글
72) 林友, 앞의 글

밀고한[73] 것으로 단정하고 이들을 살해할 것에 대해 논의한 뒤, 이달이 아나키스트운동의 특별공작을 공동으로 실행할 것에 대해 논의하자고 양인을 立達學院으로 유인하였다. 이달과 오면직은 上海로 공작자금을 입수하러 가자면서 그들을 南翔驛 철교 부근으로 데리고 가서 그들로부터 일제의 밀정 노릇을 한 것을 자백받고 살해했다.[74] 둘, 1933년 5월 南翔 立達學院에서 정화암·오면직·엄형순, 김지강, 안경근 등이 회합을 가지고 李鍾洪(안경근의 처생질)을 일본 총영사관의 밀정으로 단정하고 살해할 것을 공모하였다. 동일 오후 3시경 안경근이 이종홍을 南翔 立達學院 부근 常爾康의 집으로 유인한 뒤, 오면직·엄형순·김지강 등이 그로부터 일본 총영사관 밑에서 활동한 사실이 있다는 것을 자백받고 그 자리에서 목을 졸라 질식사시켰다.[75] 셋, 1933년 7월 22~23일경 玉觀彬이

---

73) 이회영은 1932년 9월 초 중국 아나키스트 吳稚暉와 李石曾 등을 만나 앞으로의 운동방향에 대해 논의하였는데, 그 결과 이회영이 만주로 가서 일본제국주의의 만주 침략의 선봉인 武藤 關東司令官을 암살하고 그 巨幹과 중추기관을 파괴하기 위한 준비공작을 하기로 하였다. 구체적 사업으로는 1) 만주에 시급히 연락의 근거지를 만들 것 2) 四圍정세를 세밀히 시찰하고 정보를 수집할 것 3) 장기준을 앞세워 지하조직을 계획할 것 4) 武藤關東司令官 암살계획을 세울 것 등을 선정하였다. 이회영이 무사히 만주에 안착하면 吳稚暉와 李石曾을 통해 張學良의 협조를 얻어 중·한·일 공동의 유격대와 각 도시에 便衣隊·파괴부대를 배치하여 도시와 촌락에서 동시에 항전을 할 예정이었으나, 이회영은 1932년 11월 초 만주로 가다가 李圭瑞와 延忠烈의 밀고로 大連에서 기다리고 있던 日警의 손에 체포되고 말았다. 그후 이회영은 잔인한 고문을 이기지 못하여 옥사하였다[이정규, 「友堂 李會榮先生略傳」(이정규, 1974, 앞의 책, 63~65면) ; 林友, 위의 글 등을 종합].

74) "吳冕稙 외 4인의 판결문"(1936年 刑控 第119號)(『資料集』 11, 825면) ; 「三木今二의 보고1」, p.27 ; 『운동사』, 364면 등을 종합. 남화한인청년연맹원과 항일구국연맹원들이 서로 겹쳐 있었던 관계로 항일구국연맹이 李圭瑞와 延忠烈을 살해한 것으로 기록한 자료도 있으나, 중국인 아나키스트나 일본인 아나키스트들이 전혀 관계하지 않은 것으로 보아 남화한인청년연맹 혹은 上海聯盟에 의해 단행된 것으로 보는 것이 타당하다.

75) 「在上海總領事館ニ於ケル特高警察事務狀況」(1937年 12月末 調査)(『外務特殊文書』 27, p.784·792) ; "吳冕稙 외 4인의 판결문"(1936년 刑控 제119호)(『資料集』 11, 826면) ; 『운동사』, 343·364면 등을 종합. 위의 일제 정보보고서에는 안경근이 안공근으로 기록되어 있으며(784면), 정화암·오면직·엄형순·김지강·李蓮(達의 誤記?-인용자) 등이 이종홍을 살해한 것으로 기록되어 있다(792면). 『운동사』(343면)에는 안경근이 안공근으로, 엄형순·이달·오면직·이용준 등이 이종홍을 살해한 것으로 서술되어 있다.

일본 군대를 위하여 약 2만원의 재목을 제공하고 일본 관헌에게 혁명운동
에 관한 밀정 행위를 한 사실이 포착되었다. 이에 오면직과 엄형순은 정화
암과 연락을 취하면서 玉成彬(玉勝彬. 옥관빈의 형)의 집 맞은 편 중국인
의 집 2층에 수일간 잠복하여 사살할 기회를 엿보았다. 1933년 8월 1일
밤 엄형순이 옥성빈의 집으로 들어가던 옥관빈을 사살하였다. 上海聯盟
에서는 韓人除奸團의 명의로「역도 玉觀彬의 죄상을 선포한다」라는 제목
의 斬奸狀을 각 방면에 살포하여 옥관빈의 주구적 죄상을 만천하에 폭로
하였다. 한인애국단과의 합작하에 이루어졌던 이 사건이 한인제간단의
명의로 발표됨으로써, 이후 김구측과 上海聯盟의 관계가 틀어져 1933년
11월에 김구에 의해 오면직76)이 소환당하는 등의 문제가 발생했다.77) 넷,
佛租界 工部局에서 형사로 근무하던 옥관빈의 형 옥성빈을 독립운동을
방해했다는 이유로 1933년 12월 18일 金海山(金文熙) 집 입구 노상에서
저격하였다.78) 다섯, 1935년 3월 上海朝鮮人居留民會 부회장을 지낸 李

---

76) 오면직은 1921년 1월 20일경 上海로 망명하여 김구계열에 합류하였으며, 한국노병회의
   파견원으로서 馮玉祥이 경영하던 군관학교 또는 육군병공창에 가입하여 활동하였다. 1925
   년 11월 이를 사퇴하고 廣東·成都를 경유하여 1929년 여름 上海로 갔으며, 거기서 아나키
   스트들과 교류하면서 上海聯盟과 남화한인청년연맹에 가입하여 각종 테러활동에 참가하였
   다["吳冕稙 외 4인의 판결문" (1936年 刑控 第119號)(『資料集』11, 822~825면).
77) 在上海總領事館 編,「在滬有力鮮人玉觀彬暗殺事件」『朝鮮民族運動(未定稿)』5-1(1933.
   1~1937. 12)(『外務特殊文書』26, p.681) ; 林友, 앞의 글 ;「三木今二의 보고1」, p.28 ; "吳冕
   稙 외 4인의 판결문" (1936년 刑控 제119호)(『資料集』11, 826면) ;「在上海總領事館ニ於ケ
   ル特高警察事務狀況」(1937年 12月末 調査)(『外務特殊文書』27, p.792) 등을 종합. 정화암과
   『운동사』는 "臨政의 財力과 南華聯盟(남화한인청년연맹-인용자)의 人力이 합작"하여 옥관
   빈을 살해하였고, "남화연맹은 鋤奸團이란 명의로 玉의 죄상을 세상에 폭로했다"(정화암,
   앞의 책, 161~163면 ;『운동사』, 349면)고 기록하고 있으나, 취하지 않는다. 옥관빈 살해
   후 8월 8일 각 방면에 살포된 斬奸狀에 韓人除奸團의 서명이 있었고[在上海總領事館 編,
   「在滬有力鮮人玉觀彬暗殺事件」『朝鮮民族運動(未定稿)』5-1(1933. 1~1937. 12)(『外務特
   殊文書』26, p.681], 1933년 8월 15일 국내신문에 "9일에 이르러 ○○除奸團이란 이름으로
   玉觀彬의 죄상을 들어 성명서를 발표"하였다고 하는 기사가 보도되었다(『운동사』, 350면).
   「在上海總領事館ニ於ケル特高警察事務狀況」에는 흑색공포단이 옥관빈을 살해한 것으로
   기록되어 있으나 취하지 않는다.

容魯에 대한 테러를 행하였다. 이용로는 일제의 경찰이 민족해방운동가들을 체포하는 데 도움을 주기 위하여 민족해방운동가들의 동정과 주소를 몰래 조사하여 일본총영사관에 보고할 뿐아니라, 上海에 거주하던 한국인들을 모두 거류민회에 입회시켜 민족해방운동가들의 활동범위를 축소시키고 있었다. 이에 엄형순·이달·이용준·김지강 등은 정화암의 제안에 따라 1935년 3월 18일 이용로를 살해할 구체적 방법 등에 관해서 협의하였는데, 엄형순이 실행을 담당하고 이규호가 망을 보기로 결정하였다. 1935년 3월 25일 엄형순과 이규호는 정화암이 마련한 권총으로 이용로를 습격하여 후두부를 명중시켜 암살에 성공하였으나, 양인은 모두 현장에서 중국 경찰에게 체포당하였다.79) 여섯, 1935년 11월 7일 남화한인청년연맹원 金昌根이 일제의 밀정으로 추정되던 李泰瑞를 권총으로 사살하였다.80) 일곱, 재중국 한국인 아나키스트들은 중일전쟁 발발 이후 후방교란책으로서 친일 한국인을 암살할 계획을 세웠다. 1937년 11월 11일 金玄洙(朱新華, 金正煥, 湖影)는 조선민족혁명당원 崔元三(崔榮植)과 함께 上海

---

78) 內務省警保局 編, 「在上海留朝鮮人の不穩狀況」『社會運動の狀況』(1933年)(『資料集成』2, p.842) ; 內務省警保局 編, 「1935年の上海を中心とする朝鮮人の不穩策動狀況」『社會運動 ノ狀況』(1935年)(金正明 編, 앞의 책, p.552) 등을 종합. 위의 일제의 정보보고서에는 옥성빈 암살이 김구 등에 의해 이루어진 것으로 기록되어 있으나 취하지 않는다.

79) 「無政府主義運動事件」『思想彙報』第6號(1936. 3), pp.225~226 ; "嚴亨淳·李圭虎의 판결문"(1936年 刑控 第95號)(『資料集』11, 839~840면) ; 島津岬·古屋孫次郎, 1935『上海に於ける朝鮮人の實情』, 中央朝鮮協會, p.14 ; 「在上海總領事館ニ於ケル特高警察事務狀況」(1937年 12月末 調査)(『外務特殊文書』27, p.793) ; 村田生, 앞의 글, p.178 등을 종합.『黑色新聞』은 엄형순과 이규호가 일본영사관 경찰에 체포된 것으로 보도하였다[『黑色新聞』제37호(1935. 4. 22)]. 일제 경찰의 정보보고서는 흑색공포단이 이용로를 암살한 것으로 기록하였으나[內務省警保局 編, 「1934年の上海を中心とする朝鮮人の不穩策動狀況」『社會運動ノ狀況』(1934年)(金正明 編, 위의 책, p.506)], 1935년 당시에는 흑색공포단은 이미 해체된 상황이었다.

80) 內務省警保局 編, 「1935年の上海を中心とする朝鮮人の不穩策動狀況」『社會運動ノ狀況』(1935年)(金正明 編, 위의 책, p.552) ; 在上海總領事館 編, 「韓國猛血團員ノ檢擧」『朝鮮民族運動(未定稿)』5-2(1933. 1~1937. 12)(『外務特殊文書』27, p.281) 등을 종합

共同租界 麥特赫司脫路 카페 난데스까에서 上海朝鮮人居留民會長 李甲
寧(外務省 囑託)을 암살하고자 권총으로 저격하였으나 경상을 입히는 데
그치고 말았으며, 12월 6일 일본총영사관 경찰부에 검거되었다. 사건 발
생 후 한국인 아나키스트들은 라디오를 이용하여 英·中·韓語로써 본
사건을 항일적으로 왕성하게 선전하였다.[81]

남화한인청년연맹원들은 사업에 소요되는 자금을 충당하기 위하여
'掠'이라 칭하는 행동도 취하였다. 아나키스트들이 上海에서 단행한 주요
한 강도 행위는 다음과 같다. 하나, 1931년 12월 상순 무렵 이용준·엄형
순·김지강 등은 백정기의 제안에 따라 연맹자금을 조달하기 위해 金銀交
易商 겸 果物商인 한국인 李明燮의 집을 습격하여 금품을 강탈하였다.[82]
둘, 1933년 7월 2일 金文熙집에 한국인 3명이 침입하여 금품을 강탈·도
주하였다.[83] 셋, 1933년 7월 5일[84] 이용준·정화암·이달·박기성 등이
운동자금을 조달하기 위해 元昌公司 주인인 한국인 趙尙燮의 집을 습격
해 인삼 6·70근 외 현금 약간을 강탈·도주하였다.[85] 이 사건 이후 재중
국 한국인 아나키스트들은 김구측과 합작하여 테러활동을 전개했다.[86]

81) 內務省警保局 編,「1937年の在支不逞鮮人の不穩策動狀況」『社會運動ノ狀況』(1937年)(金
正明 編, 위의 책, p.608) ; 司法省刑事局 編, 1938 「支那事變勃發以後南京陷落直後迄の中
南支在住不逞鮮人の動靜」(古橋浦四郎의 1938년 보고)『思想情勢視察報告集』其の三(이
하「古橋浦四郎의 보고」로 略), p.79 ; 司法省刑事局 編, 1940「昭和13年1月乃至10月中支
在住不逞鮮人の動靜」(長部謹吾의 보고)『思想情勢視察報告集』其の七(이하「長部謹吾의
보고」로 略), p.159 등을 종합
82)「在支不逞團加入活動事件」『思想彙報』第25號(1940. 12), p.213 ;"李容俊의 판결문"(『資
料集』11, 847면) 등을 종합
83) 內務省警保局 編,「在上海留朝鮮人の不穩狀況」『社會運動の狀況』(1933年)(『資料集成』2,
p.841)
84) 內務省警保局 編,「在上海留朝鮮人の不穩狀況」『社會運動の狀況』(1933年)(『資料集成』2,
pp.841)에는 7월 15일로 기록되어 있다.
85)「在支不逞團加入活動事件」『思想彙報』第25號(1940. 12), pp.213~214 ;"李容俊의 판결
문"(『資料集』11, 847면) ; 內務省警保局 編,「在上海留朝鮮人の不穩狀況」『社會運動の狀
況』(1933年)(『資料集成』2, pp.841~842) 등을 종합
86) 在上海總領事館 編,「上海及同關係不逞鮮人團體ノ件」『朝鮮民族運動(未定稿)』5-2(1933.

넷, 1933년 7월 12일 金銀거래소 金昌宇와 朴某의 방에 한국인 3명이 일차 침입하였으며, 13일에 3명이 재차 침입하여 兩人을 납치하여 은행예금을 인출하려다 실패하고 도주하였다.[87] 다섯, 1933년 7월 13일 李星鎔의 집에도 한국인이 침입하였다.[88] 여섯, 1935년 조상섭의 집을 또 한 차례 침입하였다. 1935년 1월 21일[89] 엄형순 · 이규호 · 이달 · 김지강 등은 정화암과의 협의하에 남화한인청년연맹의 운동자금을 조달할 목적으로 조상섭의 집을 습격하여 돈을 강탈하고자 하였으나, 이 사실을 미리 간파한 조상섭이 도주하는 바람에 실패하였다.[90] 일곱, 1936년 11월 18일경 정화암과 朴濟彩가 회합하여 연맹의 자금을 확보하기 위하여 마약밀매상 韓奎泳을 습격하여 금품을 탈취할 계획을 세웠다. 11월 23일경 박제채는 정화암에게 한규영 집의 구조도면 1통을 건네주면서 한규영의 가족 상황 등을 정화암에게 자세히 알려주었다. 1937년 1월 22일 오전 8시경 정화암 · 이하유 외 4명이 한규영 집에 침입하여 중국은행권 800원과 헤로인 4온스(시가 400원 정도)를 강탈하였다.[91]

자금을 확보하기 위한 '掠'은 韓國盟血團[92]에 의해서도 전개되었다. 1933년 11월 한국국민당으로 복귀하였던 오면직은 1936년 1월 김구와 安恭根의 전횡에 불만을 품고 김동우 · 韓道源(李國華, 王少山) 등과 함께

1~1937. 12)(『外務特殊文書』 27, p.87)

87) 內務省警保局 編,「在上海留朝鮮人の不穩狀況」『社會運動の狀況』(1933年)(『資料集成』 2, p.841)

88) 위와 같음

89) 「在上海總領事館ニ於ケル特高警察事務狀況」(1937年 12月末 調査)(『外務特殊文書』 27, p.784)에는 2월 21일로 기록되어 있다.

90) 「嚴亨淳 · 李圭虎의 판결문」(1936年 刑控 第95號)(『資料集』 11, 839면) ;「無政府主義運動事件」『思想彙報』 第6號(1936. 3), p.225 ;「在上海總領事館ニ於ケル特高警察事務狀況」(1937年 12月末 調査)(『外務特殊文書』 27, p.784) 등을 종합

91) 「在支無政府主義者의 外患事件」『思想彙報』 第21號(1939. 12), p.272 ; "朴濟彩의 판결문"(1939년 刑控 제1015호)(『資料集』 11, 844~845면)

92) 자료에 따라서는 猛血團이라고도 하나 이는 잘못 전해진 것이다(「三木今二의 보고1」, p.28).

김구와 결별하고 上海로 가서 아나키스트 대열에 합류하였다. 金昌根과 민족혁명당을 탈퇴한 金勝恩(金革, 金影, 金華) 등을 규합하여 남화한인 청년연맹의 별동대로 맹혈단을 조직하였다. 오면직, 김창근, 유형석 및 한도원은 1936년 1월 중순경부터 동년 2월 중순경까지 趙尚燮, 李甲成, 孔凱平(李東彦), 李鐵鎮, 朴震, 鄭燦星, 金河鍾, 黃福用, 崔泳澤 등에게 활동자금을 제공해줄 것을 강요하였다. 이렇게 획득된 자금으로 남화한인 청년연맹의 기관지『남화통신』을 발행하는 한편, 1936년 2월[93] 맹혈단 결당식을 거행하였다.

맹혈단은 김동우와 오면직을 단장 및 재정부장으로 선출하고 다음의 사항을 결정하였다.

> ㄱ. 금후 한국독립당재건파와 제휴하고, 새로이 혁명단체를 조직하여 중국인 방면으로부터 활동자금을 얻어 대대적으로 활동할 것
> ㄴ. 김동우는 杭州로 가서 재건파 조소앙, 박창세와 교섭하고 그것을 합체하여 강력한 혁명단체로 발전시킬 것
> ㄷ. 오면직 기타는 당분간의 활동자금을 上海 在留 鮮人으로부터 모집할 것
> ㄹ. 우리들은 南京에 있는 야심정치가 등처럼 타락하지 않고 혁명도덕에 비추어 행동할 것

위의 결정에 따라 김동우는 杭州로 가서 한국독립당재건파와의 제휴를 모색하였으며, 오면직은 김승은 등의 단원과 함께 上海에 있던 한국인 자산가들에게 맹혈단 명의의 협박문을 보내거나 강제로 면회하여 자금을 제공해줄 것을 강요하였다. 그러나 자금 모집은 신통치 않았다. 김동우는 1936년[94] 2월 22일 上海 民國路 어느 다방에서 류형석을 만나 종전과

---

93) "吳冕稙 외 4인의 판결문"(1936년 刑控 제119호)(『資料集』11, 829면)에는 맹혈단의 결성일을 1936년 7월 상순경으로 기록하고 있으나 이는 번역과정에서의 잘못으로 보인다.

같은 자산가들로부터 기부를 받는 방식으로는 활동자금 모집이 여의치 않으므로 강탈하는 방법을 취해야 한다고 역설하였다. 이에 柳澄錫(張天民, 百雲) 등은 2월 23일[95] '掠'을 행할 목적으로 上海 靜安寺路 張斗徹 집에 침입하였다. 그러나 류형석은 현장에서 체포되었으며, 3월 5일과 6일 양일에 걸쳐 한도원·김승은·김창근·오면직 등도 체포되는 등 김동우를 제외한 전 단원이 일본 영사관 경찰에 의해 검거되고 말았다. 1937년 12월 27일 김동우까지 검거되면서 맹혈단은 궤멸 상태에 빠졌다.[96]

정화암이 주도하였던 남화한인청년연맹과 맹혈단은 北京聯盟과는 달리 일제의 요인이나 기관에 대한 테러는 거의 행하지 않았다. 단지 김창근이 上海日本總領事館에 폭탄을 투척하고, 上海日本領事館 藤井警部補 집에 폭탄을 장치하여 암살을 기도하였던[97] 예가 있을 뿐이다.

남화한인청년연맹은 테러활동을 위해 각종 정보를 수집하는 한편, 연구·선전활동 또한 전개하였다. 연구·토론 등 각종 회의를 개최하여 아나키즘 이론을 연구하였으며, 각종 기념일에는 격문을 살포하여 재중국 한국인 청년들에게 아나키즘을 선전하는 등 일반청소년을 대상으로 한 계몽운동에 주력하였다. 1931년 3월 1일 <3·1절기념선언>을 살포하였으며, 5월 1일에는 「5월 1일 ― 해방을 위해서 투사의 힘을 발휘하자」라

---

94) "吳冕植 외 4인의 판결문"(1936년 刑控 제119호)(『資料集』 11, 829면)에는 1940년으로 기록되어 있으나, 번역과정에서 생긴 오류인 것으로 보인다.

95) "吳冕植 외 4인의 판결문"을 제외한 다른 자료들은 2월 22일로 기록하였다.

96) 「三木今二의 보고1」, pp.24·26~27 ; 內務省警保局 編, 「1936年의 在支不逞鮮人의 不穩策動狀況」『社會運動ノ狀況』(1936年)(金正明 編, 앞의 책, p.569) ; 村田生, 앞의 글, p.191 ; 「在上海總領事館ニ於ケル特高警察事務狀況」(1937年 12月末 調査)(『外務特殊文書』 27, p.786·793) ; "吳冕植 외 4인의 판결문" (1936년 刑控 제119호)(『資料集』 11, 829면) ; 內務省警保局 編, 「1937年의 在支不逞鮮人의 不穩策動狀況」『社會運動ノ狀況』(1937年)(金正明 編, 위의 책, pp.607~608) ; 在上海總領事館 編, 『朝鮮民族運動(未定稿)』 5-2(1933. 1~1937. 12)(『外務特殊文書』 27, p.282) 등을 종합

97) 在上海總領事館 編, 「韓國猛血團員ノ檢擧」『朝鮮民族運動(未定稿)』 5-2(1933. 1~1937. 12)(『外務特殊文書』 27, p.281)

는 제목의 일반 노동계급에 대한 격문을 발행하여 국내, 일본, 대만, 上海, 北京, 天津 등 각지에 발송하였다. 그리고 8월 20일에는 국치일을 맞아 원심창을 중심으로 "8월 29일은 조선민족이 他族의 노예가 된 날이다. 분발하여 적의 아성을 쳐부수자"라는 제목의 격문을 약 1,000매 등사하고 그것을 27·28일에 上海에 있는 한국인들에게 우송하여 남화한인청년연맹의 주의와 목적을 선전하였다. 원심창을 중심으로 한 선전작업은 그 이후에도 계속되었다. 1932년 4월 말 무렵 노동절에 즈음하여 「메이데이를 기념하자, 5월 1일은 우리들의 결사적 투쟁의 날이다」라는 제목으로 노동절의 의의 및 아나키즘의 내용을 게재한 격문을 등사하여 上海에 있던 한국인들에게 우송하였으며, 1933년 2월 하순 무렵에는 한국독립선언기념일을 맞아 "일본제국주의를 저주하며 모든 사유재산제도와 권력을 파괴하고 무정부공산주의사회를 건설하"자는 내용의+ 선전문 약 700매를 등사하여 上海에 있던 한국인들에게 우송하였다.[98] 이러한 선전물 인쇄는 1933년 2월 무렵에 원심창의 권유로 남화한인청년연맹에 가입한[99] 이규호가 맡았다.[100]

이용로 암살 이후 다수의 아나키스트들이 체포되거나 체포를 피해 도망하는 바람에 아나키스트운동은 점차 쇠퇴하여 정화암·이하유·김현수 등이 上海에서 안공근을 통해 김구와 연락을 취할 뿐이었다. 그러나 김동우와 오면직이 上海로 가서 아나키스트 대열에 합류한 것을 계기로 남화한인청년연맹은 류자명과 중국인 아나키스트의 도움으로 1936년 1월[101]

98) 『年鑑』, p.360·364·383 ; 『黑色新聞』 제23호(1933. 12. 31) ; 在上海總領事館 編, 「有吉公使暗殺陰謀事件公判狀況」 『外務省警察史-支那 ノ 部(未定稿)』 『外務特殊文書』 28, p.876 ; 「上海 六三亭사건의 판결문」(『義士 元心昌』, 원주원씨중앙종친회, 1979, 78면) 등을 종합
99) "嚴亨淳·李圭虎의 판결문"(1936년 刑控 제95호)(『資料集』 11, 838면)
100) 『운동사』, 340면. 위의 자료에는 이규호가 『남화통신』 인쇄를 맡은 것으로 기록되어 있으나, 이는 잘못이다. 이규호는 이용로암살사건으로 1935년 5월에 체포되었으며, 『남화통신』이 발행되기 시작한 것은 1936년 1월이다.
101) 三木수二는 『남화통신』이 1935년 1월부터 발간되었다고 기록하였으나(「三木수二의 보고

부터『남화통신』을 발행하여 각 방면으로 배포하면서 아나키즘 선전과 동지 획득에 노력하였다. 하지만 1937년 2월 17일 김지강이 검거된 이후 남화한인청년연맹의 활동은 위축되어 겨우 정화암, 이하유 및 류기석 등 3·4명이 上海에서『南華通訊』을 발행하는 데 주력할 뿐이었다.102)

『남화통신』은 매월 간행되었던 것으로 보이며, 각 호의 중요 목차는 다음의 표와 같다.『남화통신』각 호의 목차를 보면 민족전선을 결성하는 문제가 아나키즘을 선전하는 것과 함께『남화통신』의 주된 관심사였다는 것을 알 수 있다.『남화통신』의 필자들은 白民, 林生, 有何, 蒼波, 朴浩, 痴生, 舟, 平公, 何, 瑾, 流星, 明, 有, 種, 月, S生, 流生, 達, 望, 野民, 逢, 淳, 木耳 등인데, 여기서 有何·有·何·種 등은 이하유, 瑾·明은 류자명, 舟·月·達은 이달, 逢은 김야봉으로 추정된다. 박환은 舟를 오면직, 淳을 엄형순으로 추정하고 있으나,103) 여기에는 약간의 무리가 따른다. 오면직은 1936년 3월 5·6일에 일제 경찰에 의해 체포되었고, 엄형순도 1936년 4월에 이미 사망하였기 때문이다. 따라서 淳이 누구인지는 불확실하지만, 舟는 宋一舟(이달)인 것으로 사료된다. 그러나 오면직과 엄형순의 유고를 게재하였을 가능성도 배제할 수 없다.

1」, p.27), 취하지 않는다. 三木今二는 다른 보고서에서는『남화통신』의 창간일을 1936년 1월로 기록하고 있다[司法省刑事局 編, 1938「中華民國南京及上海地方に於ける不逞朝鮮人團體の文書活動」(三木今二의 1937년 보고)『思想情勢視察報告集』其の三(이하「三木今二의 보고2」로 略), p.37].『남화통신』제1권 제10기가 1936년 11월호이므로 1936년 1월에『남화통신』이 창간되었다고 보는 것이 타당하다.

102) 內務省警保局 編,「1937年の在支不逞鮮人の不穩策動狀況」『社會運動ノ狀況』(1937年) (金正明 編, 앞의 책, p.607) ;「在上海總領事館ニ於ケル特高警察事務狀況」(1937年 12月末 調査)(『外務特殊文書』27, pp.786~787) ;「古橋浦四郎の 보고」, p.78 ;「長部謹吾의 보고」, p.159 등을 종합

103) 박환, 1992「남화한인청년연맹의 결성과 그 활동」『한민족독립운동사논총』(수촌박영석 교수화갑기념논총), 973면

〈표 2〉『남화통신』의 중요 목차

호 수	중 요 목 차
1936년 1월호	오등(吾等)의 말, 최근 세계 정치·경제의 동향[林生], 무정부주의란 어떠한 것인가[白民], 정치운동의 오류[有何], 急告, 政客과 반역[蒼波], 교포 여러분의 반성을 촉구한다[朴浩], 慈母會의 사명, 예술가와 上海[痴生], 일본무정부주의사건, 소식란
1936년 10월호	조선민족전선의 중심 문제
1936년 11월호 (제1권 제10기)	민족전선의 가능성[舟], 혁명의 보편성과 특수성[平公], 실천적 관점으로부터 본 무정부주의사상[크로포트킨], 11월과 故友堂先生, 詩 故丹齋先生의 遺詠(민족전선을 위하여, 혁명동포에게), 민족전선을 어떻게 결성해야 할 것인가[何], 민족전선문제에 대해서 冷心君의 의문에 답하다[瓊], 혁명인가? 陶醉인가?[流星], 농민문제 片談(4)[明]
1936년 12월호	민족전선을 촉구한다[有], 민족전선에 관해서[舟], 민족전선의 행동강령 초안[平公], 파쇼가 조선에서 성립하지 않는 이유[種], 이상과 혁명—K군에게 보내는 短信[月], 우리들의 급선무[何], 나의 의문 [S生], 문외한의 혁명학 제1장 제1절[流生], 무정부주의의 본질에 대한 隨感[크로포트킨], 농민문제 片談(5)[明], 동지 엄순봉을 곡한다[達], 우리 운동의 악폐를 청산하자[望], 사회사 감옥이나[大杉]
1937년 6월호 (제2권 6기)	우리 청년의 책임과 그 사명[何], 격동하는 서반아[계속][野民 譯], 부정의 혁명론[達], 인간생활의 근본적 원리[淳], 무정부주의의 혁명[크로포트킨, 木耳 譯]

자료 : 刑事局第5課 編, 1938「中華民國南京及上海地方に於ける不逞朝鮮人團體の文書活動」(三木今二의 1937년 보고)『思想情勢視察報告集≫ 其の三, p.35·67 ; 司法省刑事局 編, 1937「昨秋(昭和11年秋)以後の在支不逞鮮人團體の動靜」(杉原一策의 昭和12年 2月 5日 보고)『思想情勢視察報告集≫ 其の二, p.482·486·491

이상에서 살핀 바와 같이 1930년대 정화암 등에 의해 주도되었던 남화한인청년연맹·上海聯盟과 맹혈단의 테러활동은 1920년대의 테러활동이나 北京聯盟과는 달리 주로 친일파 처단이나 '掠'의 형태로 진행되었다. 1920년대와 北京聯盟의 테러가 폭력적 직접행동론에 입각하여 행해진 것이라면 1930년대의 정화암 등에 의해 단행된 테러는 자포자기적 상태에서 행해진 허무주의적 경향을 띤 것이었다. 그들은 자신들의 모든 힘을 쏟아 부었던 만주에서의 민족해방운동기지 건설사업이 일제에 의해서가 아니라 합작했던 민족주의자들에 의해 실패로 끝나고 중국 關內로 철수할 수밖에 없던 상황에 망연자실했다. 그러한 상태에서 중국에서 대중을 가지지 못한 그들이 취할 수 있었던 수단은 자포자기적 테러를 제외하고는 아무 것도 없었다. 결국 그들은 남화한인청년연맹에 합류하여 테러에 매달렸다.

당시 그들이 허무주의적 경향에서 테러를 단행했던 사실은 이강훈의 예가 잘 나타내준다. 이강훈은 만주에서 철수한 이후 『獨逸10大女黨員集』[104]과 巴金의 『허무당전집』을 읽고 깊은 감명을 받았다. 그는 허무당원들의 격렬한 혁명운동과 직접행동에 자극을 받고 有吉明公使 암살 공작에 기꺼이 참가했다.[105]

그들은 테러를 단행함에 있어서 김구측과 합작하였다. 일제의 정보기관은 옥관빈암살사건, 有吉公使암살음모사건, 玉成彬암살사건, 李容魯암살사건, 李泰瑞암살사건 등 1930년대 재중국 한국인 아나키스트들의 테러활동 대부분을 김구의 사주에 의한 것으로 파악하였다.[106] 김구와 대립하고 있던 송병조 일파도 김구가 아나키스트들을 사주하여 테러를 자행하게 한 것으로 파악하였다.[107] 이러한 사실은 1930년대의 테러활동의 상당수가 김구와 아나키스트들의 합작에 의해 이루어진 것임을 증명해준다. 일제경찰의 정보보고서는 심지어 남화한인청년연맹을 한인애국단의 산하단체로 기록하기까지 하였다.[108] 남화한인청년연맹은 1935년 말 이후 임시정부와의 관계를 청산하였다.[109]

1930년대 일부 재중국 한국인 아나키스트들이 김구측과의 합작이나 중국 국민당 정부의 지원하에서 테러활동을 전개한 데에는 만주에서의 한족총연합회 활동을 통해 대종교적 민족주의자들과 연합하t5였던 경험이 크

---

104) 자료에는 『俄國(독일)10大女黨員集』으로 기록되어 있다.

105) 楊子秋, 앞의 글 참조

106) 內務省警保局 編, 「1935年の上海を中心とする朝鮮人の不穩策動狀況」 『社會運動ノ狀況』(1935年)(金正明 編, 앞의 책, pp.551~552)

107) 內務省警保局 編, 「在上海留朝鮮人の不穩狀況」 『社會運動の狀況』(1933年)(『資料集成』 2, pp.841~842)

108) 司法省刑事局 編, 1936 「不逞鮮人團體の新黨樹立運動の概況竝金九一派の動靜」(栗谷四郎의 昭和10年 8月 13日 報告) 『思想情勢視察報告輯』, p.26

109) 司法省刑事局 編, 1937 「昨秋(昭和11年秋)以後の在支不逞鮮人團體の動靜」(杉原一策의 昭和12年 2月 5日 報告) 『思想情勢視察報告集』 其の二, p.457

게 작용한 것으로 보인다. 남화한인청년연맹은 민족주의운동을 철저히 부정했던 류기석 등에 의해 결성되었으나, 정화암 등 만주에서 철수한 아나키스트들이 합류하면서 이들에 의해 주도되었다. 만주에서 한국인들의 아나키스트운동을 이끌었던 재만조선무정부주의자연맹은 당면강령에서 "우리는 항일독립전선에서 민족주의자들과 우군으로서 협조하고 협동작전에서 의무를 수행한다"는 것을 밝히고,110) 민족주의자와의 연합을 추진하였다. 재만조선무정부주의자연맹에 합류하여 민족주의자와 연합한 경험을 가지고 있던 그들에게는 민족주의자들로부터 테러를 단행하는 데 필요한 도움을 받는 것은 결코 부자연스러운 것이 아니었다.

아나키스트들의 반공산주의적 정서 또한 민족주의자들과의 합작에 크게 기여한 것으로 보인다. 아나키스트들은 프롤레타리아독재론을 공산당 간부 자신들이 권력을 장악하기 위해 내세우는 사기에 불과한 것으로 치부하면서 공산주의사회에서는 민중들의 자유가 결코 허용되지 않는다고 비판하였다. 재중국 한국인 아나키스트들도 반공산주의적 태도를 견지하면서 민족주의자들과의 합작하에 공산주의자들에 대한 반대투쟁을 전개했다. 특히 만주에서는 공산주의자와 목숨을 건 치열한 투쟁을 벌였고, 결국 김좌진이 암살당하는 사태까지 전개되었다. 김좌진 암살은 아나키스트들의 만주에서의 민족해방운동기지 건설을 실패로 몰고가는 치명적 요인이 되었고, 이에 아나키스트들의 반공산주의적 정서는 강화되었고, 공산주의를 타도하기 위한 어떠한 행동도 할 준비가 되어 있었다. 그러한 상황에서 민족주의자와의 연합이 쉽게 이루어진 것이었다.

부족한 자금문제도 아나키스트들로 하여금 민족주의자들과 합작하게끔 유도했다. 항일구국연맹에서 王亞樵 등이 탈락하면서 중국인 아나키스트들로부터 주어지던 지원이 중단되어 재중국 한국인 아나키스트들의

---

110) 『운동사』, 324면

자금사정은 극도로 곤란해졌다. 테러활동에 필요한 자금은 고사하고 생활
비조차 부족한 실정이었다. 그러한 상황에서 상대적으로 풍족한 자금을
지니고 있던 김구측으로부터 합작제의가 들어왔고, 강도행위를 하면서까
지 자금을 충당하던 아나키스트들로서는 이를 마다할 이유가 없었다.

이처럼 재중국 한국인 아나키스트들은 1930년대 김구측과의 합작하에
테러를 단행했다. 그러나 테러에 뒤이어 많은 활동가들이 체포당하면서
아나키스트운동은 점차 침체상태에 빠졌다. 남화한인청년연맹도 유명무
실한 단체로 전락하였다가 1937년 중일전쟁 발발 이후 변화된 정세에
대응하기 위하여 류자명·류기석 등에 의해 조선혁명자연맹으로 개조되
었다.[111]

Ⅲ. 국제적 연대하에서의 테러활동

재중국 한국인 아나키스트들은 혁명근거지 건설을 위한 활동과 테러활
동을 전개하면서 중국·일본 기타 지역의 아나키스트들과 국제적 연대를
맺어 나갔다. 동아시아 아나키스트들의 국제적 연대를 제일 먼저 모색했
던 인물은 일본인 아나키스트 大杉榮이었다. 大杉榮은 동아시아 아나키
스트들 사이의 긴밀한 제휴와 공동 조직의 필요성을 느끼고 1921년 上海
로 가서 중국인 아나키스트들과 국제적 연대조직을 결성하는 문제에 대해
논의하였다. 大杉榮의 주도하에 중국·인도·일본·한국의 아나키스트
들이 협의하여 上海에서 東亞無政府主義者同盟會를 결성하기로 결정하
고 준비작업에 착수하였으며, 1922년 7월 廣東으로부터 중국 대표 5명이
上海에 도착하였다.[112] 그리하여 東方無政府主義者同盟[113]이 결성되었

---

111) 「韓國各政黨現況」(1944. 4. 22. 吳鐵城에게 보내는 보고서)(추헌수, 1972 『資料 韓國
    獨立運動』 2, 연세대학교출판부, p.77)
112) 『동아일보』 1922년 7월 24일자 ;『黑濤』 第2號(1922. 8. 10) 등을 종합

고, 1923년에는 廣東에서 南洋 지역으로 가서 활동하던 愛眞과 一余 등에 의해 페낭지부가 설립되었다.[114] 그러나 1923년 關東大地震 당시 大杉榮이 살해되면서 동방무정부주의자동맹은 유명무실한 존재가 된 것으로 사료된다.

이후 중국인 아나키스트들을 중심으로 국제적 연대조직을 결성하기 위한 노력은 계속되었고, 그 결과 1926년 여름에 국제적 연대조직을 결성하기 위한 준비회가 조직되어[115] 활동을 개시하였다. 岩佐作太郎은 東亞無政府主義者大同盟을 조직할 기반을 닦기 위하여 泉州에서의 혁명근거지 건설에 참가하였으며,[116] 류기석은 국제적 연대조직의 필요성을 역설하면서, 民鐘社・民衆社・朝鮮黑幟團이 발기인이 되어 아나키스트들의 중국대회(동아무정부주의자대연맹을 결성하기 위한 東亞大會 이전의 예비대회)를 개최할 것을 제의하였으며, 아울러 동아시아 아나키스트들이 마땅히 주의해야 할 문제와 대회상에서 마땅히 토론해야 할 문제 및 籌備上

---

113) 東亞無政府主義者同盟會와 東方無政府主義者同盟은 동일한 단체로 보이나 어느 것이 정식 명칭인지 확인할 수 없다.

114) 歐西, 「南洋無政府主義運動의 槪況」『民鐘』第2卷 第1號(1927. 1)

115) 신채호는 제4회 공판에서 자신은 林炳文의 소개로 1926년 여름에 무정부주의동방연맹에 가입하였다고 진술하였는데(『동아일보』 1929년 10월 7일자), 신채호가 가입한 무정부주의 동방연맹은 준비회였던 것으로 보인다. 1925~1926년 당시 아나키스트들의 국제적 연대조직을 결성하기 위한 활발한 움직임이 있었던 것은 柳林의 편지에도 나타난다. 高自性(高三賢, 柳林)은 1925년 9월에 국내에서 진우연맹을 결성하였던 방한상에게 편지를 보내어 아나키스트단체를 증설할 것을 선동하고 上海에서 계획 중인 遠東無政府主義者總聯盟이 성립하면 거기에 가맹할 것을 권유하였다(慶尙北道 警察部, 1934『高等警察要史』(1970년 張基弘씨가 『폭도사편집자료』와 합본해서 영인), p.241]. 위의 자료에는 경남 함안군 출신 高白性으로 기록되어 있으나, 이는 잘못이다. 방한상이 작성한 「개인 및 단체 경력서」(1966. 10)에 의하면 高三賢은 곧 柳林이며 高自性이다. 그리고 『동아일보』 1927년 6월 15일자에도 진우연맹이 上海에 있던 高自性과 연결되어 있다고 보도하였으며, 정화암도 柳林의 별명을 高自性으로 회고하였다(김학준 편집해설・이정식 면담, 앞의 책, 307면). 高白性이 高自性의 잘못이고 高自性이 柳林의 별명이라고 하면 그가 함안군 출신이라고 하는 것 또한 잘못이다.

116) 「訪問范天均先生的紀錄」(葛懋春・蔣俊・李興芝 編, 1984『無政府主義思想資料選』下, 北京人民大學出版社, p.1041)

의 대체적인 계획을 제시하였다.117) 이러한 준비과정을 거쳐 동아시아 아나키스트들의 국제적 연대조직이 결성되었다.

1927년 9월118) 중국인 黍健의 발의로 한국·일본·중국·대만·안남·인도 등 6국 대표자 120여 명이 北京에서 회합하여 무정부주의동방연맹 창립대회를 개최하였다. 이 창립대회에서는 각각 자국으로 돌아가 서로 연락을 취하면서 목적을 달성할 것과 본부를 上海에 설치할 것 등이 결정되었다.119) 무정부주의동방연맹의 목적은 동아시아 국가들의 국체를 변혁하여 모든 사람이 자유롭게 잘사는 사회를 건설하는 것이었다.120)

李弼鉉과 함께 한국측 대표로 무정부주의동방연맹 창립대회에 참가하였던121) 신채호는 무정부주의동방연맹 창립대회의 결정을 실천에 옮기기 위하여 재중국조선무정부공산주의자연맹을 결성하였다. 이어 재중국 한국인 아나키스트들의 역량을 한군데로 모으기 위하여 1928년 4월 天津122)에서 한국인 아나키스트대회를 개최하였다. 이 대회는 신채호가 작성한 선언문을 채택하는 한편, 잡지를 발행하여 아나키즘을 선전하고 적의 기관을 파괴할 것을 결의하였다. 즉 北京 교외에 폭탄과 총기공장을 건설하고, 러시아·독일인 폭탄제조기사를 초빙하여 폭탄과 총기를 제조하여 각국으로 보내어 대관 암살과 대건물 파괴를 도모하는 한편, 선전기관을

---

117) 「主張組織東亞無政府主義者大聯盟」『民鐘』第16期(1926. 12. 15)(葛懋春·蔣俊·李興芝 編, 위의 책, pp.716~719) 참조
118) 『동아일보』 1929년 2월 12일자는 무정부주의동방연맹의 결성일을 1928년 4월로 보도하였으나 잘못이다.
119) 『조선일보』 1928년 12월 28일자
120) 신채호는 제4회 공판에서 "동방연맹이란 일본, 중국, 인도 등 동방에 있는 여러 무정부주의자 동지가 결탁하여 기성 국체를 변혁하여 자유노동사회를 건설하자는 단체인가?"라는 재판장의 질문에 "무정부주의로 동방의 기성 국체를 변혁하여 다같은 자유로서 잘 살자는 것이오"라고 답변하였다(『동아일보』 1929년 10월 7일자).
121) 『조선일보』 1928년 12월 28일자
122) 『조선일보』 1928년 12월 28일자는 北京에서 아나키스트대회가 개최된 것으로 보도하였으나, 이는 잘못이다. 신채호가 제4회 공판에서 진술한 내용에 의하면 대회가 개최된 곳은 天津이다(『동아일보』 1929년 10월 7일자).

설치하고 선전문을 인쇄하여 세계 각국에 배부·발송하기로 결정하였다.

신채호는 외국환을 위조하여 이 사업에 소요되는 자금을 조달하고자 하였다. 당시 우체국에 근무하던 林炳文으로 하여금 위조한 외국환을 우체국에 저축케 한 뒤, 일본 등지에서 현금으로 인출한다는 계획을 세웠다. 그러나 사전에 발각되어 1928년 5월 8일경 臺灣 基隆港에서 일본 水上署에 의해 체포되었다. 이 사건으로 체포된 사람은 신채호·이필현·李鏡元(이상 한국인), 林柄文(대만인), 揚吉慶(중국인) 등 5명이었다.[123]

신채호 등이 체포되면서 무정부주의동방연맹의 활동은 위축되었다. 이를 재정비하기 위하여 다시 연맹조직준비회가 꾸려졌다. 연맹조직준비회는 동방아나키스트대회를 계획하면서 국내와 재일본 한국인 아나키스트들에게도 대표 파견을 의뢰하였으며, 국내와 재일본 한국인 아나키스트계에서는 대표를 선정하여 파견하였다. 연맹조직준비회는 1928년 6월 14일[124] 上海 李梅路 華光醫院에서 한국인 류기석·이정규, 일본인 秦希同(赤川啓來), 중국인 毛一波·汪樹仁·鄧夢仙·易子琦·吳克剛 외 수명이 회합하여 일본 제국의 국체 변혁(아나키즘의 실현 즉 권력 부인)을 목적으로 하여 동방무정부주의자연맹을 조직하기로 하였다. 같은 날 중국·안남·인도·필리핀·한국 등과 그 외 5개국 지방의 有志代表를 소집하여 동방아나키스트대회를 개최하였으며, 동 대회에 출석한 백수십 명의 각국 유지로 동방무정부주의자연맹을 정식으로 결성하였다.

이회영은 동방아나키스트대회에 「한국의 독립운동과 무정부주의운동」이라는 제목의 글을 보내 "한국의 무정부주의운동은 곧 진정한 독립운동이오, 한국에서의 진정한 해방운동 즉 무정부주의운동은 곧 독립운동"이

---

123) 『조선일보』 1928년 12월 28일자 ; 『自由聯合新聞』 第32號(1929. 2. 1) ; 『동아일보』 1929년 2월 12일·10월 7일자 등을 종합
124) 동방무정부주의자연맹의 결성일과 결성장소에 대해서 이정규는 1928년 7월과 南京으로, 『운동사』와 정화암은 1928년 5월 말과 南京으로 서술하였으나(이정규, 앞의 글, 57면 ; 『운동사』, 297면 ; 정화암, 앞의 책, 93면) 모두 잘못이다.

라는 것을 밝히고 "今般의 동방대회는 한국독립운동을 각국의 동지들은 적극적으로 성원하라"고 호소하였다. 이회영의 이 글은 동 대회에서 결의 안 중의 하나로 채택되었다. 이정규·赤川啓來, 毛一波, 汪樹仁 등이 동 방무정부주의자연맹의 서기부 위원으로 선출되었으며, 서기국에서는 1928年 8월 20일 기관지『동방』을 발행하였다. 이정규는 여기에 「동방무 정부주의자 諸君에게 고한다」라는 제목의 글을 게재하여 동방 제국 동지 의 규합·단결을 강조하였다.[125]

동방무정부주의자연맹은 1928년 10월 이정규가 체포된 이후에도 1930 년 무렵까지는 테러적 직접행동을 통해 민중들을 각성시켜 그들로 하여금 일제의 식민지지배에 맞서 봉기하도록 유도하고자 상당히 활발한 활동을 전개하여 동아시아 아나키스트운동의 중심 단체로서의 역할을 다하였으 나,[126] 1931년 무렵이 되면서는 활동이 침체되었다.[127] 동방무정부주의자 연맹의 구체적인 활동에 대해서는 자료의 한계로 제대로 알 수 없다.

재중국 한국인 아나키스트들과 臺灣人 사이에도 연대조직을 결성하고 자 하는 움직임이 있었다. 즉 1923년경 北京에 있던 한국인 학생들이 臺灣

---

125)『自由聯合新聞』第32號(1929. 2. 1) ;『동아일보』1929년 2월 16일자 ; 在上海總領事館 編, 「東方無政府主義聯盟李丁奎ニ對スル判決」『外務省警察史-支那ノ部(未定稿)』(『外務 特殊文書』28, p.334) ; 이정규, 위의 글, 57면 등을 종합.『운동사』는 이정규 등이 결성한 동방무정부주의자연맹과는 별개로 신채호 등이 1928년 4월 北京에서 東方無政府主義者聯 盟을 결성하였다고(『운동사』, 297면) 서술하고 있다. 그러나 이 두 조직은 별개의 조직이 아닌 것으로 사료된다. 그것은 일제가 이정규를 심리하면서 신채호의 共犯으로 서술하고 (『동아일보』1929년 2월 16일자) 있는 데서 단적으로 드러난다.

126) 柳絮는 「東洋に於ける我等」이라는 제목의 글에서 "우리들의 東方無政府主義者聯盟은 동양 혁명가의 총사령부는 결코 아니다.……우리들의 東方聯盟은 자유연합주의제도를 근 저로 하는 평등한 조직이다.……그리고 우리들은 협력하여 나아가야 한다는 의식과 相互央 (扶의 잘못—인용자)助의 본능을 동방연맹의 旗幟 하에 지니고 있다"고 하여「柳絮(鎌田 恙 吉 譯),「東洋に於ける我等」『黑旗』(1930年 1月號), 東方無政府主義者聯盟이 동아시아 아 나키스트운동의 중심부였음을 알려준다.

127) 「在上海總領事館ニ於ケル特高警察事務狀況」(1937年 12月末 調査)(『外務特殊文書』27, 高麗書林, 1989, p.789) ; 村田生, 앞의 글, p.177 등을 참조

人 유학생과 연합하여 韓台革命同志會를 조직하고자 했던 것이다. 韓台革命同志會 결성은 결국 유산되었는데, 그것은 강령을 제정할 때 한국인 학생들은 폭동·암살을 주요 수단으로 내걸고자 했지만 臺灣人 학생들이 사면이 바다로 둘러싸인 臺灣의 지리적 특수성을 들어 이에 반대하였기 때문이다.[128]

일제가 만보산 사건을 야기하여 만주 침략을 본격화하자 일제의 침략을 저지하기 위하여 아나키스트들의 국제적 연대 활동은 다시 활발하게 전개되었다. 한국·중국·일본의 아나키스트들이 항일구국연맹을 창립한 것이다. 1931년 11월 상순 동방무정부주의자연맹 간부 王亞樵와 顧問格인 華均實이 백정기[129]를 찾아와 유명무실해진 동방무정부주의자연맹을 대신할 단체를 조직할 것을 제의하였다. 이 제안을 백정기가 받아들여 1931년 11월 중순[130] 白貞基, 중국인 아나키스트 華均實·王亞樵, 일본인 아나키스트 佐野一郞(田華民, 田化民, 吉田) 등에 의해 항일구국연맹이 결성되었다.

항일구국연맹은 전세계에 대해서 혁명적 수단으로 일체의 권력 및 사유재산제도를 배격하고 진실한 자유평등의 사회를 실현시키기 위하여, 우선 한국을 일본으로부터 독립시키고 한국에 아나키스트사회를 건설한 다음 일본의 입헌군주제도 및 사유재산제도를 폐지하는 것, 또 중국 기타 각국에서 아나키스트사회를 건설하는 것 등을 목적으로 하였으며, "현사회의 모든 권력을 부정하고 새로이 세계 전 인류가 인생의 모든 방면에서 자유·평등을 享受할 수 있는 새로운 사회의 건설"을 강령으로 채택하였다.

---

128) 若林正丈, 1983 『臺灣抗日運動史硏究』, 硏文出版, p.244
129) 정화암과 이정규는 王亞樵와 華均實 등이 이회영·백정기·정화암 등을 방문한 것으로 회고하였으나(김학준 편집해설·이정식 면담, 앞의 책, 319면 ; 이정규, 앞의 글, 62면), 취하지 않는다.
130) 자료에 따라서는 항일구국연맹의 결성일을 1931년 10월, 10월 말, 11월 상순, 11월 말 등으로 기록하기도 한다.

11월 말 경제부·선전부·정보부 등의 부서를 설치하고 상호 책임을 분담
하여 王亞樵가 경제부, 佐野一郎이 선전부[131)를 맡았다. 그리고 국제적
단체라는 점을 고려하여 조선인부·중국인부·일본인부를 두고, 각국인
은 자국의 사정에 정통하니 자국의 동지 규합과 정세 연구와 선전을 책임
지는 것이 유리하다는 판단하에 白貞基가 조선인부, 華均實·王亞樵가
중국인부, 佐野一郎이 일본인부를 각각 맡았다. 이들은 동지를 규합하여
모든 힘을 동원하여 파괴활동을 전개할 것과, 각 단원은 국적에 따라 자기
나라에 대한 파괴공작을 기회있을 때마다 실행할 것을 결정하였다.

항일구국연맹은 조직의 확대·강화를 적극적으로 도모하였는데, 그 결
과 러시아인부와 미국인부(미국통신원 존슨), 臺灣人部(林成材)를 증설하
였다. 1931년 12월 3일에 박기성과 이용준이, 12월 8일[132)에는 김지강·
이달·엄형순·오면직 등이 백정기의 권유로 가맹하였으며, 1932년 8월
에는 정화암[133)과 연락이 이루어져 원심창이 가맹하였다. 이강훈도 백정
기의 권유에 의하여 1933년 2월 20일[134) 무렵에 참가하였으며, 이외에도
김야봉·矢田部勇司(伊藤, 吳秀民, 吳世民. 일본인)[135)·毛一波 외 5~6

---

131) "上海六三亭事件 판결문"에는 佐野一郎가 경제부의 책임자로 기록되어 있으나(『義士
元心昌』, 원주원씨중앙종친회, 1979, 82면), 이는 번역과정에서 발생한 잘못으로 사료된다.
그리고 선전부에는 책임자를 두지 않은 것으로 기록한 자료도 있다[在上海總領事館 編,
「有吉公使暗殺陰謀無政府主義者檢擧ノ件」『外務省警察史-支那ノ部(未定稿)』(『外務特殊
文書』 28, p.853)].

132) "上海六三亭事件 판결문"에는 박기성·이용준의 가맹 시기가 1931년 11월 3일로, 김지
강·이달·엄형순·오면직의 가맹 시기는 1931년 11월 8일로 각각 기록되어 있으나(『義士
元心昌』, 원주원씨중앙종친회, 1979, 82~83면), 이는 번역과정에서 발생한 12월의 잘못으
로 사료된다.

133) 자료에 따라서는 정화암과 정해리를 항일구국연맹의 맹원으로 기록하기도 하나, 일부의
일제 관헌 자료는 그들을 비맹원으로 적시하고 있다[在上海總領事館 編, 「有吉公使暗殺陰
謀無政府主義者檢擧ノ件」『外務省警察史-支那ノ部(未定稿)』(『外務特殊文書』 28, pp.84
1·869~870 ; 內務省警保局 編, 「在上海留朝鮮人의 不穩狀況」『社會運動의 狀況』(1933
年)(『資料集成』 2, p.847)].

134) 村田生은 이강훈이 1932년 8월에 항일구국연맹에 가입한 것으로 기록하였으나, 이는 잘못
이다. 이강훈이 上海에 도착한 것은 1933년 2월이다.

명(중국인) 등이 참가하였다.

맹원이 늘어나면서 부서개편대회136)를 개최하였다. 한국인 이회영·백정기 등 7명과, 중국인 王亞樵·華均實 등 7명, 일본인 佐野一郎·矢田部勇司 등이 참석한 가운데 연석회의를 열고 선전·연락·행동·기획·재정 등 5부를 두고 각 부에 위원 약간 인을 두었다. 그리고 적의 기관 파괴와 요인 암살, 친일분자 숙청, 배일선전 등을 실행에 옮기기 위해 행동대를 편성했다. 이회영이 기획위원을 맡았고, 王亞樵가 재정과 무기 공급을 맡아 1932년 10월까지 華均實을 통하여 매월 40원 내지 300원씩 합계 1200원을 제공하였다.

기획부에서는 租界 밖 중국 거리에 미곡상 점포를 차려놓고 비밀리에 ① 적 군경기관 및 수용기관의 조사 파괴, 적 요인 암살, 중국 친일분자 숙청 ② 중국 각지의 배일선전을 위한 각 문화기관의 동원, 선전망 조직 ③ ①②항을 실행하는 데 필요한 인원 및 경비의 구체적인 설계 등에 관한 계획을 세웠다. 경제부는 王亞樵의 주도하에 단원의 생활비 약 2천불(일본돈 약 6천원)을 준비하였으며, 언제라도 행동할 수 있도록 폭발탄, 수류탄, 대소형 권총까지 구매하였다. 선전부는 佛租界 駢門路에 公道印刷所를 설립하였는데, 류자명·정해리·백정기·오면직·정화암 등이 중국인 아나키스트 王亞樵·華均實·巴金 등과 함께 경영하였다. 이 인쇄소에서 항일구국연맹은 1931년 11월137)부터 기관지『자유』를 週刊으로 발행하여 아나키즘 이론투쟁을 전개하고 동지를 규합하였다.『자유』는

---

135) 자료에 따라서는 谷田部勇司로 기록하기도 하나, 이는 矢田部勇司의 잘못이다. 판결문에 矢田部勇司로 기록되어 있으며, 일본인 성에 矢田部는 있으나 谷田部는 없다.

136) 이정규와 정화암은 부서개편대회를 항일구국연맹 창립대회로 회고하였으나(김학준 편집 해설·이정식 면담, 앞의 책, 319면 ; 이정규, 앞의 글, 62면), 부서개편대회로 보는 것이 전후사정에 맞다.

137)『흑색신문』제23호(1933. 12.31)에는『자유』誌가 1930년경부터 간행된 것으로 기록되어 있지만 이는 잘못이다.

류자명이 주필이었으며, 巴金이 그를 도왔다. 발행은 양여주·정해리가 맡았고, 王亞樵는 선전사업에 私財 2만불을 지출하였다.『자유』誌는 1932 년 4월[138]에 上海 佛租界 당국에 의해 발행정지당하고 정해리는 체포되어 6개월간 옥살이를 하였다.[139]

항일구국연맹 행동대는 적의 기관이나 친일파들을 처단하는 데 앞장섰다. 華均實·佐野一郎·이용준 등은 上海 北軍站에서 친일적이고 유약한 외교정책을 펼치던 南京政權의 외교부장 汪精衛를 저격했다. 그러나 그의 부관을 誤殺하는 것에 그치고 말았다. 泉州에서는 그곳에 있던 아나키스트들이 廈門 일본영사관을 폭파하였다.[140] 그리고 王亞樵는 蔣介石 암살을 시도하였으나 중국 국민당과 관계를 맺고 있던 정화암 등의 비협조로 이루어지지 않았다.[141]

1932년 2월 일제의 제1차 上海 침공 이후 蔡廷楷의 19로군[142]과 南京政

---

138)『黑色新聞』제23호(1933. 12. 31)에는『자유』誌가 1931년 민국정부에 의해 발행금지된 것으로 기록되어 있다.

139)『黑色新聞』제23호(1933. 12. 31) ; 林友, 앞의 글 ;『동아일보』1933년 11월 1일자 ; 村田 生, 앞의 글, pp.177~178 ; "上海六三亭事件 판결문"(『義士 元心昌』, 원주원씨중앙종친회, 1979, 82~83면) ;『운동사』, 340·344~345면 ; 이정규, 앞의 글, 62면 ; 김학준 편집해설·이정식 면담, 앞의 책, 319~320면 ; 在上海總領事館 編,「有吉公使暗殺陰謀無政府主義者 檢擧ノ件」『外務省警察史-支那ノ部(未定稿)』(『外務特殊文書』28, pp.837~839·852~85 3) ;「在上海總領事館ニ於ケル特高警察事務狀況」(1937年 12月末 調査)(『外務特殊文書』 27, pp.789~790) ; 內務省警保局 編,「在上海留朝鮮人の不穩狀況」『社會運動の狀況』 (1933年)(『資料集成』2, pp.847~848) ; 內務省警保局 編,「1937年の在支不逞鮮人の不穩策 動狀況」『社會運動ノ狀況』(1937年)(金正明 編, 앞의 책, pp.607~608) ; 김정주 편, 1971『조선통치사료』10, 한국사료연구소, pp.871~872 ; 정화암, 앞의 책, 134면 ;「三木今二의 보고 2」, p.37 등을 종합

140) 정화암, 위의 책, 134면 ; 外務省 警察局 編,『朝鮮民族運動史(未定稿)』6, 高麗書林, 1989, pp.856~857 ; 이정규, 앞의 글, 62면

141) 정화암, 위의 책, 136면 참조

142) 蔡廷楷의 19로군은 1931년 늦가을 上海에 배치되었는데, 당시 上海에서는 80만 노동자들이 항일구국연합회를 조직하여 격렬한 抗日·反蔣운동을 전개하고 있었다. 19로군은 노동자, 학생, 시민들의 항일운동에 영향을 받아 이들의 지지와 원조하에 1932년 1월 28일에 上海에서 대일전쟁을 수행하였다(김계일, 1987『중국 민족해방운동과 통일전선의 역사』

府 사이에 정면충돌이 발생하면서 19로군과 연결되어 있던 王亞樵와 華均實은 南京政府와 藍衣社의 탄압을 받게 되었다. 거기에다가 1931년 6월 重光公使와 동행하던 宋子文을 암살하기 위하여 上海 北停車場에 폭탄을 투척한 사건의 首謀者가 王亞樵와 華均實인 것이 드러났다. 이에 양인은 검거를 피해 1932년 5월 홍콩으로 도피하였고, 중국측의 중심인물이 빠지게 됨에 따라 항일구국연맹은 한국인 아나키스트들을 중심으로 운영되었다.[143]

1933년 3월 재중국 한국인 아나키스트들에게 蔣介石이 일본과 야합한다는 불길한 소식이 들려왔다. 즉 駐中日本公使 有吉明이 荒木 陸相의 밀명으로 4천만엔을 휴대하고 渡中하여 국민당정부 군사위원장 蔣介石을 매수하여 2월 중순에 밀약을 체결하고 귀국한다는 정보가 입수되었는데, 그 밀약의 내용은 국민당정부와 군벌로 하여금 만주를 포기하게 한다는 내용이었다. 이에 1933년 3월 5일 무렵 백정기·원심창·이강훈·오면직·엄형순·김지강·정화암·이달·박기성·정해리·허열추 등 항일구국연맹의 한국인 아나키스트들은 회합을 개최하여 대책을 논의했다. 원심창이 有吉明이 귀국하여 밀약이 성립되면 아나키스트들이 설 땅을 상실하게 될 것인바, 이를 방지하기 위해서는 有吉明을 암살해야 한다는 내용의 제안을 하자, 이들은 有吉明 암살을 통해 국민당정부의 기만을 양국 민중 앞에 폭로하여 밀약을 와해시키고 중국 민중의 反蔣 감정을 촉발시키기로 결정했다. 이들은 3월 17일 밤 有吉明公使가 六三亭 연회에 참석하였다가 돌아가는 길에 암살하기로 계획을 세우고 준비에 착수했다. 서로 암살에 참가하고자 하는 바람에 제비뽑기를 통해 결정하였는데,

---

1, 사계절, 196면).

143) 「在上海總領事館ニ於ケル特高警察事務狀況」(1937年 12月末 調査)(『外務特殊文書』 27, p.790) ; 이정규, 앞의 글, 63면 ; 在上海總領事館 編, 「有吉公使暗殺陰謀無政府主義者檢擧 ノ件」『外務省警察史-支那ノ部(未定稿)』(『外務特殊文書』 28, pp.853~854) 등을 종합

백정기와 이강훈이 선발되었다. 이들은 矢田部勇司를 통해 有吉明公使의
사진을 입수하고 자동차 번호를 조사하였으며, 암살 후 그것을 발표·선
전하는 데 필요한 백정기와 이강훈 양인의 사진을 준비하고 선언서를
기초하였다. 선언서는 흑색공포단[144]의 명의로 발표하기로 하였다. 3월
13일 오후 7시에는 원심창의 안내로 현장답사까지 실시하였다. 당일 밤
원심창·백정기·이강훈·矢田部勇司 등은 有吉明을 암살하기 위해 폭
탄 1개, 수류탄 1개, 권총 2자루를 휴대하고 共同租界 중국요리점 松江春
에 잠입하여 기회를 노렸으나, 일본총영사관 경찰에 사전에 발각되어 矢
田部勇司를 제외한 3명이 체포되었다. 일제 경찰에 정보를 제공한 것은
일본인 아나키스트 大井 某였다.[145]

<hr>

144) 일제의 정보보고서들은 항일구국연맹을 흑색공포단이라 칭하였다. 하지만 정화암은 흑색
    공포단을 항일구국연맹 행동대의 별칭이라고 하였으며(정화암, 앞의 책, 134면), 이강훈도
    흑색공포단이라는 이름은 적이 들어서 공포를 느끼도록 흑색공포단(Black Terrorists Party)의
    명의로 발표하자는 류자명의 제안에 따라 결정된 것에 불과하다고 주장하였다(이강훈, 1974
    『항일독립운동사』, 정음사, 229면). 따라서 흑색공포단은 실체가 있는 조직이 아니라 有吉明
    公使 암살을 계획하였을 때 일시적으로 사용한 이름에 불과한 항일구국연맹 행동대의 별칭
    으로 보는 것이 타당하다. "李容俊의 판결문"에 흑색공포단이 남화한인청년연맹 실행부의
    별명으로 기록되어 있는(『資料集』 11, 848~849면) 것은 항일구국연맹과 남화한인청년연맹
    의 조직원이 거의 겹친 데다가 당시 항일구국연맹이 거의 와해된 상태에 있었기 때문에
    남화한인청년연맹과 항일구국연맹을 혼동한 결과로 보인다.
145) 『黑色新聞』 제23호(1933. 12. 31) ; 林友, 앞의 글 ; 「上海 六三亭사건의 판결문」(『義士
    元心昌』, 원주원씨중앙종친회, 1979, 79~87면) ; "吳冕植 외 4인의 판결문"(1936년 刑控
    제119호)(『資料集』 11, 825~826면) ; "嚴亨淳·李圭虎의 판결문"(1936년 刑控 제95호)(『資
    料集』 11, 838면) ; "李容俊의 판결문"(『資料集』 11, 848~849면) ; 在上海總領事館 編, 「有
    吉公使暗殺陰謀無政府主義者檢擧ノ件」 『外務省警察史-支那ノ部(未定稿)』(『外務特殊文
    書』 28, pp.828~871) ; 在上海總領事館 編, 「有吉公使暗殺陰謀事件公判狀況」『外務省警
    察史-支那ノ部(未定稿)』(『外務特殊文書』 28, pp.873~880) ; 「在上海總領事館ニ於ケル特
    高警察事務狀況」(1937年 12月末 調査)(『外務特殊文書』 27, pp.791~792) ; 『매일신보』
    1937년 4월 16일자 ; 坪江汕二, 앞의 책, p.120 ; 梁一東, 앞의 글 ; 「無政府主義運動事件」
    『思想彙報』 第6號(1936. 3), p.224 ; 『思想彙報』 第25號(1940. 12), pp.214~215 ; 「在上海ア
    ナ系鮮人ノ有吉公使暗殺計劃檢擧」『特高月報』(1933년 4月分), p.787(『資料集成』 2, pp.86
    0~861) ; 內務省警保局 編, 「在上海留朝鮮人の不穩狀況」『社會運動の狀況』(1933년)(『資
    料集成』 2, pp.847~848) ; 內務省警保局 編, 「在留朝鮮人運動」『社會運動の狀況』(1933

有吉明公使 암살은 비록 실패했지만 이 사건은 신문에 대서특필되어 세상에 널리 알려졌다. 蔣介石과 有吉明의 밀약은 세상에 폭로되어 反蔣세력을 결집시키는 등 중국 정계에 커다란 파장을 일으켰으며, 장개석정권을 위기로 몰고 갔다.

北京聯盟도 중국인 아나키스트들과의 합작하에 테러활동을 전개했다. 北京聯盟은 1932년 10월에서 1933년 3월 사이에 한인학우회 등 자유혁명운동기관과 함께 중국인 아나키스트와 연합하여 직접폭력행동을 적극적으로 행사하였다.[146] 그리고 1933년 7월에는 류기석이 테러활동을 보다 적극적으로 전개하기 위하여 중국 북부 平綏鐵路包頭에서 北平漢族同盟會員 姜九禹, 조선혁명당원 成仁鎬 등과 함께 反日滿테러行動을 목적으로 하는 中韓互助會組織會를 개최하였다. 한국인 14명, 중국인 21명이 출석한 이 대회는 암살단(鐵血團)과 武力鐵血團 두 반을 조직하였다. 이후 北京, 天津, 上海와 만주의 주요 도시에 지부를 설치하고 적극적으로 활동하였으나 별다른 성과는 내지 못하였다.[147]

국제적 연대하에서의 테러활동은 중일전쟁 발발 직후인 1937년 9월 중순 한국인 아나키스트와 중국 아나키스트들에 의해 결성된 중한청년연합회라는 중한합작단체로 이어졌다. 中韓靑年聯合會는 10월 5일 기관지 『抗戰時報』를 창간하여 각 방면의 中韓人 아나키스트와 기타에게 배포하거나 강도·협박 등의 행동으로 자금을 획득하는 등의 활동을 전개했다.[148] 그러나 1936년 한국인 아나키스트들에 의하여 민족전선론이 제기되면서 테러활동이 점차 사라지기 시작한 이후라 활발한 활동은 없었다.

年)(『資料集成』 2, p.787) ; 정화암, 위의 책, 151~152면 등을 종합

146) 楊子秋, 앞의 글

147) 內務省警保局 編, 「1933年の在上海朝鮮人の不穩狀況」『社會運動ノ狀況』(1933年)(金正明 編, 앞의 책, p.502)

148) 「在上海總領事館ニ於ケル特高警察事務狀況」(1937年 12月末 調査)(『外務特殊文書』 27, p.787) ; 「長部謹吾의 보고」, p.159 등을 종합

이상에서 살펴 본 바와 같이 1920년대의 국제적 연대하에서 전개된 테러활동은 테러적 직접행동론에 입각하여 한·중·일 3국 아나키스트들의 공동작업으로 전개되었으며, 민중직접혁명을 통한 아나키스트사회 건설을 그 목표로 하였다. 그러나 1930년대 항일구국연맹의 테러는 주로 한국인 아나키스트들에 의하여 행해졌으며 그 대상은 친일파였다. 한국인 아나키스트와 중국인 아나키스트의 합작은 중국인 아나키스트들의 자금력과 한국인 아나키스트들의 인력의 결합으로 이루어졌다. 즉 중국인 아나키스트들은 자신들이 전개하고 있던 抗日·反蔣運動에 한국인 아나키스트들을 끌어 들이고자 하였으며, 한국인 아나키스트들은 중국인 아나키스트들로부터 자금을 지원받고자 한 것이었다. 결국 중국인 아나키스트로부터의 자금 지원이 중단되면서 국제적 연대하에서의 테러활동은 사실상 종결되었다.

맺음말

이상에서 살펴 본 것처럼 1920~1930년대에 행해진 테러활동은 재중국 한국인 아나키스트들이 전개했던 민족해방운동의 가장 중요한 부분을 차지하고 있다. 재중국 한국인 아나키스트들은 테러활동을 통해 민족해방운동상에서 상당한 역할을 수행했으며, 이에 따라 아나키스트운동은 민족해방운동사에서 상당한 비중을 차지하게 되었다.

아나키스트들의 테러활동은 크게 3부분으로 나뉜다. 첫째, 테러적 직접행동론에 입각한 테러활동 둘째, 김구측과의 합작하에 전개한 테러활동 셋째, 국제적 연대하에서의 테러활동 등이다. 재중국 한국인 아나키스트들의 테러활동을 주도한 기관은 1920년대 초의 의열단, 1927년의 재중국 조선무정부공산주의자연맹과 1930년의 남화한인청년연맹, 국제적 연대조직으로는 1928년의 동방무정부주의자연맹과 1931년의 항일구국연맹 등이다.

1920년대의 테러활동은 테러적 직접행동론에 입각하여 전개되었다. 신채호가 민중직접혁명론을 아나키스트들의 민족해방운동론으로 체계화한 이후 테러적 직접행동론은 재중국 한국인 아나키스트들의 주요한 방법론으로 자리잡았던 것이다. 그러나 1930년대의 테러활동은 허무주의적 경향을 강하게 띠고 있었다. 만주에서의 민족해방운동기지 건설이 실패하여 중국 關內로 쫓겨난 아나키스트들은 자포자기적 감정에 휩싸였다. 일제의 승승장구는 그들에게서 모든 희망을 빼앗아버렸다. 거기에다가 만리이국 땅에서 겪는 생활난은 모든 희망을 박탈당한 그들을 더욱 허무주의적 경향으로 몰고 갔다. '악랄한 야수와 같은 전 세계의 지배자'가 식민지 민중을 강력하게 억압하는 상황에서 식민지 민중에게 남겨진 무기는 직접행동밖에 없다는[149] 판단하에 아나키스트들은 테러라는 수단을 고집했고 불을 향해 날아드는 불나방처럼 무모한 테러를 감행했다.

이처럼 재중국 한국인 아나키스트들은 전 세계의 아나키스트들이 폐기한 '사실에 의한 선전'을 고수하면서 테러적 직접행동론을 민족해방운동의 방법론으로 체계화하고, 이에 입각하여 테러활동을 전개했다. 이는 한국인 아나키즘의 가장 큰 특징이다.

재중국 한국인 아나키스트들이 '사실에 의한 선전'을 고수하면서 테러에 집착한 것은 대중을 가지지 못하였기 때문이다. 국내 아나키스트들이나 재일본 한국인 아나키스트들의 경우 노동운동이나 농민운동을 전개하였지만, 재중국 한국인 아나키스트들의 경우 만주에서의 민족해방운동기지 건설이 실패한 이후에는 대중과 접촉할 수 있는 장이 없었던 것이다.

---

149) 『自由聯合新聞』第80號(1933. 5. 10)

투고일 2003년 5월 9일 / 심사완료일 2003년 5월 27일
주제어 : 조선혁명선언, 테러적 직접행동론, 의열단, 재중국조선무
　　　정부공산주의자연맹, 남화한인청년연맹, 동방무정부주의
　　　자연맹, 항일구국연맹

The National Liberation in China during the Japanese Occupation Period-the Terrorist Activities

Lee, Ho Ryong

During the Japanese Occupation period, the terrorist activities committed by the Korean Anarchists within Chinese territory were based on their policy of the so-called 'Active Terrorism', and this policy considerably served the cause of National liberation. Their activities had some distinct phases, such as terrorist activities based on the 'Active Terrorism' policy, terrorist activities coordinated with Kim Gu & the party under his leadership, and terrorist activities based on a global network.

The Euiyeol-dan group, and the Korean Anarchist Federation in China(founded in 1927) were the main bodies which led the Korean Anarchists' terrorist activities within Chinese territory during the 1920s'. Their activities were based on the 'Active Terrorism' policy, which became a more refined, and detailed method for the National Liberation movement through Shin Chae Ho's 'The Declaration of the Chosun Revolution'. The Beijing branch of the KAFC(The Beijing alliance) launched several terrorist attacks against the Japanese, including the attempt to bomb the Japanese military headquarters and the Japanese Embassy in Tenjin/天津.

During the 1930s', the Namhwa Korean Youth Association led the terrorist activities, which were mostly coordinated under the joint effort with Kim Gu and his men. Yet at the time the failed attempt to establish a military base for the National liberation movement inside Manchuria had driven the Korean Anarchists back into the Chinese territory, and was gravely effecting their morale as well. The repeated failures left them rather desperate, and their activities became more nihilistic. Pro-Japanese figures and wealthy Koreans were the main targets.

Terrorist activities based on a global network were led by the Western Anarchist Association(founded in 1928) and the Anti-Japanese Alliance (founded in 1931). The latter became a more Korean-based alliance when the Chinese Anarchists chose to leave in 1932. The assassination of Consul Ariyosi/有吉明 was a huge shock to the Chinese politicians.

Key Words : The Declaration of the Chosun Revolution, The Policy of active terrorism, The Euiyeol-dan group, The Korean Anarchist Federation in China, The Namhwa Korean Youth Association, The Eastern Anarchist Association, Anti-Japanese Alliance

'滿洲事變' 이전 日本과 在滿韓人의 阿片・麻藥 密賣問題

박 강[*]

머리말

일본 식민지시대 滿洲地域(中國 東北地域)은 우리 민족의 역사에서 많은 왜곡과 굴절이 있었던 곳이다. 만주지역하면 제일 먼저 우리민족의 독립운동이 연상되는데 이밖에도 우리가 관심을 가져야할 문제가 존재한다. 중국측과 일본측 사료에 韓人의 아편・마약밀매와 관련된 내용도 그 중 하나이다.[1] 그 내용은 만주로 이주했던 일부 한인들이 일본의 묵인

---

* 부산외대 역사관광학과 부교수
1) 金三民,『在滿朝鮮人の窮狀と其の解 決策』, 大連: 新大陸, 1931; 朝鮮總督府內務局社會課 편,『滿洲及西比利亞地方に於ける朝鮮人事情』, 京城: 朝鮮總督府, 1927;『滿洲と朝鮮人』, 東京: 拓務大臣官房文書課, 1933; 外務省通商局,『華盛頓會議參考資料 阿片問題』, 1921; 外務省條約局,『各國ニ於ケル阿片取締狀況』, 1929; 外務省通商局,『支那ニ於ケル阿片及 魔藥品』, 1925;「關於日本人民商行在華販運嗎醉毒品之說帖」, 國民政府外交部 편집,『中

하에 당시 중국과 국제사회의 금제품으로 지정된 아편·마약업에 종사하여 중국인들을 정신적·육체적으로 병들게 하는데 일조하였다는 것이다.

일부 재만 한인들의 이러한 활동은 중국인과 중국당국은 물론 국제사회에도 한인에 대한 부정적인 이미지를 각인시키는데 일정 정도의 역할을 하였다. 만주에 거주했던 일부 한인들이 아편·마약 밀매 등에 종사하였다는 것은 당시 일본에게 주권을 잃은 한인에 대한 동정보다는 오히려 일본의 走狗로 비쳐지게도 하였고, 또한 중국당국이 재만 한인을 탄압하게된 한 계기로 작용하기도 하였다. 나아가 이러한 행위는 국제사회에서도 한인의 이미지를 실추시키고 국제적 신뢰를 잃게 하여 해외 독립운동가들의 외교활동을 저해하는 요인으로 파악되기도 하였다.[2)]

식민지시대에 암울했던 이 같은 역사적 사실에 대해서도 당시의 시대상황과 관련하여 한번 되짚어볼 필요가 있다고 생각된다.

지금까지 아편·마약문제와 관련된 재만 한인에 대한 연구는 매우 부족한 실정이었다. 연구가 부족했던 원인으로는 우선 사료의 부족을 들 수 있다. 재만 한인의 아편·마약관련 사료는 주로 일본의 만주지역에 대한 아편·마약밀매 실상을 비난하고 폭로한 중국과 제3국의 報刊史料나, 중국 각지에 주재하는 일본 각 총영사관 내지 영사관이 본국 외무성에 보고하는 내부문서에 일부 언급되어 있을 뿐이었다. 따라서 이 분야 연구에 있어 가장 커다란 걸림돌은 아편·마약의 성격과 연계된 것으로 다양하고 집중적인 사료가 부족하다는 점이다. 또한 지금까지 국내에서 만주지역에

日間題之眞相: 參與國際調查團中國代表提出之二十九種說帖』, 臺北: 學生書局, 1975; 「外人與煙禍槪述」, 『拒毒月刊』36期(1929.12); 戴秉衡, 「日本帝國之鴉片政策與東省煙禁之前途」, 『拒毒月刊』32期(1929.8); 民, 「遼寧三角地帶毒品之實況」, 『拒毒月刊』86期(1935.3)등에 언급되어 있다.

2) J.B.Powell, "Opium and Narcotics in Harbin and Mukden," *The China Weekly Review*, 30 November 1929, 489면 [John M. Jennings, *The Opium Empire: Japanese Imperialism and Drug Trafficking in Asia, 1895~1945*(London: Praeger, 1997), 59면에서 재인용] .

대한 관심은 독립운동에 집중되어 있었다고 해도 과언이 아니었다. 물론 최근 해외 독립운동의 사회경제적 기반이었던 재만 한인 사회에 대한 연구와 관심이 늘어나고 있다는 것은 고무적인 것이다.[3]

그러나 재만 한인 사회의 아킬레스건이라고 할 수 있는 아편·마약관련 문제에까지 관심을 갖기에는 여전히 여력이 부족한 실정이다. 그 외에도 이 문제가 재만 한인과 관련하여 그다지 드러내고 싶지 않은 부분이라는 점도 일정한 역할을 했으리라고 짐작된다.

이러한 연구상의 한계에도 불구하고 최근 미국 학자에 의해 연구된 일본의 아편관련 연구에서 재만 한인의 아편·마약관련 연구가 포함되기도 하였다. John M. Jennings가 쓴 『아편제국: 아시아에서의 일본 제국주의와 마약밀매, 1895~1945(*The Opium Empire: Japanese Imperialism and Drug Trafficking in Asia*, 1895~1945)』에는 북만주지역에서 한인의 아편생산과 밀거래에 관한 언급이 있다. 저자는 주로 1920년대 중반 북만주에 거주하는 다수의 한인들이 일본의 영사재판권에 의존해 만주지역에서 아편의 생산과 밀거래에 종사했다는 실태를 소개하였을 뿐이다. 당시 재만 한인들이 처한 상황이나 그와 관련한 일본의 의도 등에 관해서는 거의 언급이 없었다.

따라서 본 논문에서는 「만주사변(9·18사변)」 이전 재만 한인의 아편·마약 밀매문제를 그 배경과 실상 그리고 만주지역에 대한 일본의 아편·마약 밀매와 관련하여 그 의미를 살펴보고자 한다. 이를 위해 먼저 「만주사변」 이전 재만 한인의 이주배경과 이들의 실태를 간략히 살펴보고자 한다. 그리고 영국에 이어 중국에 아편·마약 공급의 주범으로 지목된 일본의 아편·마약 밀매활동을 만주지역을 중심으로 고찰하고자 한다. 끝으로 재만 한인의 아편·마약 밀매활동의 실상과 그 성격을 일본의

---

3) 박영석, 「일제하 재만한인사회연구」, 『국사관논총』1, 1989.

침략정책과의 관련 속에서 이해해 보고자 한다.

이러한 연구는 지금까지 항일의 인적·물적 기반이며 원천으로만 비추어졌던 재만 한인과 그 사회의 또 다른 일면을 일본의 대륙침략과정 속에서 새롭게 바라보는 것으로 재만 한인 연구의 다양성을 확립하는데 일조할 것이다. 즉 중국은 물론 국제사회로부터도 부정적으로 인식될 수 있었던 한인의 아편·마약관련문제를 당시의 시대상황 속에서 객관적으로 조명해 보는데 기여할 수 있을 것이다. 아울러 일본의 대륙침략과 한인과의 관계는 물론 일본 침략정책의 또 다른 실상을 파악하는데도 도움을 줄 것이다.

I. 韓人의 滿洲移住 및 實態

한인의 만주이주는 그 역사가 매우 오래되었으며 이주의 요인도 다양하였다. 시기에 따라 조선 내부의 정치 경제적 요인은 물론 중국과 일본의 상황이라는 요인도 크게 작용하였다. 李勳求 씨는 한인의 만주이민에 대해 1890년부터 1910년까지를 이민 환영시대로, 한일합방부터 「만주사변」이 일어난 1931년까지의 한인 이민을 중국의 탄압시기로 분류하고 있다. 또한 탄압시기를 두 시기로 나누었는데, 1910년부터 26년까지를 제1기인 제한시기로, 1927년부터 1931년까지를 제2기인 배척시기로 구분하였다.[4]

이주 요인을 살펴볼 때 1905년은 한인의 만주이민에 커다란 획기가 되는 시점이다. 1905년까지 한인의 만주이민은 대체로 경제적 빈궁에 따른 요인이 주류를 이루었다. 그러나 1905년 이후에는 정치성을 띤 요인이 점차 나타나기 시작하였다. 청조가 '만주는 만주족을 위한 만주'라고 칭하여 漢族, 韓人 등 다른 민족의 만주이민을 금지한 봉쇄시기는 물론

---

4) 『滿洲と朝鮮人』, 240~241면.

다른 민족의 만주이주를 묵인한 묵허시대와 만주지역의 개발을 위해 漢族
과 韓人의 이주를 환영한 이민환영시대에 이르기까지 한인의 이주는 주
로 경제성을 띤 경우가 많았다. 그런데 1905년 이후의 이민은 경제성 이민
과 정치성 이민 두 가지가 복합적으로 나타나기 시작하였다. 경제성 이민
은 조선에 대한 일본의 경제적 압박의 결과 한인들이 만주로 향하기 시작
하였던 것이며, 일본의 조선 통치에 대한 반항으로 만주로 향하는 정치성
을 띤 이민도 나타나기 시작하였던 것이다.[5]

본격적인 한인의 만주이민은 실로 1910년부터 시작되었다고 해도 과
언이 아니다. 이 시기 이후 20년 간에 걸쳐 한인의 이주는 두드러지게
증가하였다. 1910년 이전은 주로 서북지방의 사람들이 국경을 넘어 조선
과 가까운 間島와 압록강 또는 두만강 연안지방으로 이주한 경우가 대다
수였고 그 수도 많지 않았다. 1910년 이후에는 일본인들이 조선 남부지방
으로 속속 이민해 들어오기 시작하면서 토지를 잃은 한인들이 산으로
들어가 화전민이 되거나 혹은 만주의 신천지로 이주하기 시작하였다.[6]

당시 신천지라고 여겨졌던 만주에서의 생활이 한인에게 순탄했던 것
은 아니다. 앞서 언급했던 탄압시기 가운데 제1기인 제한시기에 중국의
관헌 중 일부 지방관헌은 한인에 대해 동정을 보이기도 하였다. 하지만
한인과 중국인 사이에 문제가 야기되었을 때 일본은 한인을 자국의 「臣
民」이라고 하여 이를 빌미로 중국의 주권을 침해하는 경우가 발생하였
다. 이에 점차 중국관헌들은 한인을 감시하고 제한하기에 이르렀다. 중국
관헌들이 보다 적극적으로 한인에게 압박을 가하기 시작한 것은 1925년
6월 11일 奉天정부 경무국장 于珍과 조선총독부 三矢 경무국장 사이에
三矢協定이 체결되면서부터였다. 이로부터 중국관헌은 약속한 협정을 이
행하기 위해 만주에서 활동하던 한인 민족주의자들을 체포하기 시작하였

5) 朴宣泠, 『東北抗日義勇軍』(北京: 中國友誼出版公司, 1998), 165면.
6) 金三民, 『在滿朝鮮人の窮狀と其の解 決策』, 42~43면.

다. 당시 체포된 사람 가운데 다수가 이주 농민인 경우가 대부분이었다. 또한 중국관헌은 부과금제도 등 여러 가지 법령을 만들어 이주 농민에게 부당한 벌금과 수수료 등을 징수하여 금전을 착취함으로써 압박을 더해 갔다.[7]

1927년 이후 중국 국민혁명의 기운 속에 열강에 빼앗긴 주권회수운동이 만주에도 영향을 미치기 시작하였다. 그러한 가운데 반일운동의 고조와 연계되어 한인에 대한 압박은 더욱 극심해져 갔다.[8]

이와 같이 한인의 만주이민에 대한 중국측의 태도가 한일합방을 계기로 제한과 압박을 더해 갔음에도 불구하고 전체적인 이민자 수는 계속 늘어만 갔다. 1898년의 경우 만주 이민자 수가 4만 명을 헤아렸던 것이 한일합방 이후에는 그 수가 대폭 증가하였다. 1926년 일본 영사관 조사에 의하면 그 수는 542,869명, 조선총독부는 553,000명, 東洋協會는 736,266명, 滿鐵(南滿洲鐵道株式會社)은 783,187명으로 보고되었다. 사실상 재만 한인에 대한 정확한 인구조사는 불가능하다. 일본 영사관, 만철, 조선총독부 등의 조사는 일부 지역에 한정되었고 오지는 조사대상에서 제외되었기 때문이다.[9]

그러나 각 조사기관의 통계수치를 종합해 볼 때 「만주사변」 직전 재만 한인 인구는 적어도 60에서 80만 정도를 헤아렸던 것으로 추정된다.

한일합방 이후 한인의 만주이민이 대폭 증가되었던 데에는 동기와 원인이 있었을 것이다. 조선총독부는 물가 등귀로 인한 생활곤란을 주된 원인으로 꼽았고, Keller 씨는 정치적 불만이 주된 요인이라고 보았다. 또한 동경제국대학 교수인 矢內原忠雄은 조선으로의 일본인 식민의 결과로 파악하였다. 이러한 다양한 견해에 대해 이훈구 씨는 <표1>에 나타난

---

7) 『滿洲と朝鮮人』, 242~243면.
8) 朴宜洽, 앞의 책, 166면.
9) 金三民, 앞의 책, 42, 44~46면; 玄圭煥, 『韓國流移民史』(서울: 語文閣, 1967), 169~170면.

바와 같이 재만 한인 이주자 201호의 농가 호주를 대상으로 설문조사를
실시하였는데, 201명 가운데 30명(14.9%)은 본국에서의 경제적 압박이
이주의 원인이었다. 그리고 33명(16.4%)은 빈곤을, 가장 많은 숫자인 72명
(35.8%)은 생활곤란을 꼽았다. 이들 내용을 종합해 보면 경제적 곤란이
67.1%로 압도적으로 많은 부분을 차지하고 있었으며, 정치적 이유는 7명
으로 3.4%에 지나지 않았다.10)

〈표 1〉 재만 한인 이주자의 이주동기 및 이유11)

원인 및 이유	절대 수	상대 수(%)
본국에서의 경제곤란으로	30	14.9
집에 돈이 없으므로	33	16.4
생활고로	72	35.8
의식의 곤란으로	2	1.0
본국에서의 사업실패로	24	12.0
여행의 결과로	2	1.0
본국의 정치적 이유로	7	3.4
만주에서 농업을 하기 위하여	18	9.0
만주에서 돈을 모으기 위하여	11	5.5
사업의 성공을 위하여	1	0.5
친족을 따라서	1	0.5
합 계	201	100.0

그러나 이 같은 결과에서 주의할 점은 정치 운동자의 경우 이동이 잦았
을 뿐만 아니라 직접 농업에 종사하는 비율이 적었을 것이라는 점이다.
또한 한일합방 이후 일본인의 조선으로의 식민은 물론 일본의 경제적
압박으로 인한 한인 농민의 경제적 곤란이 정치적인 것과 무관하지 않았
다. 그러므로 경제적 압박이라는 원인 속에는 정치적인 요소가 상당히
작용하였다고 하겠다. 실질적으로 정치적인 이유는 위의 비율을 훨씬 상
회하는 것으로 이해해야할 것이다.12)

10) 『滿洲と朝鮮人』, 105~107면.
11) 『滿洲と朝鮮人』, 106면.

이와 같이 한일합방 이후 만주지역에 대한 한인이민은 일본의 경제적 압박때문이었는데 여기에는 정치적 압박 등 복합적인 요인이 작용하였다는 점을 간과해선 안된다.

이렇게 이주한 한인은 만주지역 가운데 吉林省과 奉天省에 가장 많이 분포되어 있었으며 일부를 제외하고는 대다수가 농업에 종사하였다. 조선총독부의 1925년, 26년 조사에 의하면 길림성에 402,631명, 봉천성에 148,852명, 黑龍江省에 734명이 거주하고 있는 것으로 파악되었다.[13]

중국측 조사에 의하면 길림성의 42개 현 가운데 和龍과 琿春지역의 한인 수는 중국인보다는 많았으며 汪淸의 경우 한인과 중국인 수는 각각 절반씩을 차지하였다. 延吉의 한인 수는 중국인의 3배에 가까웠다. 또한 일본측 조사에 의하면 길림성에 거주하는 한인 총인구는 556,320명으로 그 중 93%인 517,465명이 농업에 종사하고 있었다.[14]

농촌지역에 비해 도시에 거주하는 한인 수는 극히 적었다. <표 2>에 보이는 바와 같이 1925년 6월 조선총독부 조사에 의하면 도시에서 생활하는 한인 수는 약 28,265명으로 나타났다. 여기에는 하얼빈을 제외하고 북만지역의 다른 도시에 거주하는 한인 수는 포함되지 않았다. 이를 감안하더라도 재만 한인의 도시 총인구는 약 4만 명으로 추산되며[15]

이 수치는 만주내 한인 총 인구 수 약 60만~80만 명과 비교해 5~6.7%에 불과한 것이다. 당시 재만 한인의 대부분은 농촌에 거주하였다고 해도 과언이 아닐 것이며 도시생활을 하는 한인은 일부에 지나지 않았다.

---

12) 玄圭煥, 앞의 책(상권), 159면.
13) 朴宣泠, 앞의 책, 170면.
14) 『滿洲と朝鮮人』, 125면.
15) 『滿洲と朝鮮人』, 126~127면.

〈표 2〉 만주의 각 도시별 한인 인구 수(1925년)[16]

도시명	인구수	도시명	인구수	도시명	인구수
旅順	121	長春	563	琿春	900
金州	15	龍井村	11,236	大石橋	31
貔子窩	71	頭道溝	2,509	鞍山	83
營口	108	百草溝	804	本溪湖	49
遼陽	34	大連	708	撫順	649
奉天	236	普蘭店	58	公主嶺	101
安東	6,418	瓦房店	20	局子街	1,468
開原	361	鐵嶺	63	哈爾濱	1,200
四平街	217	吉林	233	합계	28,256

　그렇다면 도시생활을 하는 약 5～6.7%는 어떤 일에 종사하면서 생활을 영위해나갔을까? 앞서 언급했듯이 1910년 이후 중국은 재만 한인에 대해 제한과 탄압을 거듭해 나갔다. 이러한 여건 하에서 도시에서의 생활 역시 순탄치 않았을 것이다. 도시에 거주하는 한인의 직업을 살펴보면 일본과 관련하여 금제품 취급업자 내지 부정업자 등의 내용이 각종 사료와 연구 문헌에 다수 보인다. 이러한 내용의 실상을 파악하기 위해 다음 장에서는 먼저 이 시기 만주지역의 지역적 특성과 관련하여 러시아와 함께 아편·마약 판매의 주범으로 인식되고 있는 일본의 아편·마약 판매활동을 살펴 보도록 하겠다.

Ⅱ. 滿洲地域에 대한 日本의 阿片·麻藥密賣

　1900년대 말에 이르면 아편 및 마약(모르핀, 헤로인, 코카인 등)의 심각성이 국제사회에서도 인식되기 시작한 때였다. 당시 영국이 아편의 중국 수출에 점차 손을 떼고 있었던 반면 일본은 이러한 영국을 대신해서 중국에 아편 및 마약을 수출하기 시작하였다. 영국은 1907년 중국 청조와 中英

---

16) 玄圭煥, 앞의 책(상권), 203면.

禁煙條約을 체결하여 10년 내에 인도산 아편의 중국 수출을 금지하겠다고 약속하였다. 국제사회에서도 아편 및 마약이 더 이상 중국만의 문제가 아님을 인식하였다. 국제적으로도 심각한 문제를 야기하고 있다고 인지되면서 미국 주도 하에 1909년 상해에서 최초의 국제아편회의가 개최되었다. 이후 연이어 일련의 국제아편회의가 개최되어 조약을 체결하는 등 국제사회에서는 아편 및 마약확산 방지를 위한 노력을 경주하였다. 일본은 일련의 아편조약에 조인하였으나 중국으로부터 식민지 및 조차지를 획득하면서 이들 지역에서 收入을 목적으로 아편전매를 실시하였다. 그리고 이들 지역을 거점으로 일본은 중국 각지로 아편과 마약을 밀수출하기에까지 이르렀다.

일본은 청일전쟁을 통해 획득한 대만에서 처음으로 아편전매의 시행 경험을 얻었다. 이어 러일전쟁을 통해 조차한 관동주지역에서도 재원확보를 목적으로 한 아편전매를 실시하였다.[17]

만주지역의 관문인 관동주에서 일본이 시행했던 아편정책은 특허제도였다. 이것은 기존 식민지에서 시행했던 아편정책과는 다른 것으로 아편의 수입, 제조, 판매를 특정한 개인 또는 단체(大連 宏濟善堂)에게 특허해주는 것이었다. 일본은 이 특허제도를 20년 정도 시행하고 나서야 1928년 식민지 당국의 전매제로 전환하였다. 1915년 이후 시행된 단체 특허제도에서 굉제선당이 지방비 잡수입으로 관동청에 납부한 액수는 연간 약 400~500만 엔에 이르렀다. 당시 관동주의 1919년 특별회계 세입이 약 1,246만 엔이었고 지방비 잡수입이 약 890만 엔이었으므로 굉제선당이 납부한 액수는 상당한 거액이었음을 알 수 있다.[18]

식민지 당국이 전매를 시작한 1928년의 경우 아편수입은 137만 엔으로

---

17) 관동주에서의 일본 아편정책과 관련해서는 拙稿「관동주에서의 일본 아편정책: 아편특허 제도를 중심으로」(『일본역사연구』제11집, 2000.4)참조.
18) 박강, 「관동주에서의 일본 아편정책」, 『일본역사연구』11집(2000.4), 142~143면.

관동청 총수입의 6.4%를 차지하는 것이었다.[19]

한편 民國時期에 들어와서 중국에서는 아편과 더불어 모르핀, 헤로인 등 마약문제가 심각한 문제로 대두되었다. 처음에 이들 마약은 중국내 금연운동 과정에서 아편근절을 위한 대용품으로 잘못 선전되어 확산되는 계기가 되기도 하였다. 또한 청말이래 추진되어온 금연정책의 결과 아편에 대한 수요와 함께 공급 역시 일정 정도 감소되었는데 이 같은 공급부족 상황에서 아편의 가격이 등귀하자 오히려 하층계급을 중심으로 아편에 비해 값이 싸면서 효능이 강한 모르핀 등 마약의 수요가 증가되어 널리 확산되기 시작하였다.[20]

국제적으로는 1차대전 기간 동안 의료용 마약의 수요가 증가하자 스위스, 일본, 프랑스, 영국, 독일 등이 경쟁적으로 모르핀, 헤로인 공장을 증설하였다. 그러나 1차대전이 예상외로 일찍 종결되어 아편·마약의 특수가 사라지자 외국 상인들은 새로운 판매처로 다시 중국을 선택하였다. 이 과정에서 일본은 영국을 대신해서 새로운 주역으로 등장하게 되었던 것이다.[21]

일본은 당초 외국산 마약을 수입하여 중국에 재수출하는 중계자 역할을 하였으나 1차 대전을 계기로 마약을 자체적으로 생산해내기 시작하면서 밀수출에 더욱 박차를 가하였다. 중국에 모르핀을 수출한 나라는 영국, 러시아, 독일, 일본, 미국 등을 들 수 있다. 1차대전 前後 시기까지 일본은 주로 유럽 각국으로부터 마약을 수입하여 중국에 다시 판매하는 역할을 담당하였다. 1911년부터 15년까지 5년 동안 일본이 영국으로부터 수입한 모르핀양은 국내 추정 의료용 소비량의 70배에 해당되는 것이었고 국내

---

19) 李銀涵, 「九一八事變前日本對東北(僞滿洲國)的毒化政策」, 『中央研究院近代史研究所集刊』第25期(1996.6), 285면.
20) 쿠라하시 마사나오 저, 박강 역, 『아편제국 일본』(서울: 지식산업사, 1999), 115~116면.
21) 宵頗, 「中國鴉片流禍的槪觀」, 『拒毒月刊』, 65期(1933.4), 26면.

소비량 이외의 수량은 중국방면으로 밀수된 것으로 추정된다.[22]

1915년 일본은 내무성 위생시험장에서 아편으로부터 모르핀를 추출하고, 다시 모르핀에서 헤로인을 제조하는 제조법에 성공하였다. 이어 星제약, 大日本제약, 주식회사 라지움상회, 三共주식회사가 본격적으로 마약제조에 착수함으로써 중국시장을 장악할 수 있는 기틀을 마련하게 되었다.[23]

특히 관동주의 대련은 만주(중국 동북)와 화북으로 수출되는 마약의 중요한 기지였다. 1910년대 초반 외국산 마약의 중국내 밀수출은 주로 대련을 중심으로 이루어졌다. 당시 일본인을 통해 밀수된 모르핀 양을 보면, 1911년에 5.5톤, 1912년에 7.5톤, 1913년에 11.25톤, 1914년에는 14톤이었다.[24]

〈표 3〉 1916~20년 일본의 모르핀류 수입량과 제조량(단위; kg)[25]

	1916년	1917년	1918년	1919년	1920년
모르핀(A)	15,771	16,940	4,677	11,689	12,905
모르핀(B)	272	540	968	1,676	3,496
코카인(A)	1,972	1,972	1,303	1,258	3,130
코카인(B)	--	68	1,041	834	4,127
헤로인(A)	20	--	218	2,367	2,511
헤로인(B)	--	68	760	406	4,867
코데인(A)	27	43	60	440	606
코데인(B)	9	45	34	98	60

*(A)는 수입량, (B)는 일본 국내 제조량

---

22) 山內三郎,「麻藥と戰爭: 日中戰爭の秘密兵器」(1965), 岡田芳政 等編, 『續 現代史資料(12) 阿片問題』(東京: みすず書房, 1986), xliii면; 大內丑之助, 『支那阿片問題解決意見』(1917), 108, 117~118면.
23) 山內三郎,「麻藥と戰爭: 日中戰爭の秘密兵器」(1965), 岡田芳政 等編, 『續 現代史資料(12) 阿片問題』(東京: みすず書房, 1986), xliii면; 쿠라하시 마사나오 저, 박강 역, 앞의 책, 120면.
24) 李銀涵, 앞의 논문, 277면.
25) 藤原鐵太郎,「阿片制度調査報告」(1923), 岡田芳政 等編, 『續 現代史資料(12) 阿片問題』, 189면.

〈표 4〉 1년간 일본의 의료용 모르핀류 사용량(단위; kg)[26]

모르핀	코카인	헤로인	코데인
907	1,814	907	1,134

〈표 5〉 1916~20년 모르핀류의 수출량(단위; kg)[27]

연도	1916년	1917년	1918년	1919년	1920년
모르핀	306	16	50	14	8
코카인	39	25	71	117	18
헤로인	8	8	40	2	5
코데인	155	21	147	20	6

또한 일본 자체 내에서 마약이 제조되는 시기에도 1920년까지는 유럽으로부터 마약이 수입되어 중국으로 밀수출되었다. <표 3>에 보이는 바와 같이 1916~20년 동안 일본에 수입 및 제조된 모르핀류의 양은 일본 내무성이 밝힌 한해 일본내 의료용 모르핀류의 사용수량(<표 4> 참조)의 10배를 넘는 것이었다. 그리고 이 시기에 정식 수속을 거쳐 수출된 모르핀류의 수량은 일본 大藏省이 밝힌 바와 같이 극히 소량(<표 5> 참조)에 불과하였다. 모르핀류가 일본으로부터 중국으로 밀수출된 것에 대해서는 의심의 여지가 없으나 당시 밀수출된 수량 가운데 일본에서 제조된 모르핀류는 미미한 수준이었고 대다수는 영미(1차대전 이전은 영국과 독일, 대전이후는 영국과 미국)[28]

두 나라에서 제조된 것들이었다. 이렇게 국내 소비량 이상의 모르핀류가 수입될 수 있었던 것은 일본 정부가 외국으로 재수출할 경우에 한해 그 수입을 허가한다는 방침을 세워두었기 때문이었다.[29]

---

26) 藤原鐵太郞, 「阿片制度調查報告」(1923), 岡田芳政 等編, 앞의 책, 189면.
27) 藤原鐵太郞, 「阿片制度調查報告」(1923), 岡田芳政 等編, 앞의 책, 190면.
28) 쿠라하시 마사나오 저, 박강 역, 앞의 책, 117면.
29) 『第五回阿片及麻藥類二關スル委員會議事錄』(外務省條約局第三課, 1928), 16면.

이들 마약류의 수입은 대련을 통해 만주로, 천진을 통해 중국 중부지역
으로, 상해를 통해 중국 남부지역으로 퍼져 나갔던 것이다.30)

일본이 수입하여 중국에 밀수출한 모르핀 등 마약은 중국에서는 거래금
지품목으로 지정되어 있었으나 남만주철도 부속지와 일본인이 누릴 수
있는 치외법권을 이용함으로써 밀매가 가능하였다. 1908년 중국에서는
외무부와 각국 會商이 모든 모르핀과 모르핀에 사용되는 주사바늘의 수
입을 불허할 것을 규정하였고, 같은 해 法部 또한 嗎啡(모르핀)治罪條例
를 반포하여 모르핀의 제조, 판매, 모르핀 주사자에 대한 처벌 등을 명령
하였다. 1914년에 중국정부는 다시 조례를 보완하여 아편법 위반과 같이
강력한 처벌(유기징역과 벌금 병행)을 천명하였다.31)

이에 따라 중국인이 모르핀을 밀매하다가 적발될 경우 법에 따라 엄한
처벌을 받을 수 있었다. 그런데 일본인이 밀매하다가 적발될 경우 치외법
권을 누릴 수 있었기 때문에 중국관헌들은 이들을 처벌할 수 없었다. 당시
중국 거주 일본 국적인에 대한 일본 영사관령의 아편 기타 마약류에 단속
벌칙은 지나치게 가벼웠다. 즉 구류(30일) 또는 벌금, 과료(50원 이하)에
처하는 것에 불과하였던 것이다. 이로써 일본인들은 이러한 특권을 이용
하여 마약을 밀매하는데 별다른 제재를 받지 않았다.32)

또한 남만주철도 부속지는 일본의 성역구실을 하였으므로 일본인들은
이 지역을 중심으로 아편 및 마약을 밀거래할 수 있었으며 중국인 아편중
독자들 역시 중국의 법망을 피해 부속지에서 아편을 흡연할 수 있었다.33)

---

30) 藤原鐵太郎,「阿片制度調査報告」(1923), 岡田芳政 等編, 앞의 책, 189~190면.
31) 朱慶葆 등 저,『鴉片與近代中國』(南京: 江蘇敎育出版社, 1995), 341~342면 ; 于恩德,『中國
　禁煙法令變遷史』(影印本, 臺北: 文海出版社, 1973), 136~138, 158면.
32) 원래 재중국 일본인에 대한 아편·마약범죄 처벌에 있어 아편범죄는 형법을, 마약류범죄는
　영사관령을 적용하도록 되어 있었다. 실제로는 아편에 대한 범죄 역시 거의 영사관령을
　적용하였다 [『第五回阿片及麻藥類ニ關スル委員會議事錄』(外務省條約局第三課, 1928), 7,
　12~13면].
33) 쿠라하시 마사나오 저, 박강 역, 앞의 책, 126~128면.

중국에서 일본인에 의한 아편 및 마약판매가 「官民一體」의 행위로서 중국 및 외국언론의 비난을 받게되자 일본의 정치계에 커다란 반향을 불러일으키기도 하였다. 1918년 12월 19일자 상해발행『노스 차이나 데일리 뉴스(North China Daily News)』[34]와 1919년 2월 14일『뉴욕 타임즈(New York Times)』에 게재된 기사의 내용을 보면 다음과 같다.

> 모르핀 무역은 일본의 대중국 무역에서 가장 이윤이 높은 것으로해마다 수천만 엔 이상에 달한다. … 그 수입은 주로 소포우편으로 이루어져, 재중국 일본 우체국은 그것의 분배기관이된다. 그 수량은 해마다 무려 18톤에 이르며 일본인의 증가에 수반하여 증가하고 있다. …모르핀 무역의 규모가 최대인 大連과 아편무역의 중심인 靑島에서 …양 지역 모두 중국세관은 일본의 지배 하에 있었으며 세관리 직에 는 모두 일본인을 기용하였다. 위의 두 항구는 일본의 군사적 지배 아래 있으므로 일본 관헌이 이들 무역에 간섭하는 것을 가능하게 하였다.… [35]
>
> 중국에서의 일본인에 의한 아편거래에 대해 일본은행이 금융상의 편이를 제공하고, 중국에 있는 일본 우체국도 이를 원조하고 있다. … 이 일본제 모르핀이 중국에 수입되기 때문에 중국은 매년 몇백만 원이라는 거대한 대금을 일본에 지불하고 있다.… 모르핀 공급의 주요 수단은 일본의 우체국이다. 조약의 규정에 의해 일본 우체국이 취급하는 우편 소포에 대해 중국의 세관은 검사할 수 없게 되어 있다. …적어도 연간 18톤에 달할 것이다. 그런데 점차 증가하는 경향이 있다. …모르핀 매매와 아편거래의 중심은 …大連과 靑島이다. 대련과 청도의 세관은 일본인의 관리하에 있으며 더구나 일본군의 지역이기도 하다. 따라서 일본의 관헌은 공식 또는 비공식적으로 거래에 관여하고 중국측은 간섭할 수 없다.[36]

이들 기사 내용을 볼 때 일본은 자신들의 지배 하에 있는 재중국 우체국과 세관 등을 통해 아편과 마약의 밀거래를 직접 또는 간접적으로 원조하

---

34) 영국인에 의해 중국에서 출판한 신문으로 영향력이 가장 컸던 영자신문.
35) 外務省通商局,『華盛頓會議參考資料 阿片問題』(1921), 454~455면.
36) 劉明修,『臺灣統治と阿片問題』(東京: 山川出版社, 1983), 137면.

였다. 일본은 「官民이 一體」가 되어 중국에서 금지하고 있는 아편·마약의 밀거래에 관여하였던 것이다.

일본의 아편 및 마약판매를 비난하는 이들 기사가 보도되자 일본내에서도 아편전매제도의 철폐, 수상의 답변요구와 문책결의안 등이 제출되었다. 1919년 1월 18일에 열린 일본 각의에서는 관동주 및 靑島에서의 아편전매제도를 철폐하고 대만에서의 아편전매제도 역시 가능한 한 신속히 철폐할 것이 결정되었다. 또한 그 해 2월 20일 일본 귀족원 예산위원회에서 阪谷男 의원은 일본이 조차하거나 점령하고 있는 대련 및 청도지역에서의 일본의 부실한 아편 및 마약 단속문제를 비판하면서 原敬 수상의 답변을 요구하였다.[37]

아울러 1921년 제44회 의회에서는 反政友會系의 야당 의원이 이 문제를 들어 내각을 문책하는 결의안까지 제출되었다. 이에 대해 일본 정부는 「관민일체」의 밀매 사실을 부정하고 결의안을 부결시켰다.[38]

그후 관동주 및 청도에서의 아편전매제도 철폐 결정 등은 제대로 이행되지 않았으며 「관민일체」의 아편 및 마약의 밀매 역시 개정의 기미를 보이지 않았다.[39]

관동주만 하더라도 일본 정부에서 사실상 歲入을 목적으로 이용된 점금정책의 철폐와 엄금주의 결정을 내렸음에도 불구하고 해당 지역내 중국인에 대한 인도상, 경제상의 이유를 들어 시행이 이루어지지 않았다. 그들이든 인도상의 이유란 아편중독자에게 전혀 아편을 공급하지 않는다는 것은 중독자의 생명을 위협하는 것으로 사망에 이를 수 있다는 것이었다. 또한 관동주 경영에 있어 중국인 노동자를 잃게될 수 있다는 경제상의 이유를 들어 엄금주의 결정이 번복되고 다시 점금주의가 채용되었던 것이다.[40]

---

37) 外務省通商局, 『華盛頓會議參考資料 阿片問題』(1921), 463, 465~467면.
38) 劉明修, 앞의 책, 138면.
39) 李銀涵, 앞의 논문, 281면.

이러한 결과 관동주의 아편흡식자 비율은 매우 심각한 수준에 이르렀
다. 1924년의 관동주내 중국인 인구통계(638,133명)를 갖고 1922년 2월과
8월의 이 지역 중국인의 아편중독자 비율을 환산해 보면 각각 4.4%, 5.5%
라는 수치가 나온다. 이 같은 비율은 아편전쟁 직전인 1838년 林則徐가
예상한 1%보다 훨씬 높은 수치이며, 또한 1929년 전국적인 민간금연단체
인 中華國民拒毒會가 조사하여 군벌시기의 아편확산정도를 반영한 3.8%
도 상회하는 것이었다.[41]

1920년대 초기에 들어와 미국이 마약남용의 심각성을 깨닫고 국제사회
에 그 방지책을 건의하는 상황에서도 일본의 마약제조 및 확산은 지속되
었다. 1923년 5월 미국정부는 자국 의회의 결의를 통해 마약의 거래에
관한 제안을 국제연맹 사무총장을 거쳐 제5회 阿片諮問委員會에[42] 통고
하였다. 주된 내용은 의약용 및 학술용 이외의 목적으로 마약이 제조되어
남용되는 것을 방지하기 위해 생아편의 생산을 제한해야한다는 것이었다.
이 문제를 계기로 1924년에 제네바에서 제3회 국제아편회의가 소집되었
으나 영국측의 반대로 기대한 만큼의 성과를 거두지는 못하였다. 그러나
일본은 이 회의에서 체결된 제1, 제2 아편조약에 모두 조인하여 아편과
마약의 단속에 노력할 것을 약속하였다.[43]

이러한 시점인 1920년대 초기에 일본은 자국 내에서뿐만 아니라 중국
현지에서까지 마약을 제조하기 시작하였다. 중국 현지 제조는 주로 만주

---

40) 關東廳, 「關東州阿片及麻藥制度槪要」(1930), 3~4면; 大井靜雄, 「阿片事件の眞相」, 岡田
　　芳政 等編, 앞의 책, 218면.
41) 박강, 「관동주에서의 일본 아편정책」, 139면.
42) 국제연맹 발족 후 연맹은 아편문제를 처리하기 위해 1921년 연맹이사회의 자문기관으로
　　서 아편자문위원회를 설치하고 아울러 연맹사무국에 아편부를 설립하여 그와 관련한 업무
　　를 취급하게 하였다. 이 위원회는 제도적으로는 이사회의 자문기관에 지나지 않았지만 실질
　　적으로는 아편 및 마약문제를 처리하는 국제적인 최고기관이었다(劉明修, 앞의 책, 125~
　　126면).
43) 劉明修, 앞의 책, 126~131면.

와 중국 화북을 중심으로 하고, 원료는 모르핀 함유량이 높은 熱河産 아편을 사용하였다. 중국정부의 금연운동으로 공공연히 헤로인을 생산할 수 없었기 때문에 일본의 제약업자들은 만주와 화북의 일본군 주둔지역내 일본군의 보호를 통해 중국정부의 간섭을 벗어났다.[44]

이에 따라 만주와 화북 일대에 이들 마약이 더욱 확산될 수 있었던 것이다.

만주지역 가운데, 특히 남만주는 일본의 세력범위로서 일본의 거점이 많은 지역이었기 때문에 마약의 판매가 쉽게 이루어질 수 있었다. 러일전쟁을 통해 조차한 관동주 외에도 일본은 만주에 많은 조계와 철도부속지를 갖고 있었다. 조계가 있는 지역으로는 潘陽, 安東, 長春, 營口 등이 있었으며, 부속지로는 남만주 및 安奉철도와 그 지선이 통과하는 지역, 북으로는 公主嶺, 鐵嶺, 四平街, 남으로는 遼陽, 鞍山, 大石橋, 동으로는 撫順, 鳳城 등이 포함되었다. 일본은 이들 세력범위를 이용하여 공개적으로 아편 및 마약의 파급을 조장하였던 것이다.[45]

요컨대 러일전쟁 이후 관동주와 만철부속지 등 남만주 일대를 자국의 세력범위 하에 둔 일본은 중국의 금연운동과 국제아편회의에서 체결된 조약 의무를 무시하고 아편 및 마약 확산에 직간접적인 역할을 하였다. 즉 관동주에서의 아편전매를 통한 이윤추구는 물론 일본 국내 소비량 이상의 외국산 마약의 수입과 수입된 마약의 재수출 등을 일본정부가 허가하였던 점, 재중국 일본 국적의 아편·마약 밀매자에 대해 일본 영사관이 관대한 처벌을 내렸던 점이 만주에서 아편·마약 밀거래를 확산시키는데 크게 작용하였다. 일본은 중국과 국제사회로부터 재중국 일본관련 기관이 중국에서의 아편·마약밀매를 지원한다는 비난을 받았고 사실상 「관민이 일체」로 아편·마약을 확산시킨다는 비판을 벗어나기 어려웠다.

---

44) 山內三郎, 앞의 자료, xliv면.
45) 戴秉衡, 「日本帝國之鴉片政策與東省煙禁之前途」, 『拒毒月刊』第32期(1929.8), 40면.

한편 재중국 일본관련 기관의 이러한 지원은 일본 국적자로 인정되는 재만 한인의 경우에도 적용되었다. 따라서 일본의 지원을 배경으로 한 재만 한인의 아편·마약 판매활동의 실상과 그 의미를 살펴볼 필요가 있겠다.

Ⅲ. 阿片·麻藥 密賣와 在滿 韓人의 活動

1910년대 남만주일대에서 이루어졌던 아편 밀거래에는 일본인뿐만 아니라 재만 한인도 개입되어 있었다. 1919년 4월 21일부터 25일까지 5일간 奉天 총영사관에서 개최된 아편·모르핀·코카인 단속에 관한 경찰회의에서 만주 각지의 아편·마약 상황이 보고되었는데, 그 가운데 재만 한인과 관련된 내용을 보면 다음과 같다.

> 長春은 종전 아편의 집산지로 주목되어 러시아인·중국인·일본인·조선인이 이것을 취급하는 자가 적지 않았다. 2,3년 전부터 점차 아편에 대한 단속을 엄중히 하고, 특히 작년 이후는 누누이 가택 수색을 하는 등 삼엄한 단속을 한 결과 부속지 내외 모두 종전보다 아편취급자가 크게 감소하였다. …현재 장춘에서 아편을 취급하는 사람은 러시아인이 7할, 중국인이 2할, 일본인(조선인을 포함)이 1할의 비율로서 일본인은 거의 중국인·조선인의 의탁을 받아 아편 밀수의 앞잡이가 되고 있는 자가 많았고, 스스로 독립하여 밀수 밀매하는 자는 드물었다.(長春署長報告)[46]

> 安東에 온 아편은 조선 원산방면 및 압록강 상류로부터 온 것 외에 일정 정도는 철로를 통해 북만으로부터 밀수된 것이다. 장춘방면으로부터 온 것은 러시아인·조선인에 의한 것이 많았고, 기타 방면은 중국인·조선인에 의한 것으로 일본인은 드물었다…
> 조선인 가운데는 아편을 취급하는 자는 있어도 모르핀을 밀매하는 자는

---

46) 外務省通商局, 『華盛頓會議參考資料 阿片問題』(1921), 379~380면.

극히 소수로서 ….(安東署長報告)[47]

> 奉天에 수송되어 온 아편은 전부 북방 장춘방면으로부터 들어온 것으로
> 그 물량의 약 6할은 京奉線을 통해 천진·상해방면으로 보내지고, 3할은
> 대련으로 나가고, 나머지 1할은 봉천지방에 밀매되고 있었다. 이들 취급자
> 를 국종별로 보면 중국인 5.5할, 러시아인 2.0할, 조선인 1.5할, 일본인 1.0
> 할의 비율로서…(奉天署長報告)[48]

위의 내용들이 재만 일본 경찰보고였다는 것을 감안해 일본인의 아편밀
매를 축소보고 하려는 경향이 있었다고 하더라도 재만 한인은 1910년대
남만주일대에서 중국인, 러시아인, 일본인과 함께 아편 밀거래에 일익을
담당하였음을 알 수 있다. 여기서 중국인 아편취급자 비율이 높은 것은
군벌통치시대와 관련이 깊었고, 1차 대전이후 영국에 이어 일본이 중국에
서의 아편·마약판매에서 새로운 주역으로 등장하였음에도 불구하고 만
주지역에서 러시아인 판매비율이 높은 것은 이 지역의 지역적 특성과
관련이 깊다고 하겠다.

그런던 것이 1920년대 말기에 이르면 남만주지역에서의 아편밀수입은
중국인과 러시아인에 의해 주도되었고 일본인과 한인은 마약밀수입에 크
게 관여하고 있었다. 이러한 상황은 1920년대 말기에 만주에 주재하는
일본 각 총영관의 내부 보고를 통해서도 살펴볼 수 있다. 이 보고서에
의하면,

> 원래 당 지방(봉천성)에서 소비된 아편은 열하 및 하얼빈방면, 즉 흑룡강
> 변경 노령방면으로부터 이입된 것으로, 후자(하얼빈방면)는 주로 러시아와
> 중국인을 통해, 전자(열하방면)는 주로 중국 군인을 통해 이입되었다. 또한
> 마취제는 주로 모르핀, 코카인으로 그것의 밀수입자는 러시아 상인이 수위

---

47) 外務省通商局,『華盛頓會議參考資料 阿片問題』(1921), 380면.
48) 外務省通商局,『華盛頓會議參考資料 阿片問題』(1921), 383면.

를 차지하였고 일본인과 조선인이 그 다음을 잇고 있다. 천진, 營口에서
운반된 것은 독일품과 영국품도 적지 않았다.[49]

당지(길림성)에서의 아편밀수입 관계자는 중국인에 한정되었고 마취제
는 일본인과 조선인이 많았으며, … 마취제는 전부 일본산으로 대련, 봉천,
장춘 등 일본인 藥種商 혹은 금제품 부로커의 손을 거쳐 밀수입되었다.[50]

라고 한 것과 같이 남만주지역에서 재만 한인은 일본인과 함께 외국산
또는 일본산 마약을 대련 등 일본이 조차한 관동주 지역과 봉천, 장춘
등 일본 조계가 있는 지역을 통해 밀수입하였다. 이와 같이 20년대에 들어
와서 일본인과 함께 재만 한인이 마약을 주로 밀거래한 것은 앞장에서
언급한 바와 같이 1차 대전이후 일본이 구미에서 과잉생산된 마약을 다량
수입한 사실과 일본 국내 제약회사가 자체적으로 마약을 생산해내기 시작
한 점과 관련이 깊다고 하겠다.

재만 한인은 일본 세력범위인 남만주 일대에서 아편·마약의 밀거래뿐
만 아니라 아편 煙館(아편 흡연소)業에도 많이 종사하였다. 그 일 예로
장춘의 경우, 이 지역에 거주하고 있는 한인들은 대체로 남만주철도 부속
지 내에 있었으며 이들 중 많은 사람들이 직간접적으로 아편관련업에
종사하면서 생활하고 있었다. 이들 지역에 거주하고 있는 한인 대다수는
숙박요리점으로 생활을 영위하였는데 이는 아편밀수와 밀접하였다. 그것
은 이 지역이 남북만주의 아편밀수입 중개지 위치에 있었으므로 밀수
및 수익창출에 유리하였기 때문이다. 또한 상당한 지위와 자산을 소유한
한인 무역상 및 잡화상도 역시 아편밀수를 통해 부를 축적한 경우가 많았
다.[51]

49)「奉天省ニ於ケル阿片取締ノ現狀ニ關スル調査報告」(1929年7月10日 在奉天 林總領事報
告), 外務省條約局, 『各國ニ於ケル阿片取締狀況』(1929), 32면.
50)「吉林地方ニ於ケル阿片取締ノ現狀ニ關スル調査報告」(1928年10月17日 在吉林 川越總領
事報告), 外務省條約局, 『各國ニ於ケル阿片取締狀況』(1929), 44~45면.
51) 朝鮮總督府內務局社會課 편, 『滿洲及西比利亞地方に於ける朝鮮人事情』, 43~44면.

이와 같이 중국 당국이 금지하고 있는 아편·마약의 밀거래는 물론 연관업 등에 일본인뿐만 아니라 한인들이 종사하면서 재만 한인들은 중국 관헌의 증오를 받았다. 이훈구 씨는 책에서 재만 한인에 대한 중국의 정책이 1927년 이후 엄중한 압박으로 전환되었는데 중국인에게 한인들이 일본인의 주구로 보여졌던 것이 정책전환의 한 요인으로 작용하였다는 점을 지적하였다. 실제 만철부속지 및 관동주 조차지에서 불량 한인들이 일본 관헌의 묵인 하에 아편을 밀거래하였으며 이들 한인들 역시 일본인과 마찬가지로 치외법권을 누릴 수 있었다. 따라서 중국 관헌들은 제재가 불가능한 이들 한인들을 일본의 주구로 생각하였던 것이다.[52]

김삼민 씨 역시 재만 한인의 금제품 취급에 대해 그 심각성을 지적하였다. 그는 재만 한인 가운데 지식인 1,000명에 대한 직업현황을 조사했는데, 그 가운데 만철연선 및 일본영사관 소재지의 경우 3할 내외가 금제품(아편, 마약) 취급자로 파악되었다. 이들은 만철연선에서 일본 관헌의 묵인 하에 부정업과 매춘업을 운영하였다는 것이다.[53]

이러한 상황은 한인에 대한 중국인의 반감을 불러일으켰을 뿐만 아니라 앞서 언급했듯이 중국관헌의 압박을 야기시키는 한 원인이 되었던 것이다.

이에 비해 북만주에서는 러시아인과 일본인이 아편 및 마약판매를 둘러싸고 치열하게 경쟁을 벌이고 있었다. 1917년 전후 러시아인과 일본인은 하얼빈에서 아편과 마약 판매이익을 놓고 세력을 다투었는데, 이들 나라의 대상인들은 마약판매를 본업으로 삼아 中東鐵道에 있는 綏芬, 東寧, 富錦, 饒河 등 연변의 5개 역 일대에서 생산된 아편을 수매하거나 러시아 변경으로부터 아편을 수입하였다.[54]

---

52) 『滿洲と朝鮮人』, 244면.
53) 金三民, 앞의 책, 52면.
54) 李銀涵, 앞의 논문, 286면.

1922년에 작성된 한 일본 영사관 보고에 의하면, 하얼빈에서 가장 아편 거래가 활발히 이루어진 한 달 동안 약 18,000kg이 거래되었는데, 그 중 일본인이 4,200kg, 중국인이 9,000kg을 취급한데 비해 한인은 러시아인과 같은 양인 2,400kg을 취급하였다고 한다.[55]

마약의 경우 1924년 일본 외무대신의 훈령에 대해 재하얼빈 총영사관에서 보고한 것에 의하면, 1921년까지 북만주 각지에서 일본제품7할, 영국제품 2할, 독일제품 1할의 비율이었으나 1922년부터 독일제품이 급격히 증가하였다고 한다.[56]

재하얼빈 일본 총영사의 1928년 보고에 의해서도, 마약은 독일제품이 여전히 가장 많았으며 밀수입 관련자는 유태인, 중국인, 러시아인, 한인, 구미 각국인, 일본인이었다고 기록되어 있다.[57]

이를 종합해 보면 북만주에서의 아편 및 마약관련자로 한인 역시 무시 못할 하나의 축을 이루고 있었음을 알 수 있다.

특히 북만주 도시 가운데 한인이 많이 거주하는 곳은 하얼빈으로 이곳의 아편영업 역시 한인과 관련이 깊다. 이곳에 거주하는 한인 가운데 약 10% 이상은 무역상, 여관, 의사 기타 학교, 民會직원 등 사무원 및 노동자이며 기타 약 90% 가까이는 아편밀매 및 煙館業 종사자였다. 이들 가운데 드물지만 부를 축적하여 여유있는 생활을 영위하는 자도 있었다.[58]

---

55) John M. Jennings, *The Opium Empire: Japanese Imperialism and Drug Trafficking in Asia, 1895～1945*, 58면.

56) 1922년부터 독일제품이 급격히 증가한 원인은 다른 제품에 비해 가격이 저렴하고 수입이 용이하였을뿐 아니라 품질에 있어서도 다른 제품을 능가하였으며, 특히 일본제품과 비교하여 중국인 중독자들이 애용한 것은 소량으로도 효과가 컸기 때문이다.(「哈爾濱總領事館管內ニ於ケル阿片及魔藥品」, 外務省通商局, 『支那ニ於ケル阿片及魔藥品』(1925), 178면)

57) 「哈爾濱地方ニ於ケル阿片取締ノ現狀ニ關スル調査報告」(1928年12月22日 在哈爾濱 八木總領事報告), 外務省條約局, 『各國ニ於ケル阿片取締狀況』(1929), 57면.

58) 金三民, 앞의 책, 62면.

또한 1924년 일본 외무성 대신의 훈령에 대해 재중국 각 공관이 제출한 보고에 의하면, 하얼빈시의 아편연관 총 650개 소 가운데 약 100개 소가 한인이 운영하는 것이라고 하였다.[59]

<표 6>에 나타난 하얼빈 거주 한인 직업별 호구표를 통해 볼 때도 이 지역에 거주하는 많은 한인들이 부정업자로 지목되고 있었음을 알 수 있다. 1921년의 하얼빈 거주 한인 호수는 132호였는데, 그 가운데 무역상은 불과 2호 7인이었고 무직과 잡업이 각각 49호, 45호로서 대다수를 차지하고 있었다. 이들은 대다수 아편, 모르핀, 코카인 등의 밀매매에 종사하는 부정업자로 지목되고 있었다.[60]

〈표 6〉하얼빈 거주 한인 직업별 호구수(1921년 12월말)[61]

직업별	호 수	남	여	계
농업	2	3	4	7
무역상	2	3	4	7
곡물상	1	2	4	6
양복상	2	4	1	5
잡화상	1	2	2	4
賣藥商	1	2	1	3
여관	2	3	4	9
食道業	2	4	2	6
요리업	3	12	31	43
의원(치과의포함)	5	14	8	22
이발업	--	3	--	3
노동자	17	33	20	53
잡업	45	181	116	297
무직	49	199	28	227
합 계	132	468	223	691

*牛丸潤亮, 『最近間島事情』에서 작성.

하지만 아편에 관한 업무는 중개업자를 필요로 하였고, 연관업의 경우

---

59) 「哈爾濱總領事館管內ニ於ケル阿片及魔藥品」, 外務省通商局, 『支那ニ於ケル阿片及魔藥品』(1925), 171면.
60) 玄圭煥, 앞의 책(상권), 218면.
61) 玄圭煥, 앞의 책(상권), 218면.

중국인을 고객으로 하고 있었기 때문에 중국관헌에게 뇌물을 제공해야 하는 등 이면적으로 지출을 필요로 하는 돈이 많았다. 따라서 이와 관련된 실제 이익은 그다지 크지 않았다는 특징도 있었다.[62]

1921년 10월 이후에는 연관에 대한 중국경찰의 단속이 엄격해졌다. 한인이 운영하는 연관의 입구에는 주야로 경관이 배치되어 이곳을 출입하는 중국인을 감시하였다. 그 결과 고객이 감소되고 수입도 격감되었으므로 이에 종사하는 한인의 생활이 어려워졌다. 여기에 심각한 문제의 하나는 이들 가운데 아편중독자가 된 자가 적지 않았다는 점이었다.[63]

특히 안동현, 장춘, 하얼빈 등지에서 아편관련 업종에 종사하는 사람 가운데 60% 이상이 중독환자라는 사실은 이들의 장래를 더욱 어렵게 만들었던 것이다.[64]

이와 같이 일본은 한인과 함께 영국을 대신해서 중국에 아편은 물론 마약밀수입에 관여해 왔다. 아편·마약의 밀수 및 영업에 일부이지만 재만 한인들이 종사하였다는 사실은 중국당국의 재만 한인 인식에 부정적인 영향을 미쳤다. 이는 중국당국이 한인에 대한 이민 제한과 탄압정책으로 전환하는데 작용하였고 국제사회로부터 신뢰를 잃게 하는 계기가 되었다고 할 수 있다. 재만 한인들은 어떠한 상황에서 중국과 국제사회에서 단속하고 있는 이들 아편·마약의 밀거래와 아편연관업 등에 종사하게 되었을까? 그와 관련하여 몇 가지 배경과 그것이 갖는 의미에 대해 생각해 보자.

1910년 일본에 의해 조선이 식민지로 전락된 후 많은 한인들이 일본의 경제적, 정치적 핍박을 피해 만주로 이주해 왔지만 이들에게 있어 이 지역 역시 신천지만은 아니었다. 만주로 이주한 사람들 가운데 다수가 조국에

---

62) 金三民, 앞의 책, 62면.
63) 朝鮮總督府內務局社會課 편, 『滿洲及西比利亞地方に於ける朝鮮人事情』, 48~49면.
64) 金三民, 앞의 책, 62면.

서 일본의 강압과 강탈행위에 의해 경제적으로 몰락하고 파산한 후 생활
수단을 잃고 전전하다가 만주로 이주한 경우였다. 이들 가운데 만주의
새생활에서 농업 이외의 업을 목표로 하는 부류의 경우 <표 7>에 보이는
바와 같이 당시 이주자금의 운용을 놓고 본다면 농업을 목표로 한 부류보
다 여유가 있었다고 할 수 있겠다. 1920년대 이후에 이르면 중국 관민에
의한 배척으로 일정한 지역에 정착한 층에게도 많은 위협이 가해졌다.
결국 시국의 긴박함과 혼란 속에서 농민과 농민 이외의 이주민도 생활이
안정적이지 못하였던 것이다.[65]

〈표 7〉 1920년 이주자금 운용상황[66]

운용처별	호수(호)	금액(圓)	1호당금액(圓)	1919년도 1호당금액 (圓)
농업자금	2,893	331,143	114	207
상업자금	80	40,510	506	559
기 타	35	8,694	248	284

더구나 일본은 한인의 중국귀화를 허가하지 않았으므로 만주에서의 한
인의 지위는 더욱 불안정하였다. 일본은 1909년 간도에 관한 淸日協約을
통해 중국의 간도영유권을 승인하는 대신 간도에서 한인의 토지소유권을
보장받았다. 더욱이 1915년에 중국과 소위 21개조 조약을 체결하면서 한
인을 「日本臣民」으로 적용하여 재만 한인의 土地商租權 및 치외법권을
주장하였다. 이러한 치외법권을 통해 독립운동과 관련한 재만 한인을 단
속하는 한편 토지 상조권을 주장하면서 친일 한인을 육성하여 만주침략의
주구로 전락시켰다. 이에 대해 중국측은 21개조 조약의 무효를 주장하고,
동시에 재만 한인을 중국에 귀화시켜 자신들의 주권 하에 두고자 하였다.
토지 상조권 역시 귀화한 사람에 한정하는 방침을 취하였다. 그러나 일본

---

65) 玄圭煥, 앞의 책(상권), 224~226면.
66) 玄圭煥, 앞의 책(상권), 224면.

은 한인이 중국으로 귀화하더라도 끝까지 한인의 국적 이탈을 인정하지 않으므로써 二重國籍者가 증가하게 되었다. 이중국적 문제와 관련하여 재만 한인들은 법적으로 일본인 취급을 받게 되어 만주에서 문제가 발생할 경우 중국관헌의 심문을 받지 않고 일본 영사관에 의해 처리되었다.[67]

이중국적 문제 등을 둘러싸고 중일 양국은 서로 첨예하게 대립하였고 이로 인해 재만 한인의 지위는 더욱 불안할 수밖에 없었다.

이러한 상황에서 일부 한인이 만주지역 내 일본의 세력범위와 치외법권을 이용하여 쉽게 이득을 취할 수 있는 아편·마약의 밀수입과 연관업에 종사하였다. 1942년에 미국의 F.T.Merril에 의해 집필된『일본과 아편의 위협(Japan and the Opium Menace)』에서도 재만 한인이 아편·마약업에 종사하게 된 배경에 대한 언급이 있다. 즉

　　이 시기 동북정부가 정책적으로 한인의 토지 소유와 임차를 방해하고 있었기 때문에 많은 한인들은 농업으로 생계를 꾸려 나가기가 어려웠다. 이들 빈곤한 이민자들에게는 다른 기회가 부족하여 도시와, 남만주 및 中東鐵道 주변지역에서 모르핀과 헤로인의 불법 판매에 종사하게 되었다.[68]

라고 하였듯이 재만 한인의 아편·마약업 종사는 기본적으로 당시에 처한 어렵고도 불안정한 여건과 관련이 깊다고 하겠다. 일본의 세력범위인 관동주 조차지는 물론이고 만철부속지 및 조계지 등에서 일본인뿐만 아니라 한인의 아편·마약밀수업 및 연관업에 대해 일본측은 암묵적인 허가 내지 지지를 보냈다. 일본의 이러한 태도는 이들 지역에서 아편·마약의 밀수 내지 불법 연관업에 종사하다가 일본측에 적발되었을 경우

---

67) 鶴嶋雪嶺,『中國朝鮮族の硏究』(大阪: 關西大學出版部, 1997), 120~123면; 歷史學硏究會 편,『太平洋戰爭史 (1)滿洲事變』(東京: 靑木書店, 1974), 240~241면.

68) Frederic T. Merril, *Japan and the Opium Menace*(New York : International Secretariat Institute of Pacific Relations and the Foreign Policy Association, 1942), 94면.

재중 일본영사관령에 의해 지극히 가벼운 처벌만 받았다는 사실을 통해서도 확인할 수 있다. 중국관헌의 입장에서는 이들 일본인과 한인이 치외법권을 누리고 있었기 때문에 제대로 단속할 수 없었다. 이상과 같은 상황은 도시에 거주하는 한인들이 중국이 거래를 금지하고 있는 이들 물품의 밀매 및 판매에 쉽게 종사하게 하였던 것이다.

결과적으로 재만 한인의 이들 업종에 대한 종사는 중국인과 중국 당국의 비난을 초래하였다. 재만 한인이 일본 세력범위 내에서 일본인과 동일하게 치외법권을 이용하여 불법적인 아편·마약의 밀수와 연관업에 종사한다는 사실은 중국인들에게 한인들이 일본의 走狗로 보여지게 했다. 따라서 일본의 식민지로 전락한 한인에 대해 동정을 보냈던 중국인들과 중국당국의 시각이 부정적으로 전환되었고 이는 재만 한인에 대한 정책을 탄압으로 선회하도록 하는데도 일정한 작용을 하였다.

재만 한인의 아편·마약의 밀수 및 판매는 일본의 묵인 하에 이루어진 것이기 때문에 일본과 함께 국제사회의 비난 대상이 될 수 있었다. 이는 중국에 의해 조사 작성된 관련 자료에 한국인의 국적을 일본과 구별하고 있었던 것으로도 확인해 볼 수 있다. 1924년에 성립된 전국적인 민간금연 단체인 中華國民拒毒會가 1929년 국제아편회의에 대응하여 조사한 통계 자료를 살펴보면, 1924~28년간 상해 해관 등에서의 각국별 마약밀수자 체포수 표는 일본인과 한인를 구별할 수 있도록 한인 수를 일본인 수 옆 괄호 속에 표시하였다.[69]

「만주사변」 이후 국제연맹 조사단에 참여한 중국대표가 29종의 자료를 제출했는데 그 가운데 「關於日本人民商行在華販運麻醉毒品之說帖」내에 작성되어 있는 만주 등 중국 각지에서 아편 및 마약 밀수로 체포된 사람들의 일람표에도 일본인과 한인의 경우 국적이 다르게 구별되었다.[70]

---

69) 中華民國拒毒會 編,『中華民國拒毒會第一年度報告』(1925), 48면;「外人與中國煙禍」,『拒毒月刊』第36期(1929.12), 24면.

이와 같이 국제기구 등에 제출되는 아편 밀매 등에 관한 자료에 한인의
국적이 일본인과 구별되어 표기되었다는 사실에 주목하여야 한다. 이러한
한인 활동에 대한 인지도는 해외에서 활동하는 조선의 지식인들이 조국의
독립과 관련하여 국제사회의 동정과 지지를 얻어내는데 부정적으로 작용
할 수 있었던 것이다.71)

맺음말

20세기에 들어서면서 국제사회에서는 아편·마약의 심각성을 깨닫게
되었고 이어 이들 아편·마약 퇴치를 위한 일련의 노력이 가시화되기
시작하였다. 1909년 상해에서 최초의 국제아편회의가 개최되는 등 일련
의 국제회의가 열렸다. 중국에서 아편·마약 판매의 주범이었던 영국과
일본 역시 이들 회의에 참석하였고 조약에 조인하여 아편·마약 퇴치에
노력할 것을 약속하였다. 그러나 일본은 이 약속을 제대로 이행하지 않았
다. 일본은 적절한 노력을 기울이지 않았을뿐 아니라 오히려 중국과 국제
사회에서 아편·마약 확산의 주범으로 지목받아 비난받기 일수였다.

당시 중국에서는 1900년대 말부터 엄격한 금연운동이 전개되고 있었고
영국 역시 1907년 중영금연조약을 맺어 중국에 대한 아편수출 금지에
노력하고 있는 상황이었다. 이러한 시기에 일본은 영국을 이어 중국에
아편·마약을 밀수출하는 주범으로 등장하기 시작하였던 것이다. 특히
러일전쟁을 통해 관동주를 조차한 일본은 만철부속지를 소유하여 남만주
일대를 자국의 세력범위 하에 두게 되고 또한 1차 대전을 계기로 자국내
에서 모르핀 등 마약류를 생산해 내기 시작하면서 중국(특히 만주)에 대한

---

70) 國民政府外交部 편집, 『中日問題之眞相』, 603~637면.

71) John M. Jennings, *The Opium Empire: Japanese Imperialism and Drug Trafficking in Asia, 1895~
1945*(London: Praeger, 1997), 59면.

아편·마약 밀수출 및 밀거래를 더욱 활발하게 전개시켰다. 일본인에 의한 아편·마약밀수출이 가능했던 것은 일본정부와 재중국 영사관 및 일본 지배 하에 있었던 중국 세관이나 재중국 일본 우체국 등의 직간접적인 지원이 있었기 때문이었다. 이와 같이 중국에 대한 아편·마약의 밀수출 및 밀거래는 일본 관민의 협조 하에 자행되었던 것이다.

한편 만주지역에서 활발하였던 일본의 아편·마약판매에 일부 재만 한인들이 포함되어 있었다는 것이 주목된다. 이러한 사실은 또한 당시 재만 한인이 중국인과 중국당국의 비난을 받게된 중요 사안의 하나였다. 당시 재만 한인들은 일본에 의해 조선이 강점된 후 일본의 경제적, 정치적 핍박을 피해 만주로 이주해 온 사람들이 대부분이었다. 이들은 일본이 한인의 중국귀화를 인정하지 않았기 때문에 만주에서 불안정한 법적 지위를 가지고 있었고 이로 인해 생활이 어려울 수밖에 없었다. 이러한 상황에서 일부 한인들이 만주지역내 일본의 세력범위에서 일본의 묵인 하에 치외법권을 이용하여 아편·마약의 밀수입과 연관업에 종사하였다. 이로써 재만 한인은 중국 관민의 증오와 탄압의 대상이 되었다. 또한 재만 한인을 일본 「신민」으로 간주하는 일본에게 있어 이들 한인의 아편·마약문제는 중국 관민과의 대립 여하에 따라 언제든지 중국침략의 빌미로 작용할 수도 있었다.

요컨대 일부 재만 한인의 아편 및 마약업문제는 다루기 매우 민감한 부분이다. 지금까지 항일운동과 관련하여 긍정적인 측면만 비춰졌던 재만 한인과 그 사회에 있어 부정적인 일면을 상징하는 문제이기도 한데 본고에서는 이를 일본의 중국침략과 관련하여 살펴보았다. 물론 본 논문의 고찰 대상은 재만 한인 약 60만~80만 가운데 5~6.7%정도가 거주하는 도시를 대상으로 한 것이다. 따라서 전체 재만 한인의 모습으로 확대 해석되어서도 안되지만 또한 5~6.7%라는 비중에 비해 그 영향이 적지 않았을 것이라는 점도 감안되어야 한다. 당시 중국과 국제사회는 아편 및 마약문제의 폐해를 심각하게 인식하고 국제연대를 통해 그것을 퇴치하려는 노력을 경주하던 때였다. 만주는 일본에게 국권을 잃은 한인들이 가장 많이 이주해온 곳이며 또한 해외 독립운동의 주된 근거지이기도 하였다. 따라서 재만 한인에게 뿐만 아니라 독립운동에 있어서도 만주지역의 주권 당국인 중국정부와 중국인의 지지와 협력은 필수적이었다. 이러한 상황에서 재만 한인의 아편·마약업 종사는 일본에게 집중되었던 중국과 국제사회의 비난을 분산시킬 수 있는 것이었고 이들 재만 한인이 일본의 치외법권의 혜택을 받았기 때문에 한인을 일본인과 동일시하게 되는 결과를 낳음으로써 한인에 대한 중국과 국제사회의 동정과 지지를 잃게 하는데도 일정한 영향을 미쳤다고 보여진다. 이러한 측면에서 재만 한인의 아편·마약 판매활동은 일본의 식민지민을 이용한 고도의 침략정책과도 그 궤를 같이 한다고 하겠다.

투고일 2003년 4월 8일 / 심사완료일 2003년 5월 3일
주제어; 재만한인, 아편·마약 밀매, 연관업, 치외법권

Drug Trafficking among the Koreans and Japan in Manchuria before the Manchurian Incident

Park. Kang

This paper examines drug trafficking among the Koreans in Manchuria, especially in the cities with the number of Korean residents around 40,000. This study might reflect the negative side of the Koreans in Manchuria, as it confirms the drug dealing of the Koreans in the region. But the paper will relate this problem to the Japanese invasion of China.

Manchuria was where many Koreans moved away from Japanese occupied Korea. It was the center of the liberation movement outside Korea. So it was necessary for the Koreans in Manchuria to get the support and help from Chinese government and Chinese people.

Thus, the fact that many Koreans were involved in drug business in Manchuria gave a bad influence on the relation of Koreans who led the liberation movement there to Chinese government. Up to that point, all the blames about drug trafficking in the region were on Japanese government. But Koreans being engaged in the business, it became possible that international community now could indentify Koreans as Japanese in that the Japanese extraterritoriality in that region was given to Koreans. So the drug trafficking of Koreans in Manchura can be viewed as Japan's manipulation of Koreans for the purpose of invasion policy.

Key Words : the Koreans in Manchuria, drug trafficking, extraterritorial ights

중국 아나키즘에 나타난 '西洋' 이미지[*]
– 新世紀派와 天義派의 아나키즘 수용 양상을 중심으로 –

조 세 현[**]

───────── 목 차 ─────────

머리말

중국의 아나키즘을 근대 시기의 대표적인 '西化論' 혹은 '反傳統主義'의 하나로 이해하려는 경향이 있다. 특히 중국 학계에서는 아나키즘을 전통 문화를 부정하고 근대 문명을 추종한 사상으로 인식하여, '전반서화론' 혹은 '민족허무주의'의 출발점으로 보는 시각이 널리 퍼져있다. 하지

───────────

 * 이 논문은 2001학년도 부경대학교 기성회 학술연구조성비에 의하여 연구되었음.
** 釜慶大 교수

만 중국의 아나키즘을 단순히 서화론·반전통주의라고 단정하기에는 문제가 있다. 왜냐하면 이 사상의 중국 수용 과정을 검토해보면, 오히려 앞의 관점은 단지 그 역사 사실의 한 측면만을 반영하고 있기 때문이다. 물론 당시 상황에서 그들의 주의 주장이 기존 체제에 대해 가장 격렬히 비판한 것은 사실이지만, 개인이나 집단에 따라 전통 문화에 대한 입장에는 적지 않은 차이를 드러낸다.[1]

이와 관련하여 우선 필자가 강조하고 싶은 것은, 근대 중국에서 서양의 아나키즘이 중국의 과거를 부정하려는 반전통주의자와 중국의 고대를 재생시키려는 국수주의자 양쪽에서 모두 수용되었다는 역사 사실이다. 전자는 新世紀派(파리그룹)가 대표적인 단체이며, 吳稚暉·李石曾·褚民誼 등이 주요 구성원이었다. 이 그룹은 프랑스 파리에 유학 중이던 중국인들이 1907년 '世界社'란 단체를 결성하고, 『新世紀』란 아나키즘 잡지를 발간해서 붙여진 명칭이다. 그리고 후자는 天義派(동경그룹)가 대표적인 단체이며, 劉師培를 중심으로 何震·張繼 등이 참가하고 있었다.[2] 이 그룹 역시 같은 해 일본 동경에 거주하던 중국인 혁명가들이 '社會主義講習會'라는 단체를 설립하고, 『天義』라는 잡지를 발간해서 붙여진 명칭이다. 이들 두 그룹의 사상은 중국 근대 아나키즘 운동의 출발점이었고, 동시에

---

1) 중국의 전통 문화와 아나키즘과의 관계에 주목한 국외 연구 성과로는, Peter Zarrow, *Anarchism and Chinese Political Culture.* (New York: Columbia University Press, 1990); 嵯峨隆, 『近代中國アナキズムの硏究』(東京, 硏文出版, 1994); 李怡, 『近代中國無政府主義思潮與中國傳統文化』(華中師範大學出版社, 2001) 등이 있다. 국내 연구자 천성림은 최근 한 저서에서 근대 중국 아나키즘의 특징을, 전통 사상과의 결합이 강했다; 서구적 근대의 부정과 반자본주의적 성격이 강했다; 초기 아나키즘이 민족주의와 충돌이 거의 없었다 등 몇 가지로 정리하였다. 하지만 앞의 특징들은 주로 천의파의 아나키즘에 제한하여 분석해 얻은 결과라고 보여진다(千聖林, 「중국의 아나키즘 수용과 전통사상」, 『近代中國 思想世界의 한 흐름』(서울: 신서원, 2002).
2) 신세기파와 천의파에 대한 국내 연구 성과로는 박제균, 『중국'파리그룹'(1907-1921)의 무정부주의사상과 실천』, 경북대학교 박사학위논문, 1996; 이원석, 『근대중국의 국학과 혁명사상』, 국학자료원, 2002 등이 있다.

중국 아나키즘 사조의 두 가지 경향--과학주의와 진화론의 관점에서 아나키즘을 이해하는 입장과 國學과 아나키즘을 결합하여 이른바 '中國式' 아나키즘을 만들려는 입장--을 대표하고 있었다.

이 글은 20세기 초(1907년 6월) 출판된『신세기』와 『천의』라는 두 가지 잡지에 나타난 '西洋' 인식을 중심으로 논의를 전개하고자 한다. 이 두 잡지는 비록 중국 아나키즘 운동사에서 초창기 잡지로 분류되지만, 이론 수준이 비교적 높고 이른바 제2세대 국내파 아나키스트(師復 등)에게 깊은 영향을 끼쳤으므로 좋은 분석 자료가 될 수 있을 것이다. 특히 서양의 과학 문명을 비교적 잘 이해하고 있었던 신세기파의 오치휘·이석증과, 중국의 전통 학술에 조예가 깊었던 천의파의 유사배 간에 전통과 근대를 바라보는 선명한 시각 차이는 그들의 중서문화관 문제와 관련해 적절한 비교 대상이 될 것이다. 본문에서는 신세기파와 천의파가 각자 어떠한 시각으로 서양의 근대를 바라보았는지, 그리고 그들이 서양 이미지를 어떠한 의도를 가지고 선택적으로 수용하는가를 살펴볼 것이다.

I. 두 가지 '서양' 이미지

신세기파나 천의파와 같은 해외 망명객 및 유학생 집단은 중국 문화와 서양 문화에 각각 한 쪽 발을 담그고 있었던 사람들이다. 그들은 어린 시절에 전통 교육의 영향을 깊이 받았으며, 동시에 자신들이 망명하거나 유학한 나라의 교육 제도나 문화 환경에 흠뻑 젖어있었다. 그리고 망명객 및 유학생들이 받아들인 서양 문화란 그곳 문화의 전부라기보다는 기본적으로 개인의 필요나 취향에 따라 선택적으로 수용한 것들이었다. 그래서인지 중국 초기 아나키스트의 서양 인식은 크게 두 가지 상반된 형태로 나타난다. 하나는 서양 문화를 중국의 '전통'을 넘어서기 위한 모델로 이용하는 신세기파의 태도이며, 다른 하나는 서양을 '국수'를 보존하기 위한 도구로 이용하려는 천의파의 태도가 그것이다.

1) '전통'을 넘어서기 위한 모델

신세기파의 사상은 중국 아나키즘의 전형을 이룬다. 그들의 잡지『신세기』에서 선전한 이론은 중국 아나키즘 이론의 대강을 보여주는 것으로[3], 이 잡지를 통해 아나키스트의 중서 문화관의 기본 특징을 알 수 있다. 여기선 신세기파의 서양 인식을 오치휘와 이석증의 과학주의와 진화론(즉 互助論)의 예를 들어 살펴보겠다.[4]

오치휘는 1903년 '蘇報案'으로 영국에 망명한 후 유럽 물질 문명의 급속한 발전을 목격하면서 중국의 전통 가치 체계에 대해 회의하였다. 그는 영국에서 진화론이나 고인류학을 공부하고, 사진술이나 동판인쇄술을 직접 배우기도 했으며, 프랑스로 건너가면서 크로포트킨(P. Kropotkin)의 과학적 아나키즘을 본격적으로 수용하였다. 이때부터 오치휘는 근대 중국의 대표적인 과학주의자가 되었다. 그의 과학주의에 대한 신념은 신문화운동 시기의 과학과 현학 논쟁을 통해 널리 알려져 있으나, 실은 청말『신세기』

---

3) 오치휘는 유물론적 과학주의자로 널리 알려져 있다. "인간은 겉으로는 두 발로 걷고 두 팔을 사용하며, 속으로는 3근 2량의 뇌수와 5,048근의 뇌근을 가진, 비교적 신경 계통의 질을 많이 가진 동물에 불과하다"라는 언급에서 선명하게 드러난다(吳稚暉, 「一個新信仰的宇宙觀及人生觀」, 『吳稚暉先生文粹』(上海: 上海全民書局, 1929).

4) 전통 시대에 뿌리깊은 문화적 우월 의식에 기초한 中華思想 혹은 華夷觀을 가진 바 있었던 중국인들은 근대 시기에 '中體西用'과 같은 절충 논리 아래 서양의 문화를 형이상학적 道가 아닌 형이하학적 器의 개념아래 묶어 두려고 하였다. 한 연구에 따르면, '格致'의 학으로 불리던 자연과학이나 초기의 진화론이 원래는 '器'의 범주에 들었다고 한다. 하지만 '격치'라는 용어가 (일본에서 수용된) '科學'이란 개념으로 대체되어 기존의 經學과 대립하고, 진화론이 무술변법을 전후하여 사상계의 인식을 변화시키면서, 이런 서학이 '道'의 범주에 편입되었다고 본다(陳衛平, 「中國近代進化論思潮形成的內在邏輯」, 『文史哲』3, 1996). 이런 상황은 서양의 존재가 한층 새로운 의미로 다가섰다는 사실을 보여 준다. 여기서 한 단계 더 나아가 신해혁명 시기에 과학주의와 진화론으로 무장하여 중체서용식 중서문화관을 넘어서고자 한 대표적인 집단이 바로 신세기파였다.

에 실린 여러 편의 글들에서 이미 충분히 나타나고 있다. 그리고 민국 초기 『新靑年』에 실은 「靑年與工具」, 「再論工具」, 「機器促進大同說」 등 여러 편의 문장에서 그의 과학주의는 다시 한 번 확인된다. 오치휘는 '工具'(혹은 모터)로 상징되는 물질 문명에 대한 긍정적 묘사를 통하여 종교적 세계관에 반대하였고, 과학 기술이 고도로 발전한 이상 사회를 추구하였다. 이 시기에 오치휘는 "나는 결코 물질 문명을 숭배하는 사람은 아니지만, 물질 문명이 정신 문명의 기초라는 사실에는 의심의 여지가 없다"[5]고 선언하였다. 여기서 기억해야할 사실은 그가 다른 중국의 지식인들과 같이 엄격하게 서양은 물질 문명, 동양은 정신 문명이라는 식의 이원적 대립 구도를 설정한 것은 아니라는 점이다.

오치휘의 서양 인식은 '尊今薄古'(옛날보다는 지금이 중요하다)의 태도와 밀접한 관련을 가진다. 구미의 물질 문명을 단순히 西學으로만 보지 않고 新學이라는 관점에 서서 인류의 보편적인 가치로 이해한 것이다. 그는 과학 기술로 대표되는 신학을 배우지 않고 舊學에 연연하면 생존할 수 없다고 주장하였다. 이런 맥락에서 현대 과학과 전통 문화를 대립 관계로 놓아 公粹와 國粹의 대립 구도를 설정하기도 한다. 여기서 공수란 국가나 지역의 폐쇄성을 넘어선 보편 진리로 주로 과학을 가르킨다. 그리고 국수란 전통 문화 전체라기보다는 주로 宋明理學 이후에 만들어진 봉건 문화를 지칭하는데, 주자학이나 양명학이 전제 군주제를 유지하는 지배 이데올로기였다는 사실에 주목한 것이다. 그래서 호적은 그를 '反理學의 사상가' 가운데 한 사람으로 높이 평가하기도 했다.[6] 이 때 과학 기술이 발전한 서양이 봉건 문화의 굴레에 얽매인 중국에 비해 우위를 지니는

---

5) 吳稚暉, 「靑年與工具」, 『新靑年』2-2, 1919.10.1.
6) 胡適, 「幾個反理學的思想家-吳敬恒」, 『胡適文存』3. 일본 연구자 嵯峨隆은 오치휘를 '士大夫적 아나키스트'라고 정의하면서, 그의 사상에 전통의 잔재가 농후하다는 사실을 강조한다. 물론 오치휘의 문장에 전통 학문의 용어가 자주 등장하지만, 적어도 신해혁명 시기에 그가 어떤 중국인보다도 전통을 부정하려고 노력한 인물임에는 분명하다.

것은 당연하다. 어쩌면 그가 영국에 장기간 체류하며 그곳의 산업혁명의
성과에 깊은 인상을 가질 기회가 있었다는 사실이 다른 중국인들보다
더욱 과학 기술에 대한 믿음을 갖게된 동기일지도 모른다.

따라서 오치휘가 '是古非今'식의 전통주의 태도에 반대한 것은 당연하
다. 특히 '好古'적 국수주의를 비판하면서, 장지동의 中體西用論이나 강
유위의 孔敎論은 물론 나아가 유사배의 중국식 아나키즘조차 부정하였다.
그는 중국의 고대 문명이 과거에 한 때 화려했던 것은 사실이지만 그것은
오늘날에는 유물에 불과한 것으로 박물관에 있어야 한다고 비아냥거렸다.
심지어 내가 가장 싫어하는 사람이 국수를 운운하는 역사가라고 한 사실
에서도 잘 알 수 있듯이, 그는 역사 속에서 이론의 근거를 찾는 실증적
방법에 대해서조차 거부하는 태도를 보였다.[7] 크로포트킨주의자임을 자
칭했던 신세기파가 거의 유일하게 크로포트킨을 비판한 것이 다름 아닌
크로포트킨이 역사학적인 방법을 선호했다는 사실이라는 언급만 보더라
도 그들의 '존금박고'의 정도를 가히 짐작할 수 있다. 오치휘가 "중국 문화
의 생사 여부는 國粹를 어떻게 처리하는가에 달려있다"[8]고 선언한 것은
국수주의자이자 아나키스트인 유사배와는 정반대의 역사 의식을 가졌음
을 보여주는 대목이다.

신세기파의 과학주의의 밑바탕에는 진화론적 세계관이 자리잡고 있었
다. 잘 알려진 바와 같이 진화론적 세계관이란 자연계의 생물 진화의 원리
를 인간 사회에도 적용한 것으로, 인류의 역사란 끊임없는 발전 과정에
있으며, 그 방향은 미래지향적이라는 내용을 담고 있다. 그런데 신세기파
가 받아들인 진화론은 스펜서류의 사회진화론이 아니라 크로포트킨의 상
호부조론이라는 사실을 기억해야 한다. 좀 더 정확하게 말하면, 엘리제
르퀴르·장 그라브 등과 같은 프랑스 아나키스트가 재해석한 크로포트킨

---

7) 反, 「國粹之處分」, 『新世紀』44, 1908.4.25.
8) 앞의 글.

주의를 받아들였다. 특히 르퀴르의 進化革命論의 영향이 컸는데, 그는
진화란 사물의 점진적 발전 과정이고, 혁명이란 점진적 진화의 단절, 즉
사물의 돌변 과정으로 이해하였다. 그리고 이 두 과정은 서로 모순·대립
하는 것이 아니라 동일한 현상이 두 가지 모습으로 나타난 것으로, 단지
속도의 차이일 뿐이라고 하였다. 이 경우 혁명이란 진화의 장애물을 제거
하는 것이자 진화의 속도를 더욱 빠르게 하는 것이다. '진화는 곧 혁명'이
라고 주장한 르퀴르의 영향 때문인지, 신세기파의 혁명론에는 점진적인
개량과 진보를 수용하는 유연한 관점이 나타난다.9)

　신세기파는 진화란 전진하되 그치지 않으며, 세상에 진화하지 않는 것
은 하나도 없다고 믿었다. 사회 발전의 역사는 곧 사람들간의 상호 부조의
역사이며, 人性 진화의 역사라는 것이다. 그들의 표현을 빌리면, 역사는
'較善' '較樂'의 과정을 거쳐 '至善' '至樂'의 이상 사회로 나아가는 것이
다. 이런 관점은 사회혁명관에도 영향을 주어서 이른바 3단계 혁명설로
나타났다. 즉 '以暴易暴'의 왕조 시대에서 '過渡時代'인 공화 시대로, 다
시 공화 시대에서 '大同'의 아나키즘 사회로 이행하는 것이 역사의 필연이
라는 것이다.10) 그런데 여기서 공화 시대를 과도기로 설정한 것은 신세기
파의 점진성을 반영하는 것으로, 결국 손문 중심의 중국동맹회의 공화주
의 노선을 수용할 수 있는 이론적 여지를 마련하였다. 신세기파의 진화론
은 오치휘의 동료이자 생물학자인 이석증이 크로포트킨의 명저 『상호부
조론-진화의 한 요소』를 『互助論』이라는 제목으로 번역 소개함으로서 중
국 사회에 널리 알려졌다.

　서양의 근대 사상을 대표하는 진화론은 중국의 지식인들에게 여러 가지
모습으로 나타났다. 예를 들어, 엄복의 『天演論』, 양계초의 『新民說』, 장
병린의 『俱分進化論』 등의 저작들에 나타나는 진화론은 스펜서(혹은 헉

---

9) 卻可侶, 『進化與革命』(譯者序) (平明書店, 1947).
10) 四無, 「無政府主義可以堅決革命黨之責任心」, 『新世紀』58, 1908.8.1.

슬리)류의 사회진화론의 영향을 받았다는 점에서 일치하지만, 각자의 정
치적 입장에 따라 나름대로 재해석되어 받아들여지고 있었다. 엄복이 번
역한『천연론』은 원전 자체에 충실하려는 태도보다 진화론의 자의적인
해석을 통해 중국의 富强을 열망하는 강렬한 분투 의식이 단연 돋보인다.
양계초의『신민설』에 나타난 진화 사상은 엄복에 비해 국가주의 색채가
더욱 두드러지는데, 여기선 중국인을 개조하여 새로운 시민으로 만들고자
하는 국민주의 의식이 도덕 혁명의 형태로 나타난다. 이에 비해 장병린의
『구분진화론』은 진화와 도덕간의 관계에 대해 의문을 제기한 글로 인류의
도덕은 선과 악이 함께 진행하며, 인류의 생활도 고통과 즐거움이 함께
진행한다는 내용을 담고 있었다. 그는 기본적으로 진화 관념을 받아들이
지만, 다른 한편으로는 사회진화론의 적자생존의 논리에 내재된 잔혹한
경쟁에 대해 두려움을 가지고 있었다. 대체로 그들이 소개한 진화론은
생물학적 진화론이라기보다는 주로 사회(과)학적 진화론이며, 모두 '變'의
필연성 문제에 관심을 가지고 있었다.

근대 서양에서 진화론이 크리스트교적 세계관에 일대 충격을 주며 사회
전반에 큰 영향을 미쳤던 것처럼, 중국 사회에 수용된 진화론도 유교적
세계관에 대해 전반적인 회의를 불러 일으켰다. 하지만 진화론 수용 초기
에 나타난 1차적 반응이라면 국가 사회의 위기에 상응하여 변화해야 생존
할 수 있다는 절박한 현실을 자각시키는 데 있었다. 그런데 진화론을 중국
사회에 소개한 지식인들은 머지않아 사회진화론에 내재된 비도덕적인 측
면--예를 들어, 제국주의 군국주의의 합리화--을 발견하고 갈등하였다. 일
반적으로 논자들은 강자가 약자를 억압하는 사실조차 정당화하는 이런
사회진화론의 본질이 드러나면서, 점차 중국 사회가 아나키즘의 호조론을
받아들이게 되었다고 설명한다.[11] 사실 신세기파의 이석증이『호조론』을

---

11) 채원배의 회고를 통해서도 이런 생각을 확인할 수 있다. 채원배는 엄복의 천연론이 근대
   중국에 큰 영향을 미쳤음에도 불구하고, 그가 소개한 사회진화론이 "강권은 있으나, 공리가

번역하게 된 것도 다름 아닌 크로포트킨의 사상이야말로 사회진화론의
약점을 보완해 줄 수 있으리라는 믿음 때문이었다. 앞의 세 사람이 정도의
차이는 있을망정 '천연'이란 개념에 내재된 '진화'와 '윤리'의 두 가지
측면 가운데 전자 즉 自强保種의 문제에 더욱 주목했다면, 이와 상대적으
로 이석증의 '호조'란 개념에서는 진화와 혁명의 필연성은 물론 윤리와
도덕 의식의 진보를 모두 강조하는 특징을 보여준다.

19세기 후반 서양 사회에서 진화론에 대한 대표적인 사회(과)학적 해석
이라면 스펜서의 사회진화론과 크로포트킨의 상호부조론을 들 수 있다.
이 두 가지 이론은 중국에서 엄복의 『천연론』과 이석증의 『호조론』을
통해 소개되었다. 그리고 이 두 권의 번역서는 본 논문 주제와 관련하여
서양의 사회상에 관한 두 가지 이미지를 반영하고 있다.

다소 도식화하여 정리하면, 엄복은 영국 유학의 경험을 바탕으로 진화
론을 받아들였기 때문에 그의 사고에는 19세기 중반 영국 사회의 이미지
가 강하게 나타난다. 엄복은 유럽 계몽 사상을 비판적으로 수용하여 정치
적으로는 점진적인 개혁을 선호했고, 경제적으로는 부르주아 경제학의
신자유주의 경제 이론을 신봉했으며, 다분히 국민주의 정서에 기초하여
교육구국론을 주장하였다. 그가 주장한 민족주의는 부강한 국민국가를
건설하는데 목적이 있어서 국가와 개인간의 조화와 단결을 강조하였다.
이 때문에 엄복은 개인의 자유보다는 집단의 자유를 강조하고, 제국주의
나 배만혁명에 다소 무관심한 태도를 보인다. 이와 달리 이석증은 프랑스
에서 진화론을 받아들였기에 프랑스의 지적 전통이 강하게 배어있다. 예
를 들어, 그는 프랑스에서 생물학을 공부했기 때문에 진화론을 설명할
때에도 프랑스의 진화론자 라마르크를 자주 언급한다. 이석증은 계몽사상
과 사회주의의 영향아래 정치적으로는 국가의 소멸을 주장하는 급진주의

없었던" 이론이었기 때문에 이석증의 호조론에 의해 수정되었다고 기록하고 있다(蔡元培,
「五十年來中國之哲學」, 『最近之五十年』(上海, 申報館, 1923).

를 선택했고, 경제적으로는 평민혁명을 통한 아나키즘 사회를 추구했으며, 국가주의에 대항하는 교육 제도를 선호하였다. 아울러 그는 국가를 사회와 대립하는 존재로 파악하여 개인을 위주로 하는 사회혁명을 주장하였다.[12] 이런 까닭으로 말미암아 이석증의 진화론은 엄복류의 그것과 성격을 달리 하였다.

요컨대, 신세기파의 국수에 대한 반대나 물질 문명에 대한 찬양은 '중국의 아나키스트는 반전통주의자 혹은 서화론자'라는 기존의 해석을 지지하는 것으로 보인다. 그런데 엄격히 말하면 이들이 수용한 아나키즘은 서양 아나키즘의 전체가 아니라 자신들의 현실적 필요에 따라 선택한 부분적인 것들이었다. 단어를 열거하자면 서양의 아나키즘에서 테러·노동·무정부·무국가·반제 등의 논리보다는 교육·도덕·과학·진화·반전통 등의 논리를 주로 받아들였다. 또한 그들에게 있어서의 서양 문화란 주로 프랑스의 지적 전통과 관련된 것들이었으며, 일부는 다소 곡해된 것들이었다. 물론 그들 역시 중국의 전통으로부터 완전히 자유로울 수는 없었겠지만, 당시로서는 전통의 굴레로부터 가장 멀리 벗어나 있었다.

2) '國粹'를 보존하기 위한 도구

천의파의 유사배는 아나키즘을 받아들이기 전부터 國粹派의 대표 인물 가운데 한 사람이었다. 그는 3대에 걸쳐 『春秋』左傳을 연구한 명문 학자 집안의 자제였으며, 이미 청년 시절부터 뛰어난 국학 지식으로 높은 평가를 받고 있었다. 따라서 우리는 유사배의 아나키즘, 나아가 그의 아나키즘에 나타난 서양을 이해하기 위해서는 먼저 그의 국수주의에 대한 이해가 필요하다는 사실에 동의해야만 한다. 유사배의 국학과 혁명 사상간의 내

---

12) 曺世鉉, 「論嚴復的'天演論'與李石曾的'互助論'」, 『嚴復與中國近代化學術討論會論文集』 (福州, 海峽文藝出版社, 1998), 81면.

재 논리 관계를 탐구하는 것은 매우 흥미로운 주제이지만 동시에 매우
난해한 문제이기도 하다.13) 일단 국수주의자로서 유사배의 학문은 대체로
전통 학문의 내부 발전의 결과로 보여지지만, 여기서도 서양의 영향은
홀시할 수 없는 자극제였다. 즉 그의 국학은 서학의 지적 자극에 의거해
전통 학문을 재해석하여 성립한 것이라는 사실이다. 일본의 국수주의 그
룹의 성립 과정과 유사하게 중국의 초기 국수주의자들도 서양 문명에
대해서는 기본적으로 긍정하는 태도를 취하고 있었다. 단지 지나친 歐化
主義에 대한 문화적 위기 의식이 그들로 하여금 '국수'를 주장하게 만든
것이다. 물론 중국 국수파의 성립 배경에는 금고문논쟁이라는 학술 논쟁
과 아울러 군주입헌제와 배만혁명론의 정치 투쟁이라는 또 다른 추진
동력이 있었음을 기억할 필요가 있다.

상해 시절(1903-1906년) 국수주의자 유사배는 國學의 보존과 부흥을
제창하면서 정치에 종속된 기존의 학문을 비판하였다. 여기서 국학이란
중국 전통 학문의 정수로, 전제군주제를 지지하던 통치 이데올로기인 이
른바 君學(주로 宋明理學)과는 대비되는 것이었다. 그는 학술이란 군주
1인을 위한 학문이 아니라 천하의 것이라는 논리에 근거해 논리를 전개하
였다. 그리고 이 시기 유사배가 '古學復興'을 선전할 때, '고학'이란 중국
고대의 유학이외에도 선진 제자학이 포함된 것이었으며, '부흥'이란 용어
는 유럽 르네상스 운동에 나타난 '再生'의 의미를 내포하고 있었다. 다시
말하면, 중국의 국수주의자들이 고학의 부흥을 제창한 것은 마치 유럽의

---

13) 유사배의 국학과 혁명 사상에 대한 국내 연구로는 이원석의 글이 있다. 그에 따르면, 公羊學
을 중심으로 하는 今文經學에 기초한 변법운동은 실패하여 현실 경세에 무용하였고, 程朱學
에 기초한 보수적 경세론도 의화단운동의 실패로 한계에 봉착했다고 한다. 이에 중국의
모든 학술을 동원하지 않으면 경세의 성공을 장담할 수 없는 환경에 내몰리게 되었는데,
이 때 유사배의 政學一致의 혁명적 國學이 등장했다고 한다. 당시 유사배는 금문학은 경학
연구가 정밀하지 못하고, 정주학은 실학이 결여되었다고 믿었다(이원석,『근대중국의 국학
과 혁명사상』, (서울, 국학자료원, 2002) 146면).

르네상스 운동이 중세의 신학 중심의 세계관을 비판하고 고대 그리스
로마시대의 정신을 회복하여 새로운 활력을 불어넣으려고 시도한 것과
유사하다. 한때 유사배는 중국 문명의 서방기원설을 주장하여 중국과 서
방의 기원이 같다는 주장을 하엿는데, 이는 서양 문명에 대한 암묵적인
긍정이자 수용 의사를 밝힌 것이다. 실제로 유사배는 어린 시절 다른 많은
중국의 지식인처럼 엄복 등이 번역한 각종 서양 관련 서적 및 잡지를
통해 서학을 수용하였다. 특히 스펜서의 '社會學'을 통해 진화론의 세계관
을 받아들였으며, 루쏘의 '民約論'(사회계약론)을 통해 평민의 존재를 자
각하였다.14) 여기서는 일단 논의를 제한하여, 그가 받아들인 서양 부르주
아 사상인 루쏘의 민약론과 크로포트킨의 호조론을 관련시켜 정리해보면
다음과 같다.

   청말에 서양의 민약론이 진화론과 함께 진보적인 지식인에게 수용되어
개혁론이나 혁명론을 구성하는데 중요한 역할을 했다는 사실은 널리 알려
져 있다. 유사배는 민약론을 가장 먼저 중국 사회에 소개한 장본인 가운데
한 사람이다. 그가 민약론을 소개한 시기는 민족주의를 주장하던 상해
시절로 거슬러 올라가는데,『中國民約精義』이란 책에서 서양의 사회계약
론과 천부인권설과 같은 것이 중국 역사에도 있다고 하면서 각종 고적에
서 발췌 소개하였다. 이 때 유사배는 양명학의 良知說이 루쏘의 천부인권
설과 유사하다면서, 이런 중국적 민약론을 가지고 천부의 자유 평등의
권리를 회복하자고 주장하였다. 그리고 그가 루쏘의 민약론에 근거해 전
제군주제를 폐지할 것을 역설한 것은 배만민족주의자로의 전환을 가능케
한 한 가지 요인이었다.15)

---

14) 엄복의 중서회통관이 유사배의 학술에 적지 않은 영향을 미쳤다는 도중만의 견해도 경청할
   만하다(都重萬,「國學과 國粹--嚴復 劉師培와『國粹學報』의 학술적 관계」,『중국현대사연
   구』8, 1999).
15) 劉師培,『中國民約精義』, 1903 참조.

한 연구에 따르면, 근대 시기 중국인들의 루쏘에 대한 해석은 대략 3가지 정도로 분류할 수 있다고 한다. 첫째, 엄복의 경우는 영국의 신자유주의 사조의 영향을 받아 점진적인 개혁을 통해 영국식 입헌군주제를 본딴 국민국가를 건설하고자 했다. 이 때 루쏘의 민약론을 소개하였다. 그런데 계몽 사조인 민약론의 급진성이 오히려 군주입헌제 건설 의도와 상충된다는 사실을 발견하자 다시 루쏘를 비판하기 시작했다. 이로 말미암아 엄복은 중국에서 루쏘에 대한 최초의 비판자가 되었다. 둘째, 공화론자 추용·마군무의 경우는 일본의 자유민권 사상이나 사회주의 사상의 영향을 받아 혁명을 통해 공화정부를 건설하고자 했다. 이 때 루쏘의 민약론을 소개했는데, 그들은 주로 청조를 타도하고 부분적인 사회주의 정책을 채용하는데 민약론을 이론적 근거로 삼았다. 그리고 세 번째 유형이 바로 유사배와 같은 인물로 절대 평등 사회를 건설하는데 루쏘의 주장을 이용하였다.16) 여기서 그는 국학을 군학을 대립시키면서 전제군주제를 비판하고, 이상 사회를 만드는데 루쏘의 이미지를 이용한 것이다.

홍미로운 사실은 동경 시절(1907-1908) 유사배가 아나키즘을 받아들이면서 사회진화론에서 호조론으로 진화론의 해석이 바꾸었던데 반해, 루쏘의 천부인권론에 대해서는 여전히 믿었다는 점이다. 부르주아 정치 철학인 루쏘의 평등론은 아나키즘을 받아들인 다음에 조금도 변하지 않고, 오히려 강화되는 현상이 나타난다. 그에 따르면 "원래 인간은 평등하고 독립적인 존재였다는 루쏘의 주장은 학술상 불변의 진리"17)였다. 따라서 그는 무정부·무강권·인류평등의 이상 사회를 건립하기 위해 여전히 루쏘의 사상이 필요하다고 믿었다. 실제로 루쏘의 사상은 크로포트킨 사상과 상당한 지적 친근성을 가지고 있다. 그런데 서양의 아나키스트들이 루쏘의 견해를 재해석하여 개인의 완전한 자유에 대해 최고의 가치를

---

16) 王憲明 舒文,「近代中國人對盧梭的解釋」,『近代史研究』2, 1995.
17) 申叔,「無政府主義之平等觀」(1),『天義』4, 1907.7.25.

부여한 것과 달리, 유사배는 인류의 평등을 위해서라면 개인의 자유는 제약받을 수 있다는 독특한 해석을 내렸다.[18] 이처럼 그가 루쏘에게서 받아들이고자한 것은 개인의 자유 문제가 아니라 인류의 평등 문제에 관한 것이었다. 평등 개념을 중심으로 아나키즘을 해석하는 것은 이른 바 유사배식 아나키즘의 가장 중요한 특색의 하나이다. 그리고 그의 평등 론은 실은 전통 사상의 '平均' 개념에서 전화 발전되어 나타난 것으로 보인다.

유사배의 국학에 대한 애정은 일본에서 아나키즘을 받아들인 다음에도 큰 변화는 없었다. 오히려 국학과 아나키즘을 결합하려했는데, 이는 '以古 證今'의 방법으로 전통과 혁명을 결합하려는 끈질긴 시도로 나타났다.[19] 그는 아나키즘을 받아들이자마자 곧바로 과거에 신봉했던 근대 부르주아 사상을 비판하기 시작했다. 아마도 아나키즘의 발견은 서구 근대 문명에 대한 열등 의식을 극복하는 한 계기를 마련해준 듯하다. 예를 들어, 엄복 이 소개한 서양의 사상을 '功利富强의 說'이라고 하면서 중국인의 마음에 있는 큰 걱정거리라고 비판하고 나섰다.[20] 그는 크로포트킨의 관점을 이 용해 엄복이 소개한 사회진화론이 진정한 다윈의 진화론이 아닐뿐더러 이를 왜곡시켰다고 비난하였다. 그리고 한 때 열광적으로 받아들였던 스 펜서의 정치 철학은 크로포트킨의 아나키즘으로 자연스레 대체되었다.

앞서 소개한 이석증과 더불어 유사배는 중국에 최초로 호조론을 소개한 또 다른 중국인이다. 그는 스펜서와 헉슬리가 다윈의 진화론을 왜곡한

---

18) 앞의 글.
19) 근대 중국 사상사에서 국수주의와 아나키즘의 출현은 흥미로운 주제이다. 천의파의 실질적 인 이론가 유사배에서 나타나는 국수주의와 아나키즘의 결합 현상은 더욱 흥미로운 주제이 다. 이른바 '전통'과 '민족'의 색채가 농후하다고 생각되는 국수주의와 '근대'와 '국제'의 색채가 농후하다고 생각되는 아나키즘이 한 인물의 사상에 공존한다는 사실은 일견 모순된 현상으로 보여진다. 하지만 이런 현상 자체가 근대 중국 지식인의 복잡한 의식 구조를 상징 적으로 반영한다고 볼 때, 단순히 간과할 수 있는 문제는 아니다.
20) 申叔, 「廢兵廢財論」, 『天義』2, 1902.6.25.

사회다원주의자라는 사실을 강조하는데, 이 점은 신세기파와 입장과 같다. 하지만 『천의』보에 나타난 유사배의 아나키즘은 크로포트킨의 사상조차 전통과의 결합을 위해 필요하다면 언제든지 왜곡시킬 수 있는 그런 것이었다. 실제로 그는 크로포트킨의 아나키즘을 제대로 수용했다기보다는 피상적으로 이해했고 선택적으로 받아들였다.[21] 유사배가 크로포트킨을 좋아하게 된 동기 가운데 하나는 다름 아닌 크로포트킨의 귀납법적 연구 방법론이 자신의 고증학적 방법론과 유사했기 때문이었다. 크로포트킨의 학설이야말로 가장 원만한 이론이라고 하지만, 그의 사상 역시 최고의 사상은 아니며, 슈티르너나 톨스토이의 아나키즘도 탁월하다고 언급하였다. 이것은 크로포트킨주의자임을 자처했던 신세기파와는 달리 유사배는 아나키즘을 상황의 변화에 따라 임의적으로 이용할 수 있는 여지를 마련하였다. 이석증이 크로포트킨의 자연과학자로서의 위치를 높이 평가했다면, 유사배는 주로 크로포트킨의 귀납적 역사방법론에 흥미를 가졌다는 점을 기억할 만하다. 전통 문화에 대한 관점 차이가 호조론의 수용에서조차 입장 차이를 드러내는 것이다.

유사배는 아나키즘의 기원조차 중국의 역사에서 찾을 만큼 철두철미한 역사주의자였다. 그는 노자를 중국 아나키즘의 시조로, 포경언을 無君主義의 창시자로, 허행의 並耕說을 인류평등설의 창시자로 이해했다. 뿐만 아니라 노자 이외에도 불교의 교리, 맹자의 말, 루쏘의 사상 등이 모두 아나키즘 사상을 담고 있다고 주장하였다. 심지어 漢武帝의 염철 전매 정책이나 王莽의 개혁, 均田制와 같은 토지 정책을 모두 고대 사회의 사회주의 정책이라고 손쉽게 단정하였다. 전통 시대의 자객과 유협을 러시아 허무당과 유사하게 본 것도 유사한 사례이다. 그는 한 걸음 더 나아가

---

21) 이 논문에서는 편의상 『천의』에 실린 유사배의 글을 다루며, 같은 시기 『국수학보』에 실은 글은 다루지 않는다. 하지만 당시 국학과 아나키즘 관련 문장은 서로 일정한 관련을 가진다. 이에 관해서는 이원석, 앞의 책을 참고할 것.

三代 이전의 고대 사회를 자유방임적이며, 계급 관념이 희박하고, 빈부 차이가 크지 않은 아나키즘적 이상 사회로 묘사함으로써 복고적인 경향을 띤다. 중국의 고대 사회와 아나키스트 이상 사회를 동일하게 보려는 의지는 '牽强附會'의 방법을 통해서라도 국수의 보존과 재생이라는 목적에 충실하려는 의지를 보여주는 것이다. 이 점은 유사배가 "國粹의 存亡은 無政府의 실행여부에 달려있다"[22]고 선언한 것에서도 알 수 있다. 그의 사상은 기본적으로 전통 학문과 서양 학문의 會通으로 설명할 수 있지만, 상당정도 국학의 정당성을 확보하기 위해 서학을 왜곡한 혐의도 짙다.

유사배가 상해 시절 배만민족주의자였을 때에는 중국의 고대와 서양의 근대를 연결시켜 이 양자를 가지고 유럽의 중세기쯤에 해당하는 중국의 전제 왕조 시기를 공격하였다. 그리고 동경 시절 아나키즘을 주장할 때에는 다시 서양의 사회주의 이론을 이용하여 구미의 자본주의 제도를 비판하고, 중국 고대의 이상향과 아나키즘 사회를 동일시하면서 전통 사회를 미화하였다. 이런 극적인 변화 원인은 잠시나마 공감했던 서양의 근대 문명이 도리어 중국의 전통 문화를 붕괴시킬 수 있는 위협적인 존재로 비쳐졌기 때문으로 보인다. 따라서 서양의 부르주아 사상을 비판할 목적에서 아나키즘 논리를 이용한 듯하며, 나아가 아나키즘의 공산 사회야말로 중국의 국수를 보존하고 부흥시킬 수 있는 이상적인 모델로 받아들인 듯하다. 이런 변신에도 불구하고 그에게 일관되게 나타나는 태도라면 전통 학문에 대한 깊은 애정과 중국 문화의 멸망(學亡)에 대한 강한 두려움이었다.

요컨데, 유사배의 '중국식' 아나키즘은 기본적으로는 역사순환론이나 '平均' 사상과 같은 전통 요소를 듬뿍 지닌 것이며, 크로포트킨주의라는 '新' 진화론이나 루쏘의 사회계약설과 같은 서구적인 요소도 영향을 주

---

22) 劉師培, 「衡書三篇」, 『衡報』10, 1908.8.8.

어 성립한 것이다. 하지만 그에겐 아나키즘 역시 근대 부르주아 사상처럼 국학의 부흥을 위한 편의적인 도구에 불과했으며, 언제라도 필요에 따라 포기할 수 있는 것이었다. 여기서 나타나는 그의 서학 수용 방식의 한 가지 특징이라면, 서양의 근대를 초월하려는 지나친 '조급성'을 들 수 있다.

Ⅱ. 서양 아나키즘 수용의 구체적 양상

신세기파가 서양의 근대적인 이미지를 가지고 중국 사회를 격렬히 비판했다면, 천의파는 서양의 근대에 대항하여 (또 다른 서구 사조인) 아나키즘을 이용해 중국 학술의 부흥을 주장하였다. 따라서 양자 모두 직접 혹은 간접적인 형태로나마 서양을 그 기준으로 삼고 있지만, 동시에 그들은 서양 이미지를 선택적으로 받아들여 이를 적절히 이용했다고도 말할 수 있다. 즉 그들의 서양에 대한 이해는 프랑스·일본 등의 현지 경험과 개인적인 성격과 취향에 제한된 것이며, 중국 현실에 걸맞게 적절히 조정된 것이었다. 다음에는 중국 아나키스트들이 사회 문제의 해결에 서양 이미지를 어떻게 이용하고 있는가를 가족·종교·국가·교육 등의 사례를 들어 좀 더 구체적으로 설명하겠다.

1) 가족

중국의 아나키스트들은 전통 사회의 가족 윤리가 종법 제도와 불가분의 관계를 맺고 있으며, '三綱五常'으로 상징되는 가족 윤리는 개인을 가족에 속박시켜 '私德'만을 강조하고 '公德'을 홀시하는 결과를 가져왔다고 비판하였다. 그들은 중국이 서양보다 가족 사상, 즉 삼강오상의 설이 발달했으며, 가족 압제의 견고함을 타파하기 위해서는 우선 전통적인 가족 사상을 해체해야 한다고 믿었다.[23] 따라서 그들은 전방위로 가족 제도

안팎의 권력 관계를 폭로하는 과정에서 '삼강'으로 상징되는 가족 윤리의 야만성을 공격하였다. 그리고 '오상'에서 군신·부자·부부·형제의 사류은 모두 가족과 국가의 윤리라서 비판하였으나, 예외적으로 붕우의 윤리만은 사회 윤리로 인식하여 긍정적인 평가를 내렸다. 왜냐하면 붕우의 논리는 사회주의의 평등·자유·박애의 정신과 어느 정도 부합한다고 믿었기 때문이다. 신세기파와 천의파는 가족 사상인 삼강오상의 소멸을 주장하면서 근대적 윤리관을 모색한 것이나, "家族이 萬惡의 根源"이라는 동일한 인식을 가졌음에도 불구하고, 그 접근 방법에서 서로 다른 모습을 보인다.[24]

신세기파는 과학주의자답게 서양의 근대 생리학이나 위생학의 관점에 서서 가족 문제에 접근하고 있다. 삼강의 예를 들자면, '父爲子綱'은 "과학으로 말하자면 부모가 자식을 낳는 것은 단지 생리의 문제일 뿐"으로 "長幼의 유전은 있을지언정 尊卑의 의리는 없다"고 선언한다. 이에 '慈'와 '孝'의 덕목도 부모와 자식의 사사로운 이기심을 전통 윤리로 은폐한 것이라고 보았다. '夫爲婦綱' 역시 "남녀의 결합은 생리의 문제일 뿐"이라는 관점에서 완전한 자유 연애를 통해 결혼 제도를 폐지하자고 주장한다.[25] 이에 따라 애정에 기초한 남녀의 자유로운 성관계를 긍정한다. 비록 무절제한 성관계가 건강에 해롭고 성병과 같은 부작용을 낳을 수 있으므로 적절한 통제 장치가 필요하다고 얘기하지만,[26] "公娼 제도가 염치의 문제가 아니라 위생의 문제일 뿐"이라는 오치휘의 말에서도 나타나듯이, 윤리의 차원이 아닌 과학의 차원에서 접근한다. 심지어 남녀 자유 연애를 위한 대중적인 장소와 공간을 제공할 것을 제안한다.[27] 그리고 신세기파는 애

23) 劉師培, 「論中國家族壓制之原因」, 『警鍾日報』, 1904.4.13-15.
24) 漢一, 「毁家論」, 『天義』4, 1907.7.25; 鞠普來稿: 「毁家譚」, 『新世紀』49, 1908.5.30. 등 참고.
25) 眞, 「三綱革命」, 『新世紀』11, 1907.8.31.
26) 앞의 글.
27) 初來歐洲者, 吳稚暉案語, 「觀娼感念」, 『新世紀』54, 1908.7.4.

정 없는 결혼은 여성의 비극임은 물론 축첩 제도와 창기 제도와 같은 사회 부작용을 낳으므로 반대하였다. 중국의 경우뿐만 아니라 서양 여성들이 남자의 부와 지위를 보고 중매 결혼하는 사례에 대해서조차 "남자의 장난감 인형"이 되는 것이라며 가차없이 비난하였다. 게다가 다른 민족과의 결혼이 우성인자의 자손을 낳을 수 있으므로 중국인과 외국인의 혼인을 장려한다든지, 같은 이유에서 동족간의 결혼은 열성인자의 자손을 낳을 수 있다면서 이를 반대하였다.[28] 파리의 아나키스트들은 봉건 가족 제도에 기초한 가족주의 이데올로기를 파괴하기 위해 혼인 제도의 무용론을 주장했으며, 결국 "萬惡의 근원의 근원은 결혼 제도"라는 결론에 도달한다.

이와 달리 천의파는 가족 문제에 대해 근대 과학의 차원에서 접근하기보다는, 주로 중국 고전에서 여성 억압이나 부녀 학대 사례들을 열거하는 방법을 통해 감정적인 복수 심리와 동정 심리를 자극한다는 점에서 구별된다. 『천의』에서는 역사 사실에 대한 귀납적 소개 방식을 통해 가족 문제를 설명하는데, 적어도 여성 문제에 관한 한 유사배의 처 하진이 쓴 글이 많다. 본래 이 잡지는 아나키스트 잡지이기도 하지만, 동시에 중국의 여성 해방을 목적으로 출판한 여성 잡지이기도 하다. 따라서 여성 관련 기사는 물론 이와 관련된 가족 관련 기사가 적지 않다. 잡지의 창간호만 보더라도, 여러 남자를 상대하는 여성이 창녀이듯 여러 여성을 거느리는 황제는 남자 중의 창기에 불과하다든지, 남성들이 권력을 가지게 된 이면에는 군사력이 뒷받침되듯이 여자들도 군대에 가입해 자신들의 물리력을 창출할 것을 권장하는 등 매우 돌발적이고 공격적인 논리를 펼친다.[29] 하지만 점차 가족과 여성 문제를 사회 경제적인 문제와 결부시키면서 남녀간의 性의 대결 구도에서 점차 여성 참정권 문제나 여성의 노동 참여 문제

---

28) 鞠普來稿,「男女雜交說」,『新世紀』42, 1908.4,11.
29) 震述,「女子宣布書」,『天義』1, 1907.6.10.

등으로 관심의 영역을 넓혀간다. 그런데 여기서도 여성 참정권 운동이란 여성과 여성간에 억압과 복종, 지배와 피지배의 관계를 강화시킨다는 측면에서 반대하기도 하고, 여성의 노동 참여에 대해선 가사 노동에다가 사회에서의 노동 착취가 이중적으로 이루어질 가능성을 염두에 두어 부분적인 반대 입장을 보인다.[30] 당시 공화파와 상반되는 이런 독특한 견해의 이면에는 사유 재산 제도에 대한 증오심과 남녀의 절대 평등이라는 원칙이 도사리고 있었다. 금전에 매수된 서구의 혼인보다는 중국의 전통적 예교가 차라리 낫다고 극언하는 것이나, 자유 연애와 자유 결혼조차 어떤 측면에서는 불공평할 수 있다고 주장하는 것도 같은 맥락에서 바라볼 수 있을 것이다.[31] 대체로 신세기파가 남성 중심의 시각에서 여성의 경제 자립과 여성 참정권 문제를 바라보았다면, 천의파는 여성 중심의 관점에서 문제를 바라본 것이다 .

청말 아나키스트들이 서양의 자연과학 지식을 이용하든, 중국의 고전 자료를 이용하든 간에 중국의 전통 가족 제도를 집중적으로 비판한 것은 무척 인상적이다. 어쩌면 가족 제도에 대한 비판은 서양의 아나키즘 이론을 중국의 실정에 맞게 적절히 변형시킨 대표 사례로, 중국 아나키스트의 독창적인 특색이라고도 말할 수 있다.

2) 종교

종교 문제와 관련해 서양의 아나키스트들은 진정한 도덕은 종교나 신과의 투쟁 속에서 실현될 수 있으며, 만약 종교가 사라진다면 국가도 존재할 수 없을 것이라고 믿었다. 그런데 이들이 비판하고자 한 것은 종교 그

---

30) 천의파의 또 다른 멤버 장계는 유럽에서 보낸 편지를 통해 『천의』에 나타난 여성의 복수 심리에 근거한 과격한 논조를 수정할 것을 요청한 바 있다(「張繼君由巴黎來函」, 『衡報』4, 1908.5.28.).

31) 千聖林, 「중국 사회주의여성해방론의 선구자 하진」, 『近代中國 思想世界의 한 흐름』(서울: 신서원, 2002) 참조.

자체라기보다는 주로 교회 조직과 그 제도였다. 교회야말로 모든 권위의 중요한 원천이자 개인의 가치와 감정을 왜곡시키는 존재이며, 이런 교회가 세속 정치 권력과 결합하면서 국가의 통치 행위를 합리화시켰다는 것이다. 특히 크로포트킨이 자연과학의 이름으로 종교의 비과학성을 지적한 것이 중국의 아나키스트에게 많은 영향을 미쳤다.

신세기파는 진화론의 관점에서 종교란 미신에 불과하며 어떠한 과학적 근거를 가지지 못한다고 말한다. 그들은 종교란 야만 시대에 "인간과 괴물 사이에 있던 주의"이며, 과학의 발전에 따라 이제는 "인간과 인간 사이의 주의" 즉 사회주의가 있을 뿐이라고 하였다.[32] 그런데 중국에는 유럽의 기독교 교회 조직에 상응할만한 것이 없었기 때문에, 파리의 아나키스트들은 주로 서양의 기독교 신앙이 중국의 '天'에 대한 관념과 비슷한 것으로 보아 이를 비판하였다. 그들은 인격신으로서의 '천'은 존재하지 않으며, 단지 천은 자연계의 물질이라면서 부정하였다. 같은 맥락에서 천명을 받은 천자라는 식의 전통적 군주론도 허구라고 일축하였다.[33] 또한 그들은 옛날 사람들이 천문학 지식이 없었기 때문에 천둥 번개와 같은 자연 현상을 두려워하여 '上帝'라는 가공의 존재를 만들었다고 보았다. 이런 관점은 민족주의 혁명가들이 주장하던 황제기원설이나 한민족 시조를 숭배하는 행위를 비난할 수 있는 근거를 마련하였다.[34] 한편 미신 비판에는 조상과 귀신에 대한 숭배 등이 포함되었는데, 조상과 귀신 역시 생물학의 지식이 부족한 옛날 사람들이 사후의 세계에 대한 두려움 때문에 창조한 것이며, 조상이란 이미 죽어버린 생물체일 뿐이라고 단언하였다.[35] 이처럼 신세기파는 전통 시대의 비과학적인 풍속과 악습 비판에 주력하면서,

32) 某君由北海島/ 燃案,「宗教問題」(2),『新世紀』55, 1908.7.11.
33) 四無,「無父無君無法無天」,『新世紀』52, 1908.6.20.
34) 眞,「續祖宗革命」,『新世紀』4, 1907.7.13.
35) 眞,「祖宗革命-家庭革命之一」,『新世紀』2, 1907.6.29.

새로운 도덕으로 종교와 미신을 대체할 것을 주장하였다.

이에 비해 유사배의 종교 비판은 국수주의자로서 康有爲의 孔敎論을 반대하는 것에서 시작하였다. 원래 강유위가 유학의 종교화를 주장하게된 배경에는 서양의 종교 개혁이 근대 유럽 열강의 힘의 원천이라고 믿었던 데 있었다. 유사배가 국학의 부흥을 주장한 배경에도 유럽 르네상스 시대의 '재생'의 이미지와 종교 개혁이 자리잡고 있었다. 따라서 이들 두 사람은 서양의 기독교에서 일정하게나마 유교 및 공자의 재평가 문제를 시사받았다는 점에서 공통적이다. 하지만 강유위가 서양의 기독교에서 영감을 받아 유교를 종교화하려는 운동을 펼쳤던 것과는 달리, 유사배는 공자의 우상화와 종교화에 적극 반대했다는 점에서 선명하게 구분된다. 이런 대립의 배경에는 今文學者로서의 강유위와 古文學者로서의 유사배 간에 공자에 대한 근본적인 해석 차이가 존재하고 있었다.

금문학자인 강유위는 공자를 '改制'의 교주로 이해하여, 유교를 윤리에서 종교로 바꾸려 하였다. 이에 반발하여 유사배가 쓴 <漢代古文學辨誣>와 <論孔子無改制之說> 두 편의 문장은 강유위의 대표 저서 『新學僞經考』와 『孔子改制考』에 나타난 공자상을 비판하는 학술 논문이다.[36] 여기서 유사배는 공자가 종교가라는 해석 혹은 유학이 유교라는 사실에 반대하여, 공자는 역사가이며 중국 문명의 은인이라는 점을 강조하였다.[37] 그는 학술과 종교를 엄격히 구분할 것을 주장하면서, 단지 공자가 위대한 학자의 한 사람일 뿐이라고 규정함으로서, 결국 諸子學 부흥의

---

36) 유사배는 고문경학이 유흠의 위작이 아니라는 상세한 증거를 제시하면서 『신학위경고』를 비판하였을 뿐만 아니라, 고문경이 금문경보다 믿을만하다고 주장하였다. 그리고 『공자개제고』를 비판하면서는 전통 시대에 改制의 권리는 천자나 제왕에게 있었으므로 공자는 결코 개제를 한 적이 없다는 전제 아래, 강유위가 제시한 공자의 제도 개혁 사례 12항목을 조목조목 따졌다(劉師培, 「漢代古文學辨誣」, 『左庵外集』卷4, 『遺書』第44册; 「論孔子無改制之說」, 『左庵外集』卷5, 『遺書』第45册 참고).

37) 『左庵外集』卷4, 『遺書』第44册; 『左庵外集』卷5, 『遺書』第45册.

단서를 제공하였다. 『천의』에 실린 관련 글을 검토하면, 일부 문장에서 부분적이나마 공자를 부정하는 경향이 보이지만, 그런 주장이 유사배의 견해라고 단정하기에는 곤란하다. 왜냐하면 유사배가 공자를 부정했다는 뚜렷한 증거는 거의 나타나지 않기 때문이다. 그는 이 잡지에 공자에 관련한 전문적인 글을 쓰지 않았고, 단지 공자를 '孔丘'라는 이름으로 표기한 경우가 있어 약간이나마 공자나 공학에 대한 비판 의식을 드러내었다.[38] 한마디로 유사배는 금문학의 공자상을 비판한 것이지 공자 개인을 타도 대상으로 설정했다고 보기는 어렵다. 이 점은 신세기파가 공자에 대한 혁명을 진행하자고 주장한 것과는 좋은 대조를 이룬다. 또한 유사배가 한 때 황제기원설을 적극 옹호한 사실도 신세기파와는 또 다른 점이다.

이와 같이 서양 아나키스트의 교회 조직에 관한 비판 이론은 청말 신세기파에 의해서는 주로 미신과 악습 비판으로 나타났고, 천의파의 경우는 금·고문 학술논쟁 및 공자에 대한 평가 문제 등에서 나타난다. 그런데 민국 초에 신세기파의 종교 인식은 孔敎운동을 비판하는 反孔운동의 논리로 적극 활용되어 신문화운동의 중요한 한 흐름을 형성한 것과 달리, 천의파의 유사배는 복고주의자로 변신한 후라서 오히려 유학과 공자를 폄하하는 일체의 움직임에 반대하는 경향을 보였다.

3) 국가

아나키스트들은 국가란 소수가 다수를 지배하기 위해 만든 것으로 "萬惡의 근원" 가운데 하나였다. 여기서는 부르주아 국가나 프롤레타리아 국가나 마찬가지이다. 그들은 부르주아의 대의제도를 자본가만을 위한 것이라고 비판했고, 볼세비키의 프롤레타리아 독재도 다수가 절대 다수를 억압하는 또 다른 권력일 뿐이라고 일축하였다. 그런데 국가 문제에 관련

---

38) 震述, 「女子復仇論」(2), 『天義』3, 1907.7.10.

하여 서양의 그것과 비교하자면 청말 아나키스트들의 정부와 국가에 대한 견해는 다소 유동적인 것이었다. 아마도 근대적 국민국가를 이론으로만 경험했던 20세기 초의 특수한 시대적 상황 때문으로 보인다.

청말 신세기파는 근대 국가에 대한 이론적 관심보다는 '排皇革命'(황제 체제에 대한 혁명)이라는 현실적 과제를 더욱 관심을 가졌다.[39] 예를 들어, 오치휘는 민족혁명은 복수주의이고, 공화혁명은 과도기일 뿐이라고 역설하며, 최종적인 혁명은 대동혁명으로 아나키즘 혁명이라고 강조하였다. 하지만 아나키즘 혁명의 필연성을 강조하면서도 공화혁명에 대해 약간의 친근감을 표시하였다. 이것은 아나키즘 혁명 이전에 공화혁명의 단계를 거쳐야 한다는 이른바 과도기론으로 나타난다. 앞서 언급했듯이 오치휘는 진화론의 점진성을 강조하면서 공화파와의 갈등 문제를 해소시키고 있었는데, 이는 사물의 발전은 나쁜 것에서 비교적 좋은 것으로 나아간다는 較善의 논리에 근거한 것이다. 저민의 역시 아나키스트의 1단계 목표는 공화파의 민족·민권주의와 크게 배치되지 않는다는 견해를 제시하였다. 이와 달리 이석증은 오치휘의 단계론에 이견을 보이며 '전제'에서 '자유'로 곧바로 나아갈 것을 주장했지만 얼마 후 그도 오치휘의 정치적 입장을 따랐다. 이런 과정을 통해 신세기파는 손문에 대한 개인적인 친분 관계를 빌미로 공화파와의 일정한 협력 관계를 유지할 수 있었다. 결국 신해혁명 후 신세기파는 "민국을 건설하며 대동 즉 아나키즘 사회로 나아간다"는 슬로건을 내세웠고, 비록 군국주의와 애국주의를 비판했으나 공화 체제 자체를 부정하지는 않았다.

이에 비해 과거 배만민족주의 혁명론을 주장했던 유사배는 아나키즘을 받아들이면서 극적인 사상 전환을 경험하였다. 그가 아나키즘을 수용하면서 달라진 것은 만주족과 한족의 대립 구도를 설정하던 기존의 종족주의

---

39) 眞民, 「革命」, 『新世紀叢書』1, 1907.

적 경향에서 탈피하여 국제주의에 입각한 주장을 할 수 있었다는 사실이
다.[40] 그리고 亞洲和親會나 社會主義講習會 등의 활동을 통해 단순한
종족적 대립 구도를 넓혀 '强族'과 '弱族'의 논리아래 약족인 아시아 인민
과 강족인 서방 제국주의의 새로운 대립 구도를 설정할 수 있었다. 더
나아가 노동자와 농민의 혁명 역량에 주목해 총동맹파업이란 방식을 통한
사회혁명을 주장하였다. 여기서 유사배의 농민에 대한 강한 애착은 그의
사상의 한 가지 특징을 이루는데, 이러한 인식 전환에는 일본 아나키스트
幸德秋水의 영향이 적지 않았다. 비록 유사배가 서양의 자본주의를 부정
하고 새로운 '민족관'이나 '민중관'을 제시하는 과정에서 (연구자에 의해)
다소 엉뚱하게 중국 최초의 반제국주의 이론가라는 영예를 얻게 되었지
만,[41] 어쨌든 당시 그에게서 나타나는 초국가주의적 의식이나 국가를 벗
어난 지역 간 연대의 주장은 높이살 만 하다. 그런데 재미있는 사실은
아나키즘을 가지고 제국주의를 비판하는 과정에서 중국의 고대를 "이름
은 有政府이나 실은 無政府나 다름이 없다"[42]면서 다시금 고대 사회를
미화할 수 있는 기회를 가졌다는 점이다.

유사배는 중국의 고대 사회가 자유 방임이었으며, 계급 관념이 희박했
을 뿐만 아니라, 빈부 차이도 크지 않아 서양의 자본주의 국가에 비해
합리적인 부분이 많다고 설명한다. 고대 중국이 근대 서양보다 상대적
'자유'를 누리고 있었고, 자본주의가 발달하지 않은 것은 오히려 서구의
근대를 초월해 아나키즘 사회를 건설할 수 있는 좋은 토양이라고 여겼다.
그는 중국인들이 섣불리 서양의 민주주의나 정치 제도 및 경제 정책을
배우게 되면 오히려 사회에 큰 혼란을 가중시킬 수 있다고 경고하였다.

---

40) 震 申叔, 「論種族革命與無政府革命之得失」, 『天義』6-7, 1907.9.1.
41) 沙培德(Peter Zarrow), 「辛亥革命中的激進主義和烏托邦主義」, 『辛亥革命與近代中國-紀念
辛亥革命80周年國際學術討論會文集』(下)(北京, 中華書局, 1994), 1064면.
42) 「社會主義講習會第一次記事」, 『天義』6-7, 1907.9.1.

이런 나로드니키적 경향은 청조의 '新政'을 서구화 노선으로 보아 더욱 격렬하게 비판할 수 있는 실마리를 제공하였다. 또한 중국동맹회의 주도 권 다툼에 적극 참가했던 유사배는 反孫文의 입장에서 서서 공화파를 신랄하게 비판하며 권력 투쟁에 참여하였다. 이 점은 신세기파의 정치적 입장과 뚜렷하게 대비된다.

덧붙이자면, 프랑스 아나키즘의 영향을 받은 신세기파는 아나키즘과 마르크스주의간의 통합불가능성을 분명히 인식하고 있었다. 그러나 일본 사회주의자의 영향을 받은 천의파는 마르크스주의에 적대적이지 않으며, 오히려 『공산당선언』을 번역 소개하기도 했다. 이 때 유사배는 공산주의 는 국가를 이용하지만 아나키즘은 국가를 폐지할 것을 주장한다면서, 사 유 재산의 국유화를 주장하는 공산주의보다 사유제의 전면적 폐지를 요구 하는 아나키즘이 우월하다고 보았다. 물론 아나키즘이나 공산주의 모두 국가와 정부가 궁극적으로는 폐지되어야 할 존재라는 주장한 것에서는 같다.

4) 교육

본래 크로포트킨은 근대 자본주의 경제 체제의 가장 큰 문제는 분업에 있다고 생각하였다. 아담 스미스가 분업의 이익을 설명한 후, 아무도 그 사실에 대해 회의하지 않고 불변의 진리로 받아들였지만, 크로포트킨은 분업이야말로 모든 노동자들을 기계의 부속품으로 전락시키고 오직 특권 계급만이 그 이익을 향유하도록 만든다고 주장했다. 그는 오늘날 '전문가' 라고 불리는 자들은 실은 자기의 전문 분야 이외에는 전혀 지식이 없는 무능력자로, 이것은 노동자는 물론 자본가 지식인 예술가 모두 마찬가지 라고 보았다. 특히 분업의 결과 나타난 대표적인 사회 문제는 정신 노동과 육체 노동의 분리에 있다고 하였다. 그에 따르면, 과거의 노동자들은 자신 의 작업과 관련한 여러 지식들을 골고루 가지고 있어서 지식과 작업을 조화시킬 수 있었지만, 요즘은 효율성이란 이름으로 그런 인간을 무시하는 경향이 팽배하다는 것이다. 이에 노동자와 지식인의 차별에 반대하여 육체 노동과 정신 노동의 통일을 주장한 것이 크로포트킨 교육관의 핵심을 이루게 되었다.[43)]

중국의 아나키스트들은 이런 크로포트킨의 견해를 고스란히 받아들여 근육 노동과 두뇌 노동을 결합해야 한다고 믿었으며, 그 가장 효율적인 방법은 교육 제도의 개혁과 교육의 보급에 있다고 보았다. 여기서 교육은 당연히 아나키즘 교육을 의미하는데, 그것은 '육체 노동과 정신 노동의 결합'이란 말로 압축할 수 있으며, 특히 지식인의 육체 노동을 중시하였다. 이 점에서는 신세기파와 천의파가 큰 차이는 없다. 중국의 아나키스트들이 노동을 신성하게 여긴 것은 당시로서는 획기적인 발상으로 새로운 지식인상을 중국 사회에 제공함으로써 적지 않은 반향을 불러일으켰다. 이들은 한편으론 학생에게는 노동의 신성함을 깨우치기 위해, 다른 한편으론 노동자에게 공부의 기회를 제공할 목적에서 "以工兼學, 以學兼工"란 슬로건을 내걸었다.

신세기파가 교육을 아나키즘 혁명의 실현을 위한 가장 중요한 방법으로 여긴 사실은, "교육으로 (무정부)혁명을"('以教育爲革命')이라는 구호에서도 잘 나타난다. 오치휘가 "무정부주의 혁명은…교육으로 혁명을 이루는 것일 뿐이다. 사실 하루 하루의 교육이 곧 하루 하루의 혁명인 것이다"[44)]라고 언급한 부분은 신세기파 교육관의 핵심을 보여준다. 그는 중국 사회가 낙후한 것이 과거제도의 모순과 중국인의 무지에서 비롯되었고, 이런 모순과 무지를 극복하기 위해서는 서양의 근대 교육이 매우 필요하다고 생각하였다. 그리고 전통 교육이란 종교와 미신을 대표하고 애국주

---

43) 이지활 편, 『아나키즘의 생물학·사회학·교육학·경제학』(서울: 형설출판사, 1979), 61-73면 참고.

44) 燃, 「無政府主義以教育爲革命說」, 『新世紀』65, 1908.9.19.

의 국가주의에 봉사하는 것이라며 반대했고, 아나키즘의 과학과 도덕 교육이야말로 빈부 차이와 계급 차별을 없앨 수 있는 교육이라고 주장하였다. 당시 신세기파는 사회혁명의 방법으로 암살, 무장봉기, 총동맹파업, 이상촌 건설 등과 같은 수단을 제시하지만, 가장 좋은 방법이라고는 생각하지 않았다. 오히려 그들은 폭력보다는 신문과 책을 출판 보급하고, 연설을 통해 평민에게 혁명 사상을 고취하는 선전 작업을 높이 평가하였다. 그리고 가장 이상적인 혁명 방법은 다름 아닌 교육을 통한 혁명이었다. 신세기파의 다른 멤버 저민의도 "교육이란 진화의 원동력"이라고 하면서, 심지어 적극적인 '교육'과 소극적인 '혁명'을 병행해야 한다고까지 말하였다.[45] 실제로 이런 교육관은 각종 야학 활동이나 기술 학교의 설립 등으로 나타났다.

천의파의 유사배도 아나키즘을 받아들이기 전부터 교육 문제에 관심이 많았다. 그가 처음 쓴 여러 편의 시론들이 바로 교육 개혁의 문제였고, 본인 스스로가 구식 교육에 불만을 품고 여러 권의 신식 교과서를 편찬하기도 했다. 아나키즘을 받아들이기 전에는 주로 과거 제도를 비판한다든지 외국 유학을 적극 권장하는 정도였는데, 아나키즘을 받아들이면서부터는 서양의 부르주아 교육 제도에 대해 격렬한 비판을 제기하였다. 이 때 그는 과거제를 폐지하고 신식학당을 세우려는 시도는 신사나 부자들에게 유리할 뿐, 가난한 사람에게는 불리하다는 묘한 논리를 폈다. 가난한 사람이 신식 학당에 입학하려면 학비가 너무 비싸 진학할 수 없는데 반하여, 차라리 과거제는 누구나 시험에 응시할 수 있도록 모두에게 개방되어 있어 공평하다는 것이다. 그는 근대식 교육 제도가 빈민을 영원히 노예로 만들고 부자를 영원히 기득권을 향유하도록 만든다고 주장하면서, 그런 학교라면 차라리 과거제만도 못하다고 비아냥거렸다. 물론 그가 과거제로

---

45) 民, 「續無政府說」, 『新世紀』47, 1908.5.16.

의 복귀를 진정으로 주장한 것은 아니라고 보여지지만, 어쨌든 여기서 근대적 교육 제도에 대한 강한 불만이 복고적인 경향으로까지 표출되었다는 사실은 기억할 만하다. 다소 시대착오적인 이런 주장의 배경에는 서양의 근대에 대한 일관된 불신이 담겨 있었다. 그의 눈에는 신식교육이라 불리던 현모양처 교육이나 자본주의 교육 모두 노예를 양산하는 교육에 불과한 것으로 비쳤다.

하지만 유사배의 글에는 교육 제도의 구체적인 개선 안이 보이지 않는다. 단지 남녀의 평등한 교육, 국가주의에 반대하는 교육, 신교육에 의한 구교육의 대체와 같은 원론적인 얘기만을 반복하고 있다. 그는 맹자의 "勞心者治人, 勞力者治於人"에 반대하여 지식인과 노동자의 구분을 없애자며, 모든 사람이 여러 가지 지식 고루 습득하고 모든 사람이 노동에 종사하는 全人적인 인간상을 구현하자고 제안하였다. 굳이 이런 유사배의 교육관을 한마디로 말하자면 '人類均力'(한 사람이 여러 가지 기술을 가지는 것)이라고 정의할 수 있을 것이다. 그런데 그의 인류균력설은 평범한 한 인간이 살아가는데 필요한 일체의 지식과 기술을 모두 보유하자는 것인데, 이것은 현실성 없는 막연한 것이었다.[46] 그는 막연하게나마 아나

---

46) 유사배의 문자 개혁론에서도 다시 한번 서양에 대한 생각을 읽을 수 있다. 상해 시절 유사배는 자신의 '小學'(문자학, 언어학)지식과 서양의 '社會學' 지식을 결합하여 白話文 사용을 주장하였다. 백화문 사용을 선전할 때, 그는 유럽 르네상스 시대의 이탈리아 시인 단테가 국민 교육을 진흥시키기 위해 문자의 통속화를 시도한 사례를 들어 설명하였다. 이는 국수학파가 유럽 르네상스의 시대 상황을 중국에 투영시켜 국수의 보존을 정당화시켰던 논리와 궤를 같이하는 것이다. 그런데 동경 시절 아나키즘을 받아들인 다음에는 한자 개혁의 태도에 변화가 나타났다. 즉 백화문의 사용에 반대한 것이다. 당시 유사배는 백화문을 사용하게 되면 원래 고대 문자에 담겨있는 원시 사회의 모습 등과 같은 중요한 학술 자료들이 손상되므로, 중국 고대 사회의 연구는 물론 세계 문화의 발전에도 도움이 되지 않는다고 하였다(劉師培, 「中土文字有益于世界」,『左盦外集』卷6). 이에 따라 그는 돌연 고문의 보존을 주장하면서 에스페란토어를 선전하였다. 이런 에스페란토어를 사용하자는 주장은 당시 국제 아나키즘 운동과 밀접한 관련을 가지는 것이다. 그런데 한편으로 에스페란토어의 사용을, 다른 한편으로 고문의 보존을 주장한 것에서 우리는 유사배의 미묘한 심리적 갈등을 발견할 수 있다.

키즘이 실현된 사회에서는 모든 사람에게 교육 균등의 기회가 부여되고
여성 교육이 크게 부흥하리라고 믿었다.

신세기파든 천의파이든 간에 교육이 아나키즘 사회 실현의 가장 중요한
방법이라고 확신한 것은 공통적이다. 그리고 이런 교육 혁명론에 대한
믿음은 신해혁명 이후에도 중국 아나키즘 운동의 가장 중요한 특색을
이루었다. 단지 신세기파의 오치휘 이석증 등은 민국 시기 각종 유학운동
과 교육 개혁에 앞장서 근대 교육의 선구자가 된 것과 달리, 천의파의
유사배는 북경대학의 교수로 35세의 나이에 요절함으로서 별다른 사회적
영향력을 미치지 못했다.

맺음말

먼저, 필자는 본문에서 중국의 아나키즘이 반전통주의나 서구화론과
반드시 일치하는 것은 아니라는 사실을 강조하였다. 신세기파의 오치휘·
이석증 등이 기본적으로 반전통과 서구화 주장을 했다고 볼 수 있으나
엄격한 의미에서 그들의 반전통의 대상은 주로 송명이학이 성립한 후의
전제 군주 체제에 집중되었다. 그들이 추구한 서구화의 모델도 주로 프랑
스 혁명 정신 및 체제와 관련된 것들이었으며, 그 방향은 과학 기술이
고도로 발전한 미래에 맞추어져 있었다. 이와 달리 천의파의 지도자 유사
배는 국수의 보존을 위해 서양 부르주아 사상과 아나키즘을 차례대로
이용하고 있는데, 그 최종 목적은 중국 고대 문화의 재생과 부흥에 있었다.

이와 달리, 신세기파의 오치휘는 중국의 한자는 기본적으로 야만적인 표의문자이므로 폐
기되어야 한다고 선언하였다. 그 역시 한자를 과학적인 에스페란토어로 바꿀 것을 주장하면
서, 만일 당장 에스페란토 전용이 불가능하다면 불어나 영어와 같은 표음문자로 한자를
잠시 대체하자고도 주장하였다(吳稚暉, 「書神州日報東學西漸篇後」, 『新世紀』101-103,
1919.6월). 에스페란토와 중국 아나키즘 운동의 관계 문제는 연구의 공백 지역으로 앞으로
연구가 좀 더 이루어져야할 분야이다.

따라서 유사배의 아나키즘에서 나타난 근대 부르주아 문명에 대한 회의와
비판은 전통주의와 밀접한 관련을 가지는 것이었다. 단 여기서도 전통이
란 그가 새롭게 해석한 전통이었으며, 기본적으로는 서구화 노선에 반대
하는 다소 복고적인 색채를 띠고 있었다.

  다음으로, 신세기파와 천의파의 차이점을 가족·종교·국가·교육 등
과 같은 사례를 빌어 설명하는 과정에서 언급한 것은, 중국 지식인들이
서양의 아나키즘을 수용하면서 사회주의의 이상주의·국제주의적 성격
에 주목했다기보다는, 주로 중국 사회의 변혁 논리로 적절히 변용시켰다
는 점이다. 중국의 아나키스트들은 중국 사회를 개조하기 위해 서양 아나
키즘 이론의 전반적인 내용보다는 사회 변혁에 필요한 논리만을 자의적으
로 선택 흡수하는 경향이 있었다. 다시 말하면 그들은 근대 서양의 이미지
를 숭배하던 아니면 폄하하던 간에 그것을 일정 정도 재구성하여 자신들
의 목적에 이용하고 있었던 것이다. 아나키즘 자체에 내재된 서구의 근대
적 가치들은 중국의 구체제를 비판하는데 사용했으며, 아울러 사회주의
사상으로서의 아나키즘의 또 다른 특성은 부르주아적 근대를 비판하는데
사용했다고 볼 수 있을 것이다.

  마지막으로, 이 글은 서양을 하나의 고정된 실체로 보는 시각에 반대하
는 입장에 서있다. 벤자민 슈워츠는 근대의 중국이 역동적이었듯이, 근대
의 서양도 역시 역동적이어서, 마치 '근대'의 개념을 규정하기 까다로운
것과 마찬가지로 '서양'의 개념 또한 규정하기 어려운 것이라고 지적한
바 있다.[47] 이런 지적에 좀 더 유추해 보면, 국가별 지역별(공간)로 보더라
도 영국·프랑스·독일·미국·일본(일본인들에 의해 번역 소개된 서양)
등과 같은 여러 가지 복합적인 서양 국가들의 이미지가 중국인들의 머릿
속에 혼재해 있었다. 뿐만 아니라 시대별 사건별(시간)로도 여러 가지 역

---

47) 폴 A.코헨, 『미국의 중국 근대사 연구』(서울: 고려원, 1995), 45면.

사상이 뒤엉켜 있었다고 말할 수 있다. 예를 들어, 14-16세기 이탈리아의 르네상스는 국수파에게, 17-18세기 프랑스의 계몽사상과 대혁명은 신세기파 또는 계몽지 시기 신청년파에게, 19세기 후반의 영국의 신자유주의는 엄복에게, 19세기 후반 일본의 명치유신는 강유위에게, 20세기 초 미국의 실용주의는 호적에게 각각 자신만의 서양 이미지를 각인시킨 것이다. 20세기 전반의 중국인들은 제한된(혹은 왜곡된) 정보의 틀 내에서 자신들의 필요에 따라 서양의 다양한 이미지 가운데 일부를 선택하여 중국 사회에 걸맞은 대안을 제시한 것이다.[48] 다시 말하면, 근대 중국인이 바라본 서양이란 고정적인 것이 아니라 유동적인 것이었다.

요컨대, 본고에서 언급한 중국 아나키즘의 두 가지 경향, 편의상 나누자면 근대 진화론으로 무장한 과학주의적 아나키즘과 국학과 아나키즘을 결합한 중국식 아나키즘은 서양의 이미지를 적절히 변형해 구성한 것이었다. 그리고 신세기파의 아나키즘과 동서문화관은 신해혁명 이후 師復·黃凌霜·區聲白 등으로 이어져 중국 아나키즘 운동의 주류를 이루었으며, 신문화운동의 거대한 흐름에 합류하였다. 한편 천의파의 사상도 錢玄同·朱謙之·太朴·景梅九 등과 같은 또 다른 비주류의 아나키스트들에게 받아들여져 그 지적 계보가 일정하게 계승되었다.

투고일 2003년 3월 20일 / 심사완료일 2003년 4월 14일
주제어 : 아나키즘, 신세기, 천의, 국수, 유사배, 오치휘

---

48) 이택후가 지적했듯이, 중국 근대 사상사에서 중요한 특징의 하나는 사회 변동의 신속함으로 말미암아 아주 짧은 시간에 수 백년 간에 걸친 서양 근대 사상 발전의 전 과정을 거쳐야 했다는 것이다(李澤厚, 『中國近代思想史』(北京: 人民出版社, 1979), 429-430면). 따라서 근대 중국인들은 구미 사상의 발전 과정을 충분히 이해할 여유가 없었고, 단지 중국 문제의 해결을 위해 필요에 따라 자의적으로 수용하였다. 이른바 이런 (중국학자 劉桂生의 표현을 빌리면) '시대적 錯位과정'은 서양 이미지의 굴절인 동시에, 그 자체가 중국 근대사 전개 과정에서 중요한 동력으로 작용하기도 했다.

"The West" in the Chinese Anarchist Thought

Cho, Se Hyun

In this paper, I discuss the two early Chinese anarchist schools operated, in Tokyo and Paris. Liu Shipei, Tokyo Group's leader, was the first Chinese to accept anarchism. In 1907, Liu and his wife He Zhen established the anarchist journal *Tianyi Bao* in Tokyo. Before Liu became an anarchist, he had started the National Essence movement. Liu was impressed by western anarchism, but he still participated in a more familial and ancient tradition. At the center of Liu's anarchism lay equality different from the concept of that in the west.

At the same time, Wu Zhihui and his friends gathered forces in Paris. They established the anarchist journal *Xin Shiji* in 1907. Wu's faith in the western progress led him to anarchism. He sketched in the pages of *Xin Shiji* a vision of an technically developed paradise.

Liu Shipei and Wu Zhihui were the most important Chinese theorists of anarchism. To go through these two person's thoughts - a focusing on family, religion, state, education - is to understand the Chinese anarchist's perspective the west. This paper, by using the method of comparative research, aims to describe the influence of traditional culture and modern scientific trends on Chinese anarchism.

Key Words : Anarchism, *Xin Shiji*, *Tianyi*, National Essence, Family, Religion, State, Education, Liu Shipei, Wu Zhihui

제21차 유럽 한국학대회(2003.4.9~4.13) 참관기

허 동 현*

지난 4월 9일에서 13일까지 5일에 걸쳐 이탈리아 로마 제1대학(University of Rome "la Sapienza") 주최로 제21차 유럽 한국학대회가 열렸다. 유럽 내 한국학자들의 협의체인 AKSE(ASSOCIATION FOR KOREAN STUDIES IN EUROPE)는 1977년 프랑스·영국·독일·네덜란드·이탈리아의 한국학자들 25명이 주축이 되고 동구권 학자들도 함께 참여해 결성한 이래 현재 총 회원수가 200명에 달할 정도로 성장하였다. AKSE는 결성 후 1991년까지는 매년마다, 1992년부터 현재까지는 격년으로 학술회의를 개최하고 있다.

올해 로마회의에는 유럽 각국과 러시아, 호주 및 한국의 학자 80여명이 역사·철학·문학·종교학·고고학 등에 관해 논문을 발표하는 등 총 140여명의 한국학자들이 참가하였다. 특히 이성무 국사편찬위원회 위원장, 신용하, 최병헌 서울대 교수, 조광 고려대 교수 등 한국사학계와 김윤식 서울대 교수, 설선경 연세대 교수 등 국문학계, 송영배 서울대 교수 등 철학계의 원로들이 참가해 유럽 한국학자들과 각 분야별로 열띤 토론과 지식 교류의 장을 이루었다.

이번 유럽한국학대회는 한국에 대한 사회과학적 연구보다는 19세기의

* 경희대 교수

"정통 동양학"을 계승하여 역사학이나 미술사, 종교학, 문학 연구 관련의
발표가 주를 이루고 있었다. 이는 유럽 한국학이 가지고 있는 전반적 특성
으로 평가될 수 있을 것이다.

역사 쪽에서 유럽 한국학자들은 발해사와 조선 중·후기사, 그리고 불
교사에 주로 관심을 보인 반면 근·현대사에 대한 연구는 아직 미흡한
느낌이 들었다. 아직까지 유럽의 한국학계가 사회과학적인 접근이 필요한
근·현대의 문제보다는 전통적 인문주의를 중시하는 듯했다. 이 번에 발
표된 유럽학자들의 논문 중 특기할 만한 연구는 다음과 같다.

고대사 관계논문으로는 러시아 한국학의 비조(鼻祖)인 모스크바국립대
학교 미하일 박(Mikhail N. Pak)교수의 손녀로 현재 서울대 국사학과에서
석사과정을 밟고 있는 Victoria Pak 선생이 발표한 "Transformation of
Parhae History Concept - from Samguk Sagi to Parhaego"가 눈길을 끌었다.
청나라의 침략을 받은 이후 조선 후기의 사회에서 반청 의식이 싹트면서
발해 역사에 대한 관심이 대두되는 과정을 밝힌 연구이며, 석사 과정생으
로서 『동국통감(東國通鑑)』과 같은 사서의 내용을 구체적으로 파악한 한
문 독해 능력이 돋보였다.

고려시대 대외관계를 다룬 논문으로 네덜란드의 Remco Breuker교수가
발표한 "Emperor's Clothes: Mid-Koryo as an independent realm"이 인상적이
었다. 고려 중기에 조공의 형식이 지켜졌지만, 여진족에 대한 우월감이
강해 문화적 차원에서 고려가 사실상의 독립국이었다는 점과 원구단에서
의 제천의례, 왕족에 대한 책봉 의례, 독자적 연호 사용 시도 등에 보이는
고려의 자주 의식은 독자적 불교문화에 의해 뒷받침되었다는 점을 강조하
고 있다.

조선후기 논문으로는 스웨덴 출신으로 현재 런던대 재직 중인 Anders
Karlsson교수의 "Relief aid in nineteenth-century Korea: The system of

Hyulchon and Chong Konjo's records of a comforting and admonishing official"
이 주목된다. 이 연구에서는 19세기의 진휼 활동을 여구 주제로 삼아,
1859년 서북지역에서 발생한 대재해 때 위유사(慰諭使) 정건조(鄭健朝,
1823~1881)가 휼전(恤典)을 어떻게 베풀었는지, 환모(還耗: 환곡 이자율)
를 어느 정도 깎아주었는지 등의 구체적 사실들을 정건조의『위유사등록』
과『일성록』을 바탕으로 재구성하였다. 관변측 사료와 연대기자료를 두
루 섭렵해 "삼정 문란기라 해도 중앙 행정 기관들이 아직까지 기본적인
행정 업무를 완전히 등진 것이 아니었다"는 사실을 세밀하게 고증해 낸
연구이다.

개화기를 다룬 연구로는 러시아 사회과학원 동양학연구소 소속인 Bella
Pak Miran 박사의 "A.Speyer's Two Missions to Seoul in 1884-85"와 모스크바
대학 Tatiana Simbirtseva 박사의 "From the history of Political Intrigue in
Korea: did the "Secret Russo-Korean Agreements of 1885-86 ever exist?"가
돋보였다. 전자는 1884~1885년간의 일본 주재 러시아 공사 스페이에르
(Alexis de Speyer)와 독일인 외교고문 묄렌도르프(Paul George von
Möllendorff), 그리고 김윤식 사이에서 진행된 협상의 과정을 우리 학계에
알려지지 않았던 러시아 문서를 중심으로 분석한 논문이다. 이 글은 한·
러 "밀약"의 실체를 인아책(引俄策)을 펴려고 했던 고종과 그를 둘러싼
일부 측근들의 러시아 교관 초빙 시도로 보는 등 개화기 한·러관계를
보는 러시아학계의 시각을 잘 대변한다. 우리 학계에 소개되지 않은 스페
이에르 보고서와 같은 러시아측 문서를 발굴·활용한 점에서 주목을 요하
는 논문이라 할 수 있다.

후자도 "제1차 조·러 밀약"이 러시아의 팽창 의욕과 무관한 고종의
군관 초빙 요구에 대한 단순한 응답이었다는 러시아 학계의 통설적 견해
를 충실히 소개하고 있다. 특히 흥미로운 점은 당시 러시아가 "침략적

의도"를 갖고 있지 않았다는 점을 부각하면서, 러시아의 침략성을 강조한 우리 학계의 임계순과 최문형의 학설에 대한 반론이 주목된다. 종래 러시아의 침략성이 지나치게 과장되었다는 점도 사실이지만, 세계사적 입장에서 러시아의 제국주의적 성격을 부정하는 것도 무리가 있어 보인다.

이밖에도 헝가리 국립대학 Karoly Fendler 교수가 발표한 "Austro-Hungarian Sources on the Railroad Construction in Korea and Manchuria before the Japanese Annexation"이 일찍이 우리학계에 소개된 적이 없는 오스트리아와 헝가리 측 사료를 활용하여 구한말의 경부선 등의 대규모 철도 공사에 대해서 우리가 모르던 부분을 재미있게 고증했다. 서울 주재 오스트리아 외교관들이 우리의 생각 보다 이권이 걸린 문제에 대해 상당히 적극적인 정보 수집 활동을 전개하였음을 알려주는 연구로 생각된다. 제3자의 시각에서 본 일제의 경제 침투 상황이 흥미롭다.

현대사 관계 논문으로는 영국 런던대학교 동양아프리카 대학원의 Carl Young 선생이 발표한 "Responses to Marxism in South Korea Minjung Theology"와 호주 워롱곤(Wollongong)대학 김형아 교수의 "Political Corruption in South Korea"를 꼽을 수 있다. 전자는 권위주의 시대 반공 이데올로기가 주름잡던 시절 민중 신학이 마르크시즘의 영향을 받았으면서도 이를 밝히지 못하고 오히려 민족주의적 요소를 활용해야 했다는 점을 밝히고 있다. 후자는 개발독재 시절 국가의 관치 금융 메커니즘이 불가피하게 정경유착과 부정부패를 낳는다는 점을 1960~1990년대의 구체적 사례를 통해 입증하려 했다.

이번 AKSE에서 유럽 한국학자의 역사 관련 발표문을 살펴보면서 느낀 점은 요약하면 다음과 같다. 아직 유럽의 한국학계가 한국사에 대한 유럽의 독자적 시각을 보이는 새로운 패러다임을 제시할 만큼 성장하지는 못했지만, 새로운 사료의 발굴과 세밀한 실증형의 연구들이 나오고 있는 점은 주목할 만 하다고 본다.

끝으로 이번 유럽한국학 대회에 참석한 국내학자와 발표논문은 다음과 같다. 이성무 국사편찬위원장이 "남명(南冥) 조식(曺植)의 생애와 사상"을, 고려대학교 조광 교수가 일제하 장면의 역사인식과 조선 교회사 서술 "을, 오슬로 대학의 박노자 교수가 "Menaces of a success? Views on Japan in the Enlightenment Movement publications of the 1900s"를, 그리고 필자가 "제2공화국의 역사적 성격"을 발표하였다.

이밖에도 문학 분야에서는 현대 문학에 대한 다양한 발표가 나왔다. 잘 알려진 박목월과 이효석, 비교적으로 서구에 알려지지 않았던 정현종 시인도 분석의 대상이 됐다. 그러나, 현대 한국 문학에 대한 연구가 유럽에서 꽤나 활발한 반면, 그 번역에는 아직까지 대중적 관심을 끌지 못하고 있다는 것이 학자들의 중평이었다.

특히 새로운 변화는 현대 한국의 대중 문화인 가요와 팝, 영화 등에 대한 관심이 점차 확대되어 간다는 점이다. 지금까지 한국 문화를 "전통" 위주로 거의 불변하는 것으로 범주화해온 유럽 한국학이 점차 급변하는 현대 한국의 역동적 현실에 보다 적극적으로 눈을 뜨는 것 같다. 이번 학술대회에서 발표된 인상적인 연구로는 박철수 감독의 영화들이 보여준 탈 유교 사회의 정체성 위기 문제를 다룬 영국 셰필드(Sheffield) 대학교 이향진 교수의 연구와, 한국에서의 "서민" 개념의 문제를 다룬 핀란드 국립 대학교 Antti Leppanen 선생의 발표를 꼽을 수 있겠다.

무엇보다도 특히 이번 회의의 특징은 참가한 유럽학자들의 연령대가 젊어져 관계자들 사이에서 2005년 영국 셰필드 대학에서 열리는 22차 대회에서는 "이들을 따라온 자녀들을 위해 유치원을 운영해야 하겠다"는 농담이 나올 정도였다. 유럽 한국학 3세대라 할 수 있는 한국학 후속세대가 젊어졌다는 점도 반가운 일이지만, 우수한 인재들이 한국학에 흥미를 갖기 시작했다는 점도 주목할 만하다. 일례로 지금 런던대학에서 한국미술사를 전공하는 헝가리 여성학자는 대학 졸업할 당시 헝가리 전국에서 최우등으로 졸업한 수재였다고 한다.

그러나 유럽 한국학은 아직 유럽 동양학 전체 수준에서 보자면 "주변자" 입장을 벗어나지 못한 아직 걸음마 단계에 놓여 있다. 따라서 한국정부나 관련 기관의 적극적 지원이 절실히 필요하다고 본다. 유럽의 한국학은 일본학이나 중국학에 비해 연구자나 지원 등 여러 조건에서 취약하지만, 앞으로의 발전 가능성은 무한하다고 생각한다.

이번에 선출된 기예모즈(Guillemoz, Alexandre, 파리 사회과학 대학원) 신임회장이 이끄는 AKSE의 순항과 발전을 기원하며 참관기를 마친다.

1930년대 예술문화운동

인쇄일   초판 1쇄   2003년 6월 20일
발행일   초판 1쇄   2003년 6월 30일

지은이   한국민족운동사학회
발행인   정찬용
발행처   **국학자료원**
등록일   1987.12.21, 제17-270호

총 무   김효복, 박아름, 황충기, 김은영, 홍정기
영 업   황태완, 한창남, 김덕일, 염경민
편 집   김태범, 이인순, 정은경, 박애경
인터넷   정구형, 박주화, 강지혜, 김경미
인 쇄   박유복, 안준철, 조재식, 한미애, 최미란
물 류   정근용, 최춘배

서울시 강동구 암사동 462-1 준재빌딩 4층
Tel : 442-4623~4, Fax : 442-4625
www.kookhak.co.kr
E - mail : kookhak2001@daum.net
kookhak@orgio.net

ISBN   89-541-0063-5   93900
가 격   21,000 원

·저자와의 협의하에 인지는 생략합니다.